普通高等教育"十一五"国家级规划教材

国家税收

（第二版）

刘 蓉　朱明熙　主编

西南财经大学出版社
Southwestern University of Finance & Economics Press

中国·成都

图书在版编目(CIP)数据

国家税收/刘蓉,朱明熙主编.—2 版.—成都:西南财经大学出版社,
2022.12
ISBN 978-7-5504-5633-4

Ⅰ.①国… Ⅱ.①刘…②朱… Ⅲ.①国家税收—中国 Ⅳ.①F812.42

中国版本图书馆 CIP 数据核字(2022)第 215269 号

国家税收(第二版)

GUOJIA SHUISHOU

刘蓉 朱明熙 主编

策划编辑:王甜甜
责任编辑:向小英
责任校对:周晓琬
封面设计:何东琳设计工作室
责任印制:朱曼丽

出版发行	西南财经大学出版社(四川省成都市光华村街55号)
网　　址	http://cbs.swufe.edu.cn
电子邮件	bookcj@swufe.edu.cn
邮政编码	610074
电　　话	028-87353785
照　　排	四川胜翔数码印务设计有限公司
印　　刷	郫县犀浦印刷厂
成品尺寸	185mm×260mm
印　　张	18.25
字　　数	420 千字
版　　次	2022 年 12 月第 2 版
印　　次	2022 年 12 月第 1 次印刷
印　　数	1— 3000 册
书　　号	ISBN 978-7-5504-5633-4
定　　价	46.80 元

前言

    党的二十大报告提出"健全现代预算制度，优化税制结构，完善财政转移支付体系"。以习近平新时代中国特色社会主义思想为指引，坚持和加强党的全面领导，坚持立德树人根本任务，服务国家重大战略，培养和造就担当民族复兴大任的时代新人，是新时代高等教育的首要任务。发展和完善中国特色社会主义制度，推进国家治理体系和治理能力的现代化，又是党中央确立的我国今后一个时期全面深化改革的总目标。同时，中央明确提出财政是国家治理的基础和重要支柱的论断。由此可见，新发展格局下的财政税收需要发挥更大的作用，其中税收又是一个重要的财政工具。众所周知，一个家庭要想开支衣食住行和其他消费，首先必须要有收入。一个国家也如同一个家庭一样，要想筹集国防、治安、行政、教育、医疗、基础建设等的费用，首先就必须要有税收。当然，在一定条件下，也可以通过发债，甚至通过铸币税来解决问题。正因为如此，马克思说，"赋税是政府机器的经济基础"，"国家存在的经济体现就是捐税"。恩格斯指出，"为了维持这种公共权力，就需要公民缴纳费用——捐税"。美国大法官霍尔姆斯讲，税收是我们为文明社会所支付的代价。美国人甚至认为，征税权力是一个国家最大的权力，是整个国家建筑之根基。它对一个国家的存在和繁荣的重要性，就像我们呼吸的空气一样。它不仅仅是毁灭的力量，也是保持活力的力量。

    那么，应当如何认识税收，如何合理地征收税收，如何确保它成为促进国家繁荣与人民幸福的力量，而不致沦为剥夺老百姓，甚至毁灭社会的工具呢？这就是学习本书的目的。当然，我们并没有企图一下子就给同学们一个包罗万象的税收百科全书，企图通过本书的学习，就可以解决上述的一切问题。实际上，我们仅给同学们提供了关于税收和如何合理征收税收，以及具体怎样征收税收的基本框架和基本思路。运用之妙，还在于同学们在今后的实践中不断地学习、研究和感悟。

    这本教材是在 2008 年以及 2017 年出版的《国家税收》的基础上，根据近年来税收理论和税收制度的变化做了重大修改和补充后编写的。其修改主要在两个方面：

一个是理论部分，如第一章 税收概论，第二章 税制要素、结构和来源，第三章 税收原则，第四章 税收负担与税负转嫁，第六章 国际税收，都根据近年来的政策变化做了大的修改，并增加了第五章 税收效应；另一个是实践部分，我们根据近年来的税制变革情况，做了最新的调整与修改，补充了计算案例，力求适应新的税收理论和实践变化。

全书由刘蓉、朱明熙负责大纲拟定、修改和定稿。各章的具体分工是：第一章 税收概论，刘蓉；第二章 税制要素、结构和来源，刘元生；第三章 税收原则，第四章 税收负担与税负转嫁，朱明熙；第五章 税收效应，李建军；第六章 国际税收，张伦伦；第七章 增值税，第八章 消费税，吕敏；第九章 关税，刘楠楠；第十章 企业所得税，郝晓薇；第十一章 个人所得税，张慧英；第十二章 土地、房产相关各税，第十三章 环保税、资源税、印花税及其他各税费，第十四章 税收征纳管理，费茂清。

由于编者的水平和能力有限，书中存在缺点在所难免，敬请同仁、专家、学者和广大读者批评指正。

编者

2022 年 9 月

目　录

3

4

国
家
税
收

第一章
税收概论

- -

第一节 税收概念及其产生与发展

一、税收的产生与发展

税收随着国家的产生而产生，随着经济的发展而发展。经过几千年的洗礼，人类文明由最初的原始文明开始，先后经历了农业文明、工业文明及生态文明。税收在人类文明演进的过程中产生，随着人类文明的发展，税收的相关理论与实践也得到了不断发展。奥利弗·霍尔姆斯（Holmes）曾说过，税收是人类为文明社会所付出的代价。① 马克思说，"赋税是政府机器的经济基础"。"国家存在的经济体现就是捐税"。恩格斯也指出，"为了维持这种公共权力，就需要公民缴纳费用——捐税"。纵观世界历史，数千年来，税收在世界各国都是客观存在的，只因在不同的社会形态和不同的国家，税收产生和发展的历史轨迹各不相同。

世界上最早的税收制度产生于公元前 3000 年—公元前 2800 年间的古埃及。在《圣经：创世纪》第 47 章第 24 节（当代译本）中也有记载，"你们要把收成的五分之一给法老，其余的，你们可以留下来作种子和全家人的口粮"。当时的古埃及是奴隶社会，最高统治者法老除了掌握着全国的政治、军事、司法权力，占有土地、奴隶的劳动产品外，还向平民收取谷物、皮革等作为租税并向国家服役，这是世界上最早的实物税。②

在古罗马时代（公元前 9 世纪初），铁器普遍使用，手工业从农业中脱离出来，最初的商品交换贸易也已形成，社会生产力也获得较大的发展。在这一历史背景下，古罗马的税收也随之发展起来。古罗马税制的发展大致经历了三个时期，分别是王政时代、共和时代和帝国时代。古罗马最初的税收称为"Portoria"，始于王政时代，是对通过古罗马桥梁和港口的货物征收的一种关税。在共和时代，工商业进一步发展，并由人数众多的平民经营，因此赋税主要征自平民。到了帝国时代，古罗马税收制度得到了空前发展，特别是在奥古斯都时期，很多税种被首次开征，并按照征

---

① 王玮. 税收学原理［M］. 2 版. 北京：清华大学出版社，2012.
② 崔边伸. 世界通史［M］. 古代卷. 北京：人民出版社，2004.

收频次形成了诸多分税种制度。其中，固定征收的税种主要有土地税、人头税、贡赋和关税等，不固定征收的税种主要有遗产税、释奴税、营业税、商品税、拍卖税、售奴税、公民税和贩卖税等。其中的遗产税是奥古斯都为了给退役的军人提供退职金开征的，税率为5%，除了留给子女和配偶以外的所有的遗产都要缴税①，后来的西方国家如英国、法国征收的遗产税都源于此。

我国关于税收的概念最早记载于《史记》之《夏本纪》，书中记载"自虞、夏时，贡赋备矣"。② 这说明我国税收最早产生于夏代（大约公元前2070年—约公元前1600年），商（大约公元前17世纪—公元前11世纪）、周朝（西周，公元前1046—公元前771年；东周，公元前770年—公元前256年）时期又有进一步发展。夏代的税收为"贡"。夏代自建立之后，实行井田制，即夏王将土地分封给各诸侯，由诸侯经营，但土地的所有权仍归于夏王，因此各诸侯需要从其在土地中获得的收益中拿出一部分作为"贡"交给夏王，成为其租税收入。商代的税收为"助"，由"贡"演变而来。所不同的是，"助"是与井田制相联系的力役课征制度，即"借民力而耕之"，助耕公田上的收获物要交出一部分给君王作为租税收入。周代的税收为"彻"，是在"助"的基础上进一步发展而来的。周代将所有的公田都分给农民耕种，待农民获取农产品后再交一部分给周王。综上所述，夏商周分别以"贡""助""彻"等形式将一部分土地所得收归于中央王室，这在一定程度上已具有了税的一些特征，但由于其中含有租的成分，因此还不是真正意义上的税收。之后随着周朝的衰落，井田制瓦解，私田扩张，到了春秋时期，鲁宣公于公元前594年宣布实行"初税亩"，规定不论是公田还是私田，都要按照田亩课征赋税。"初税亩"基本上脱离了租税不分的税收雏形时代，初步确立了真正意义上的税收制度。

综上可知，税收作为国家重要的财政工具，已存在并发展了数千年。直到17世纪，西方的启蒙学者从理论上对政府为什么要征税开始了深入的研究，并提出了各种不同的税收理论和学说。其中，具有代表性的理论与学说有"社会公共需要理论""利益交换理论""牺牲说""保险说""掠夺说""社会政策理论"以及"经济调节理论"和"马克思主义税收理论"等。

1. 社会公共需要理论

"社会公共需要理论"又称"社会公共福利理论"，于17世纪由德国官房学派最早提出，代表人物有德国的克洛克（Klock）、法国的波丹（Bodin）等，他们认为，国家的职责在于满足公共需要和增进公共福利，国家履行职责必须要有各种物质条件，由此产生了政府的公共需要，税收即是满足公共需要的物质条件。

人类包括税收在内的一切经济活动，都是从"需要"开始的。③ 根据"需要"的性质，人类的需要分为私人个体需要与社会公共需要。与之相对应的人类活动也因此分为私人事务与社会公共事务两个类别。其中，私人个体需要包括生存需要与发展需要两方面。社会公共需要是指社会作为一个整体或以整个社会为单位而产生

① 王三义. 古罗马"赋税名目"考略 [J]. 史学月刊, 2002 (6)：87-91.
② 史记·夏本纪, 转引自王成柏, 孙文学. 中国赋税思想史 [M]. 北京：中国财政经济出版社, 1995.
③ 王玮. 税收学原理 [M]. 2版. 北京：清华大学出版社, 2012.

的需要。与私人需要不同的是，社会公共需要的主体是社会成员整体，而非私人与个体。社会公共需要主要包括：①保证社会稳定，解决不同社会利益集团的矛盾与冲突；维持社会秩序，为社会提供安定的秩序，用以解决同一社会利益集团内部的矛盾与冲突。②兴建公共设施和公共工程，以解决人和自然之间物质变换的矛盾，为社会生产和生活提供便利的设施和良好的环境。③举办各种公共事业如文化、体育、卫生等，以保护并促进人类自身的发展。①

在人类的早期阶段，社会公共需要与私人需要并未完全区分。随着社会生产力的发展，社会公共需要逐步具有了范围上的广泛性、时间上的连续性及数量上的稳定性，从而成为一种经常性的需要，久而久之便与私人需要分离出来成为一种独立的形态。同时，社会公共事务的发展也经历了同样的发展轨迹。社会公共事务由社会成员兼职承担，一切物质需求都是由社会成员自己筹集。随着社会经济的发展，社会公共事务日渐复杂，仅靠社会成员个体已无法满足社会需求。因此，在社会成员中专门分离出一部分人员或机构专职负责社会公共事务，即形成了政府组织。政府不直接从事社会物质生产活动，但在提供社会公共事务的过程中难免会消耗一定的物质财富。税收正是政府为了提供公共品和公共服务而从社会产品中获得一定的物质财富的一种特殊的分配形式。由此可见，税收与社会公共需要有着本质关联。简言之，人类具有某种社会公共需要，为了满足这种需要，需要由政府履行相应的职能；进一步，若由政府执行相应的职能则需要具备一定的收入，因此政府有权向公民征税。税收存在的客观依据就在于公共需要或公共福利的存在。德国学者克洛克曾指出，"租税如不是出于公共福利的公共需要，即不得征收，如果征收，则不得称为正当的征税，所以征收租税必须以公共福利的公共需要为理由。"②

2. 利益交换理论

"利益交换理论"产生于17世纪，源于社会契约论的思想。其主要代表人物有英国的霍布斯和亚当·斯密，法国的卢梭和蒲鲁东等。

"利益交换理论"认为，税收是政府与社会公民就公共产品与公共服务的提供签订的一种契约，而税收的本质就是政府向社会公民提供其所需要的公共产品与服务的平等对价。17世纪英国著名哲学家霍布斯（T. Hobbes）就认为："公民为公共事业缴纳税款，无非是为换取和平而付出代价，分享这一和平的福利部门，必须以货币或劳动之一的形式为公共福利作出自己的贡献。"③ 这是关于"利益交换理论"的最早论述。霍布斯提出的"利益交换理论"的内涵是：国家征税和公民纳税是一种权利和义务的相互交换；从经济学的角度看，税收是公共产品的对价，居民应该为社会公共性事务缴纳税款，因为这是其为换取社会安全稳定的平等对价；不论是直接税还是间接税，都是为了防御外敌入侵，国家公民拿出各自的劳动成果向承担国家安全责任的力量或群体提供报酬。④

---

① 马国强. 税收学原理［M］. 北京：中国财政经济出版社，1991.
② 小川乡太郎. 租税总论［M］. 萨孟武，译. 北京：商务印书馆，1934.
③ 霍布斯. 利维坦［M］. 黎思复，黎廷弼，译. 北京：商务印书馆，1936.
④ 霍布斯. 利维坦［M］. 黎思复，黎廷弼，译. 北京：商务印书馆，1936.

18 世纪，法国的启蒙思想家卢梭将社会契约理论推至顶峰，税收契约概念由此而来。卢梭认为，国家是社会公民与政府建立的契约，社会公民的共同利益要由国家来保障，就应以其部分财产作为国家保护社会公民利益的交换条件，由此国家征税行为和公民纳税行为就在法律上达成了一种交换契约。

国家与社会公民就公共产品与公共服务达成税收契约，进行利益交换，需要一个利益交换对价机制，即税收价格机制。税收价格理论是由瑞典经济学家威克塞尔和林达尔等于 20 世纪初叶在"利益交换理论"的基础上发展起来的，在当代财政税收理论中占重要地位。税收价格理论将市场等价交换的思想引入税收契约理论中，提出政府向社会公民提供公共产品和服务，社会公民就必须以税收作为公共产品和服务的价值补偿。

简言之，"利益交换理论"认为，政府的征税权来自为社会提供公共产品和服务，税收就是政府为了补偿公共产品的成本而向从公共产品和服务中获益的社会成员收取的部分社会产品价值，而税收价格则是由其产生的一种特殊形式的价格。

3. 牺牲说

"牺牲说"，又称"义务说"，产生于 19 世纪，主要代表人物有法国的萨伊、英国的穆勒和巴斯特布尔等。

"牺牲说"认为，税收是国家基于公共职务活动的需要而向社会公民的强制课征，对国家而言是强制权的实施，对社会公民来说，税收就是一种牺牲。法国经济学家萨伊最早提出"牺牲说"观点，他认为"租税是一种牺牲，其目的在于保存社会与社会组织"。[①] 之后，在萨伊理论的基础上，英国经济学家穆勒对"牺牲说"进行了理论完善，他依据纳税人的能力负担原则提出了均等牺牲的观点。英国财政学家巴斯特布尔进一步阐述了穆勒的均等牺牲学说，他认为均等牺牲原则只是均等能力原则的另一种表现，均等能力意味着负担牺牲的能力均等。[②]

4. 其他相关税收理论

关于税收的其他相关理论还有保险说、掠夺说、社会政策理论、经济调节理论与马克思主义税收理论等。

"保险说"产生于 18 世纪，主要代表人物是法国梯埃尔。该学说认为国家与社会公民的关系与保险关系相似，国家类比于保险公司，社会公民类比于投保人。税收的作用如同一种保险费用，社会公民因为受国家的保护而需要向国家支付一定的保险费用，国家也因此有责任保护社会公民的人身与财产。[③]

"掠夺说"产生于 19 世纪末，主要代表人物是空想社会主义者圣西门。该学说认为政府向社会公民征税，是政府对社会公民财产的一种剥削与掠夺，政府与社会公民的征税关系在本质上则是一种剥削与掠夺关系。[④]

"社会政策理论"同样产生于 19 世纪末，主要代表人物是德国的瓦格纳和美国

① 萨伊. 政治经济学概论 [M]. 陈福生，陈振骅，译. 北京：商务印书馆，1982.
② 坂入长太郎. 欧美财政思想史 [M]. 张淳，译. 北京：中国财政经济出版社，1987.
③ 项怀诚，郑家享. 新财税大辞典 [M]. 北京：中国统计出版社，1995.
④ 郭庆旺. 公共经济学大辞典 [M]. 北京：经济科学出版社，1999.

的塞里格曼。该理论认为税收是实现社会政策目标的重要财政工具，主要用于调节收入分配不公，缩小收入差距。[①]

"经济调节理论"产生于 20 世纪 30 年代，主要代表人物是凯恩斯学派的经济学家。该理论认为税收除了具有财政收入功能以外，还具有更为重要的作用，即能够作为政府进行宏观调控、实现经济稳定的工具，以及调节收入与财富的再分配、提高社会福利等的工具。[②]

"马克思主义税收理论"产生于 19 世纪，主要代表人物有马克思、恩格斯、列宁等。"马克思主义税收理论"认为，不论是作为国家财政收入的主要形式还是参与社会产品分配的工具，或者是作为特定分配关系的体现，税收都是与国家的产生与运行紧密相关的。然而，马克思并不认为国家就是税收产生与发展的决定性因素。马克思认为，税收的产生与发展源于经济发展，即生产力的发展及私有制的产生；而非国家及其公共权力，国家及其公共权力不过是为税收的产生提供了一定的社会条件。其中所含的基本思想是，由于生产力的不断发展，开始形成剩余产品。随着剩余产品的不断增多，便产生了私有制，进而形成了阶级与国家。简言之，剩余产品的出现，导致私有制和国家的产生，进而才产生了税收。相应的，随着生产力的高度发展以及私有制和国家的消亡，税收也会随之退出历史舞台。因此，在马克思看来，税收是在一定的经济和社会条件下产生的，最终也会在一定的经济和社会条件下消亡。当税收产生和发展的经济和社会条件尚未消失之前，税收是不可能退出历史舞台的。

在上述的诸多税收理论中，目前影响最大并为中外学界所公认的当数"社会公共需要理论"和"利益交换理论"。20 世纪 50 年代步入现代工业发展阶段后，经济学者们研究税收问题更多地侧重于从"市场失灵"的角度来阐明税收存在的客观必要性。即市场会因为存在"自然垄断、公共产品、外部性、不完全信息、不确定性、收入分配不公平以及宏观经济运行不稳定等"市场失灵问题，导致只依靠市场机制调节难以达到帕累托最优，因此需要政府以非市场的方式来矫正市场失灵，实现帕累托最优。在政府运用的非市场方式中，税收是政府进行调控的最有力的工具之一。

二、税收的概念

税收是一个人们熟悉的古老的经济范畴。税收产生至今，已有几千年的发展历史，经历了不同的人类文明及其所体现的社会形态。其中，"什么是税收"一直是人们关注且进行诸多深入探讨的主题。受生产力发展水平的影响，不同的社会发展阶段有着与之相适应的不同社会制度与政府职能，形成了不同的历史时期。在这一背景下，诸多学者如哲学家、经济学家、政治学家和法学家等都曾站在各自的立场上，从不同的角度阐述其各自的税收理念。

什么是税收？从汉字的解析角度来看，税从禾、从兑，本义是田赋，就是政府

5

---

① 项怀诚，郑家享. 新财税大辞典 [M]. 北京：中国统计出版社，1995.
② 项怀诚，郑家享. 新财税大辞典 [M]. 北京：中国统计出版社，1995.

征收的农产品。最初是税、租同义，《说文》中说"税，租也"，都是表示抽取农产品的一定比例或数额。后来赋、税、租稍有差别，敛财曰赋，敛谷曰税，田税曰租（史游，《急就篇》），赋主要用于军队给养，而税和租满足政府一般开支。所谓有税有赋，税谓公田什一及工、商、衡虞之入也。赋共车马、兵甲、士徒之役，充实府库、赐予之用。税给郊、社、宗庙、百神之祀，天子奉送、百官禄食庶事之费（班固，《汉书》，卷二十四上，《食货志》第四上）。再后来对租税赋就不加严格区分，习惯上税、赋、税收、租税、赋税则成为同一概念，也与西方关于税收（tax）的概念一致，即税收是政府对其管辖下的经济活动主体（包括个人、团体、企业等）所拥有的货币、实物或劳动力本身按一定比例的征收，是经济活动主体为维持政府满足公共需要所做的贡纳（《美国传统词典》）。税收按其征收对象、税款用途、征收方式、立法层次的不同存在很多具体的表现方式和名称，如人头税、力役、所得税、工薪税、田赋、财产税、营业税、增值税、关税、消费税，社会保险税或国民保捐税，比例税、累进税，定额税、基金、正税、杂税、暗税等。

在西方经济学理论中，税收一直是一个较为敏感的议题。对税收概念的界定，不同学派观点不同，内容论证各异。

英国著名政治学家、哲学家霍布斯（Hobbes）在《利维坦》一书中提出了税收概念："主权者向人民征收的税，不过是公家给予保卫平民各安生业的带甲者的薪饷。"①

法国路易十四时期的政治家科尔伯特（Colbert）将政府征税比喻成拔鹅毛："征税的艺术就是拔最多的鹅毛又使鹅叫声最小的技术"。②

法国著名法学家、政治学家孟德斯鸠（Montesquieu）在《论法的精神》一书中提出了税收概念："公民所付出的自己财产的一部分，以确保财产的安全或快乐地享用这些财产。"③

英国古典经济学派的创始人亚当·斯密（Smith）在《国民财富的性质和原因的研究》一书中最早对税收概念进行了明确界定："作为君主或政府所持有的两项收入源泉，公共资本和土地既不适合用以支付，也不够支付一个大的文明国家的必要开支，那么必须从自己私有的收入中拿出一部分上缴给君主或政府，作为公共收入。"④

法国经济学家萨伊（Say）在《政治经济学概论》一书中提出的税收概念是："所谓赋税，是指一部分国民产品从个人之手转到政府之手，以支付公共费用或提供资金公共消费。"⑤ 同时，萨伊指出赋税也是"政府向社会公民征收他们的一部分产品或价值。"⑥

德国社会政策学派财政学的主要代表瓦格纳（Wagner）在《财政学》一书中从

① 霍布斯. 利维坦［M］. 黎思复，黎廷弼，译. 北京：商务印书馆，1936.
② 哈维·罗森. 财政学［M］. 郭庆旺，赵志耘，译. 北京：中国人民大学出版社，2000.
③ 孟德斯鸠. 论法的精神［M］. 张雁深，译. 北京：商务印书馆，1997.
④ 亚当·斯密. 国民财富的性质和原因的研究［M］. 唐日松，译. 北京：华夏出版社，2013.
⑤ 萨伊. 政治经济学概论［M］. 陈福生，陈振骅，译. 北京：商务印书馆，1982.
⑥ 萨伊. 政治经济学概论［M］. 陈福生，陈振骅，译. 北京：商务印书馆，1982.

财政和社会政策两个层面对税收概念进行了界定。瓦格纳认为，"从财政意义上来看，赋税是作为对团体事务设施的一般报偿，公共团体为满足其财政上的需要，以其主权为基础，强制地向个人征收赋课物。从社会政策的意义上来看，赋税是在满足财政需要的同时，或者说无论财政有无必要，以纠正国民所得的分配和国民财产的分配，调整个人所得和以财产的消费为目的而征收的赋课物。"①

马克思的经济理论也对税收的概念进行了界定。马克思经济理论提出，国家存在的经济体现是税收，则税收就是国家机器的经济基础，而非其他。② 具体来说，马克思的经济学理论对税收做了三个层面的界定：第一个层面，税收与国家的存在、运行密切相关。一方面，税收是国家财政收入的主要形式，为国家机器产生、运行以实现国家职能提供了物质基础；另一方面，税收是政府满足社会公共需求的物质基础。第二个层面，从经济环节来说，税收隶属于分配环节，是一个分配权范畴概念，是国家参与并调节收入分配、缩小收入差距的政策工具。第三个层面，税收是国家在征税过程中形成的一种特殊的分配关系，即以国家为主体的分配关系，因而税收的性质取决于社会经济制度的性质和国家的性质。③

20 世纪前期，英国财政学界的主要代表人物巴斯特布尔（Bastable）对税收概念的界定是："所谓税收，就是个人或团体为履行公共权力所进行的公共活动，在财富方面被强制分担的贡献。"④ 在同一时期，美国财政学界的主要代表人物塞里格曼（Seligman）对税收概念的界定是："税收是政府对于社会公民的一种强制征收，用以支付谋取公共利益的费用，其中并不包含是否给予特种利益的关系。"⑤

20 世纪后期，日本财政学界的主要代表人物井手文雄对税收概念的界定是："所谓租税，就是国家依据其主权（财政权），无代价地、强制性地获得的收入"⑥；英国税收学家西蒙·詹姆斯（James）和克里斯托弗·诺布斯（Nobes）将税收界定为："由公共政权机构不直接偿还的强制性征收"。⑦

综上所述，学界对税收的认识经历了不同时期的发展与演变，对税收概念的界定虽没有达成共识，但也日趋合理与完善。如早期的"利益交换理论"和"社会公共需要理论"对税收的认识，虽然不具备经济学基础，但却奠定了税收思想的基础。这一时期对税收的概念认知被西方财税学界普遍接受，即"税收是纳税人为享用政府提供的公共产品和服务而支付的价格"。之后，学者对税收这一事物不断进行深入研究，对税收概念的认识又进入一个新层面，即提出税收是社会产品或资源从私人部门向政府的一种转移，并指出政府征税的目的是为了补偿政府的费用或者说是为了公共消费。⑧ 到了 20 世纪前期，西方经济学者对税收的认识已经非常充

---

① 坂入长太郎. 欧美财政思想史 ［M］. 张淳，译. 北京：中国财政经济出版社，1987.

② 马克思，恩格斯. 马克思恩格斯全集：第 19 卷 ［M］. 北京：人民出版社，1963：32.

③ 陈共. 财政学 ［M］. 7 版. 北京：中国人民大学出版社，2012.

④ 坂入长太郎. 欧美财政思想史 ［M］. 张淳，译. 北京：中国财政经济出版社，1987.

⑤ 塞里格曼. 租税各论 ［M］. 许炳汉，译. 北京：商务印书馆，1934.

⑥ 井手文雄. 日本现代财政学 ［M］. 陈秉良，译. 北京：中国财政经济出版社，1990.

⑦ 西蒙·詹姆斯，克里斯托弗·诺布斯. 税收经济学 ［M］. 罗晓琳，高培勇，译. 北京：中国财政经济出版社，2002.

⑧ 王玮. 税收学原理 ［M］. 2 版. 北京：清华大学出版社，2012.

分，明确了什么是税收，也在一定程度上界定了税收的性质与职能，如税收特征、征税目的、税收用途等。税收理论发展至20世纪后期，西方经济学者从经济运行的视角逐步衍生出关于税收的一些新的理论与思想，即由于外部性、公共产品与垄断等因素的存在，将会引发市场失灵问题，政府有责任也有必要实施宏观调控来弥补市场失灵，稳定并促进经济发展。税收则是政府进行宏观调控的重要工具之一，提出国家或者是地方税收，不仅具有提供公共产品的功能，还具有调节经济运行的功能，如矫正外部效应、调节收入差距、刺激有效需求、优化产业结构等。归结起来，这一税收理论是穿透市场失灵和宏观调控等理论来阐明税收存在的客观性和事实必要性。

根据以上提出的税收概念与税收理论流派的观点，本书认为税收是指一国公民（包括自然人和法人）为享受国家与政府提供的社会公共服务而必须支付的对价。税收的本质则是政府与社会公民之间的一种利益交换关系，或者说是政府与公民之间的一种权利与义务的关系。

第二节　税收的特征

一、税收的一般特征

虽然目前学界对税收范畴的界定没有达成广泛的共识，但根据其对税收理论与税收概念的认知，仍旧可以总结出税收的本质，我们将其归结为税收的一般特征。

（一）税收是政府取得财政收入的最基本形式

税收是政府取得财政收入的最基本形式，包含两个层面的意思。第一，税的征收权。税收是以政府为征收主体的，只有政府才对社会公民具有征税权，其他任何组织或机构均无权征税。第二，税收与财政收入的关系。一般来说，政府财政收入比税收的概念更为广泛，即不仅包括税收，还包括政府债务、国有企业利润上缴、公有财产收入、行政性收费与货币的财政发行等形式，这些都是政府获得财政资源的重要方式。不过相较而言，在这些财政收入形式中税收是政府使用最普遍、筹集财政资金最多、稳定性最强的一种。总之，税收是财政收入的最基本形式，也始终是各国政府最重要的财政收入来源。

（二）征税目的是为了满足社会公共需要

众所周知，迄今为止，任何社会、任何国家都会存在一定的社会公共需要。国家为满足社会公共需要而具有社会公共职能，政府则是社会公共职能的执行者。国家与政府在履行公共职能的过程中必然会消耗一定数量的社会资源，形成一定的公共财政支出。一般来说，这种财政支出不具有受益的排他性和使用的竞争性，容易引发社会公民的搭便车行为。因此，国家与政府不可能会采取让社会公民或社会组织自愿出价的方式来筹集资金，而只能采取强制征税方式。换言之，税收是国家获得社会资源的一种方式，而国家征税的目的是为了满足其提供公共产品与服务的财政需要。当然，国家征税同样要受到提供公共产品与服务目的的制约，税收必须用于满足提供公共产品与服务的资金需要，应尽可能地避免将税收用于非公共产品与服务项目。

（三）政府征税依托的是公共权力

一般意义上讲，国家具有双重身份，即公共财产的所有者与公共产品与公共服务的提供者。由此，国家同时拥有财产所有权和行政管理权两大权力。在财产所有权下，国家从其拥有的财产获得财产或产权收益。在行政管理权下，国家可以凭借行政权从其行政权力管辖范围以内的个人或经济组织处取得税收收入。政府之所以能够使用公共权力征税，是与社会共同需要的存在及政府以非市场化的方式提供公共产品和服务直接相关的。换言之，国家在满足社会公共需要的前提下，为整个社会提供公共产品与服务，并由国家作为公共权力的代表来行使征税权。

（四）税收依赖于法律形式进行

法律是由国家制定或认可，由国家强制力保证实施的，以规定当事人权利和义务为内容的，具有普遍约束力的一种特殊行为规范。从本质来看，法律体现的是国家意志，其行为规范具有强制性、公共性和普遍适用性。法律主要用于调整一个社会的经济关系与社会关系。税收是社会经济关系的一个重要方面，应在一定的法律规范下征收。政府既不能随意征税或多征税，社会公民也不能随意不纳税或少纳税，由此可见，税收必须借助于法律的形式来进行，双方的权利义务关系是通过税法来规范、约束和调整的。另外，国家征税的目的是为实现其公共职能，为公共产品与服务筹集资金。国家征税的对象是全体社会成员，若想保证征税的效率与公平，国家只能通过法律的形式，对社会成员的纳税行为进行科学、统一的规范。同时，由于公共产品与服务的非排他性与非竞争性等特征，以及征税引起经济组织和个人等主体经济利益的减少，导致纳税人容易产生"搭便车"的行为动机，进而形成国家与纳税人之间的利益冲突。基于此，国家只有利用法律的权威性，才能把税收秩序有效地建立起来，并保证税收及时、足额地上缴。

二、税收的形式特征

税收是最主要的财政收入形式，与其他财政收入形式相比，具有强制性、无偿性、固定性3个特征。

（一）强制性

税收的强制性是指国家凭借行政权，通过法律规范来确定国家作为征税者和社会公民作为纳税人的权利和义务关系。具体来说，税收的征收是通过国家法律或法规的颁布、执行而进行的，对任何单位和个人均具有强制的约束力，纳税义务人必须依照税法规定纳税，履行与纳税有关的义务，否则就要受到法律的制裁。这种权利和义务关系表现在三方面：第一，国家作为征税者具有向社会公民征税的权利，并同时承担向社会公民有效提供公共产品和公共服务的责任与义务；同时，社会公民作为纳税人具有分享国家提供的公共产品和公共服务利益的权利，并同时承担向国家纳税的义务。第二，政府征税是凭借政府行政权强制执行的，而不是凭借财产权协议解决的，这也是税收同利润、利息、地租等其他分配形式的区别所在。后者是以财产占有为依据的分配关系，而税收则是以国家政治权力为依据的分配关系，与生产资料和社会财产的所有方式和比例无直接关系，所以这种形式适用于各种所有制和个人。税收的强制性是税收作为一种财政范畴的前提条件，也是保证税收分配活动顺利进行，满足国家公共职能实现的必要保证。第三，税收的权利与义务关系是以法律形式来确定的，对政府与社会公民都具有法律约束力。

总之，税收的强制性是税收范畴最为明显的形式特征，这是由税收的本质所决定。税收是政府提供的公共产品与公共服务的价值体现，但由于公共产品与公共服务享用的非排他性与非竞争性等特性，以及政府向社会公民提供公共产品和公共服务的非排斥性特征，共同决定了分享公共产品与公共服务的消费者不可能自愿出价。政府只有采取强制征税的方式，才能使政府向社会提供公共产品和公共服务的价值得以补偿并维持下去。

（二）无偿性

税收与政府债务不同，政府债务到期要给债务购买者还本付息，也不像商品买卖一样可以直接等价交换。这是因为税收体现的是直接的无偿性，而债务与商品买卖体现的是直接的有偿性。税收的直接的无偿性是指税收征收后，不直接偿还给具体的对应纳税人，而是以公共产品或公共服务形式从整个社会角度间接返还给纳税人。同时，国家也无须为此做出某种预期的承诺或付出相应代价。而直接的有偿性体现的是一种直接的、一一对应的关系和至少是等量的关系，例如国家以债务人的身份向银行、企业、居民等债权人发行公债，届时向这些债权人还本付息，这就是有偿性。由此可见，税收的这种无偿性同国家债务所具有的有偿性是不同的。应当明确的是，税收的无偿性不是字面意义的"无偿"，其本质是指不具有直接偿还性或返还性，而是通过提供公共产品或公共服务等形式间接返还给纳税人。但因此也要认识到，每个纳税人所支付的税收可能与他从税收使用中享受的利益并不是对等的。

（三）固定性

税收的固定性是指在征税前就以法律的形式规定征税对象和征税数额的比例等，征纳双方都要遵循。一般说来，纳税义务人只要取得了应税收入，发生了应税行为，拥有了应税财产，就要按照法律规范的要求纳税，不得违反。同样，政府及其征收机关也只能按照税法规定来征税，不能随意更改。当然，税收的固定性也不是绝对的，随着社会生产力和生产关系的发展变化，经济的发展状况，以及国家利用税收杠杆的需要，税收的征税对象、税目、税率不可能永远不变，通过一定的法律程序，也可做相应调整和修改乃至变更、停征等。税收的固定性因而也是相对的。

综上所述，税收的"强制性、无偿性、固定性"这三个特征是互相联系的。强制性是无偿性的基础，强制性和无偿性决定着固定性。随着时代的发展变化，税收特征也在演进，例如强制性与自愿性、无偿性与有偿性、固定性与灵活性等在交替变化，这种变化体现了税收内涵的丰富与发展。税收的特征是税收区别于其他财政收入的基本标志，它们反映了税收的共性。

第三节 税收的职能

在不同的历史时期和不同的社会形态下，甚至在不同的国家，税收的职能表现都是不同的。本书将从政府与市场的关系、政府与居民的关系等视角出发，分析税收的职能。本书认为，税收职能主要包括配置资源、调节收入分配、稳定经济这三大职能。

一、配置资源职能

税收具有通过其运行，引导人才和物力的流向，最后形成一定的资产结构、产业结构、技术结构和地区结构的功能。其职能目标是保证全社会的人力、物力和财力资源得到有效的利用，通过税收分配最终实现资源的优化配置，以满足社会及成员的需要。

在社会主义市场经济条件下，税收之所以具有配置资源的功能，在于市场存在缺陷而不能提供有效的资源配置。配置资源是市场机制的职能，即市场机制是配置资源的主要形式，市场"看不见的手"在配置人力、物力、财力资源方面有着重要的作用，但是市场配置资源是基础性的，而且市场也有自身的弱点和消极方面。例如生产和消费的供求信息不足，资源的转移受到限制等。市场对生产和消费偏重于内在成本和效益，但从整个社会来考察，不仅应注意内在成本和效益，而且还应注重外在成本和效益（就市场中的水力发电站而言，内在效益是发电的利润，外在效益除供电区域的工业发展外，还有航行、灌溉、防洪等效益；内在成本是企业的基建和经营成本，外在成本是企业之外的代价，如水库中淹没农田和水坝影响鱼类交游繁殖就是外在成本。内在效益与外在效益的总和是社会效益；内在成本与外在成本的总和是社会成本）。市场只能提供具有市场供求关系、能够获得直接报偿的市场商品和劳务（西方经济理论称为私人产品），而不能囊括社会需要的全部商品和劳务（如公共卫生、行政管理、国防等）。市场的基础性作用及其存在的弱点与消极方面，可由税收的配置资源职能来调控和克服。那么，税收配置资源的职能是怎样实现的呢？税收在配置资源的过程中，必须采用一系列的手段。例如，设置或取消税种、税率或减免税优惠等，不仅可以直接作为配置资源的形式，而且可以调节全社会资源配置的过程，决定或影响资源配置的数量和方向。

二、调节收入分配职能

税收具有通过其运行调整各分配主体的物质利益关系的功能。其职能目标是实现国民收入和财富分配的公平合理，调整国家与企业、个人之间，企业和企业之间，个人和个人之间的分配关系。

在社会主义市场经济条件下，税收之所以具有分配收入的职能，就在于市场机制的缺陷造成收入和财富分配的不公平。本来，分配收入是市场机制的职能，即市场机制是分配收入的主要形式。在生产要素市场上，各要素主体作为分配的参与者，企业和个人分别取得利润（或利息）、租金和工资，以及补贴、福利等，国家则主要以税收等形式取得收入。但是，仅有这一层次的分配是不够的，因为税收在实现国家的职能时，不仅是市场的参与者，而且是市场的调节者；国家除了以生产资料所有者的身份参与分配之外，而且还要以社会所有者的身份参与分配。就企业和个人而言，市场中讲求效率，但会使收入分配出现不公平的情况，何况市场机制对没有劳动能力的人下了照顾。市场的基础性作用及其存在的弱点和消极方面，正是由税收的分配收入职能来调控和克服的。

那么，税收的分配收入职能是怎样实现的呢？税收在分配收入的过程中，主要通过充分体现按支付能力原则的诸税种及其要素的优化组合等，调整并改变市场机制造成的情况，调节国家与企业、个人之间的分配关系，调节企业与企业之间的分配关系，调节个人与个人之间的分配关系，使之公平合理。

三、稳定经济职能

19 世纪末至 20 世纪中叶，随着资本主义从自由走向垄断，西方资本主义国家也逐步从经济自由主义转向国家干预经济的凯恩斯主义；与此同时，作为国家宏观调控的经济手段之一的税收和法律手段之一的税法，其经济调节等职能被重新认识并逐渐加以充分运用。如今在市场经济日益向国际化和全球趋同化方向发展的趋势下，世界各国在继续加强竞争立法，排除市场障碍，维持市场有效竞争，并合理有度地直接参与投资经营活动的同时，越来越注重运用包括税收在内的经济杠杆对整个国民经济进行宏观调控，以保证社会经济协调、稳定和发展，也就满足了人民对经济持续发展、社会保持稳定的需要。简言之，税收具有通过其运行稳定经济并有适度增长的功能。其职能目标是保持劳动力的充分就业、物质资源的充分利用、稳定的物价、有利的国际收支和适度的经济增长。

在社会主义市场经济条件下，税收之所以具有稳定经济的职能，就在于市场存在缺陷且不能自动调节并稳定经济，以致经济波动的幅度可能愈益变大。稳定经济和经济增长是市场机制的职能，即市场机制在稳定经济和增长经济方面起着基础性的作用，市场能够随"看不见的手"在一定程度、范围、对象、内容方面调节和稳定经济。但是，市场也有其弱点和消极方面，市场经济活动是有周期的，会出现经济波动的状态，会导致供给和需求总水平的不稳定，而市场竞争又可能受其外部干扰出现不足够、不充分的情况。市场的基础性作用及其存在的弱点和消极方面，正是由税收的稳定经济职能来调控和克服。

那么，税收的稳定职能是怎样实现的呢？促进经济稳定增长的主要任务是调节总供给和总需求的平衡，这就需要政府通过财政收支、信贷收支、外汇收支和物资供求来配套进行。就税收而言，它是调节总供给和总需求平衡的重要手段。在经济滑坡时期，总需求小于总供给，政府可通过减少税收，或同时增加支出来扩大总需求，增加投资和就业；在经济繁荣时期，总需求大于总供给，政府可通过增加税收，或同时减少支出来减少总需求，紧缩投资、抑制通货膨胀。总之，通过税收和支出的松紧搭配，相机抉择，决定或影响总需求和总供给的平衡，决定或影响经济的运行态势，使整个经济协调、稳定地发展，并有适度的增长。

参考文献：

［1］ARTHUR CECIL PIGOU. The Economics of Welfare（1920）［M］. 4th ed. London：Macmillan，1932.

［2］斯蒂芬·巴克勒. 自然法与财产权理论：从格劳秀斯到休谟［M］. 周清林，译. 北京：法律出版社，2014.

［3］霍布斯. 利维坦［M］. 黎思复，黎廷弼，译. 北京：商务印书馆，1936。

［4］洛克. 政府论（上、下）［M］. 叶启方，瞿菊农，译. 北京：商务印书馆，1964.

［5］孟德斯鸠. 论法的精神［M］. 许明龙，译. 北京：商务印书馆，2012.

［6］卢梭. 社会契约论［M］. 李平沤，译. 北京：商务印书馆，2011.

［7］保罗·萨缪尔森，威廉·诺德豪斯. 经济学［M］. 19 版. 萧琛，译. 北京：商务印书馆，2013.

［8］马克思，恩格斯. 马克思恩格斯全集：第 19 卷［M］. 北京：人民出版社，1963.

［9］陈共. 财政学［M］. 7 版. 北京：中国人民大学出版社，2012.

［10］王玮. 税收学原理［M］. 2 版. 北京：清华大学出版社，2012.

［11］崔连仲. 世界通史［M］. 古代卷. 北京：人民出版社，2004.

［12］王三义. 古罗马"赋税名目"考略［J］. 史学月刊，2002（6）：87-91.

［13］史记·夏本纪，转引自王成柏，孙文学. 中国赋税思想史［M］. 北京：中国财政经济出版社，1995.

［14］马国强. 税收学原理［M］. 北京：中国财政经济出版社，1991.

［15］小川乡太郎. 租税总论［M］. 萨孟武，译. 北京：商务印书馆，1934.

［16］萨伊. 政治经济学概论［M］. 陈福生，陈振骅，译. 北京：商务印书馆，1982.

［17］坂入长太郎. 欧美财政思想史［M］. 张淳，译. 北京：中国财政经济出版社，1987.

［18］哈维·罗森. 财政学［M］. 郭庆旺，赵志耘，译. 北京：中国人民大学出版社，2000.

［19］亚当·斯密. 国民财富的性质和原因的研究［M］. 唐日松，译. 北京：华夏出版社，2013.

［20］塞里格曼. 租税各论［M］. 许炳汉，译. 北京：商务印书馆，1934.

［21］井手文雄. 日本现代财政学［M］. 陈秉良，译. 北京：中国财政经济出版社，1990.

［22］西蒙·詹姆斯，克里斯托弗·诺布斯. 税收经济学［M］. 罗晓琳，高培勇，译. 北京：中国财政经济出版社，2002.

［23］杨斌. 税收学［M］. 2 版. 北京：科学出版社，2011.

［24］斯蒂芬·巴克勒. 自然法与财产权理论：从格劳秀斯到休谟［M］. 周清林，译. 北京：法律出版社，2014.

［25］郭庆旺. 公共经济学大辞典［M］. 北京：经济科学出版社，1999.

［26］项怀诚，郑家享. 新财税大辞典［M］. 北京：中国统计出版社，1995.

13

第二章
税制要素、结构和来源

第一节　税制要素

不同时期不同税制有着不同的内容和特点，但都有着相同的税制要素，它规定了对什么征税、征多少税、如何征税等基础内容，这些就是税收制度的基本要素。税制要素通常包括纳税人、征税对象、税率、纳税环节、纳税期限、减免税、违章处理等。其中纳税人、征税对象和税率是税收制度的基本要素。纳税人代表经济活动中需要纳税的主体，征税对象代表经济活动中需要纳税的事项，这两者体现了征税的广度；税率直观上代表纳税人的税收负担，体现了征税的深度。纳税人、征税对象、税率直接关系纳税人与国家的利益分配以及国家对经济活动的干预程度，并影响着各方面的积极性。

一、纳税人

纳税人是指税法中规定的直接负有纳税义务的单位或个人。每种税收都有各自的纳税人。纳税人究竟是谁，一般随课税对象的确定而确定。例如个人所得税中工资、薪金所得，其纳税人是有工资、薪金所得的个人，房产税的纳税人是产权所有人或者使用人。同一种税，纳税人可以是企业、单位和个人。以增值税为例，如果是对企业生产销售的产品征税，纳税人是企业；如果是个人销售的产品，纳税人就是个人。

纳税人主要分为三类。第一类是自然人，是指具有权利主体资格，能够以自己的名义独立享有财产权利，承担义务并能在法院和仲裁机关起诉、应诉的个人。第二类是个体工商户，是指有经营能力并依照《个体工商户条例》的规定经工商行政管理部门登记，从事工商业经营的公民。第三类是法人，是指有独立的组织机构和独立支配的财产，能以自己的名义参加民事活动，享受权利并承担义务，依法成立的社会组织。在中国，一切享有独立预算的国家机关和事业单位，各种享有独立经费的社会团体，各种实行独立核算的企业等都是法人。其中，企业是最主要的纳税人。这里所说的企业，是指从事生产、流通或服务等活动并实行独立核算的经济组织，它可以是工厂、商店、银行，也可以是具有同样性质的各种公司。

纳税人必须依法向国家纳税，否则要受到法律的制裁，例如加收滞纳金，处以罚款等。纳税人在履行纳税义务的同时，也有自己的权益，例如依法享受减免税的权利，依法要求税务部门为自己的经济活动保密的权利，依法打税务官司的权利等。税务部门要自觉维护纳税人的权益。

二、征税对象

征税对象是税法最基本的要素，因为它体现着征税的最基本界限，决定着某一种税的基本征税范围。同时，征税对象也决定了各个不同税种的名称。如消费税、土地增值税、个人所得税等，这些税种因征税对象不同、性质不同，税名也就不同。征税对象随社会生产力的发展而变化。在自然经济中，土地和人口是主要的征税对象。在商品经济中，货物、劳务、企业利润和个人所得等成为主要的征税对象。

征税对象按其性质的不同，通常可划分为流转额、所得额、财产、资源、特定行为五大类，因此也将税收分为相应的五大类，即流转税或称商品和劳务税、所得税、财产税、资源税和特定行为税。目前针对流转额征税的税种有增值税、消费税、关税等，征税对象为商品或服务的销售收入；对所得额征税的税种有个人所得税和企业所得税，征税对象为个人的应税所得和企业利润；对财产征税的税种有房产税等，征税对象为房屋价值；资源税以原油、天然气、煤炭等自然资源作为征税对象；针对特定行为征税的税种有印花税、证券交易税等，征税对象为经济合同和证券交易行为等。

三、税率

税率是对征税对象的征收比例或者征收额度，是衡量税负轻重的重要指标，一般可分为比例税率、定额税率和累进税率等类别。

1. 比例税率

比例税率即对同一征税对象，不分数额大小，规定相同的征税比例。我国的增值税、消费税、关税、企业所得税等采用的是比例税率。比例税率在适用中又可分为三种具体形式：单一比例税率、差别比例税率、幅度比例税率。

单一比例税率，是指对同一征税对象的所有纳税人都适用同一比例税率。

差别比例税率，是指对同一征税对象的不同纳税人适用不同的比例征税。具体又分为三种形式：产品差别比例税率，即对不同产品分别适用不同的比例税率，同一产品采用同一比例税率，如消费税、关税等；行业差别比例税率，即按不同行业分别适用不同的比例税率，同一行业采用同一比例税率，如增值税等；地区差别比例税率，即区分不同的地区分别适用不同的比例税率，同一地区采用同一比例税率，如城市维护建设税等。

幅度比例税率，是指对同一征税对象，税法只规定最低税率和最高税率，各地区在该幅度内确定具体的使用税率。

2. 定额税率

定额税率是税率的一种特殊形式。它不是按照课税对象规定征收比例，而是按照征税对象的计量单位规定固定税额，因此又称为固定税额，一般适用于从量计征的税种。在具体运用上又分为以下几种：①地区差别税额，即为了照顾不同地区的自然资源、生产水平和盈利水平的差别，根据各地区经济发展的不同情况分别制定不同的税额，如资源税；②幅度税额，即中央只规定一个税额幅度，由各地根据本地区实际情况，在中央规定的幅度内，确定一个执行数额，如城镇土地使用税；③分类分级税额，即把课税对象划分为若干个类别和等级，对各类各级由低到高规定相应的税额，等级高的税额高，等级低的税额低，具有累进税的性质，如对香烟征收的消费税。

3. 累进税率

累进税率是指按征税对象数额的大小，划分若干等级，每个等级由低到高规定相应的税率，征税对象数额越大税率越高，数额越小税率越低。累进税率因计算方法和依据的不同，又分以下几种：①全额累进税率，即对征税对象的金额按照与之相适应等级的税率全额计算税额；②超额累进税率，即把征税对象按数额大小划分为若干等级，每个等级由低到高规定相应的税率，每个等级分别按该级的税率计算税额；③超率累进税率，它与超额累进税率的原理相同，只是税率累进的依据不是征税对象的数额而是征税对象的某种比率。在以上几种不同形式的税率中，全额累进税率的优点是计算简便，但在两个级距的临界点的税负不合理。超额累进税率和超率累进税率的计算比较复杂，但累进程度缓和，税收负担较为合理。

四、纳税环节

纳税环节是课税客体在运动过程的诸环节中依税法规定应该纳税的环节。国家在规定某种征税对象时，必须明确规定其纳税环节，即发生纳税义务的时间和场所。商品经济条件下，商品从生产到消费通常经过产制、商业批发、商业零售等环节。商品课税的纳税环节，应当选择在商品流转的必经环节。

按照纳税环节的多少，可将税收课征制度划分为两类，即一次课征制和多次课征制。一次课征制是指一种税收在各个流通环节只征收一次税，如消费税。一次课征制税源集中，可以避免重复征税。多次课征制是指一种税收在各个流通环节选择两个或两个以上的环节征税。如增值税采取的就是多次课征制，即应税产品在产制和销售环节都要征税。

任何税种都要确定纳税环节，有的比较明确、固定，有的则需要在许多流转环节中选择确定。确定纳税环节，是流转课税的一个重要问题。选择纳税环节的原则有：①税源比较集中；②征收比较方便，借以保证财政收入，加强税收的征收管理和监督。它关系到税制结构和税种的布局，关系到税款能否及时足额入库，同时关系到企业的经济核算和是否便于纳税人缴纳税款等问题。因此，往往需要权衡利弊，择善从之。

五、纳税期限

纳税期限，是指纳税人按照税法规定缴纳税款的期限。确定纳税期限，包含两方面的含义：一是确定结算应纳税款的期限，即多长时间纳一次税。二是确定缴纳税款的期限，即纳税期满后税款多长时间必须入库。比如，企业所得税在月份或者季度终了后15日内预缴，年度终了后5个月内汇算清缴，多退少补。不能按照固定期限纳税的，可以按次纳税。

纳税期限是负有纳税义务的纳税人向国家缴纳税款的最后时间限制。它是税收强制性、固定性在时间上的体现。任何纳税人都必须如期纳税，否则就是违反税法，将受到法律制裁。

确定纳税期限，要根据课税对象和国民经济各部门生产经营的不同特点来决定。如流转课税，当纳税人取得货款后就应将税款缴入国库，但为了简化手续，便于纳税人经营管理和缴纳税款（降低税收征收成本和纳税成本），可以根据情况将纳税期限确定为1天、3天、5天、10天、15天或1个月。

六、减税免税

减税是对应纳税额少征一部分税款。免税是对应纳税额全部免征。减税免税是对某些纳税人和征税对象给予鼓励和照顾的一种措施。减税免税的类型有：一次性减税免税、一定期限的减税免税、困难照顾型减税免税、扶持发展型减税免税等。把减税免税作为税制构成要素之一，是因为国家的税收制度是根据一般情况制定的，具有普遍性，但不能照顾不同地区、部门、单位和个人的特殊情况。设置减税免税，可以把税收的严肃性和必要的灵活性结合起来，体现因地制宜和因事制宜的原则，更好地贯彻税收政策。

与减免税有直接关系的还有起征点和免征额两个要素。其中，起征点是指开始计征税款的界限。课税对象数额没达到起征点的不征税，达到起征点的就全部数额征税。免征额是指在课税对象全部数额中免予征税的数额。它是按照一定标准从课税对象全部数额中预先扣除的数额，免征额部分不征税，只对超过免征额部分征税。起征点和免征额具有不同的作用。起征点的设置前提主要是纳税人的纳税能力，是对纳税能力小的纳税人给予的照顾。免征额的设置虽然也有照顾纳税能力弱的人的意思，但其他因素也是考虑的因素，如在个人所得税中如果规定赡养老人可以享受一定的税前扣除额、一定的子女教育费用的税前扣除额等，考虑的一是社会效应，二是公平原则。

减免税收主要有以下三种方式：①税基式减免，即通过直接缩小计税依据的方式来实现的减税免税，具体包括起征点、免征额等；②税率式减免，即通过直接降低税率的方式来实现减税免税；③税额式减免，即通过直接减少应纳税额的方式来实现的减税免税，具体包括全部免征、减半征收等。

七、违章处理

违章处理，是对纳税人违反税收法规行为所采取的处罚措施，其目的是保证税收法令的贯彻执行，体现税收的强制性。税收违章行为包括：①违反税务管理基本规定，如纳税人未按规定办理税务登记、纳税申报等。②偷税，如纳税人伪造、变造、隐匿、擅自销毁账簿、记账凭证，或者在账簿上多列支出，或者不列、少列收入，或者经税务机关通知申报而拒不申报，或者进行虚假纳税申报，不缴或者少缴应纳税款的行为。③逃税，纳税人逃避追缴欠税。④骗税，纳税人骗取国家出口退税等。⑤抗税，纳税人以暴力、威胁方法拒不缴纳税款。对违章行为的处理措施，可以根据情节轻重，分别采取以下方式进行处理：批评教育、强行扣款、征收滞纳金、处以税务罚款、追究刑事责任等。

八、纳税地点

纳税地点，是指根据各个税种纳税对象的纳税环节和有利于对税款的源泉控制而规定的纳税人（包括代征、代扣、代缴义务人）的具体纳税地点。规定纳税人申报纳税的地点，既要有利于税务机关实施税源控管，防止税收流失，又要便利纳税人缴纳税款。

我国税收制度对纳税地点规定的总原则是纳税人在其所在地就地申报纳税。同时考虑到某些纳税人生产经营和财务核算的不同情况，对纳税地点也做了不同规定。主要方式有：①企业所在地纳税。如增值税及企业所得税等，除另有规定者外，由纳税人向其所在地税务机关申报纳税。②营业行为所在地纳税。主要适用于跨地区经营和临时经营的纳税人。③集中纳税。对少数中央部、局实行统一核算的生产经营单位，由主管部、局集中纳税。④口岸纳税。主要适用于关税。进出口商品的应纳关税，在商品进出口岸地，由收、发货人或其代理人向口岸地海关纳税。

第二节　税收分类

税收分类，是指按一定标准对各种税收进行的分类。一个国家的税收体系通常是由许多不同的税种构成的，每个税种都具有自身的特点和功能，但用某一个特定的标准去衡量，有些税种具有共同的性质、特点和相近的功能，从而区别于其他各种税收而形成一类。对税收进行科学的分类，不仅能够揭示各类税收的性质、特点、功能以及各类税收之间的区别与联系，还有利于建立合理的税收结构，充分发挥各类税收的功能与作用，而且对于研究税收发展的历史过程、税源的分布与税收负担的归宿以及中央与地方政府之间税收管理和支配权限的划分都具有重要的意义。一般常用的税收分类主要有以下几种。

一、以税收的征税对象为标准的分类

以税收的征税对象为标准，税收可以分为流转税类（商品劳务税类）、所得税类、财产税类和行为税类等。这是最基本的税收分类方法，为世界各国所普遍使用。所谓流转税类，一般是指对商品的流转额和劳务的营业额所征收的税收，如消费税、增值税、营业税、关税等。所谓所得税类，一般是对纳税人各种所得征收的税收，如企业所得税（公司所得税）、个人所得税等。所谓财产税类，一般是指对属于纳税人所有的财产或归其支配的财产数量或价值额征收的税收，如房产税、契税、车船税，遗产与赠与税等。所谓行为税类，是指以某些特定行为为课税对象的税，如印花税等。

二、以税收负担是否容易转嫁为标准的分类

以税收负担是否容易转嫁为标准，税收可以分为直接税和间接税两大类。直接税是指直接向个人或企业开征的税，包括对所得、劳动报酬以及财产的征税。一般来讲，这类税的税收负担转嫁比较困难，因此，纳税人一般就是承担税收负担的人。而间接税主要是对商品和服务征收的税，税收负担通过价格转嫁相对比较容易，从而使纳税人与实际负税人发生一定分离，因而称为间接税。间接税主要包括增值税、消费税和关税等税种。

从目前世界各国的税制情况来看，由于间接税征收比较方便，加之，如果一国经济不太发达，国民收入不高，或者征税信息不充分，税收征管能力不强，人们的纳税意识不高，税制结构一般以间接税为主；相反，则以直接税为主，或者是直接税和间接税并重。

三、以管理权限为标准的分类

以税收的管理权限为标准，税收可以分为中央税、地方税及中央地方共享税等。中央税是由一国中央政府征收、管理和支配的一类税收，又简称为国税。在实行中央与地方分税制的国家，通常是将一些收入充足和稳定的税种作为中央税。由于各国税收管理体制不同，中央税的划分和规模各有不同的特点。地方税是由一国地方政府征收、管理和支配的一类税收。中央地方共享税是由中央和地方政府按一定方式分享收入的一类税收。共享税的分享方式主要有附加式、分征式、比例分成式等。我国的共享税主要有增值税、资源税、个人所得税、企业所得税和证券交易税等。各国基本上根据自己的国情选择分税方式。分税方式应尽可能满足各级政府对事权（支出责任）与财力相匹配的要求，需要充分考虑调动各级政府的积极性。

四、以征收实体为标准的分类

以税收的征收实体为标准，税收可以分为实物税、货币税和劳役税三类。实物税是指纳税人以实物形式缴纳的税收。税收最早是以实物形式缴纳的。如中国奴隶社会的"贡""彻"，封建社会的"田赋"等，都属于实物税。此外，政府也采用劳役形式征收税收。凡以货币形式缴纳的税，为货币税。货币税是当今市场经济国家最普遍、最基本的税收形式。

五、以税收的计税依据为标准的分类

以税收的计税依据为标准，税收可以分为从价税和从量税。凡是以课税对象的价格或金额，按一定税率计征的税种，都是从价税。一般来说，依据课税对象的价格或金额从价定率计算征税，可以使税收与商品或劳务的销售额、增值额、营业额

以及纳税人的收益密切相连，能够适应价格、收入的变化。从量税是按照商品的重量、数量、容量、长度和面积等计量单位为标准计征的税收。从量税的应税额随着课征商品数量的变化而变化，其税负高低与价格无关。我国目前的税收主要以从价税为主。

六、以税收与价格的关系为标准的分类

以税收与价格的关系为标准，税收可以分为价内税和价外税。凡税金构成价格组成部分的为价内税。凡税金作为价格之外附加的，称为价外税。与之相适应，价内税的计税依据为含税价格，价外税的计税依据为不含税价格，如增值税。

第三节　税制结构

一、基本概念

税制结构是指税收收入总量中各项税收所占比重的结构关系。一般包括税种设置、各税种在税收体系中的地位及其相互关系等。一定时期的税制结构与当时的生产力发展水平、经济模式以及财政目的有紧密的关系。根据税种的多少，一般税制结构可分为两种：单一税制和复合税制。单一税制结构是指国家在一定时期内只开征一个税种的税制模式。采用这种税制模式，一般收入弹性不大，国家的财政收入难以单纯依靠税收来满足，因此，目前世界上很少国家采用这种税制模式。复合税制结构是指一个国家征收多种税的税制模式。采用这种税制模式，由于税种较多，不仅能够集中较多的财政收入，而且比单一税制更能贯彻普遍征收和公平税负的原则，因而目前世界上绝大多数国家都采用这种税制模式。

在复合税制中，一般都存在主体税的选择问题。在流转税、所得税、财产税和特定行为税中，有的可以充当主体税种，有的只能充当辅助税种。主体税种是普遍征收的税种，其收入占税收总额的比重大，在税收体系中发挥着主导作用，决定着税收体系的性质和主要功能。辅助税种是主体税种的补充。目前，主体税主要有三种基本类型：以所得税为主体税、以商品税为主体税、以所得税和商品税为双主体税。一个国家选择哪种类型的税制，与其经济发展水平和税收征管水平有直接关系。通常经济发展水平和税收征管水平较高的国家多选择所得税为主体税，如美国等国，或者是所得税和商品税并重，如欧盟各国。而经济发展水平和税收征管水平较低的国家多选择商品税为主体税。随着经济发展水平和税收征管水平的提高，原来选择以商品税为主体税的国家，所得税的比重一般会逐步增加，最终形成所得税和商品税并重的税收结构，或者形成以所得税为主的税制结构。

由表 2-1 可知我国目前的税制结构以流转税为主，其他税种为辅。2019 年，增值税占比约为 45.1%，消费税占比约为 7.8%，企业所得税占比约为 21.8%，个人所得税占比约为 6.0%。增值税和消费税占比超过 50%。目前增值税是我国第一大税种，"营改增"后，接近一半的税收收入来自增值税。企业所得税有缓慢上升的

趋势，是我国税制中的重要税种。

表 2-1 我国的税制结构

单位：%

年份	总税收/万亿	增值税	营业税	消费税	企业所得税	个人所得税
2000	1.186	36.2	15.9	7.3	14.9	5.6
2005	3.087	37.5	13.7	5.5	17.9	6.8
2010	7.739	28.8	14.4	8.7	18.8	6.3
2015	12.489	25.8	15.5	8.4	21.7	6.9
2019	17.211	45.1	—	7.8	21.8	6.0

注：企业所得税包括外商投资企业和外国企业所得税。

数据来源：中国税务年鉴、财政部网站。

科学、合理的税制结构的基本要求：第一，税收制度覆盖面广，要涉及经济社会的方方面面；第二，税种选择要符合经济社会发展水平，尤其是主体税种的选择要适合国情；第三，税收负担要适度，要体现税收的财政、公平与效率三大原则；第四，要方便征收管理；第五，税收成本（包括征税成本和纳税费用）要低。

二、税制结构的影响因素

1. 经济发展水平

经济发展水平是税制结构的根本制约因素。经济发展水平体现在社会生产力上，社会生产力水平决定着生产的效率，决定着可供分配的剩余产品的多少，进而决定着国家开征什么样的税种，并以何种税收为主体，何种税收为补充，以及主、辅之间的配合关系。从世界上许多国家税制结构的发展情况来看，在自然经济条件下，由于其高度的自给自足和经济核算的缺乏，所以只能以征收土地税、房屋税等财产税为主。商品税即使存在，其相对数量也较少，作用也微乎其微。随着经济发展水平的提高，商品经济逐渐取代自然经济，财产税的主体地位也逐渐被商品和劳务税所取代。在工业化实现之后，随着经济发展水平的进一步提高，国民所得的增加，所得税开始成为主体税种。

2. 政府的政策目标

在不同的国家或同一国家的不同历史时期，由于政府的政策目标不同，税制结构也有所不同。发达国家在强调市场效率的同时也强调对收入分配差距的调节，所以，实行以所得税为主体，或者以所得税和商品税为主体的税制结构。多数发展中国家强调效率优先，以筹集资金，实现经济社会发展为目标，实行以流转税为主体的税制结构。从历史发展看，自由资本主义时期对经济的调节主要靠"看不见的手"，政府仅仅充当"守夜人"的角色，对经济的干预较少。因此仅征收一定数量的商品税就大致可以满足需要。但随着经济的发展，市场失灵越来越明显，要求政府的介入。由于政府职能范围的扩展，其对经济的投资、转移支付等也需要大量的资金，导致对税收收入的巨大需求，仅靠商品税已无法满足。与此同时，调节产业结构、调节收入分配、建立社会保障制度、保护环境等需要也日益迫切，因而政府开始征收一些除了具有一定的财政意义同时还具有明显的调节功能的税收，税收结构趋于复杂，于是，所得税开始占据了重要地位。

3. 税收征管水平

税收征管水平是税制结构形成的重要制约因素。按照税基的确定、计税方法的难度、监督检查的有效程度来划分，不同税种对征管环境的要求是不一致的。消费税、营业税等税种只按销售收入来计税，对征管水平的要求相对较低；增值税、企业所得税和个人所得税则要求纳税人有较完善的会计和财务核算，较强的纳税意识，要求税务部门的征管制度健全，征管水平比较高。因此，间接税的征管要求和征收成本一般要明显低于直接税。反映在税制结构的选择上，税种的设置必须考虑到征管条件的约束。

4. 历史文化传统

一定的历史文化传统，如社会传统，人们的观念、道德、纳税意识等对税收结构的形成也有影响。

综上所述，一国税制结构的形成是上述各因素影响的结果，而不是少数理论家设计的结果。因此，税制结构的形成必须立足于本国国情，既不能照搬别国模式，也不能凭空设计。只有符合经济发展规律和国情的税制结构才能达到推动经济和社会发展的目的。

第四节　税收的来源

税收收入的来源，主要包括考察税收收入的部门构成、地区构成、企业所有制构成三种形式。正确地认识税收收入的来源构成，对于把握税收收入的变化规律，预测税收收入的发展趋势，制定正确的税收政策，具有重要的意义。

一、税收的所有制构成

税收的所有制构成，是指各种经济成分提供的税收收入占整个税收收入的比重。表 2-2 显示了我国税收的所有制构成情况，从中可知，目前纳税最多的是股份公司，其次是其他企业，然后是国有企业、私营企业、集体企业。从税收的贡献度来看，国有企业的占比在逐年下降，从 2000 年的 41.5% 降低到 2019 年的 8.1%，股份公司势头良好，占比一直在增加，从 2000 年的 19.9% 上升到 2019 年的 49.2%。私营企业从 2000 年的 3.5% 上升到 2019 年的 16.5%。其他类型的企业的税收收入占比先上升后下降，2019 年的占比为 25.9%。集体企业的纳税份额在 2000 年时占比还比较重要，为 8.6%，但到 2019 年仅占 0.3%。税收所有制构成的变化反映了改革开放以来，随着我国社会主义市场经济体制的确立和完善，各类经济成分的巨大变化。

表 2-2　我国税收的所有制构成　　　　　　　　单位：%

年份	国有企业	集体企业	股份公司	私营企业	其他企业
2000	41.5	8.6	19.9	3.5	26.4
2005	24.8	3.0	34.5	9.0	28.7
2010	15.5	1.1	43.5	10.6	29.3
2015	11.8	0.6	50.4	9.6	27.6
2019	8.1	0.3	49.2	16.5	25.9

注：其他企业包括联营企业、港澳台投资企业、外商投资企业、个体经营和内资企业的其他企业等。

数据来源：中国税务年鉴。

二、税收的地区构成

改革开放后我国逐步形成了四大经济发展区域，即东部地区、东北地区、中部地区和西部地区。改革开放以来，东部地区由于得风气之先，经济发展迅速，因而占全国总税收的比重一直在 60% 以上，遥遥领先。但随着"西部大开发"和"中部崛起"的区域发展战略的实施，2005 年以来，东部地区对总税收的贡献度在缓慢下降，而中部和西部地区的贡献度正在逐步上升。因此可以预见，随着区域发展战略的逐步完善和中国经济的协调发展，税收的地区结构还将发生进一步的优化。我国税收的地区构成见表 2-3。

表 2-3　我国税收的地区构成　　　　　　　　单位：%

年份	东部地区	东北地区	中部地区	西部地区
2000	63.5	10.2	12.2	14.0
2005	66.6	9.3	12.0	12.1
2010	64.6	9.4	12.4	13.6
2015	62.9	8.3	13.8	15
2019	61.2	5.7	17.3	16.7

注：东北地区包括黑龙江省、吉林省、辽宁省；中部地区包括山西省、河南省、湖北省、湖南省、江西省、安徽省；东部地区包括北京市、天津市、河北省、山东省、江苏省、上海市、浙江省、福建省、广东省、海南省；西部地区包括重庆市、四川省、广西壮族自治区、贵州省、云南省、陕西省、甘肃省、宁夏回族自治区、新疆维吾尔自治区、青海省、西藏自治区、内蒙古自治区。

数据来源：中国税务年鉴。

三、税收的部门构成

税收的部门构成是从国民经济部门构成的角度分析税收收入的来源构成。这里的国民经济结构包括两重含义：①指传统意义上的国民经济结构，如工业、农业、建筑业、交通运输业及服务业等；②指现代意义上的产业结构，即第一产业、第二产业和第三产业。分析税收的部门构成对于明确各经济部门以及不同的经济部门结构对税收收入的影响，判断增加税收收入的途径具有重要意义。

从表 2-4 可以看出，从 2000 年开始我国的第一产业税收贡献度一直在 0.1% 左右，占比很低，因而不是税收收入的重要来源。第二产业的税收贡献度经历了一个上升到下降的过程，2000—2010 年第二产业的贡献度最大，占比达 50% 以上；第三产业的税收贡献度达 40% 以上，而且与第二产业的差距在逐步缩小。到了 2015 年，第三产业的税收贡献度开始超过了第二产业，第二产业占比为 45.2%，而第三产业占比达 54.7%。这说明我国的第三产业发展迅速，不但能大量地吸纳就业，创造产值，而且在税收贡献方面的作用也越来越重要。

表 2-4　我国税收的产业构成　　　　单位：%

年份	第一产业	第二产业	第三产业
2000	0.1	56.9	43
2005	0	59.3	40.7
2010	0.1	52.5	47.4
2015	0.1	45.2	54.7
2019	0.1	42.9	57

数据来源：中国税务年鉴。

参考文献：

［1］郭庆旺，赵志耘. 公共经济学［M］. 北京：高等教育出版社，2010.

［2］杨志勇. 税收经济学［M］. 沈阳：东北财经大学出版社，2011.

［3］约瑟夫·E. 斯蒂格利茨. 公共部门经济学［M］. 郭庆旺，译. 3 版. 北京：中国人民大学出版社，2013.

［4］中国注册会计师学会. 税法［M］. 北京：经济科学出版社，2015.

第三章
税收原则

- -

第一节　西方的税收原则

在长期的税收实践中形成的税收原则是税收制度建立、改革和完善所遵循的指导思想。近年来，人们习惯说的治税思想，实际上就是指税收原则。从国内到国外，税收自产生起便有了税收原则，只不过因经济形态及各国的经济制度、政治制度、经济发展水平和文化传统的不同，其税收原则也随之不同罢了。而对现代人类的经济生活有较大影响的税收原则，当推 18 世纪的亚当·斯密及其后来的西方经济学家所提出的税收原则。因此，此章我们的介绍主要集中在亚当·斯密及其之后的西方经济学家所提出的税收原则和新中国成立之后我国的税收原则。

在西方，对当时乃至后世的税制建立与税制改革产生重大影响的人物是亚当·斯密，甚至在今天，他所提出的主要税收原则仍被现代西方经济学家奉为圭臬。18世纪的英国正处于资本主义的兴起与发展初期，亚当·斯密从反对英国封建专制统治和促进资本主义工商业发展的目的出发，主张政府不干预的自由放任的市场经济。在财政上，他主张小政府和"轻徭薄赋"。在治税思想上，他针对当时英国封建专制下的税制的种种弊端，在总结前人思想的基础之上，在《国民财富的性质和原因的研究》中，提出了著名的税收四原则：公平、确定、便利、最少征收费用。即①一国之民，都须在可能范围内，按照各自能力的比例，按照各自在国家保护下享有的收益比例，缴纳国赋，维持政府运转；②各国公民应当完纳的赋税必须是确定的，不得随意变更，完纳的日期、完纳的方法、完纳的数额都应当让一切纳税者及其他的人了解得十分清楚明白；③各种赋税完纳的日期及完纳的方法，须予纳税者以最大的便利；④一切赋税的征收，须设法使人民所付出的尽可能等于国家所收入的。

在后来的近代西方经济学家中，对税收原则作出重要贡献的是德国社会政策学派（又称新历史学派）的代表人物瓦格纳。19世纪下半叶，随着工业革命的完成，资本主义制度在欧洲大陆的最终确立，无产阶级与资产阶级之间的阶级矛盾日益突出和尖锐，反剥削反压迫的工人运动风起云涌，马克思主义在欧洲出现并被广泛传播。在这种历史背景下，一些资产阶级的经济学家，尤其是德国的社会政策学派，企图在不触动资本主义基本制度的前提下，通过国家实行社会改良政策，以财政、税收分配手段来缓和阶级矛盾、缩小贫富差距，从而缓解资本主义的内在矛盾。正是在这一历史环境下，瓦格纳从有利于财政收入、经济发展、社会公平与赋税行政四个方面，提出了九条税收原则。它们是：

1. 财政政策上的原则
（1）收入应当充裕的原则；
（2）收入应当富有弹性的原则。

2. 国民经济上的原则
（1）不可误选税源的原则；
（2）不可误选税种的原则。

3. 社会正义上的原则
（1）负担应当普遍的原则；
（2）负担应当公平的原则。

4. 税务行政上的原则
（1）课税应当明确的原则；
（2）手续应当简便的原则；
（3）征收费用应当节约的原则。

20世纪30年代大危机时出现的罗斯福新政和经济理论上的"凯恩斯革命"，让西方经济学家逐渐摒弃了古典学派的"供给自动创造需求"的自由放任理论，代之以国家宏观调节与市场经济相结合的理论，并由此把财政、税收与经济紧密结合起来，且将财政、税收视为国家宏观经济调节的一个极为重要的杠杆，刺激消费和投资，提高社会总需求，以此来缓和周期性的经济波动和实现充分就业。尽管凯恩斯及其追随者并没有明确提出过税收原则，但从其论著中可以看出，他们所强调的主要是税收的调节经济的功能。凯恩斯在《就业、利息和货币通论》一书中就提出："国家必须用改变租税体系、限定税率以及其他方法，指导消费倾向。"美国的"凯恩斯"——汉森教授认为，"税率的变动是调节经济短期波动的很有效的手段"，"也是有效维持充分就业的头等重要的手段"。萨缪尔森在《经济学》一书中也曾指出："我们目前的税收制度是一个有力的和迅速的内在稳定器"，"是稳定经济活动和减轻经济周期波动的一个有利因素"。

20世纪70年代以来，西方经济普遍陷入滞胀泥潭，凯恩斯主义的需求管理政策受到严重挑战，以美国的供应学派、货币学派等为代表的新自由主义经济理论应运而生，其理论对美国等西方国家80年代乃至以后全球的经济政策和税制改革产生了重大影响。供应学派认为美国的经济之所以出现滞胀，根源在于政府干预过多和赋税过重。他们主张恢复"供给会自动创造需求"的萨伊定律，认为生产是不会产生过剩的，而凯恩斯学派把需求视为经济中的首要因素，把供给看成是需求派生的次要因素，是颠倒了因果关系。凯恩斯学派提出的刺激需求的赤字财政政策和宽松型的货币政策是造成需求过大、供给不足，产生通货膨胀的主要原因之一。而美国所实行的过高的企业所得税、个人所得税和许多福利制度，严重挫伤了个人，尤其是富人投资、储蓄、工作的积极性，结果使美国的生产力逐年下降，供给不足，竞争力不强，这是造成美国经济滞胀的又一主要原因。因此，为了解决经济的滞胀问题，必须将注意力放在刺激供给，而不是需求上。为此，在财政方面，必须大力减少政府干预，降低政府支出，缩小福利开支，实现预算收支平衡。其次要大幅度降低税率，提高人们投资、储蓄、工作的积极性，增加供给。这一税收理论上的体现就是有名的"拉弗曲线"。但供应学派的大幅度减税理论在 2008 年暴发大危机之后也受到质疑。

现代西方经济学家虽然在税收问题上观点各异，但大多数经济学家仍然认为，一个良好的、健全的税收制度主要应符合两大原则，即公平原则和效率原则。

1. 公平原则

所谓公平原则，是指他们在继续沿用亚当·斯密的基本定义的基础上，又由此引申出的两个次原则，即受益原则和量能纳税原则。

"受益原则"，是指每个纳税人应根据他从公共服务中获得的利益大小而相应纳税，即政府各项公共活动的费用，应根据各人所享受该项服务利益的多少，而分摊给个人。相同的受益缴纳相同的税，不同的受益缴纳不同的税。他们认为，该原则的优点在于把受益与纳税，公共支出与税收联系起来加以衡量，符合经济学的基本原理。但其缺点是：①该原则虽然可以解释部分政府提供的服务（如公路建设等）而征收的税收（如汽油税等），但不能解释政府所征收的大部分税收；②之所以不能解释政府所征收的大部分税收，是因为每个纳税者从政府支出中所得到的受益是很难准确计算的，这里除了每个纳税人因为对公共服务的需求不同，受益的主观感受度不同外，还有直接受益与成本和间接受益与成本、内在效用与成本和外在效用与成本等难以计量的问题。尤其是纳税者往往还有一个隐瞒真实受益的"搭便车"行为。这些都是"受益原则"在实际生活中很难全面推行的原因。

"量能纳税原则"，是指按纳税人的纳税能力的大小来纳税。它又具体包括"横向公平"和"纵向公平"两个方面。"横向公平"是指纳税能力相同的人应缴纳相同的税收。"纵向公平"则是指纳税能力不同的人应缴纳不同的税收。但如何衡量纳税义务人的纳税能力呢？有的经济学家主张客观标准，有的则主张主观标准。主张客观标准者提出了以下几个测量纳税能力的标准：消费（支出）标准；财产标准；所得（收入）标准。主张主观标准者也提出了以下几个测量纳税能力的标准：牺牲绝对相等标准；牺牲比例相等标准；牺牲边际相等标准。由于种种客观、主观原因的制约，在实践中衡量纳税人的纳税能力大小的标准通常采用所得（收入）标准。

2. 效率原则

西方经济学家认为，税收的效率原则包括两个方面：①税收的征管费用最少；②征税产生的额外负担最小。

他们认为税收的征管费用包括征税的行政费用和奉行纳税费用。前者是指政府部门在税收征管中所发生的费用。如税务部门所发生的征管费用，以及其他部门（如银行、司法、警察等）所提供的帮助。后者是指纳税义务人在纳税时所发生的费用。如纳税人支付给会计师、税收咨询等方面的费用，纳税人用于填报纳税登记表的费用和时间损失，代缴税款的公司和其他机构发生的费用，以及由于征税而使纳税义务人发生的心理损失费用等。

额外负担（又称超额负担），是指某种税收的课征，对私人或企业在市场经济中的最佳决策产生扭曲，从而使私人或企业所承受的实际负担超过税金本身负担的部分（见图3-1）。

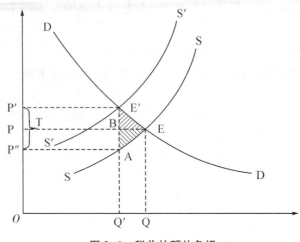

图 3-1　税收的额外负担

在研究税收的额外负担时，西方经济学家认为应当区分税收的"收入效应"和"替代效应"（见图3-2）。"收入效应"是指由于征税而使纳税人的收入减少的效应。"替代效应"则是指由于征税而影响相对价格的变化，从而导致私人或企业选择一种消费或活动来代替另一种消费或活动时所产生的效应。如对所得征税的边际税率过高，会导致人们多休闲而少工作；对利息、股息征税过高，将导致人们多消费而少储蓄。西方经济学家认为，"收入效应"不会产生额外负担，它只是表明资源从纳税义务人手里转移到政府手中。而"替代效应"则会妨碍私人或企业的抉择，它会导致额外负担。因此，从效率角度看，最适赋税应是"额外负担最小"的赋税，即对市场产生扭曲影响最低的赋税。

值得注意的是，西方经济学家的税收产生的额外负担的分析中，暗含了一个基本前提，即这时的市场已经是最优的完全竞争市场，企业或私人已经是最佳决策，因此，征税才会产生额外负担。但如果这时的市场并非最优的完全竞争市场，企业或私人所做出的决策并非是最佳决策的话，那么，征税必然产生额外负担的结论就会不成立。最明显的就是征收污染税、拥堵税，以及对烟酒征高税。其次，按照西方经济学家的分析，似乎税收的额外负担，即副作用，主要来自"替代效应"，因此，税收的"替代效应"是坏的效应，应当尽量减少或者消除。但现实生活中不就常常用到税收的"替代效应"吗？比如，征收高额的烟酒税，对污染征收高税等。因此，对税收的"替代效应"不能做形而上学的简单分析，而必须做实事求是的而不是主观臆断的分析。

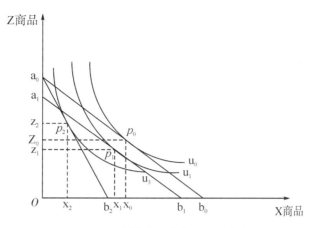

图 3-2　税收的收入效应和替代效应

20 世纪 80 年代有些西方经济学家从征税产生的"额外负担最小"理论出发，提出了税收的"中性"原则，即税收对市场经济不应当产生任何干预，而应当让市场发挥自动调节的作用，税收仅仅履行收入职能就行了。应当说这种观点与 20 世纪 80 年代以来盛行的自由放任的新自由主义思潮有关。严格地讲，这种提法是不科学的。因为，首先，任何税收的征收都不可能是中性的，如前所述，它总是会产生收入效应和替代效应，在实际生活中，它表现为或是刺激人们投资、储蓄、工作的正面效应，或是抑制人们投资、储蓄、工作的负面效应，所谓最优赋税只不过是正面效应大于负面效应的赋税。其次，即便是征收同一税率的税收，如商品税，由于不同商品需求弹性的不同，征税后产生的效应必然不同，这是"拉姆齐法则"已经证明了的。最后，众所周知，在现代西方经济中，国家的宏观调节已经与市场机制融为一体，市场经济要正常运行已离不开国家必要的宏观调节，而国家宏观调节的重要手段之一便是赋税。赋税要成为调控手段，就不可能是中性的，要中性就不可能调节，这是人们共知的简单道理。基于以上三点，我们认为，与其提税的中性原则，不如提"税收的负效应最小"原则为好。

这里还需要指出的是，西方经济学家的税收效率分析，通常立足于企业或个人的微观分析，而不是宏观分析。这就容易给人造成一种错觉，似乎税收效率只分析微观就行了，至于宏观，不过是无数微观个体的简单加总而已。这种观点是值得商榷的。虽然宏观经济是由无数微观经济构成的，但宏观经济绝不等于无数微观经济的简单相加。黑格尔曾经有一句名言，"整体大于部分之和"。无数微观经济一旦形成宏观经济，宏观经济便具有与微观经济不同的特点和复杂性。比如，现实经济生活中经常出现的"××过剩"，农村常常产生的"××难卖"，股市上不断发生的"追涨杀跌"等现象，不都是在一再证明这个客观事实吗？

最后在讨论税收的"公平与效率关系"时，不能不涉及西方主流经济理论中"公平与效率关系"理论的局限性问题。众所周知，西方主流经济理论往往认为，"公平与效率关系"是此增彼减的对立关系，即"鱼和熊掌不可兼得"。这个理论成立吗？公平与效率仅仅是此增彼减的对立关系吗？

我们认为，公平与效率的关系（见图 3-3）绝不仅仅是此增彼减的简单的对立关系，而是复杂的对立统一关系。其统一的一面在于，效率为实现公平提供基础条件，而公平则为持久的效率提供动力。其对立的一面则是，如果过度地强调效率则可能忽视公平，过度地强调公平则可能牺牲效率。关键在于对两者的度的把握，而不能仅仅强调某一方面而忽视另一方面。这也是国内外众多成功和失败的经济发展实践所一再证明了的客观真理。

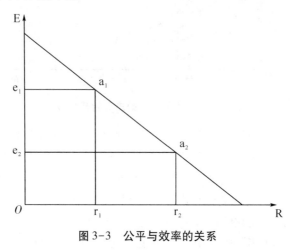

图 3-3　公平与效率的关系

第二节　中国的税收原则

在我国的现代化建设中，应当按照什么原则建立起适应社会主义市场经济的税收制度，充分发挥其筹集财政收入和调控经济、社会的重要作用呢？在这里首先有两点需要明确：第一，在确定税收原则时，必须吸取世界上一切代表先进生产力发展方向的治税原则，而不能因为是资本主义的东西或者是过去传统的东西就一概摒弃否定；第二，必须从我国的实际国情出发，实事求是地确立适应中国具体国情的税收原则。从这两点出发，我们认为，我国的税收原则应当是：财政原则、公平原则和效率原则。

一、财政原则

所谓财政原则，是指为国家筹集财政收入的原则，这是由税收这一国家分配手段和最重要的财政收入来源的本质特征所决定的。众所周知，税收是作为社会最高主权代表的国家为了满足社会公共需要，实现国家的政治、经济和社会等职能，按照法定标准，对社会价值，尤其是剩余价值所进行的强制的分配。税收这一本质明确告诉我们，税收之所以产生、存在和发展，其首要目的就是为作为社会最高主权代表的国家实现其职能，满足社会公共需要而筹集必要的财政收入。国家职能的大小必然决定税收收入的多少，这一点，古今中外概莫能外。

在我国的社会主义市场经济中，国家除了提供维持社会稳定与发展的一般公共服务（如国防，公检法，必要的行政、外交、教育、卫生、科技、文化、社会保障和社会救济等）外，还担负着调节经济与社会、支持不发达地区发展、改善生态环境等重要任务。为了实现这些目标，国家需要有一定的财力支撑。正如马克思所讲，"赋税是国家存在的经济基础"。也正如西方学者所讲，"税收是我们为文明社会所支付的代价"。因此，从这个意义上讲，税收筹集的多少，征收的好坏，也就从财力上制约着国家的上述职能是否能充分实现。从税收工作方面讲，要能较好地贯彻财政原则，其税种的设置，税率的设计，征税环节的安排，税前扣除的规定，税收优惠的确定，以及税收征管等，都必须从有利于国家职能充分发挥的角度出发，尽可能地筹集较多的税收收入。

二、公平原则

在现实生活中，税收的公平问题不仅涉及经济问题，而且还牵涉政治、社会问题。尽管生产力的发展是社会进步的根本因素，但分配不公往往也会产生不安因素。然而，何谓公平？自人类社会出现不平等以来，便有了关于公平的经久不衰的争论。应该说，在公平问题上，马克思的历史唯物观才是比较客观的。马克思认为，公平的内涵是一个历史的、动态的，而不是抽象的、永恒的范畴。即经济发展阶段不同、社会制度不同、文化道德观念和历史习俗的不同，其公平的具体内涵也不同。因此，世界上不可能存在一个普适的、永恒的、抽象的、共同的公平内涵。这也告诉我们，尽管税收原则的研究离不开对公平的探讨，但公平内涵的确定却必须从当时当地的客观实际出发，而不是从主观想象出发。

依据这一原理，从我国社会主义市场经济的现实出发，我们认为，我国的税收公平原则不光是指经济意义上的公平，还应当包括社会意义上的公平。

（一）经济意义上的公平

经济意义上的公平，是指税收的征收应该为企业、个人创造公平竞争的市场环境，使企业、个人收入的多少与其投入的大小以及所产生的效益高低相对应，即等量投入及其所产生的效益应当取得等量报酬。这里所讲的投入，除了劳动投入以外，还包括资金、技术、经营等其他生产要素的投入。在这里，公平的含义在于收入与投入及效益对称，多劳多得，多投入多收益，效益越高收入越高。

为了实现经济意义上的公平，首先，必须为企业竞争创造一个公平的税收环境。公平的税收环境，是指企业，不论何种所有制企业，也不论属于何地的企业，亦不论进行何种合法经营活动的企业，在纳税的税种、税率、税前扣除和税收优惠等方面均应一视同仁，享受无差别待遇。绝不能因为企业所有制的不同，如内资或外资、全民或集体、公有制或私有制的不同；企业所处的地区的不同，如沿海与内地、东部或西部的不同；企业经营的不同，如工业与商业，第一、第二与第三产业的不同，而在税收上面临不同的对待，缴纳不同的税种，承担不同的税负，享受不同的税收优惠。即使是国家根据经济、社会发展的需要实施区别对待的产业、地区税收政策，也应当尽量控制在一定范围之内。总之，欲使税收实现经济意义上的公平，其市场

31

公平竞争的税负环境（如流转税和企业所得税）必须是大体统一的、无差别的。换言之，具有同等纳税能力的人应当缴纳相同的税赋，即实现税收的"横向公平"。其次，为了实现经济意义上的公平，还必须运用税收手段调节与生产经营无关的其他因素所产生的级差收入，尽量为企业创造公平竞争的市场环境。比如，在现实生活中，企业进行生产经营，常常会由于占有资源条件的不同（如国有企业属于国家投资，集体、外资、私营、个体则属于非国家投资；再如采掘企业之矿藏资源条件的差异），所处地理区位的不同（如处于大城市市中心的商业企业与地处郊区或穷乡僻壤的商业企业之间，处于经济发达、交通便利的地区的企业与处于经济不发达、交通条件差的地区的企业之间）等客观因素，产生虽然投入相同，但收益、所得则大不相同的情况。对于这些因客观因素的不同所造成的级差收入应不应当进行调节？如果不调节，企业之间实际上处于不公平的竞争之中，企业和个人收入也难以实现经济意义上的公平。因此，国家应当运用税收杠杆，或征国有资产占用税，或征矿产资源税，或征土地使用税等，对上述客观因素造成的级差收入进行调节，使企业之间大体处于公平竞争的市场环境，从而实现经济意义上的公平。

（二）社会意义上的公平

社会意义上的公平，是指在经济意义公平的初次分配的基础之上，国家从维护整个社会稳定与和谐的角度出发，运用税收对各种收入和财产分配，尤其是对个人收入和财产分配予以必要的调节或再分配，以缩小收入和财产差异，防止两极分化，从而使收入和财产分配在整个社会范围内达到适度公平。

众所周知，我国是社会主义国家，我们确立的经济体制是社会主义市场经济，而社会主义的根本目标是通过大力发展社会生产力，最终实现共同富裕。在实现这一终极目标的过程中，我们既要克服"平均主义""吃大锅饭"等弊病，适当拉开差距，同时又要防止因差距过大，出现两极分化，避免社会动荡。

从税收上讲，为了实现收入和财产分配在社会意义上的公平，就应当实行"量能纳税"原则，即在个人所得税、房产税、财产税、遗产与赠予税等方面，通过设置适当的累进税率，使多收入者多纳税，少收入者少纳税，无收入者不纳税；财产多者多纳税，财产少者少纳税或者不纳税，从而实现"纵向公平"。这样一套税制是否违背了公平原则呢？我们认为，只要税率设计适当，就不会违背公平原则，相反，它恰恰是公平原则在税收上的体现。因为，纳税人的收入或财产多少的不同，纳税能力亦不同，其承受税负的能力或者说边际牺牲亦不同。

三、效率原则

税收的效率原则应包括两个方面：①是指税收的征收要起到促进经济发展的作用，而不是阻碍生产力的发展，即经济效率原则；②是指最少征税费用原则。

（一）经济效率原则

经济效率是一个多层面的概念，它既包括微观经济效率，同时又包括宏观经济效率，因此，在税收上既要注重微观效率的提高，同时也要注重宏观效率的改善。具体讲：

在提高宏观经济效率方面，主要是指通过税种、税率、征税环节的精心设计，使之成为缓和宏观经济周期性波动的内在稳定器；通过税收发挥其必要的能动作用，调节国民经济的总量平衡、结构平衡、地区平衡，促进城乡协调、人与自然的协调、内外经济的协调，从而使我国经济协调、高速、健康地发展。在这方面，我们既要摒弃"国家万能论"的幻想，同时也要破除"市场万能论"的迷信。

在提高微观效率方面，主要是指在征税中，要妥善处理国家、企业和个人三者的利益关系，不至于因征税过高而挫伤企业与个人投资、储蓄、生产、工作的积极性。在国民收入的分配中，国家与企业、个人之间处于既相互联系又相互矛盾的关系之中，国家拿得多，企业与个人必然拿得少；相反，企业与个人拿得多，国家必然拿得少。这种量的分割，又直接关系着企业、个人的投资、生产、工作、储蓄的积极性的发挥，以及国家的必要职能是否能充分实现的问题。在这方面，我们既要反对只顾国家需要，不顾企业、个人利益的"竭泽而渔"的短视政策，同时也要反对只讲企业、个人利益，而不顾国家利益的片面"施仁政"的政策。正确的做法应当是在征税过程中，按照"三兼顾"的原则，妥善处理三者的利益矛盾，充分调动三者的积极性。按照这一原则，在税收工作中，我们要慎定税种、税率、征税环节和税收优惠。良好的税制应当是既能取得必要的财政收入，同时又能对企业、个人的投资、生产、工作、储蓄起到刺激作用；相反，如果征税过多，则必然抑制企业、个人的积极性。

（二）最少征税费用原则

最少征税费用原则包括征税的行政费用最省和纳税者的纳税费用最低两个方面。征税的行政费用是指政府部门在税收征管中所发生的一切费用，主要是税务机关以及相关的机关，如司法、公安、检察、银行等的征税费用，它包括人员的工资支出、办公支出、税务诉讼支出、宣传辅导支出、技术装备支出等费用。而征税费用的高低，可以用征税费用占税收入库数额的百分比表示，即

$$征税费用率 = \frac{征税费用}{税收入库数} \times 100\%$$

费用率越低，其征税成本就越少，纳税义务人缴纳的税额同国库实际收入之间的差额也越小，表明征税的行政效率也越高。

纳税者的纳税费用是指纳税人在纳税过程中花费的时间、精力和金钱，如纳税人填报纳税申报表，计算和缴纳税收的过程中发生的费用以及咨询费、代办费、诉讼费、邮电差旅费和税收检查时耗费的时间、精力、费用等。这些费用都是由纳税人承担的，在西方，它被称为奉行纳税费用，又称为间接费用（与征税的直接行政费用相对而言）。在实际生活中，这部分费用由于发生面广而杂，因此不太好度量，根据西方经济学家的估计，这部分费用往往大于征税的行政费用。征税的效率原则要求，在征税过程中应该使纳税人在履行纳税义务时所花费的这部分费用最低。

要使征税的行政费用最省和纳税人的纳税费用最低，客观上必然要求税制简便。税制简便主要体现在以下两个方面：①税种、税率、征税环节、税收规定要简便；②税收的征收管理、征收手续、征收方式、征收地点要简便。

税收的财政原则、公平原则和效率原则在实际生活中常常会处于既相互联系又相互矛盾的对立统一关系之中。说它们是相互联系的统一体，是因为一个良好的税制从根本上必须体现这三个原则；说它们是对立的、矛盾的，是因为在实际的税收工作中，常常会出现财政原则与效率原则，公平原则与效率原则，效率原则中的提高宏观效率原则与征税中的简便原则之间的冲突，弄不好就会顾此失彼，破坏这一对立统一关系。高明的财税工作者的高明之处就在于能巧妙地处理这些对立统一关系，使税收三原则在征税过程中得到恰当体现，正所谓"运用之妙，存乎于心"。

第三节　税制优化理论

一、西方最优（或最适）税收理论及其局限性

由于现实中的税收以及税制（包括狭义税制和广义税制）存在着这样或那样难以令人满意的问题，有时甚至出现严重影响、制约经济、社会、政治、文化发展的问题，因此，人们一直在实践中不断探索最优税收（或最适税收）以及如何优化税制的问题。

从西方近代历史看，古典经济学集大成者亚当·斯密就曾针对英国封建社会末期极不公平、极不规范、极不透明、随心所欲的、横征暴敛的税收以及税制，提出要建立适应新兴资本主义发展的"公平、确定、便利、最少征收费用"的新型税收以及税制。19世纪下半叶，另一位在财政思想上做出重要贡献的德国新历史学派的代表人物瓦格纳，根据当时德国的现实状况，从有利于经济、社会发展的角度提出了好的税收以及税制应当符合的9条原则。

在现代西方，经济学家们对最优税收理论的研究主要集中在商品税和个人所得税上面。

对最优商品税理论的研究首推英国经济学家拉姆齐（Ramsey）。他在1927年发表的《对税收理论的贡献》一文中探讨了最优商品税问题，并提出了有名的"逆弹性"的"拉姆齐法则"，即商品税的税率应当与商品的需求弹性成反比。但在现实中，"拉姆齐法则"很难指导税收实践。其重大缺陷主要表现在两方面：第一，"逆弹性"的拉姆齐法则违背了税收的"公平"原则和社会公正价值观。比如，从商品的需求弹性来看，需求弹性的大小往往与商品的性质有关。一般来讲，属于生活必需品的商品往往需求弹性较小，而普通人在这方面的需求占收入的比重较高；相反，属于生活非必需品，尤其是奢侈品的商品往往需求弹性较大，而富人在这方面的需求占收入的比重较高。如果按照拉姆齐的"逆弹性"法则设计商品税税率，结果必然是负税能力小的普通人承担相对更重的税负，而负税能力强的富人承担相对更轻的税负，这符合税收的"公平"原则和社会公正价值观吗？第二，按照拉姆齐的"逆弹性"法则设计商品税税率在征税实践上的不可能性。假定我们像拉姆齐一样只考虑税收的效率问题而不考虑公平问题，按照拉姆齐的"逆弹性"法则设计商品税税率，由于现实中的商品成千上万，其供给、需求弹性又各不相同，而且还是不

断变化的，政府要设计出符合拉姆齐法则的有效率的商品税税率，首先，要充分掌握这近乎无穷多的商品的弹性信息，这在实践上是根本不可能的。其次，即使政府能设计出来，其商品税税率及税制也是非常复杂的，在实际操作中也是不可能的。正因为这些原因，在现实的商品税制的设计与实践中，迄今为止没有任何一个西方国家是按照拉姆齐法则做的。

19 世纪末，经济学家埃奇沃斯以福利经济学理论为基础，研究了最优所得税问题。他的研究结论正如哈维·S. 罗森教授所说，税收政策的含义是：税收的设计应当使人们的税后收入分配尽可能地平等，尤其是应当首先征收富人的税，因为他们失去的边际效用要比穷人的小。埃奇沃斯模型还暗示为了达到社会福利最大化目标，甚至可以对富人征收边际税率为 100% 的税收。然而，恰恰是这一点在现实中是很难实现的。

20 世纪 70 年代，斯特恩、米尔利斯等人又进一步深入研究了最优个人所得税问题，得出了与埃奇沃斯不同的结论：在一定的前提条件下，为了提高效率，减少征税产生的额外负担，边际税率应当随着收入的提高而降低，而不是实行超额累进的所得税税率。但这一研究结论也存在许多重大缺陷，正如哈维·S. 罗森教授委婉地批评道，最适税收（即最优个人所得税）的研究结论可能会造成一定程度的错觉，认为经济学家真的很准确地了解了最适税制。实际上最适税制背后还有许多有争议的价值判断问题。此外，关于各种行为弹性，还有很多的不确定性，而这些弹性对于分析效率与公平之间的替代关系至关重要。因此，"最适课税是一个纯规范理论。它不预测现实税制是什么样的，也不解释这些税制是怎么出现的。该理论不怎么关注制定税收政策的制度和政治背景。著名经济学家布坎南（1993）也指出，如果从政治现实来考虑，而不是从最适税收角度出发，现实税制看起来更为合理。"有些经济学家，如詹姆斯（1996）则更是不客气地批评道，最适税收理论实际上与税制设计、税制改革毫不相干，因为它忽略了很多反映财政和社会制度的因素，而这些因素是税收的规范分析和实证分析的根本因素，因此，最适税收理论的政策主张不可能被实施或作为制定政策的指导原则。

二、我国税制优化的基本思路

1. 税制优化是一个历史的、动态的、不断优化的过程

西方主流经济学最大的缺陷在于它往往是从静态的、孤立的角度思考问题，这一点在前面所述的最优税收研究上已充分表现。

实际上税制优化在任何国家都是一个历史的、动态的、不断优化的过程，根本不存在一个放之四海而皆准的唯一的、统一的最优税收标准。从税收实践来看，任何一个国家在任何一个历史阶段和历史时期所提出的税制优化或者税制改革的目标和内容，都是当时当地的社会、经济、政治、文化、制度等因素发展的产物，都是人们为了解决当时当地阻碍社会、经济、政治、文化、制度发展的税收以及税收制度问题而提出的，并且都受到当时当地的社会、经济、政治、文化、制度等因素的制约，即都打上了那个时代的烙印。

比如，中国历史上的"初税亩"取代"贡、彻、助"，唐代的"租庸调法"和"两税法"，宋代王安石的变法，明代张居正的"一条鞭法"，清代雍正的"火耗归公"，国民党统治时期实行的税制改革，新中国成立以后实行的多次税制改革，改革开放以来进行的多次税制改革，无一不是针对当时的税制存在的重大缺陷，为了适应和促进当时的经济、社会发展而进行的重大改革，都是在当时的历史条件下对税制的优化。

从西方国家近代以来的税制发展演变的历史来看也莫不是如此。比如，早期的西方资产阶级为了消除封建束缚，促进工商业的发展，针对当时封建社会末期所存在的不公平、不统一、横征暴敛的封建税制，经过血与火的斗争，建立起"公平、确实、便利、效率"的统一的工商税制。在19世纪末到20世纪初，西方发达国家为了调节宏观经济、缓和社会矛盾，逐步确立了所得税和社会保险税制度。20世纪80年代以来，为了刺激经济，提高效率，这些国家又进行了"降低税率，简化税制，扩大税基，提高效率"的税制改革。这些税制改革与优化无一不是针对当时的税制存在的重大缺陷，为了适应和促进当时的经济、社会发展而进行的重大改革，也无一不是在当时的历史条件下对税制的优化。

以上事实充分证明税制优化在任何国家都是一个历史的、动态的、不断优化的过程，都是当时历史条件下的必然产物，甚至从某种程度上讲是当时各种力量斗争、妥协、平衡的产物，而绝不是人们头脑中的先验的、预设的最优税收理念的产物。每一次税制改革或者优化，实际上都是在当时的历史条件下的税收效率与公平原则的协调与统一，而税收效率与公平原则的协调与统一则是人们不断追求税制的理想状态。

我国的税制优化和税制改革也一定要遵从事物本来的面目，从中国的当时当地的实际出发，实事求是，而不是从先验的、预设的最优税收理念出发，进行税制改革与优化。

2. 中国的税制优化一定要从中国的实际出发

新中国成立以后，经过几十年的艰苦奋斗，中华人民共和国已从"积贫积弱"的、任人宰割的旧中国发展成为繁荣昌盛的、GDP居世界第二位的、屹立于世界民族之林的大国。

但我们也应当看到，目前我国人均GDP 8 000多美元，是一个发展中的、向建立完善的"社会主义市场经济"目标探索前进的国家。这两个基本特征决定了我国的发展比起一般的发展中国家，尤其是规模较小的发展中国家，以及一般的转轨国家，其改革、建设、发展所面临的困难更大，情况更复杂，制约因素更多。比如，虽然我国的经济总量已经是世界第二，但人均量却还比较落后，人民还不富裕，而进一步发展就面临庞大的人口压力、市场压力和相对短缺的资源约束和环境制约。而且我国在经过30多年的经济高速发展和改革开放后，城乡差距、地区差距、收入差距日益凸显，经济、社会、生态矛盾日趋突出，人们的精神、道德、价值观有些失范甚至失落。如何在进一步的发展中解决这些问题和矛盾，并最终实现中华民族的伟大复兴和建设"和谐社会"的宏伟目标，是我国经济、社会、政治、文化、精神发展，改革开放，乃至税制改革或优化必须考虑的最基本问题。其次，随着改革开放和经济的日益全球化，我国与世界各国之间的贸易、投资等方面的联系日益密切，摩擦与矛盾也日趋突出，因此，我国的发展必然要受到这些国家的制约。如何适应以西方国家，尤其是以美国为主导的世界经济、政治秩序下的经济全球化，并在这一全球化的过程中争取我国利益的最大化，不能不说是我们必须考虑的又一个重要因素。

3. 税制改革是一个对旧税制不断优化的过程

税制改革或优化都是当时当地的社会、经济、政治、文化、制度等因素发展的产物，都是人们为了解决当时当地阻碍社会、经济、政治、文化、制度发展的税收以及税收制度问题而提出的，并且都受到当时当地的社会、经济、政治、文化、制度等因素的制约，所以税制改革即是对旧税制不断优化的过程。税制经过改革或优化，把旧的问题和矛盾解决了，但是随着社会的发展变化，新的问题和矛盾就会出现，又需要进行新的税制改革或优化，税制就是在这种不断改革或优化中发展和进步的。因此，从人类的发展历史看，根本就不存在一种所谓静止的、"一步到位"的最优税制。既然如此，那么，很显然，我国下一步的税制改革必然是对 1994 年"分税制"改革的一种优化，换言之，是对 1994 年以来实行的税制所凸显的阻碍经济、社会发展的问题、矛盾的一种纠正，用西方经济学的语言讲，就是对旧税制的一种帕累托改进。

1994 年以来，我国按照"统一税法，公平税负，简化税制，合理分权"的原则，全面改革了流转税制度，实行了以比较规范的增值税为主体，消费税、营业税并行，内外统一的流转税制度；改革了企业所得税和个人所得税制度，实现了统一的内资企业所得税制度和个人所得税制度；调整、撤并了一些税种，简化了税制；对资源税和某些特别目的税、财产税、行为税做了较大的调整；采取了一系列措施清理税收减免，严格税收征管，堵塞税收流失。

客观地讲，1994 年以来所实行的税制改革是一场意义重大而深远，并且是比较成功的改革。其主要表现在：第一，初步构建起了适应社会主义市场经济的中国税制；第二，促进了我国的改革开放和经济的高速发展；第三，建立了稳定增长的财政收入机制，扭转了财政收入占 GDP 的比重下滑的趋势，使国家的财力和宏观调节能力得到较大的提高和增强；第四，初步建立起比较规范的税收征管体系。比如，税制改革前的 1993 年，我国税收收入只有 4 255.3 亿元，2014 年则上升到近 12 万亿元。再如，1993 年实行的抑制通货膨胀的宏观调节，1998 年实施的"积极财政政策"缓解通货紧缩的宏观调节，1999 年以来实施的"西部大开发"调节地区发展不平衡，2004 年以来实行的"振兴东北老工业基地"和随后的"中部崛起"，2001年以来实施的"农村税费改革"，2008 年以来应对世界金融和经济危机，税收都扮演着重要的角色。

首先我们也应当清醒地看到，1994 年以来实行的税制已经运行了 20 多年了，我国的经济、社会、政治、文化等方面的情况已经发生了许多重大变化，加之 1994年的税制改革由于受到各方面条件的限制，本身就存在一些需要进一步完善的地方。

比如，由于政府行为和政府收入的不规范，使我国政府统计的名义税负不高（2014年占 GDP 的 19% 左右），但如果加上其他政府收入，有专家估计在 40% 以上。过高的实际税负已对我国经济的进一步发展产生了副作用。其次，我国的现行税制也存在不少应当完善之处，比如，"营改增"还没有全面完成以及"营改增"本身所产生的新问题、个人所得税制的不完善和财产税制的缺失所导致的税收的收入、财产调节功能微弱的问题，生态税缺位问题等。再次，由于税收征管制度的不完善，尤其是税收征管环境的不健全和诚信制度缺失导致的偷逃税甚至骗税比较严重的问题。最后，中央与地方之间税收、税种、税权划分的不规范，影响了地方积极性的发挥等问题。

因此，今后的税制改革或优化主要应当围绕如何有利于解决以上问题来完善或优化我国的税收制度、税收征管和征收环境。

参考文献：

［1］理查德·A. 马斯格瑞夫. 美国财政理论与实践［M］. 邓子基，邓力平，译. 北京：中国财政经济出版社，1987.

［2］哈维·S. 罗森. 财政学［M］. 郭庆旺，译. 北京：中国人民大学出版社，2006.

［3］卡尔·马克思.《政治经济学批判》序言、导言［M］. 徐坚，译. 北京：人民出版社，1972.

［4］亚当·斯密. 国富论［M］. 郭大力，王亚南，译. 北京：商务印书馆，1972.

［5］约翰·梅纳德·凯恩斯. 就业、利息和货币通论［M］. 高鸿业，译. 北京：商务印书馆，2008.

［6］约瑟夫·E. 斯蒂格利茨. 自由市场的坠落［M］. 李俊青，杨玲玲，译. 北京：机械工业出版社，2011.

［7］约瑟夫·E. 斯蒂格利茨. 不平等的代价［M］. 张子源，译. 北京：机械工业出版社，2014.

［8］丹尼尔·豪斯曼. 经济学的哲学［M］. 丁建峰，译. 上海：上海人民出版社，2007.

［9］贾根良. 西方异端经济学主要流派研究［M］. 北京：中国人民大学出版社，2010.

［10］王国清，朱明熙，刘蓉. 国家税收［M］. 成都：西南财经大学出版社，2008.

［11］朱明熙. 个人所得税的调节作用何以失效［J］. 经济学家，2002（1）：80-84.

［12］朱明熙. 优化税制必先优化政府［J］. 经济学家，2004（2）：82-86.

［13］朱明熙. 对西方主流学派的公共品定义的质疑［J］. 财政研究，2005（12）：4.

第四章
税收负担与税负转嫁

第一节 税收负担

税收负担，简称"税负"，是指纳税人（包括企业和个人）按照税法规定向国家缴纳税款所承担的负担。税收是国家凭借最高主权参与社会价值分配，尤其是剩余价值分配所形成的一种特殊的分配活动，体现着国家与纳税人之间的征纳关系，并且总是以一定的数量关系表现出来。这一定的数量关系，即比例高低反映了纳税人税负的轻重。国家多征，纳税人就少得；国家少征，纳税人就多得，这一多一少所反映的税负大小，直接关系着社会的方方面面，尤其是个人、企业和国家之间的利益关系，进而影响着是否能充分调动各方面的积极因素，是否能促进经济发展和社会和谐的大问题。因此，关于税负问题的研究，也就成为税收理论与实践研究中的重大课题之一。

一、税负分类

为了从不同角度研究税负问题，首先，有必要对税收负担进行分类。

（1）按税负是否转嫁，可以将税收负担分为直接负担和间接负担。前者是指纳税人按税法规定负担的税收，后者则是指纳税人通过税负转嫁，而由非纳税人实际负担的税收。

（2）按税负的真实程度，可以将税收负担分为名义负担和实际负担。前者是指纳税人按税法规定的名义税率所负担的税款，后者是指纳税人实际缴纳的税款。之所以产生名义税负与实际税负之间的差异，主要是因为纳税人所享受的税前扣除和税收优惠的不同。

（3）按税收的负担对象，可以将税收负担分为纳税主体负担与纳税客体负担。前者是指各类纳税人依法向国家缴纳的税款，后者则是指各种课税对象负担的税款。

（4）按税收负担的形式，可以将税收负担分为货币负担与实物负担。前者是指纳税人负担的货币税额，后者则是指纳税人负担的实物税额。

二、税负的量度

为了合理地确定国家的整体税负水平，科学地设计各税种的税负，公平各经济成分、产业、地区及个人的税收负担，以及比较国与国之间、不同历史时期的税负水平，有必要从宏观、微观方面建立一套反映税负水平的计量指标。

（一）宏观税负水平的量度指标

宏观税负水平，是指一国在一定时期内的税收收入总量与宏观经济总量之比。比值越高，说明税负水平越高；比值越低，说明税负水平越低。度量宏观税负水平的指标主要有：

1. 国民生产总值（或国内生产总值）税负率

$$国民生产总值（或国内生产总值）税负率 = \frac{一定时期国家税收总量}{同期国民生产总值（或国内生产总值）} \times 100\%$$

这一指标是国际上采用最广的宏观税负度量指标。

2. 国民收入税负率

$$国民收入税负率 = \frac{一定时期国家税收总量}{同期国民收入总值} \times 100\%$$

（二）微观税负水平的量度指标

微观税负水平，是指企业、个人在一定时期内所缴纳的税款与相关的个量经济指标之比。比值的高低，可以在相当程度上反映企业、个人所承担的税负水平的高低。度量微观税负水平的指标主要有：

1. 企业利润税负率

$$企业利润税负率 = \frac{一定时期企业实缴的所得税额}{同期企业利润总额} \times 100\%$$

2. 企业综合税负率

$$企业综合税负率 = \frac{一定时期企业实缴的各税总和}{同期企业收入总额} \times 100\%$$

3. 个人所得税负率

$$个人所得税负率 = \frac{一定时期个人实缴的所得税额}{同期个人所得（或收入）总额} \times 100\%$$

4. 个人财产税负率

个人财产分为静态财产与动态财产两类。前者是指个人在一定时期内所拥有的一切财产，包括动产与不动产；后者则是指个人通过财产继承或受赠所获得的财产，也包括动产与不动产。因此，该指标分为个人静态财产税负率和个人动态财产税负率两类。前者反映的是个人所实缴的财产税额占其拥有的财产价值的比率；后者反映的是个人所实缴的遗产和赠予税额占其继承或受赠财产价值的比率。其公式为

$$个人静态财产税负担率 = \frac{一定时期个人实缴的财产税额}{同期个人拥有的财产价值额} \times 100\%$$

$$个人动态财产税负担率 = \frac{个人实缴的遗产或赠予税额}{个人继承或受赠财产价值额} \times 100\%$$

5. 人均税负水平

人均税负水平是指一国一定时期的税收总额人均负担的程度。其公式为

$$人均税负水平=\frac{一定时期税收总量}{同期人口总量}×100\%$$

（三）税负结构的量度指标

税负结构，是指不同产业（或行业）、不同所有制企业、大中小型企业、不同地区、流转额、所得额及财产额等所承担的税收负担水平。对税负结构的量度有助于人们对税源分布状况及税制公平合理程度的分析及改进。

1. 产业（或行业）税负率

（1）产业（或行业）利润税负率

该指标是指各产业（或行业）一定时期内实际缴纳的所得税额与同期的利润额之比。其公式为

$$产业利润税负率=\frac{一定时期该产业实缴的所得税额}{同期该产业利润总额}×100\%$$

（2）产业（或行业）综合税负率

该指标是指各不同产业（或行业）一定时期内实际缴纳的各项税收总额与同期的收入总额之比。其公式为

$$产业综合税负率=\frac{一定时期该产业实缴的各项税收总额}{同期该产业收入总额}×100\%$$

不同所有制企业、大中小型企业的税负计算方式同上。

2. 地区税负率

地区税负率是指各地区在一定时期的税收总额与同期该地区的国内生产总值（或国民收入）之比。由于税收总额中有的包含属于中央的税收收入，因此，其量度也分为两个公式：

$$（1）地区总税负率=\frac{一定时期地区的中央、地方税收总额}{同期该地区国内生产总值（或国民收入）}×100\%$$

$$（2）地区净税负率=\frac{一定时期地区的地方税收总额}{同期该地区国内生产总值（或国民收入）}×100\%$$

3. 流转额（或所得额、财产额）税负率

该指标是指流转税（或所得税、财产税）的税额与总流转额（或所得额、财产额）之比。由该指标可以看出，总税收中有多少来自流转额，有多少来自所得（或收入）额和财产额。其公式为

$$\begin{array}{c}流转额（或所得额、\\财产额）税负率\end{array}=\frac{一定时期流转税（或所得税、财产税）税额}{同期国家总流转额（或所得额、财产额）}×100\%$$

关于税负的量度指标，还可以从不同的方面列举出若干，限于篇幅，我们只择其要者列之。

应当指出的是，税负量度是一个相当复杂的问题，上面所列的量度指标只能是对税负水平大概的、近似的测量，而非精确的量度。因此，在实际运用时，还必须同时考虑相关的其他因素，参考相关的其他指标，方能得出比较准确的判断。比如在计算宏观税负水平时，假定 A 国 90%以上的财政收入都来自税收，而 B 国只有60%左右的财政收入来自税收，40%左右的财政收入则来自征收基金、收费或利润

上缴，如果两国的财政收入总额、国民生产总值等指标均相同，显然，按宏观税负量度指标公式计算，A 国的税负水平明显高于 B 国，但这并不表明 B 国的企业与个人的实际负担率就低于 A 国。因为，如果把 B 国征收的基金、收费或利润上缴也换算为税收，则 B 国的负担率就与 A 国一样。类似的问题也同样会出现在同一个国家不同财政收入形成时期，如我国 1978 年经济体制改革前后时期。因此，在比较宏观税负水平时，不仅要看直接的税负水平，更重要的是还要比较整个政府收入水平，如果说宏观税负水平的量度尚要费些周折，那么，微观税负，尤其是企业税负和个人税负的量度就复杂得多了。企业税负水平要受法定税种和税率的影响，还要受固定资产折旧制度不同、通货膨胀程度及其指数化调整方式的不同、成本费用列支标准的不同、税前扣除规定的不同以及税收优惠的不同的影响，更重要的是还要受税负转嫁程度的影响。一般而言，流转税具有较强的转嫁性自不待言，即使是企业所得税，根据国外专家的测算，从长期看也存在一定程度的转嫁性。只要存在税负转嫁，企业或者个人所实际缴纳的各种税赋与实际负担的税赋之间必然出现相当的差距，由公式计算出来的企业税负水平往往高于企业的实际税负水平，相反，个人承担的实际税负往往比直接缴纳的各种税收更高。这是我们计算和研究企业或个人税负时必须小心谨慎之处。

三、影响税负的主要因素

税负直接关系国家、企业和个人三者之间的利益关系，那么，影响税负的因素有哪些呢？应当说其影响因素颇多，如经济的、政治的、社会的、制度的、文化传统等方面因素，但其主要影响因素有四个：经济发展水平、国家职能范围、国家的经济政策、企业与国民的纳税意愿和国家法制程度。

（一）经济发展水平

经济发展水平是决定税负水平的最重要因素。税收归根结底源于经济，因此，一国的生产力发展水平越高，人均国内生产总值越大，人民收入越充裕，企业和国民的纳税能力也就越强；相反，一国的生产力发展水平越低，人均国内生产总值越小，人民收入越少，企业和国民的税负承受能力也就越弱。因为，如果一国的经济发展水平很低，企业和国民的收入除了维持必要的生产和消费之外没有多少剩余，那么税收就不可能多征。这一点也得到了充分的证明。有关专家对世界许多国家的税负状况的计量研究显示：人均国民生产总值低于 100 美元的国家，其税负水平在 10% 左右；人均国民生产总值 1 000 美元以上的国家，税负水平将上升到 30% 左右。一般而言，目前西方发达国家的税收占国内生产总值的比重都在 30% 以上，最高的北欧国家甚至高达 60% 左右，而发展中国家则一般在 15%～25% 左右。其次，在同等税额的条件下，根据宏观税负度量指标可知，宏观经济总量，如国民（或国内）生产总值、国民收入越高，则税负相对越低；反之，则越高。

（二）国家职能范围

国家职能范围是影响税负水平的另一个主要因素。该影响因素最明显的就是在不同的经济体制下，由于国家职能范围的大小不同，其税负水平也必然呈现出高低不同。如西方国家在自由资本主义时期和国家垄断资本主义时期，由于国家职能的不同，其税负水平前者为10%左右，后者则为30%以上。除此而外，这一影响作用还表现在同一经济体制下，由于国家职能范围的不同，税负水平亦出现高低不同。比如，同是现代市场经济国家，如美国、英国、法国、德国及瑞典等，由于各个国家的政府职能范围的不同，其税负亦随之不同，低的为30%，高的则达60%左右。

（三）国家的经济政策

国家的经济政策也是影响税负水平，尤其是影响微观税负水平高低的一个重要因素。比如，一国为了促进高科技产业或新兴产业、经济特区或贫困地区、中小企业等的发展，对其采取各种税收优惠政策，因此这些产业、地区、企业的税负水平就比较低；相反，国家为了抑制某些产业、某些产品的过度发展，或者为了抑制不利于经济与社会发展的某些经济行为或消费行为，则采取课征高税的政策，因此它们的税负水平就高。

（四）企业与国民的纳税意愿和国家法制程度

企业与国民的纳税意愿和国家法制程度也是影响税负水平的一个相当重要的因素。缴纳税赋固然是每个企业、国民应尽的义务，或者说是企业、国民享受政府提供的各种公共服务的必要付费。但是征税毕竟是对企业、国民所获得的收入的一种扣除，从企业和国民角度讲，是他们利益的一种损失。如果征税过多，必然引起企业与国民的反对，并以种种方式逃避政府征税，严重时甚至会引起社会动乱。因此，税负水平的确定必须要考虑企业与国民的纳税意愿。

与此相关的另一个问题就是国家法制程度，即税收的征收环境的完善程度。比如两个税收总额和经济发展程度完全相同的国家，一个法制健全，对各种逃税行为实行严密监督和严格处罚，并且严格控制现金交易，另一个法制松弛，各种逃税行为比比皆是，而且现金交易大量泛滥，这两国的税负状况必然是法制健全的国家税负轻，法制松弛的国家税负重。更重要的是法制健全国家的税制比较公平，而法制松弛的国家的税制则畸轻畸重，非常不公平。法制松弛不仅阻碍经济与社会的发展，还会大大降低企业与国民的纳税意愿。

四、确定最适税负的标准

一个国家要想充分发挥税收促进经济、社会发展的作用，就不能不十分重视税负的设计问题，从而确定一国的最适税负水平。那么，确定一国最适税负的标准是什么呢？我们认为有三个标准——适度、公平和国际兼容性。

（一）适度

适度，是指我国税负水平的确定必须考虑经济发展水平、企业与国民的税负承担能力和意愿，正确处理国家、企业、个人三者利益关系，既不能搞"竭泽而渔"，也不能片面"施仁政"。在传统的计划经济体制下，由于"左"的思想影响，我们片面强调国家利益，而忽视了企业与个人的利益，结果把经济搞得很死，经济效益低下。改革开放以来，我们还权还利于企业和个人，充分调动企业与个人的积极性，经济呈现出蓬勃发展的景象。但在改革过程中，又出现了片面"施仁政"的状况，各地竞相搞减免税优惠大战，似乎要搞活经济，搞活企业，要吸引外资，就必须依靠国家减税让利政策。应当看到，要搞活经济、搞活企业、吸引外资，要突破传统的计划体制，必要的放权让利、减免税是肯定需要的，舍此就不能达到改革开放、搞活经济的目的。但是减税让利过大，超过了国家财力所能承受的范围，事物就必然走向反面。比如，20世纪八九十年代，税收的相对下降已经超过了国家财力所能承受的范围，结果使国家财政年年赤字，以致国家在教育、文化、卫生、科技、国防、维持社会治安等方面的基本职能都难以保障，这在一定程度上也影响了我国经济与社会的协调发展，引起了社会的不稳定。这种状况一直到1994年"分税制"改革以后才逐步改善（见图4-1）。既然如此，那么，现阶段我国的宏观税负水平到底多少为适度呢？根据国际一般水平，以及我国政府所承担的职能、经济发展水平和企业、个人的承受能力，我国的宏观税负水平在25%~30%为宜；否则，便难以保证国家职能的正常发挥，公共需求的必要满足，以及经济与社会的协调发展。

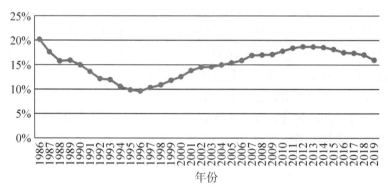

图4-1 1986—2019年税收占GDP的比重

数据来源：《中国统计年鉴》。

（二）公平

公平，主要是指我国税负水平的确定要符合"横向公平"与"纵向公平"原则。税负的横向公平是指在我国具有同等纳税能力的纳税义务人，都应当缴纳大体相同的税额，以避免畸轻畸重的不公平现象。而税负的纵向公平在我国主要是指个人，即具有不同纳税能力的个人应当缴纳税额不等的税收，纳税能力大的人多纳税，纳税能力小的人少纳税或不纳税，以体现"量能纳税"的原则。

（三）国际兼容性

国际兼容性，是指我国税负水平的确定要考虑国际上的一般税负水平，尤其是具有同等经济发展水平的国家和周边国家的税负水平，以形成吸引外国资本、先进技术和人才的良好税负环境。因为，当今世界经济的一大发展趋势就是全球化，资金、技术、人才已出现大量的跨国界流动，如果我国的税负水平与其他国家相差太大，尤其是与同等经济发展水平的国家和周边国家相比如果过高，除了会对我国吸引外资、外国的先进技术和人才造成重大障碍外，还会使我国的资金、技术和人才流向国外，严重影响我国经济的发展。因此，我国最适税负水平的确定还应当考虑国际兼容性，以促进我国经济和社会的良好发展。

第二节　税负转嫁

在市场经济中，只要存在税收，就必然会出现纳税人为减轻税负而进行的税负转嫁，可以说税负转嫁是商品经济中的一个普遍现象。在西方经济学中，对税负转嫁问题的研究，首推亚当·斯密，后来经李嘉图、萨伊、穆勒、道尔顿、塞力格曼等人的补充发展，税负转嫁已成为西方赋税理论的重要组成部分。新中国成立以来一直到改革开放以前，由于受"左倾"思想的影响，税负转嫁被视为资产阶级的一种特殊剥削手段，认为其是资本主义的"专利"，而将税负转嫁排除在社会主义税收理论研究之外。改革开放以来，随着市场经济的逐步建立，我国理论界对税负转嫁理论的研究也开始活跃起来，并对我国社会主义市场经济下也同样存在着税负转嫁达成了共识。

税负转嫁理论主要是研究在市场经济条件下，在国家征税过程中，纳税人是如何将税负转嫁出去的，转嫁的形式和程度，税负转嫁的最终归宿，以及转嫁以后对经济与社会、企业与个人的影响，其情况相当复杂。在这里，我们主要介绍税负转嫁的一般理论，即税负转嫁与税负归宿的概念，税负转嫁的形式和转嫁的一般规律。

一、税负转嫁与税负归宿的概念

税负转嫁是指纳税人将其所缴纳的税款通过各种途径转移给他人负担的过程。税负转嫁是一种比较复杂的经济现象，在一定的经济条件下，纳税人的税收负担有可能全部转嫁出去，有可能只部分转嫁出去，也有可能全部都无法转嫁出去。同时，税负转嫁的过程可能一次结束，也可能多次结束。转嫁的结果便产生了税负归宿的问题。

税负归宿，是指随着税负转嫁过程的结束，所产生的税负的最终归着点，即税负最终由谁负担。当税负全部转嫁出去时，纳税人就不是负税人，或者说仅仅是形式上的负税人，而真正的负税人是经过转嫁而最终承担税负的他人。当税负部分转嫁出去时，纳税人就只是部分负税人，而非全部负税人。只有当税负全部不能转嫁出去时，纳税义务人与负税人才是同一人。

一般而言，各种税收都具有程度不同的转嫁性，只是流转税的转嫁性相对更强，而所得税、财产税的转嫁性相对弱些罢了。正是基于此，人们把流转税类的税收称为间接税，而把所得税类、财产税类的税收称为直接税。

二、税负转嫁的一般形式

税负转嫁的形式一般有以下几种：

（一）前转（或称顺转）

前转即纳税人将他所纳之税，按照商品流转方向，在进行商品交易时，采用加价的方式，将税款向前转嫁给商品购买者。

（二）后转（或称逆转）

后转与前转的方向刚好相反，是指纳税人采用压低商品或原材料进价的方式，将其所要负担的税款向后转嫁给货物的供应者。如批发商纳税之后，因商品价格上涨会引起购买量较大变化，因而不能转嫁给零售商，于是就向后转嫁给供货厂家负担。

（三）辗转转嫁

当转嫁发生在几次以上，就称为辗转转嫁。如果是向前转嫁，就是"向前辗转转嫁"；如果是向后转嫁，就是"向后辗转转嫁"。如果同时向前和向后转嫁，就称为"散转"或"混转"。各种方式的转嫁如下所示：

丝绸厂 →成衣厂→批发商→零售商→购衣者（向前辗转转嫁）

零售商 →批发商→成衣厂→丝绸厂→养蚕人（向后辗转转嫁）

钢厂等←零部件厂← 汽车厂 →商店→购车人（散转）

（四）消转

消转是指既不前转，也不后转，而是纳税人通过技术改良，加强经营管理，降低成本，提高效益，使税负无形中消失的经济现象。这实际上是纳税人自己负担的一种特殊形式。

三、税负转嫁的一般规律

税负转嫁的可能性受诸多因素的影响。其主要的影响因素如下：

（一）商品供求弹性的大小

税负转嫁存在于商品交易之中，通过价格的变动而实现。在市场经济中，商品价格的变动，在很大程度上取决于该商品的供求弹性。因此，纳税人在纳税后，其税负能否转嫁、如何转嫁（前转或后转），以及转嫁多少，基本上取决于商品供求的相对弹性。一般说来，税负往往向没有弹性或弹性小的方向转嫁。

1. 需求弹性与税负转嫁

需求弹性是指商品的需求量相对于市场价格变动的反应程度。用公式表示为

$$需求弹性系数 = \frac{需求量变化的百分比}{价格变化的百分比}$$

当需求弹性系数大于 1 时，为富有弹性；等于 1 时，为有弹性；小于 1 时，为缺乏弹性；等于 0 时，为完全无弹性。需求弹性往往受商品性质的影响。比如，生活必需品的需求弹性较小，而非必需品的需求弹性较大。

一般说来，在其他条件不变的情况下，商品的需求弹性愈小，愈有利于提高价格，将税负向前转嫁；反之，前转就愈困难。当需求完全无弹性时，税负可能全部前转给买者承担。当需求完全有弹性时，税负可能全部无法前转买者，而由卖者自己负担。

2. 供给弹性与税负转嫁

供给弹性是指商品的供给量相对于市场价格变动的反应程度。用公式表示为

$$供给弹性系数 = \frac{供给量变化的百分比}{价格变化的百分比}$$

当供给弹性系数大于 1 时，为富有弹性；等于 1 时，为有弹性；小于 1 时，为缺乏弹性；等于 0 时，为完全无弹性。供给弹性往往受生产要素的转移程度的影响。生产要素，如资本、劳动力转移比较容易的生产，其供给弹性大；反之，就小。

在其他条件不变的情况下，商品的供给弹性愈大，愈有利于卖者通过缩小产量、提高价格将税负向前转嫁给买者负担；反之，则愈不利于税负前转。当供给完全无弹性时，税负则可能全部无法前转给买者，而由卖者自己负担。

在现实生活中，税负通常是一部分通过加价方式向前转嫁给消费者，一部分通过压价方式向后转嫁给生产要素提供者，还有一部分则可能因为无法转嫁而由纳税者自己承担。在实际生活中，税负转嫁的方向及程度往往由供需之间的弹性大小决定，倘若需求弹性大于供给弹性，则前转的可能性小一些；反之，则前转的可能性大一些。

（二）市场的竞争程度

市场根据其竞争程度，可以区分为完全竞争市场、不完全竞争市场、寡头垄断竞争市场和完全垄断市场。在这几种市场形式中，税负转嫁的程度是不同的。

1. 完全竞争市场下的税负转嫁

在完全竞争市场下，由于单个厂商无力控制价格，因此，当其纳税时也难以在短期内通过提高价格的形式将税负向前转嫁出去。如果只是他提高价格，而别的厂商不提价，那么，一是他必然在竞争中处于劣势，甚至失败；二是买者将不购买他的商品，转而购买其他厂商的商品，那么他转嫁的意愿也难以实现。但从长期看，由于纳税将增加厂商成本，减少其利润，于是各个厂商将联合起来，一致提价，则税负就可以完全或大部分转嫁出去，但转嫁的程度仍然受供需弹性的影响。

2. 不完全竞争市场下的税负转嫁

商品的差异性是不完全竞争市场的重要特征。在不完全竞争市场下，单个厂商虽然很多，但各家可以利用其产品的差异性对价格做出适当调整，借以把税负向前转嫁给买者。当然，其转嫁的程度也同样受到供需弹性的制约。

3. 寡头垄断市场或完全垄断市场下的税负转嫁

这两种市场都以垄断为特征，所不同的只是垄断的程度。换言之，只是在于某种商品在市场上的垄断厂商的数量多少不同。一般说来，在垄断市场条件下，税负转嫁的可能性更大，而且更为容易，各厂商之间的竞争程度要小得多。因为生产经营该种商品的厂商数量很少，因此，它们之间极易达成某种协议或默契，对价格升降采取一致行动。如果对某产品征收新税或提高税率，各寡头厂商就会按已达成的协议或默契，通过一致提价等方式，将税负转嫁出去。当然，这种转嫁意图的实现程度也受到商品供需弹性的影响。

（三）课税范围的大小

课税范围的大小对税负转嫁也有影响。一般来讲，课税范围广的税，转嫁比较容易；课税范围窄的税，转嫁就比较困难。因为税基越窄，需求愈具有弹性，愈有替代效应，买者选择的余地愈大。如果纳税者将某种商品的税负前转，则价格上升，同时，由于存在着无税或低税的替代产品，则买者转而购买替代产品，而对该商品的需求大大减少，因此该税负就难以转嫁；相反，课税范围广的税，由于替代效应小，需求弹性亦小，因此该税负就容易转嫁。如白酒与红酒同属于酒类，如果只对白酒课税而对红酒免税，当白酒因课税而提价后，人们显然会多买红酒而少买白酒，结果白酒的税负转嫁就难以实现。

（四）课税对象的性质

税负能否转嫁及转嫁程度，还要受课税对象性质的影响。如对个人的所得课税，其转嫁就困难；对商品课税，由于商品处于流通过程之中，厂商在交易时，具有转嫁税负的方便，因此，转嫁较易实现。

（五）行政管理范围的大小

国家行政管理机构一般分为中央、地方各级。一般来讲，行政管辖范围越大，税负越易转嫁；相反，行政管辖范围越小，税负越难转嫁。这是由替代效应的大小所决定的。比如，一个小城镇对某种商品开征一种新的地方税或提高税率，则人们可以通过到别的未征新税的附近城市购买商品，或迁居到低税城市，而使税负难于转嫁。但省（州）或中央开征一种新税，由于其管辖范围大，人们越过省（州）或国界去购买商品或迁居的代价太大，则仍会在当地购买或居住，因此，税负转嫁的可能性就大。

综上所述，税负转嫁的实质可以归纳如下：

（1）税负转嫁的实质是买方与卖方之间的利益博弈；

（2）博弈双方的力量决定税负转嫁的可能、方向和程度；

（3）博弈双方的力量大小取决于商品的需求和供给弹性大小（即弹性越小，博弈的力量越小）；

（4）商品的需求和供给弹性取决于多种因素，如商品的性质、生产要素转移的程度、课税范围、市场的垄断程度等。

第三节　避税与逃税

避税与逃税是纳税义务人通过各种方式，有意减少其税收负担的行为。在市场经济条件下，不论国内税收还是国际税收，避税、逃税都是一种普遍现象，也是国家重点关注或打击的对象。

一、避税、逃税的概念与区别

避税，是指纳税义务人以不违法的手段，利用税收制度中的规定或漏洞，通过精心安排来减轻或规避税负的一种行为。比如，纳税义务人利用各地或各国税种、税率、征收管理上的差异，通过内部转让定价，将利润转移到低税地区或国家，从而降低其税负。近年来在国际上，这又被称为"利润转移"或"税基侵蚀"。避税行为由于其违理但不违法，因此，税务当局不能对此加以直接的法律惩处，而只能通过完善税制、堵塞漏洞等反避税措施来防止、消除或减少避税行为的发生。但近年来，国际上，尤其是发达国家已经开始加大对国际避税的管理和处罚力度。

而逃税则不同，逃税是指纳税义务人采用各种欺诈等非法手段，逃避税负的一种行为。在我国，将此行为称为偷税漏税。我国税法对偷税、漏税的定义是不同的。我国的《税收征收管理法》规定："纳税义务人采取伪造、变造、隐匿、擅自销毁账簿、记账凭证，在账簿上多列支出或者不列，或者进行虚假的纳税申报的手段，不缴或少缴应纳税款的，是偷税。"而漏税则定义为纳税义务人属于非故意而发生的漏缴或少缴税款的行为。由于偷税、漏税属于违法行为，因此，一旦被税务当局发现，将根据税法规定对纳税义务人采取补税、罚款，乃至监禁等不同程度的惩罚。

二、避税与逃税产生的原因

任何一种事物的出现总有其内在因素和外在原因，避税与逃税也不例外。

（1）从纳税者的主观因素来讲，纳税人之所以千方百计地避税或逃税，根本原因是纳税人受经济利益驱使。因为从具体的纳税者的角度来讲，纳税无论怎样公平、正当、合理，即使其所纳之税对于纳税人整体具有偿还性，都是对他的收入的一种再分配，都是他的直接经济利益的一种损失。因此，在征税过程中，纳税人一般总是想方设法尽可能地减轻其税负。

（2）从客观因素来看，在避税方面，主要原因在于各地、各国税法规定及其执行过程中的差异性和不完善性。比如国际避税之所以成立，就在于各国行使的税收管辖权及其在行使范围和程度上存在的差异，各国在征税范围及税率规定上存在的差异，各国在所实行的税收优惠措施方面存在的差异，各国在征收管理上存在的差异，各国在消除国际双重征税的方法上以及在反避税措施上存在的差异，使得跨国纳税人有可能将利润转移到低税国家或"国际避税港"，从而减轻或避免税收负担。从国内避税产生的客观原因来看，主要在于国内各地之间在征税规定和执行上的差异性。比如，我国现行税法中规定的一般地区、经济特区、经济开发区、高科技区、贫困地区在税率上的差异，规定的对外资企业、内资企业在征税上的差异，以及各地之间在征收征管上存在的差异等，均造成了国内避税的可能性。

在逃税方面，产生的主要客观原因在于执法不力，处罚太轻。在一个有法不依、执法不严、违法不究的国家，逃税现象必然大量存在。因为逃税而受到惩罚的机会成本比守法纳税所付出的纳税代价低得多，所以，逃税的"示范效应"也高得多。

除此之外，避税与逃税产生的客观原因还在于税制的不完善。比如，税率太高造成税负过重，以致引起纳税人的普遍反感和抵制，使纳税人认为，采取更复杂的手段和冒更大的风险来避税或逃税是值得的，因为其边际收益较之老老实实纳税更高。此外，政府本身的廉洁程度，以及政府收取的税收是否真正做到"取之于民、用之于民"，也会影响到纳税人诚实纳税的态度和避税或逃税的行为。

三、避税与逃税的后果

避税、逃税，尤其是逃税，将对税收、经济和社会产生严重的不良影响。

从国家税收看，避税、逃税尤其是逃税的直接后果是减少国家应得的税收。比如，我国每年的税收审计都查出了相当部分的偷漏税款，就说明了问题的严重性。

从经济方面看，避税、逃税将造成市场竞争的极不公平。逃税与避税的得逞或者泛滥，必然使避税、逃税者得益，使守法纳税者吃亏，而这种纳税上的不公平必然造成市场竞争的不公平。而且，避税、逃税的得逞或泛滥，最终会加重守法纳税者的税负，从而使这种不公平加剧。

从社会方面看，避税、逃税的得逞或泛滥必然诱使原来的守法纳税者也加入其行列，使避税、逃税现象更为普遍、严重，从而败坏社会风气。

因此，税务部门和全社会都应将反避税、逃税作为维护改革开放，建立社会主义市场经济，保持国家长治久安的重要任务来对待，从立法、执法、管理、惩罚、宣传、教育等诸方面入手，采取必要的综合治理措施，严厉打击逃税，有效防范避税。

参考文献：

［1］理查德·A.马斯格瑞夫.美国财政理论与实践［M］.邓子基，邓力平，译.北京：中国财经出版社，1987.

［2］哈维·S.罗森.财政学［M］.郭庆旺，译.北京：中国人民大学出版社，2006.

［3］卡尔·马克思.《政治经济学批判》序言、导言［M］.徐坚，译.北京：人民出版社，1972.

［4］亚当·斯密.国富论［M］.郭大力，王亚南，译.北京：商务印书馆，1972.

［5］约翰·梅纳德·凯恩斯.就业、利息和货币通论［M］.高鸿业，译.北京：商务印书馆，2008.

［6］王国清，朱明熙，刘蓉.国家税收［M］.成都：西南财经大学出版社，2008.

［7］朱明熙.个人所得税的调节作用何以失效［J］.经济学家，2002（1）：80-84.

［8］朱明熙，代灵敏.美国个人所得税对贫富差距的影响［J］.财经科学，2014（4）：119-127.

［9］朱明熙，何通艳.我国房产税功能辨析［J］.税务研究，2012（10）：26-30.

第五章
税收效应

第一节　税收的微观经济效应

一、税收与生产者行为

企业或生产者是市场的主要主体，虽然现代企业生产经营目标多元化，但利润最大化是企业从事生产经营活动的核心目标，企业生产什么、生产多少的决策是基于利润最大化目标而做出的。税收对生产者行为的影响，主要是通过税收市场价格机制实现的；在理论上，税收对生产者行为选择的影响可以分为收入效应（income effect）和替代效应（substitution effect）。

（一）税收对生产者选择的收入效应

税收对生产者选择的收入效应，表现为政府征税之后，使生产者可支配收入减少，造成生产者的生产要素投入减少，从而降低了商品的生产能力，生产者实际产出水平下降。第一，如对生产要素征税，政府的征税行为可能使企业的生产成本上升，在边际收益和平均收益不变的情况下，边际成本和平均成本上升，企业的最终产出必然会下降。第二，如对企业销售的商品征税，征税使企业实际获得的生产者价格下降，在成本不变的情况下，收益下降，企业的最终产出也将会下降。第三，如征收所得税或一次总付税，征税使企业收入减少，企业可利用资源减少，也导致企业最终产出的减少。

如图 5-1 所示，设企业生产、消费者消费 X_1 和 X_2 两种商品。在征税前，企业的生产可能曲线为 T_1T_1，生产可能曲线上任意一点切线的斜率代表一种商品相对另外一种商品的边际转化率或社会机会成本，生产可能曲线 T_1T_1 与消费者无差异曲线 I_1 相切于 E_1 点，有共同的切线 PP_1，相对于生产可能曲线 T_1T_1，切点是两产品的边际转换率；相对于消费者的消费无差异曲线 I_1，切点是消费者消费两产品的边际替代率；在均衡点 E_1 边际转换率等于边际替代率，生产者获得最大利，消费者获得最大效用满足，企业生产商品的数量分别为 a_1 和 a_2。

在征税后，企业可利用资源减少，企业的生产可能曲线由 T_1T_1 向内移至 T_2T_2，税后生产可能曲线 T_2T_2 与消费者无差异曲线 I_2 相切于 E_2 点，仍有共同的切线 PP_2，边际转换率等于边际替代率，企业生产商品的数量将至 b_1 和 b_2，生产者获得最大利润和消费者获得最大效用较之税前降低。税收对生产者选择的收入效应不改变企业

51

不同商品生产的相对价格和相对收益，不改变帕累托效率条件，税前和税后生产选择都是帕累托效率最优的。

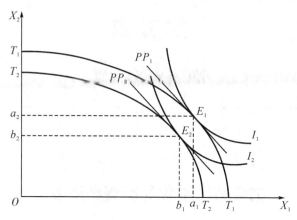

图 5-1　税收对生产者选择的收入效应

（二）税收对生产者选择的替代效应

税收对生产者选择的替代效应表现为，因为征税使生产者面临课税商品的相对价格下降，促使生产者减少课税或重税商品的生产，增加无税或轻税商品的生产，也即以无税或轻税商品替代课税或重税商品。

如图 5-2 所示，在征税前，企业的生产可能曲线为 T_1T_1，生产可能曲线 T_1T_1 与消费者无差异曲线 I_1 相切于 E_1 点，在均衡点 E_1 边际转换率等于边际替代率，企业生产商品的数量分别为 a_1 和 a_2，生产者获得最大利润，消费者也获得最大效用满足。设政府征收选择性商品税，比如对商品 X_1 课征消费税，对商品 X_2 不征税。对于商品 X_1，征税使生产者实际得到的价格下降，边际成本比率及边际转换率发生变化，与生产可能曲线 T_1T_1 的切点由 E_1 移至 E_2，切线为 QQ_1。同时，对于商品 X_1，消费者支付的价格提高，从而导致商品 X_1 和 X_2 的相对价格及边际替代率发生变化，消费者无差异曲线切线由 PP_1 变为 PP_2，与新的无差异曲线 I_2 相切于 E_2 点，企业生产商品的组合移至 b_1 和 b_2，减少课税商品 X_1 的生产，增加商品 X_2 的生产；但此时商品 X_1 和 X_2 的边际转换率不等于边际替代率，帕累托效率条件不再满足。

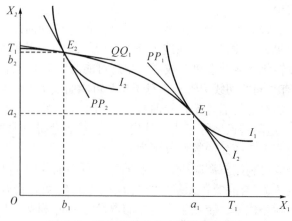

图 5-2　税收对生产者选择的替代效应

二、税收与消费者行为

消费者是主要的市场主体，消费者在预算约束下在市场上购买不同的商品组合以实现效用最大化。征税会改变消费者的实际收入，或者改变消费者所要选择商品的相对价格，从而改变消费者行为。税收对消费者行为的影响具有收入效应和替代效应。

（一）税收对消费者选择的收入效应

税收对消费者消费选择的收入效应，表现为政府征税之后，使消费可支配收入减少，从而减少商品的购买量，使消费处于较不征税更低的水平。比如，对消费者征收所得税，降低消费者可用于消费的收入，使消费者消费量减少；又如，在消费者名义收入不变的情况下，对消费品征税，使消费者收入的购买力下降、减少消费者实际收入，使消费者消费量减少。

如图 5-3 所示，消费者收入既定，收入全部用来消费 X 和 Y 两种商品。税前预算线为 AB，预算线与无差异曲线 I_1 相切于 E_1 点，该点为预算约束下消费者效用最大化的最优消费组合选择，X 和 Y 两种商品消费量分别为 x_1 和 y_1。假设对消费者征收个人所得税，消费者税收收入减少，预算线由 AB 平移为 CD，新预算线 CD 与无差异曲线 I_2 相切于点 E_2；较之税前消费均衡点 E_1，税后消费均衡点 E_2 对应的 X 和 Y 两种商品消费量分别减少到 x_2 和 y_2。可以看出，税收对消费者消费选择的收入效应使消费者减少商品的消费量。

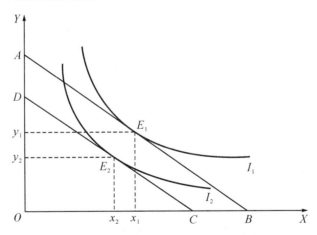

图 5-3 税收对消费者选择的收入效应

（二）税收对消费者选择的替代效应

税收对消费者消费选择的替代效应，表现为政府征税之后，会使课税商品相对价格提高，从而减少商品的购买量，引起消费者减少对课税或重税商品的消费，增加对无税或轻税商品的购买量，即征税后消费者以无税或轻税商品替代课税或重税商品的消费。比如，政府在征收统一商品税的基础上，又对特定商品征收消费税，使得课征消费税的商品相对未课征消费税的商品的相对价格提高，从而造成消费者减少课征消费税商品的购买，增加未课征消费税的商品的购买。

如图 5-4 所示，消费者税前预算线为 AB，预算线与无差异曲线 I_1 相切于 E_1 点，该点为预算约束下消费者基于效用最大化原则对 X 和 Y 两种商品的最优消费选择，X 和 Y 两种商品消费量分别为 x_1 和 y_1。假设对商品 X 征收消费税，且不向商品 Y 征收，征税后预算线由 AB 平移为 AC，税后预算线 AC 与无差异曲线 I_2 相切于 E_2。较之税前消费均衡点 E_1，税后消费均衡点为 E_2，课税商品 X 消费量减少到 x_2，减少量为 x_1x_2；未课税商品消费量增加到 y_2，增加了 y_1y_2。可以看出，税收对消费者消费选择的替代效应使消费者减少课税商品的消费量，增加未课税或课税少商品的消费，以未课税或课税少商品替代课税或课税多的商品。

在一般情况下（商品为正常品），税收对消费者选择的收入效应和替代效应的作用方向一致，两效应都导致商品消费量减少。在图 5-4 中，对商品 X 征收消费税，商品 X 消费量的减少是收入效应和替代效应共同作用的结果。替代效应的大小取决于用其他商品替代课税商品的难易程度，这反映在消费无差异曲线的形状之中，如果无差异曲线相对平坦，替代就越容易，从而替代效应就越大。

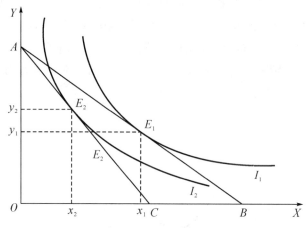

图 5-4　税收对生产者选择的替代效应

三、税收与个人劳动供给

人是社会的核心，人在不同的社会场合扮演不同的角色。在生产要素市场上人是劳动的提供者，个人的劳动供给选择具有多方面，如工作时间、接受教育以增进人力资本、工作努力程度等。在简单的劳动力供给决策模型中，个人面临休息与劳动的选择，劳动可以取得收入、用于消费以提高个人效用，休息可以使身心愉悦，但这是以收入和消费为机会成本的。对劳动征税的基本形式是个人所得税中对工薪所得征税，对劳动课税会对个人劳动供给选择产生收入效应和替代效应。

收入效应大于替代效应，劳动者将增加劳动时间；反之，若对劳动课税的替代效应大于收入效应，则劳动者将会减少劳动供给；若收入效应等于替代效应，劳动者的劳动供给不变。工薪税对劳动供给的收入效应表现为，对劳动收入征税减少了个人劳动收入，降低个人的支付能力，为了维持原有的收入水平和支付能力（消费水平），将倾向于增加工作时间。闲暇一般为正常品，在其他条件不变的情况下，所得减少引起闲暇消费减少，从而意味着工作增加。工薪税对劳动供给的替代效应表现为，对劳动收入征税使劳动实际工作减少，这意味着闲暇的机会成本下降，劳动相对于闲暇吸引力下降，个人减少劳动供给、增加休息时间，以闲暇替代工作。简言之，课征工薪税或者说对劳动征税的收入效应会使劳动供给增加，替代效应会使劳动供给减少，而课征工薪税对个人劳动供给的最终影响取决于收入效应和替代效应的大小。

如图 5-5 所示，横轴表示休息时间，纵轴表示收入（或消费，收入用于购买各种商品），个人税前预算线为 AB，与无差异曲线 I_1 相切于 E_1 点。个人最佳休息时间为 OD，工作时间为 DB，收入或消费为 OG。对劳动收入课税使预算线转动，税后预算线为 CB，税后均衡点为无差异曲线 I_2 和 CB 的切点 E_2，休息时间位 OF，收入为 OH，较之税前个人劳动供给减少，收入减少；收入效应小于替代效应。在图 5-6 中，税后均衡点为 E_3，税后休息时间与税前休息时间都相等为 OF，也即税前劳动供给与税后劳动供给相等，但税前个人收入为 OG，税后个人收入为 OK；在此情形下，收入效应等于替代效应，收入效应与替代效应相互抵消，劳动者休息和劳动时间不变，但这并不意味着此时的工薪所得税不存在扭曲，只要有替代效应，就有扭曲。在图 5-7 中，税后均衡点为 E_4，税前休息时间 OF 多于税后休息时间 OD，征税使劳动供给增加；在此情形下，工薪所得税对劳动选择的收入效应大于替代效应。

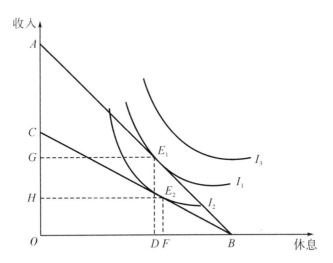

图 5-5 税收对劳动供给的影响：收入效应小于替代效应

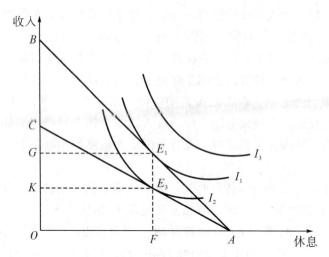

图 5-6 税收对劳动供给的影响：收入效应等于替代效应

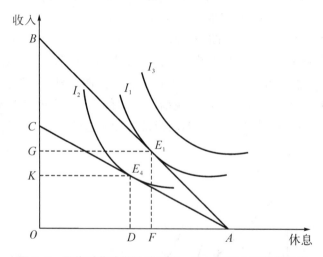

图 5-7 税收对劳动供给的影响：收入效应大于替代效应

图 5-8 展示了劳动供给曲线 *ABCD*，在 *AB* 段劳动供给曲线向右上方倾斜，若税前净工资为 *a*，税后净工资为 a_t，征收工薪税使净工资减少，劳动供给减少，替代效应大于收入效应；在 *BC* 段劳动供给曲线垂线，劳动供给无弹性，若税前净工资为 *b*，税后净工资为 b_t，征收工薪税使净工资减少，但劳动供给量不变，替代效应与收入效应相互抵消；在 *CD* 段劳动供给曲线向左上方弯曲（向后弯曲），若税前净工资为 *c*，税后净工资为 c_t，征收工薪税使净工资减少，但劳动供给量增加，替代效应小于收入效应。

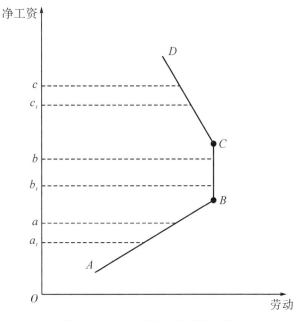

图5-8　向后弯曲的劳动供给曲线

四、税收与私人储蓄

当前消费和未来消费之间的取舍是消费者的重要选择，其中涉及储蓄决策。由于投资是经济增长的重要因素，储蓄是投资资金的来源，制约着投资规模及经济增长。税收对私人储蓄的效应是通过税收对个人可支配收入和税后利息率的影响来实现的，同样表现为收入效应和替代效应。

对储蓄利息收入征收利息税是常见的对储蓄课税的方式。对储蓄课税的收入效应表现为，政府课税会降低未来可支配收入，为了保持未来时期的消费或效用水平，纳税人会减少当前消费、增加储蓄。由于课税使当前实际收入下降，而当前消费通常为正常品，收入减少会降低当期消费，增加储蓄。对储蓄课税的替代效应表现为，政府课税减少了储蓄的实际收益，相应降低了现在消费的机会成本，促使个人增加当期消费，降低储蓄，以消费代替储蓄。对储蓄课税的收入效应将引起储蓄增加，替代效应将促使减少，收入效应和替代效应同时存在，对储蓄课税的最终效应如何取决于收入效应和替代效应的大小。如果对储蓄课税的收入效应大于替代效应，则税收会引起储蓄的增加；如果收入效应等于替代效应，两者相抵消，储蓄不变；如果收入效应小于替代效应，则征税将会引起储蓄的减少。

当期和未来消费之间的分配与其他所得在不同商品之间的分配决策类似。个人放弃当前的1元消费，增加1元储蓄，下期可多消费（1+r）元，其中r为利率。现在消费1元的机会成本是未来的（1+r）元。设个人当期工资为w_1、下期工资为w_2，若个人既不储蓄，也不借款，则个人选择为图5-9中的点W，可称为禀赋点。个人面临一条预算线，要么当期消费C、下期不消费，要么当期不消费、下期消费C（1+r），或者将当期与下期消费组合定为C和C（1+r）两点连线中的某一点，预算线斜率为（1+r）。如图 5-9 所示，若个人最优消费组合为 E_1（a_1，a_2）点，个人为储蓄者，当期消费小于当期收入，储蓄为 a_1w_1；若个人最优消费组合为 E_2（b_1，b_2）点，个人为借款者，当期消费大于当期收入，借款为 w_1b。

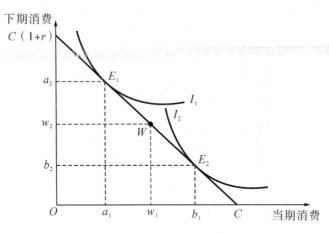

图 5-9　消费、储蓄与借款

现在考虑对利息收入课征税率为 t 的利息税（假设利息所得为负，个人为借款者的话，有负的利息税）。征收利息税，储蓄者得到的利率从 r 降低到 $(1-t)r$，现在消费 1 元的机会成本是未来的 $[1+(1-t)r]$ 元。如图 5-10 所示，税后预算过禀赋点 W，斜率绝对值为 $[1+(1-t)r]$。若税后预算线与无差异曲线相切于 E_3 点，税后个人当期和下期消费组合为 E_3（d_1，d_2），税后储蓄 d_1w_1 较税前储蓄 a_1w_1 减少，此时，利息税对储蓄影响的替代效应大于收入效应。若税后预算线与无差异曲线相切于 E_4 点，税后个人当期和下期消费组合为 E_4（e_1，e_2），税后储蓄为 e_1w_1，较之税前储蓄 a_1w_1 增加，此时，利息税对储蓄影响的替代效应小于收入效应。若税后预算线与无差异曲线相切于 E_5 点，税后个人当期和下期消费组合为 E_5（a_1，g_2），税后储蓄与税前储蓄相等，此时，利息税对储蓄影响的替代效应与收入效应相抵消，对储蓄课税没有改变个人储蓄量，但由于存在替代效应，故无谓损失或扭曲效应仍然存在。

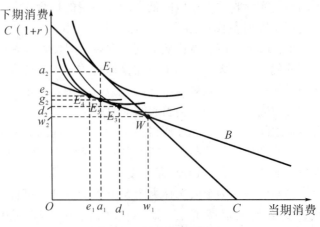

图 5-10　利息所得税效应

五、税收与私人投资

许多计量计价研究表明，储蓄率高的国家往往具有较高的国内投资，反之亦然。同时，经济学也强调储蓄和投资的非一致性，有储蓄的人未必会投资，储蓄的数量与投资的数量也不同。因而，税收对储蓄的效应不等于税收对投资的效应。现代经济学一般以企业或厂商作为投资主体，厂商追求利润最大化。为了实现利润最大化，作为纳税人的企业会一直投资到边际成本等于边际收益为止，只要投资的边际收益大于边际成本，企业将会继续投资下去。投资收益和投资成本是决定企业投资行为的两大因素。政府征税会改变企业的税后投资收益，税收也会改变企业的投资成本，如税收通过影响折旧、融资成本等影响投资行为。

（一）税收对私人投资收益的影响

税收对私人投资收益的影响主要表现为企业所得税的课征。在其他条件不变的情况下，征收企业所得税会降低企业的投资收益率，对私人投资行为同时产生收入效应和替代效应两种相反的效应。税收对私人投资的收入效应表现为，征税使投资收益率下降，减少了纳税人的可支配收益，为达到以往的收益水平，纳税人将增加投资。税收对私人投资的替代效应表现为，征税使投资的实际收益率下降，降低了投资对纳税人的吸引力，造成纳税人以其他行为（如消费）替代投资，从而减少投资。

（二）税收折旧与私人投资

折旧是指对固定资本或多期使用的资产在使用过程中因损耗逐渐转移到新产品或服务中去的那部分价值的一种补偿方式。折旧意味着资产价值的减少，是企业生产成本的组成部分，在计征企业所得税时，折旧可以在税前作为成本扣除，减少企业所得税应纳税所得额，从而减少企业应支付的税收，增加投资收益。折旧有实际折旧、税收折旧和会计折旧等不同概念。实际折旧，或称经济折旧是根据固定资产的实际损耗情况而计提的折旧。税收折旧是税法规定的可以计提并在企业所得税税前扣除的折旧。会计折旧是在会计核算中，以会计制度规定和认可的方式对固定资产计提的折旧。

税收折旧与实际折旧往往不一致，税收制度规定的折旧方法和折旧率会对投资行为产生影响。如果税收制度规定的税收折旧率高于实际折旧率，意味着固定资产的损耗成本可以比实际损耗更早更快地在企业所得税税前扣除，虽然计提折旧的总额不变，但它使企业在总应纳税额不变的情况下获得延迟纳税的利益（延迟纳税部分的隐性利息收益），增加了企业前期可利用资本和投资的实际总收益，对私人投资具有激励作用。如果税收折旧率等于实际折旧率，税收折旧对私人投资的影响是中性的。如果税收折旧率低于实际折旧率，税收折旧对私人投资具有抑制作用。

（三）税收与风险投资

个人或企业投入研发（Research & Development，R&D）和创业属于风险比较大的投资，若获得成功，可以为个人或企业带来巨大利益，同时增加政府的税收收入，此外，研发和创业对经济社会还具有很大的正外部性；但研发创新和创业又具有很大的风险，若失败将会给个人或企业带来巨大的损失。因此，现实中的研发创新和创业往往显得不足，创新和创业需要政府及社会的鼓励。

研发和创业投资等高风险投资，要求预期收益率超过无风险资产预期收益率，并获得风险报酬（risk premium）。风险报酬可以看作投资者承担风险的机会成本的补偿或价格。对包括风险投资在内的投资收益征税，一方面会降低风险投资的正常报酬和风险报酬，降低风险投资相对无风险投资的吸引力，产生低风险投资对高风险投资的替代，也即替代效应，引起风险投资减少；另一方面，对风险投资课税会减少个人或企业的实际收入，在冒险的收入弹性为正的情况下，收入效应也将导致风险投资减少；在冒险的收入弹性为负的情况下，收入效应将会导致风险投资增加。一般而言，冒险的收入弹性为正，故而对风险投资征税将会减少个人或企业的风险投资。

不少政府对风险投资实施了损失补偿制度，例如，亏损结转弥补，风险投资损失可以向后结转，冲减以后经营期间盈利和应纳企业所得税；投资退税，若用于风险投资的资金，原来负担的企业所得税可以在投资时退还纳税人等。政府通过与风险投资相关的税收制度安排，降低了企业的税收负担，分担了企业风险投资的部分损失，成为企业承担风险的隐匿合伙者（silent partner）。在这些税收制度安排下，税收对个人或企业的风险投资具有激励作用。

需要特别指出的是，这里的分析是一种为了方便的局部均衡分析，即它是舍去了经济生活中的错综复杂的其他因素，只考虑税收一种因素造成的影响，换言之，在实际生活中，决定企业生产、投资、研发，或者个人工作与闲暇（不工作）、储蓄和投资的因素是很多的，并非只是税收一种影响因素。

第二节　税收的宏观经济效应

经济增长和经济稳定是宏观经济学研究和政策的两大基本命题，经济增长、充分就业、物价稳定、国际收支平衡是宏观经济政策的基本目标。经济的增长和稳定关乎社会每个人的福利，各时期劳动、资本、土地、资源等的投入水平、要素生产率制约着社会总产出，对社会成员的福利有重大影响。税收是政府赖以使用的宏观政策工具之一，其在实现经济增长和稳定中具有重要作用。

税收对增长和稳定的影响是通过税收对劳动供给、消费、储蓄、投资、生产、研发等微观经济活动的作用而产生的。这些内容在本章第一节已有部分阐述，这里将从宏观层面来探讨税收对经济增长和稳定的效应。

一、税收与经济增长

（一）税收与总需求

凯恩斯主义经济学（Keynesian economics/Keynesian Demand-side economics）认为总需求决定产出和就业水平，产出不足或经济增长率低、失业问题的根本原因在于社会有效需求不足，总供给大于总需求。消费与投资不足是产生经济危机的根本原因，而且是市场本身的力量自发形成的，要解决这些问题，必须实施政府干预，实施扩张性财税和货币政策，主张通过包括税收、财政支出在内的国家干预，扩大社会总需求，促进增长。

在三部门经济中，国民收入 Y 的构成从支出的角度看等于消费 C、投资 I 和政府购买 G（不含外部经济部门）之和，可表示为

$$Y = C + I + G$$

设 $C = \alpha + \beta Y_d$，其中 α 为固定消费，β 为边际消费倾向，Y_d 为可支配收入；可支配收入等于收入减去个人支付的税收 T，再加上政府给个人的转移支付 R，$Y_d = Y - T + R$。则

$$Y = \frac{\alpha + I + G - \beta T + \beta R}{1 - \beta}$$

税收乘数 $M_T = \dfrac{dY}{dT} = \dfrac{-\beta}{1 - \beta}$，税收乘数为负，表明在其他条件不变的情况下，增加税收会使国民收入或经济产出减少，减少税收则可以使国民收入或经济总量增加。由 $0 < \beta < 1$ 可知，边际消费倾向越高，税收乘数效应越大。

另外，政府购买支出乘数 $M_G = \dfrac{dY}{dG} = \dfrac{1}{1 - \beta}$；政府转移支付乘数 $M_R = \dfrac{dY}{dG} = \dfrac{\beta}{1 - \beta}$。若政府采用平衡预算政策，也即增加的税收都用于财政支出（包括政府购买性支出和政府转移支付），或税收减少则相应的减少等量的财政支出。增税本身具有经济紧缩效应、减税本身具有经济扩张效应，而增加财政支出具有经济扩张效应、减少财政支出具有经济紧缩效应，平衡预算的经济增长效应或平衡预算乘数取决于税收的经济增长效应和财政支出的经济增长效应的综合结果。

假如增加税收 ΔT，同时政府购买支出和政府转移支付增加量为 $\Delta G + \Delta R$ 且等于 ΔT。政府购买性支出、转移支付和税收都会对经济产出产生影响，则

$$\Delta Y = \frac{\Delta G - \beta\ (\Delta T - \Delta R)}{1 - \beta} = \Delta G$$

对上式两边除以 ΔT，可得平衡预算乘数 $M_B = \dfrac{\Delta Y}{\Delta T} = \dfrac{\Delta G}{\Delta T} \leqslant 1$，由此式可知，平衡预算乘数的大小取决于增加（或减少）的税收在财政支出等量增加（或减少）时的分配结构，若全部用来增加（或减少）政府购买性支出，转移支付不变，平衡预算乘数等于1；当其中一部分用于增加（或减少）购买性支出，部分用于增加（或减少）转移支付时，平衡预算乘数小于1，其原因在于转移支付乘数小于政府购买支出乘数的缘故。应该注意的是，基于不同的假设、国民收入模型和税制，求取的乘数公式不同。现实经济是复杂的，这里对税收的经济增长乘数效应表达仅是基于特定假设、非常简化的素描。

图5-11表示的是总需求和总供给的关系。比如，税收政策调整前社会总需求曲线为 AD_1，社会总供给曲线是 AS，社会均衡产出水平为 E_1 点对应的 Y_1；设政府减税（如降低个人所得税、消费税等刺激私人消费）使社会总需求曲线移动至 AD_2，社会均衡产出水平为 E_2 点对应的 Y_2，社会总产出增加；设政府增加税收使社会总

需求曲线移动至 AD_3，社会均衡产出水平为 E_3 点对应的 Y_3，社会总产出减少。税收政策可以通过改变社会总需求，进而影响社会总产出及经济增长。

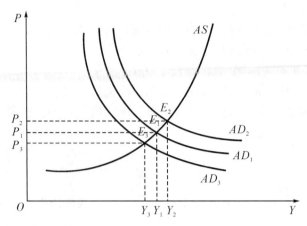

图 5-11 税收、总需求与经济产出

（二）税收与总供给

凯恩斯主义经济理论主要从需求角度研究经济，在短期可能效果明显，但长期运用凯恩斯主义的需求刺激政策，会导致产能过剩、政府债务高企、经济低效，最终结果是经济停滞、失业增加和通货膨胀。20 世纪 30 年代以来，美国等西方国家长期使用需求管理政策导致这些国家在 20 世纪 70 年代经济陷入滞胀困境；为应对 1997 年东南亚金融危机和 2008 年全球金融危机的影响，我国先后采取两轮大规模的凯恩斯主义需求刺激政策，政策在短期内取得了一定效果，但长期使用也产生了产能过剩、资源过度消耗和污染、债务膨胀、创新抑制、物价高涨、经济低效和扭曲等负面效应，同时，在面临经济减速时，继续采用凯恩斯主义式的需求管理政策的边际效果甚微、成本巨大。

与凯恩斯主义需求侧管理相对的是供给学派（Supply-side economics）的供给侧管理主张。在经济学中，市场中有供给侧，也有需求侧，需求侧有投资、消费、出口等，供给侧有土地、资本、劳动力、创新等。供给学派认为生产的增长决定于劳动力、资本等生产要素的供给和有效利用，市场会自动调节生产要素的利用，应当消除阻碍市场调节的因素。从实践看，减税和减少政府对经济生产的干预是供给侧管理和改革的典型做法。

供给学派认为可以通过减税对生产要素供求的影响来扩大社会总供给，实现经济增长。如图 5-12 所示，AB 为短期总供给曲线，或称凯恩斯供给曲线，为经济衰退或存在大量失业时的总供给曲线，在此价格 P_1 下厂商愿意供给市场需求的商品数量。CD 表示的是长期总供给曲线，或称古典总供给曲线，刻画的是在经济处于充分就业、各资源得到充分利用时的总供给曲线，此时生产已达到最大可能或潜在的可能产出，总需求的增加不会引起产出的增加。BC 为处于严重衰退与充分就业之间的状态，此时市场存在失业和资源的非充分利用，但属于正常情况，总需求的增加还会使社会产出增加，但随着资源利用趋于充分并逐步出现短缺，使得产出的增长变缓。当总产出位于潜在产出 Y_4 之前时，通过包括财税政策在内的凯恩斯的需求管理政策可以促进社会总产出的增加，比如总需求曲线由 AD_1 扩大至 AD_2、AD_3 时，总产出相应的由 Y_1 增加到 Y_2、Y_3，在短期内凯恩斯需求侧管理政策有效。当社会产出已达到长期产出或潜在产出，总需求的增加，如由 AD_3 增至 AD_4，并不能带来总产出的增加，也即经济增长，反而会导致物价水平由 P_4 上升到 P_5，需求侧管理政策无效。

　　供给学派认为总供给是由资本、劳动力、资源等要素投入及其要素生产率决定的，高税率会对储蓄、投资、劳动和技术进步等产生负面影响，通过改变生产要素的税收政策，如减少对储蓄、资本、劳动、资源等课税，采取激励要素投入、技术进步及要素生产率提升的税收政策措施，可以扩大长期总供给，使长期总供给曲线右移，增加长期总供给水平，如从 CD 移至 AS_N，促进经济增长。需要说明的是，由税收的微观经济效应分析可知，税收对储蓄、投资、劳动供给等既有促进作用也有抑制作用，在不同的条件和制度环境下，其总体影响不同，供给学派假定或认为现实中对要素的课税超过了适度的水平，强调税收对要素投入和要素生产率的不利影响，主张减税以扩大总产出、促进经济增长。

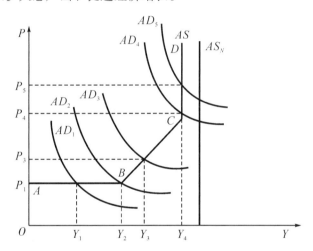

图 5-12　税收、总供给、总需求与经济增长效应

　　供给学派代表人物阿瑟·拉弗（Arthur Laffer）描绘的"餐巾上的曲线"拉弗曲线（Laffer curve）是对供给学派税率与税收收入关系的简洁表达。税率变化对税收收入同时产生算术效应（arithmetic effect）和经济效应（economic effect）两个效应。算术效应表现为税收是税率与税基的乘积，在税基不变的情况下，降低税率将减少税收收入，提高税率将增加税收收入。经济效应表现为税率变化对税基的影响，降低税率将激励劳动和生产等，扩大税基和税收收入，相反，提高税率将对经济活动产生惩罚作用，缩小税基和税收收入。算术效应与经济效应的作用方向通常相反，税率变化对税收收入影响并非显而易见。拉弗曲线不仅只用来说明税率与税收收入的关系，也用来说明税率与社会经济产出的关系。

　　如图 5-13 曲线的左侧，提高税率（如社会平均税率）会使税收收入和社会经济产出（如 GDP）增加，当税率高于临界点时（如 Y^*），税率在拉弗曲线的右侧，提高税率不仅不会增加税收和经济产出，反而会因就业和劳动、企业生产等经济活动而降低税收收入和经济产出，当税率为 100% 时，整个社会经济活动停止，经济产出和政府可征得的税收为零，拉弗曲线临界点的右侧为征税的禁区（prohibitive range），提高税率的经济效应大于算术效应。

值得注意的是，拉弗曲线并没有说明减税或降低税率会增加还是减少税收和经济产出，税收政策变动引起的税收和经济产出的变化依赖于当时的具体税制、经济活动和总体税率水平。增减税收除了算术效应、经济效应外，还具有财政支出效应（expenditure effect），会影响财政支出规模和结构，进而影响经济产出。不同国家和地区、不同时期、不同经济结构和税制结构、不同增减税方案，对经济产出的影响是存在差异的。

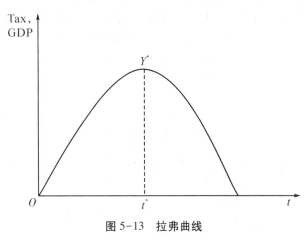

图 5-13　拉弗曲线

二、税收与经济稳定

经济稳定通常是指充分就业、价格稳定、经济持续均衡增长和国际收支大致平衡。寻求经济稳定之道是经济学研究者的重要使命，制定经济稳定之策是决策者的重要目标。根据奥肯定理（Okun's Law），就业率与经济增长之间存在正向关系，要防止失业率上升，应使实际经济增长率等于潜在经济增长率，保持经济稳定增长与促进充分就业具有一致性。经典的菲利普斯曲线（Philips curve）表明，在短期，失业与通货膨胀之间存在着"替代关系"（trade-off），提高就业率须以一定的通货膨胀率上升为代价，决策者面临着不同失业率和通货膨胀率组合的选择。基于主要经济稳定目标之间的关联性，这里从经济持续均衡增长目标出发，简要介绍税收在促进经济持续均衡增长、熨平经济波动中的作用。

税收政策是重要的经济政策工具，在促进宏观经济稳定中可以发挥积极作用，税收对经济的稳定作用主要体现在相机抉择的税收政策和自动稳定的税收制度。

（一）相机抉择的税收政策

在现实中，经济增长呈现出周期性的波动，经济的周期性波动可分为两个主要阶段，即扩张阶段和衰退阶段，两阶段又可以分为萧条、复苏、繁荣和衰退四个时期（如图5-14所示）。经济增长背离潜在增长水平，或过度繁荣将会造成经济社会的透支和未来长期萧条的风险，经济萧条将造成失业、居民生活水平降低，导致贫困、犯罪等，降低社会整体福利水平。

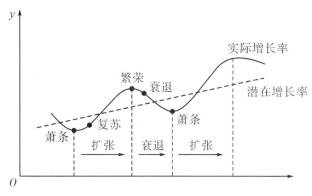

图 5-14 经济周期性波动

相机抉择的税收政策是指政府根据经济走势，主动调整税收政策，使税收政策"逆经济风向行事"，在经济处于衰退或萧条状态、低于社会潜在经济增长水平时，采取减税政策促进社会总需求和社会总供给扩张，在经济处于繁荣状态、高于社会潜在增长水平时，采取增税政策来抑制社会总需求和社会总供给扩张，通过税收政策工具主动平滑经济波动，降低经济过度背离潜在增长水平可能带来的经济社会福利损失。

如图5-15所示，设经济处于萧条或紧缩时期，经济的均衡点 E_1、实际经济产出低于潜在产出；比如，在其他条件不变的情况下，政府减少对消费、投资和出口等需求维度的相关税收和税负（如降低商品税、个人所得税、企业所得税，扩大出口退税等），促进社会总需求增加，总需求曲线由 AD_1 移至 AD_2，可使均衡点变为 E_2，促使经济步出萧条；又如，在其他条件不变的情况下，政府也可以对劳动、资本、生产、研发创新等供给侧，采取多种形式的减税措施（如降低工薪所得税、资本利得税、再投资退税、投资税收抵免、加速折旧、研发加计扣除等），促进社会总供给增加，总供给曲线由 AS_1 移至 AS_2，使均衡点变为 E_4，促进经济走出萧条；或者在需求侧和供给侧同时采取逆经济走向的减税政策，使初始的总需求曲线和总供给曲线分别移至 AD_2 和 AS_2，均衡点变为 E_6，税收政策的反经济周期的扩张性效果将更为显著。

假设经济处于均衡点 E_1 为过度繁荣或过热状态、实际经济产出高于潜在产出；比如，在其他条件不变的情况下，政府增加对消费、投资和出口等需求维度的相关税收和税负（如提高商品税、个人所得税、企业所得税等），降低社会总需求，总需求曲线由 AD_1 移至 AD_3，可使均衡点变为 E_3，抑制经济过热；又如，在其他条件不变的情况下，政府也可以对劳动、资本、生产、研发创新等供给侧，采取多种形式的增税措施（如提高工薪所得税、资本利得税、企业所得税，减少对生产和研发的优惠措施等），抑制社会总供给的扩张，总供给曲线由 AS_1 移至 AS_3，使均衡点变为 E_5，给经济降温、抑制经济泡沫；或者在需求侧和供给侧同时采取逆经济走向的

65

增税政策，使初始总需求曲线和总供给曲线分别移至 AD_3 和 AS_3，均衡点变为 E_7，税收政策反经济周期的紧缩性效果将更为明显。

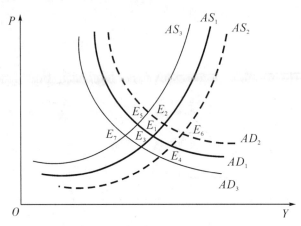

图 5-15　税收与总需求、总供给

（二）自动稳定的税收制度

自动稳定的税收制度是指既定的税收制度中存在逆经济周期运行，税收随着经济的波动而增加或减少，自动地影响社会总需求和总供给，从而在一定程度上缓和经济的波动。具体来说，当经济处于停滞状态时，税收会自动减少，从而使总需求和总供给增加；当经济处于通货膨胀状态时，税收会自动增加，从而抑制总需求和总供给。这种税收制度也被称作宏观经济的"自动稳定器"。

累进的所得税、社会保障税是典型的自动稳定税收制度。比如累进个人所得税和公司所得税（如美国联邦公司所得税实行超额累进税），当经济繁荣及过热时，个人和企业收入上升，适用税率相应提高，从而抑制个人消费、劳动供给，抑制企业投资和生产，从而对社会总需求和总供给产生紧缩效应；当经济衰退或萧条时，由于个人和企业收入水平下降，适用税率也将降至较低水平，从而有助于扩大社会总需求和总供给，促进经济复苏和增长。又如，社会保障税，在经济繁荣时，税收收入增加，而以其支付的社会保障开支相对较少；当经济衰退或萧条时，社会保障税收入减少，而由其支付的社会保障开支却会有较大幅度增加。社会保障税的这些特征使其具有较强的逆经济周期调节与促进经济稳定的作用。比例所得税、货物劳务税，由于免征额和起征点的存在，使其具有一定的累进性，在一定程度上同样具有自动稳定的功能。

对于单个税种，其累进性越强，该税种的自动稳定效应越大；一国或地区税制整体的累进性越强，该国或地区税制的自动稳定作用越大。一般而言，所得税较之货物劳务税的累进性更高，或者所得税的收入和使用（如社会保障税）具有更强的逆经济周期性。因此，如果一个国家的税制结构中，直接税占比越高，其税收的自动稳定作用越大；反之，则相反。中国与美国的个人所得税税率见表 5-1。

表 5-1　2021 年中国和美国个人所得税税率

中国个人所得税综合所得税率		美国联邦个人所得税税率	
边际税率/%	含税应纳税所得额/元	边际税率/%	单身应税收入/美元
3	0~36 000	10	0~9 950
10	36 000~144 000	15	9 950~40 525
20	144 000~300 000	25	40 525~86 375
25	300 000~420 000	28	86 375~164 925
30	420 000~660 000	33	164 925~209 425
35	660 000~960 000	35	209 425~523 600
45	960 000+	39.6	523 600+

注释：美国个人所得税税率适用区间，除规定单身申报应税收入外，还区分已婚联合申报或鳏寡者申报、已婚分别申报、户主申报且分别规定不同的适应的应税收入区间，这里略去。资料来自美国国内收入局（Internal Revenue Service，IRS）。

第三节　税收的社会效应

一、税收与收入分配

收入和财富分配的公平合理，收入差距保持在社会可接受范围之内，是国家和社会稳定发展的基础。税收具有再分配作用，收入分配职能是税收职能之一，公平是税收的基本原则，公平收入分配是税制设计的重要目标。

（一）税收公平与税收的收入分配效应

税收公平为现代税收的基本原则，按支付能力课税（量能课税原则）和按纳税人公共服务受益多少课税（受益原则）是税收公平的两大传统。由于征税的可行性的限制，因此，在实践中一般都是按支付能力课税，即量能课税。依照支付能力征税，即纳税能力强的人多纳税，纳税能力弱的人少纳税，没有纳税能力的人不纳税，纳税能力相同的人同等纳税。这样税收公平收入分配的作用将得到充分发挥，此时，税收公平原则与税收公平收入分配职能具有一致性。按照税收公平的支付能力原则征税有助于促进收入分配的公平，但支付能力的衡量方式不同（如收入、财富等），支付能力（如收入、财富）高低不同的人所适用的税率及税负的高低会不同，确定支付能力（如收入、财富）的时空范围不同，其公平收入分配的作用将会不同，甚至是大相径庭。

1998 年，卡瓦尼（Nanak Kakwani）和兰伯特（Peter J. Lambert）基于支付能力原则提出衡量税收公平的三公理：

公理 1，$x_i \geqslant x_j \Rightarrow t_i \geqslant t_j$；

公理 2，$x_i \geqslant x_j$，$t_i \geqslant t_j \Rightarrow t_i / x_i \geqslant t_j / x_j$；

公理 3，$x_i \geqslant x_j$，$t_i \geqslant t_j$，$t_i/x_i \geqslant t_j/x_j \Rightarrow x_i - t_i \geqslant x_j - t_j$

其中，x 和 t 分别表示税前收入和应纳税额，下标 i，j 表示个人。公理 1 是指高收入者的税额不能低于低收入者，也被称为"最小累进"原则，是累进税收的基本要求。公理 2 在公理 1 的基础上，要求高收入者的税率应高于（或等于）低收入者，税率应该是累进的或比例的。公理 3 在公理 2 的基础上，进一步要求税收不能改变人们的收入排序，高收入者的税后收入不应低于低收入者的税后收入，也被称为"激励保护"原则，税收的累进性不能过强。符合税收公平三公理的税制是保证税收具有公平收入分配作用，同时不至于过度损害效率的基本条件。

基尼系数是测度收入分配公平性的常用指标，基尼系数的估计公式为

$$G = \frac{1}{2N^2\mu} \sum_i \sum_j |w_i - w_j|$$

其中，N 是样本量，μ 代表样本收入均值，$|-|$ 代表样本中两两收入的绝对离差。测量税收的收入再分配效应的常用指标是 Musgrave 和 Thin（1948）提出的 MT 指数，即税前基尼系数（Gini index）与税后基尼系数的差，公式为

$$MT = G_X - G_Y$$

其中，MT 为 Musgrave 和 Thin 指数，G_X 和 G_Y 分别为税前基尼系数和税后基尼系数。若 MT>0，说明税收整体上具有公平收入分配效应；若 MT=0，说明税收整体上没有缩小社会收入差距，但税收仍可能改变不同个体的收入绝对和相对差异；若 MT<0，说明税收在整体上不仅没有缩小社会收入差距，反而扩大了社会收入差距。

累进性指数反映税制的累进程度，累进性代表了不同收入人群税收负担的相对差异。Kakwani（1984）提出了一种利用微观数据衡量累进性的 K 指数：K 指数为正，税收具有累进性，高收入群体负担了更多税收；K 指数为负数时，税收具有累退性，低收入群体承担了更多税负；K 指数为 0 时，每个人承担的税负率相等。K 指数表示为

$$K = C_T - G_X$$

其中，C_T 是按照税前收入排序的税收集中率。通过构建 MT 指数与 K 指数的联系，可以测算个税的横向公平与纵向公平：

$$MT = (C_Y - G_Y) + \frac{t}{1-t}K$$

C_Y 是按照税前收入排序的税后收入集中系数，t 为平均税率，即税收缴纳总额占收入总额的比重。$C_Y - G_Y$ 为横向公平衡量指标，该指标比较了税前收入排序与税后收入排序。税收的横向公平要求同样收入的个体负担相同的税收，当税前收入排序与税后收入排序相同，即 $C_Y = G_Y$ 时，纳税人的收入排序没有因为税收而改变，遵循了税收的横向公平原则。当税收没有实现横向公平时，税后收入的集中率小于税后收入的基尼系数，即 $C_Y < G_Y$。在其他因素一定的条件下，如果横向公平原则遭到破坏，MT 的值会变小，意味着个税的收入再分配效应减弱。

$tK/(1-t)$ 为纵向公平衡量指标，该指标由税收的累进性和平均税率共同决定。纵向公平要求收入高的人要相应承担较高的税负，从 K 指数可以看出，累进性指标

的符号代表了纵向公平发挥作用的方向，只有 $K>0$ 时才能通过纵向公平效应缩小收入差距，并且 K 的取值越大，在控制其他因素不变的情况下，MT 指数越大，税收调节收入分配的作用越明显。同样，当累进性一定时，平均税率 t 越大，MT 指数也越大，税收的收入再分配效应越强；而在平均税率较低的情况下，税收累进性的收入调节功能十分有限。

（二）税收的收入分配效应实现方式

税收是政府为提供公共产品、增进社会福利，按法定的方式参与社会产品分配，以取得财政收入的一种形式。在理论和实践上，税收可以在生产、分配、交换、消费和积累的各个环节征收。比如生产环节的增值税、分配环节的所得税、消费环节的消费税、积累环节的财产税等。不管法律上规定负有纳税义务的是个人或组织，纳税环节是在国民收入循环的哪个阶段，税收负担实际上都是由个人负担的。因此，无论在哪个环节征税，是征收增值税、消费税、所得税、财产税，还是环境保护税、资源税及其他税种，各项税收最终都由个人负担，从而会对收入分配产生影响。理论上讲，不同税制对收入分配的影响或大或小，或促进分配公平、或扩大收入差距，但不存在不影响收入分配的税收。

税收的收入分配作用是通过税收要素的设计实现的，不同的税制设计意味着不同财务状况的个人实际负担的税收不同，其收入分配的效应不同。比如个人所得税，通过免征额、费用扣除标准、累进性税率、针对不同收入来源的差别税率、课税单位、减免税等制度设计，使高收入者缴纳更多税收，低收入者缴纳较少的税收，从而促进收入分配的公平。消费税的选择性税目、差别税率、税收优惠措施等规定，也可以在一定程度上发挥公平收入分配的作用。又如对财产的课税，房产税按照房屋价值进行征税，一般而言，财富多的人房产价值高，其缴纳的房产税会更多，也将有助于收入和财富分配的公平。

税收的收入分配效应，通常以税收的累进性和累退性衡量。一般而言，平均税率随着收入增加而提高的税收，为累进性税收，反之则为累退性税收。累进性税收会缩小收入差距，具有公平收入分配的作用；累退性税收会扩大收入差距，恶化收入分配；比例税不影响收入分配结构。一般而言，普遍课征、比例税率的商品税，如增值税有累退性特征；选择性课征的差别性商品税，如消费税具有累进性特征；采取累进税率和差别费用扣除的个人所得税，以财产为课税对象的财产税具有较强的累进性。岳希明等（2014）的测度显示，在我国，增值税、营业税和其他间接税是累退的，消费税和个人所得税是累进的，企业所得税和财产税的累进性因税收转嫁假定而异，由于具有累退性的增值税等规模大，占税收收入比重高，具有累进性的个人所得税、消费税规模小且占税收收入比重低，不足以抵消间接税的累退性，故中国税制整体上是累退的。

从税收的最终负担或称税收归宿来看，企业等组织名义上会作为纳税人缴纳税收，但实际上税收负担都是由作为生命体的个人来承担的，个人以消费者、要素所有者等身份承担不同的税收。同时，由于不同个人在市场中的地位不同，税收转嫁的能力强弱有别，这也使个人最终负担的税收存在差异。对税收的收入分配效应的考察，应基于税收的最终归宿，看经过税收转嫁运动后各税种及整体税收负担对不同个人和家庭收入的影响，比较税前收入分配状况与税后收入分配状况的差异。

应该看到的是，税收的征收只是税收公平收入分配的一个方面，单靠征税调节难以达到合意的收入分配结果，事实上税收使用，也即公共支出安排、公共产品和服务提供，在公平收入和财富分配上具有更大的作用空间。更广泛意义上的税收公平收入分配效应，应该是包括税收征收和税收使用完整的税收活动对个体收入分配的效应，进而整体上表现出的税收的公平收入分配效应。

二、税收的其他社会效应

除公平收入分配外，税收还会对教育、医疗卫生、慈善、养老服务、文化事业、社会保障、贫困、婚姻及家庭、治安与犯罪、社会道德和关系等诸多方面产生影响。税收的这些社会效应可能是积极的，也可能是消极的，积极的效应可以概括为促进社会事业发展、抑制社会公害的社会效应，这些社会效应的取向和大小取决于税制设计产生的对社会主体行为的激励和约束条件。

比如税收与社会慈善，税收政策是现代慈善事业得以壮大的决定性因素。在慈善事业的各种激励机制中，税收政策是最为有效的政策杠杆，发挥着对慈善组织、慈善活动的引导作用。税收对慈善事业的促进作用主要在于：慈善组织及其取得的收入享受税收优惠。境外捐赠用于慈善活动的物资，依法减征或者免征进口关税和进口环节增值税，境外捐赠必须符合慈善法、公益事业捐赠法和其他有关的法律规定，才能依法享受税收优惠。受益人接受慈善捐赠，依法享受税收优惠。

第四节 税收的生态效应

环境是包括人在内的一切生命赖以存在的基础。经济增长使人们生活水平持续提高，但同时也产生了大量污染，破坏了生态，阻碍了经济社会的持续发展，危及人类的生存环境。面对严峻的环境挑战，税收、规制、补贴、环保设施建设、污染排放交易制度、环保宣传教育等环境政策工具被各国大量使用，其中环境税收政策被认为是最有效的环保政策工具之一。

一、税收的生态环境效应理论

（一）庇古税

1920 年，英国经济学家阿瑟·塞西尔·庇古（Arthur Cecil Pigou，1877—1959）的著作《福利经济学》认为，生产者努力追求其边际私人利益，当生产者生产的边际社会利益小于边际私人利益，生产的边际社会成本大于边际个人成本，产生"负外部性"时，生产者没有动机对他人造成的损失支付费用，使边际社会成本内部化；另一方面，如果生产者生产的边际社会利益大于边际私人利益，产生"正外部性"时，受益的个人也没有动机为生产者付费。为应对边际社会成本大于边际私人成本的产品的过多生产，庇古提出对产生负外部性的生产者课征税收，若政府征税使生产者的边际私人成本等于边际社会成本，生产者减少具有负外部性商品的生产，经济将回到健康的均衡状态。这种通过税收手段矫正如环境污染等负外部性的税收被称为"庇古税"（Pigouvian Taxes）。

环境污染是一种典型的负外部性，通过征收庇古税，对污染者（生产者或消费者）每单位污染征税或收费，所征收的税收刚好等于污染导致的外部损失，从而使外部负效应内部化，以近于市场的方式达到减少环境污染的作用。企业生产产品的同时产生污染，如图 5-16 所示，企业边际收益曲线为平行于横轴的直线 MR，企业的私人边际成本线为 MPC，社会边际收益线为 MSC；在没有征税的情况下，企业按照边际收益等于私人边际成本 MR = MPC 进行生产，产量为 Q_1，对应的污染为 $p(Q_1)$；从整个社会看，企业应按照边际收益等于社会边际成本 MR = MSC 生产才是最优的，对应的产量为 Q_2，污染为 $p(Q_2)$。在技术不变的情况下，污染随着产量增加而增大，则 $p(Q_1) > p(Q_2)$。考虑对污染企业课征单位税 T，使私人边际成本增加，私人成本曲线向上移动至 MPC+T，此时，企业按照边际收益等于私人边际成本 MPC+T = MR 确定的产量，等于按照边际收益等于社会边际成本 MR = MSC 的产量 Q_2，通过征收税收（庇古税）使生产造成的外部成本内部化，促使生产者减少生产和污染。

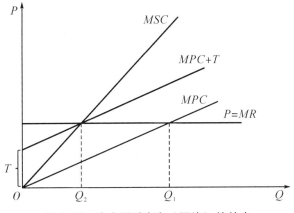

图 5-16　庇古税对产出（污染）的效应

税收作为解决环境污染的关键方式，主要是因为：第一，税收直接解决了市场在环境问题方面的失灵问题，将环境影响纳入价格之中；第二，通过税收进行的环境定价为消费者和生产者留有空间弹性，可以决定如何尽可能改变自身污染行为、减少环境损耗活动，从而实现以最小的经济和福利成本改善环境质量；第三，税收因其规范性还可以减少政府的自由裁量和行为的选择性，同时，征收环境税会给政府带来税收收入，从而可以减少其他扭曲性税收的征收，这些税收收入还可以直接用于补偿环境受损者。一般认为，如果以企业污染排放量为征税对象征收庇古税，企业生产者有激励将产量缩减至社会最优水平。如果以单位生产排放比为征税依据，企业生产者则有激励采用环保的生产程序或技术进行生产。庇古税的一个特征是该税收支付给政府，该税收使消费者和生产者的行为从社会角度看是有效率的。

管制、科斯定理和庇古税都是解决污染的重要方式。管制的成本一般比税收更高，因为管制会强制某些种类的减排，即便存在更为低廉的替代措施也是如此（Bert Brys et al.，2015）。以科斯定理方式解决污染问题，用污染权界定污染方有悖社会正义，界定污染受害者有不受污染的权利虽符合社会正义原则，但是由于污染为公害品，污染受害者往往数量较多，因为议价能力、议价成本和搭便车的问题，科斯定理方式解决污染通常难以起作用。相对于科斯定理方式，庇古税以"污染者缴税"方式不仅符合正义原则，而且政府征税方式在技术和实践上更具可行性。

（二）环境税"双重红利"

环境税的"双重红利（double dividend）"理论是有关环境税收研究的重要内容，该思想最早由 Tullock 在其 1967 年发表的论文《超额收益》中提出的，其基本内涵是，环境税的开征不仅能够有效抑制污染，改善生态环境质量、保护环境；而且可以降低现存税制对资本、劳动产生的扭曲作用，从而有利于社会就业、经济持续增长等效率增进。也即环境税收具有改善环境、减少污染的环境保护红利，即第一重红利也称"绿色红利"，以及税制对劳动、资本造成的扭曲性减小的效率增进红利，即第二重红利也称"蓝色红利"。

从 20 世纪 90 年代起，"双重红利"理论引发了经济学家的广泛讨论，一些研究支持环境税环境保护红利和效率红利的存在，也有不少研究对环境税收"双重红利"产生了质疑。有关环境税"双重红利"的研究并未得到一致的结论，而环境税能否产生环境保护红利和效率红利，主要取决于环境税的制度细节如何设计、环境税自身的效率扭曲效应、环境税多大程度上替代和减少了其他高扭曲性税收、环境税的具体用途等。

二、环境税的政策实践

（一）狭义环境税与广义环境税

关于环境税，经济合作与发展组织（OECD）的定义是以对环境具有一定负面影响的事物的实物单位（或替代物）作为税基的税种。国际财政文献局（IBFD）关于环境税的界定外延更广，认为环境税是对污染企业或者污染物所征收的税，或对投资于防治污染和环境保护的纳税人给予的减免。前者环境税定义的外延较后者要窄。

国内对环境税的理解同样有狭义和广义之分，狭义的环境税是以环境保护为基本目的，对破坏生产环境、产生污染的行为课征特别的或独立的税种，如碳税、二氧化硫税、水污染税等，也可称为排放税。广义的环境税，也称绿色税收（Green Tax），是以促进环境保护、资源合理利用，抑制破坏环境的生产和消费为重要目标，一方面其是对污染环境、资源消耗和进行非绿色生产和消费的单位和个人征收的一种税收，另一方面其是对保护环境、节约资源和进行绿色生产和消费的单位和个人实行税收优惠政策。广义的环境税或绿色税收，包括税收设计中不同程度（整体、局部、个别条款）体现环境保护、降低污染、资源节约政策导向的各个税种及相关税收特别措施，均体现了污染者付税，使环境污染成本内部化，以及对环境友好型生产和消费的税收支持，通过税收再分配工具来促进环境保护、节能减排、绿色发展。

（二）中国与世界主要国家的环境税收

中国的环境保护税自 2018 年起开始实施，除此之外，在税制体系中有大量具有环境保护、资源节约、减少污染政策导向的税种和相关政策规定，如增值税、企业所得税、消费税、资源税、车船税等税种的相关规定。2020 年 9 月 22 日，习近平总书记在第七十五届联合国大会上提出，中国将采取政策和措施，力争在 2030 年前实现碳达峰，努力争取 2060 年前实现碳中和。环境税收政策在中国实现碳达峰、碳中和目标，促进绿色发展中将发挥重要作用。

国外环境税制体系一般包括能源税、交通税、污染税、资源税等类别。一般而言，联邦制国家实行彻底的分税制，其环境税体系由联邦环境税和地方环境税构成，联邦环境相关税收收入归联邦政府，地方环境相关税收收入归地方政府，如美国、加拿大、澳大利亚、印度等国。单一制国家税制全国统一，环境税立法权集中于中央，与环境相关的各税种在全国范围内征收，如日本、法国、德国、英国等，其与环境相关的税收归属有多种模式。出于产业保护、社会公平等多方面的考虑，不少国家还制定了一系列减免税优惠制度，如直接对某些产品、行为、经济部门、群体减免税，如实行免征额、税收抵免制度等。大多数国家的狭义环境税或排放税是专款专用，用于保护生态环境、治理污染，也有国家将其纳入一般预算。国外环境税收的征收和其他税种的征收类似，有财税部门征管、环境部门征管、其他部门征管等多种方式，但环保部门主要是在环境税立法、污染指标技术测定等方面提供协助。

73

参考文献：

［1］王国清，朱明熙，刘蓉. 税收经济学 ［M］. 成都：西南财经大学出版社，2006.

［2］李海莲. 税收经济学 ［M］. 北京：对外经济贸易大学出版社，2004.

［3］高鸿业. 宏观经济学 ［M］. 6 版. 北京：中国人民大学出版社，2014.

［4］西蒙·詹姆斯，克里斯托弗·诺布斯. 税收经济学 ［M］. 罗晓琳，高培勇，译. 北京：中国财政经济出版社，2002.

［5］哈维·S. 罗森，特德·盖亚. 财政学 ［M］. 10 版. 郭庆旺，译. 北京：中国人民大学出版社，2015.

［6］李建军，刘元生. 中国有关环境税费的污染减排效应实证研究 ［J］. 中国人口·资源与环境，2015，25（8）：84-91.

［7］李建军，冯黎明，尧艳. 论健全税收再分配调节机制 ［J］. 税务研究，2020（3）：29-36.

［8］岳希明，张斌，徐静. 中国税制的收入分配效应测度 ［J］. 中国社会科学，2014（6）：96-117.

[9] 张楠，邹甘娜. 个人所得税的累进性与再分配效应测算：基于微观数据的分析 [J]. 税务研究，2018 (1)：53-58.

[10] KAKWANI N, LAMBERT P. On measuring inequity in taxation：A new approach [J]. European Journal of Political Economy, 1998, 14 (2)：369-380.

[11] MUSGRAVE R A, THIN T. Income Tax Progression, 1929—1948 [J]. Journal of Political Economy, 1948, 56 (6)：498-514.

[12] KAKWANI N C. On the Measurement of Tax Progressivity and Redistributive Effect of Taxes with Applications to Horizontal and Vertical Equity [J]. Advances in Econometrics, 1984, 3：149-168.

第六章
国际税收

第一节　国际税收概述

一、国际税收的形成

国际税收为税收学的一个重要分支。它是指两个或两个以上国家的政府依据各自税收管辖权对跨国纳税人的跨国所得征税时所形成的国家之间的税收分配关系。自 20 世纪以来，随着国际资本、技术、人力等生产要素的跨国流动越来越频繁，客观上要求对跨国要素流动带来的税收收入在国家间按照规范的规则或标准进行分配，并对所涉及的国家间税收关系进行协调，以维护跨国要素输出国及输入国的税收权益。从根本上看，国际税收形成的必要条件有：一是国际经济一体化的蓬勃发展产生大量的跨国纳税人，由此导致大量的跨国所得及跨国一般财产；二是世界各国对所得税及一般财产税的普遍课征产生大量的国际重复征税现象；三是跨国纳税人充分利用各国税制差异造成的税制漏洞或征税真空而产生双重或多重不纳税现象日益增多。

二、国际税收的研究对象

国际税收研究对象有广义与狭义之分。

广义说除了将所得税及一般财产税视为国际税收研究重点之外，也将跨国商品流转所涉商品劳务税纳入国际税收的研究对象。虽然从根本上看，跨国商品流转所涉商品劳务税没有发生国际性重复征税，但其也涉及国家间税收关系的协调。在经济全球化背景下，对跨国商品或劳务课税的国际协调也具有鲜明的国际性特征。比如，在很长的历史时期内，关税一直是跨国商品流转时国家间税收协调的重点领域。随着各国关税税率的进一步降低，其他商品税日益成为国际税收协调的关注焦点。从当前实际情况看，为了消除增值税对跨境贸易的扭曲，同时出于防止各国财政收入流失的考虑，2014 年，OECD 第二届增值税全球论坛通过了《国际增值税（货劳税）指南（2014）》。国际增值税指南的通过，意味着间接税的国际协调进入了历史新阶段。

狭义说仅将跨国所得税及一般财产税纳入国际税收的研究对象。狭义说认为，只有当多个国家对跨国纳税人的跨国所得及一般财产征税时，才会发生国际间的重复征税，也才会引起国家间税收收入的分配关系。这种分配关系体现为不同国家税收收入的此消彼长。对跨国商品或劳务的征税由于没有直接引致税收收入在不同国家间的相互分配，从本质上考察，属于国际税收的协调领域，为关注焦点，狭义说没有将跨国商品及劳务课税纳入国际税收的研究范畴。

三、国际税收协定

国际税收协定是调节国家间税收分配关系的国际公法规范。它是指两个或两个以上国家为了相互之间的税收分配关系，本着相互尊重主权及平等互利原则，经由其政府间的对等谈判而签订的具有国际公法性质的协议文本。根据缔约国数量可以将税收协定分为双边税收协定与多边税收协定。按照税收协定所涉及税种范围的大小，可将税收协定分为关税协定及对所得和一般财产课税的税收协定。关税协定是指缔约国之间相互给予进口关税优惠，以消除关税壁垒、促进国际贸易发展的单项税收协定。对所得及一般财产课税的税收协定主要涉及对所得及一般财产国际重复征税问题的解决，且有加强相互间税务配合以防止国际间偷漏税问题的相关条款。人们通常所称的税收协定就指后者。

根据所涉及范围的大小，又可将关于对所得及一般财产课税的税收协定进一步划分为单项税收协定与综合性税收协定。单项税收协定仅针对某项特定国际经济业务而签订，如避免对从事国际运输业务的海运企业和空运企业重复征税的协定。综合性税收协定则是针对所得及一般财产课税的各种经济业务而签订的。一般来讲，综合性税收协定是国际税收实务关注的重点。综合性国际税收协定的具体内容见表6-1。

表6-1　综合性国际税收协定内容

基本架构	具体内容
协定适用的范围	人的范围：既包括跨国自然人，也包括跨国法人
	税种的范围：主要包括所得税及一般财产税
协定基本用语	一般用语：在协定中反复出现而需要加以解释的用语，如缔约国一方、缔约国另一方、公司等
	特定用语：在协定中具有特定含义和作用的用语，如常设机构等
	专项用语：指一些只涉及专门条文的用语，如股息、利息、特许权使用费等
各类所得和一般财产征税的规定	营业所得常设机构征税的一般规定
	营业所得常设机构征税的特殊规定
	特殊营业所得的征税规定
	财产所得征税规定：主要包括营业财产转让、固定资产转让、股权转让等
	投资所得征税规定：主要包括股息、利息、租金、特许权使用费等
	劳务所得征税规定：主要包括独立个人劳务及非独立个人劳务
国际重复征税免除规定	主要包括抵免法、免税法等

表6-1（续）

基本架构	具体内容
特别规定	无差别待遇
	相互协商程序
	情报交换

国与国之间签订综合性税收协定时的参照范本有两个：一是经济合作与发展组织（OECD）范本，另一个则是联合国范本。经济合作与发展组织（OECD）1963年制定并于1977年修订发布了《关于对所得和资本避免双重征税的协定范本》（简称为经合组织范本）。联合国税务专家也于1968年制定并于1979年发布了《关于发达国家与发展中国家间避免双重征税的协定范本》（简称联合国范本）。以上两个范本成为世界各国之间协调所得税及一般财产税收入分配关系的基本规范和公认的国际规则。虽然上述两个范本对具体国家税收政策的制定并不具有强制的法律约束力，但其为各国间解决跨境直接税问题提供了重要参照，消除了阻碍跨境投资的税制制约。虽然两个范本在体系结构上具有相似性，但在具体条款的规定上具有明显差异。OECD范本侧重于维护居民管辖权，从而有利于发达国家税收权益的实现，而联合国范本更多考虑了地域管辖权，更有利于维护发展中国家的税收利益。世界最早的国际双边税收协定是1843年比利时与法国签订的互换税收情报的协定。很明显，这一协定属于单项协定。两年之后，比利时与荷兰也签订了内容相似的税收协定。20世纪20年代以来，具有现代意义的对所得和一般财产征税及防止偷漏税的综合性税收协定开始发展和推广。

从实践看，我国与外国政府通过签订税收协定开展税收合作的历史起始于改革开放。20世纪70年代末期改革开放后，大量的外资企业来华投资，由此带来大量的国际重复征税及国际偷漏税及避税问题。这些问题的出现促使我国政府必须通过签订税收协定的方式与外国政府展开税务合作。我国对外缔结税收协定的工作是从签订单项税收协定开始的。1979年1月23日，我国政府与法国政府签订了《中华人民共和国政府与法兰西共和国政府关于互免航空运输企业税捐的协定》。最早签订的综合性税收协定则是1983年9月6日与日本政府签订的《中华人民共和国政府与日本国政府关于对所得避免重复征税和防止偷漏税的协定》。为鼓励更多的外国企业来华投资及我国企业走出去参与国际经济合作和竞争，我国政府与外国政府缔结了大量的税收协定。截至2021年6月，我国已对外正式签署了107个综合性税收协定，和中国香港、中国澳门两个特别行政区签署了税收安排，与中国台湾签署了税收协议。

四、国际税收的最新发展

进入21世纪以来，随着新的国际经济现象及跨国公司新的商业模式的出现，以往协调居住国与非居住国税收权益的国际税收规则已无法完全解决国际税收出现的新问题。一方面，2008年发生的国际金融危机导致大多数欧美发达国家财政吃紧，从而加强了对本国居民海外经济活动的税源管理；另一方面，跨国公司利用世界各国税制差异形成的税收漏洞精心设计全球避税架构，国际双重不征税现象日益增多。在此背景下，2012 年 6 月，二十国集团（G20）财长和央行行长会议同意加强国际合作，并委托经济合作与发展组织（OECD）开展研究税基侵蚀与利润转移行动计划（BEPS）。OECD 于 2013 年 6 月完成方案，并于当年 9 月获得 G20 圣彼得堡峰会各国领导人背书。2015 年 9 月 21 日，OECD 审议并通过了全部 BEPS 行动计划最终报告以及解释性声明。这些最终报告及解释性声明必将对世界各国的涉外税收立法产生重大影响，亦标志着国际税收规则已开始新的历程。

为有效落实 BEPS 行动计划成果，避免相互修订双边税收协定带来的低效率重复，包括中国在内的 68 个国家和地区的代表参与了于 2017 年 6 月在法国巴黎举行的关于《实施税收协定相关措施以防止税基侵蚀和利润转移的多边公约》签约仪式。该多边公约是一项落实 2015 年完成的 BEPS 最低标准和其他建议而同时更新全球数千个双边税收协定的有效机制，以使全球税收框架更加完善。68 个国家和地区参与签署公约将使全球超过 3 000 个税收协定网络中的 1 100 个税收协定被更新。除涉及国家间税权分配的实体规则改革外，近年来诸多国家开始注重通过强化税收征管以维护本国境外税源，个别政治经济实力强大的国家通过单边方式加强了对海外税源的监管，但更多国家选择了通过多边征管互助合作方式以加强对海外税源的管理。从《海外账户税收遵从法案》（简称"FATCA 法案"，美国发布）《多边税收征管互助公约》（简称"公约"，OECD 发布）到《金融账户涉税信息自动交换标准》（简称"AEOI 标准"，OECD 受 G20 委托发布）都反映了这一趋势。

第二节　跨国所得征税规则

国家之间缔结税收协定的基本初衷为消除国际重复征税和防止国际偷漏税。国际重复征税发生的两个主要来源为税收管辖权概念内涵的扩大和不同类型税收管辖权交叉重叠。对因税收管辖权概念内涵扩大而发生的国际重复征税，OECD 范本与联合国范本对各国行使居民管辖权及地域管辖权的内涵界定都提出了规范性的指南，通过约束税收管辖权内涵解决国际重复征税问题。对于税收管辖权外延扩大而发生的国际重复征税，国际规范鼓励通过抵免法予以解决。

一、居民管辖权内涵的确定规则

居住国政府居民管辖权的行使主要包括法人居民管辖权与自然人居民管辖权两方面内容。

（一）法人居民管辖权的确定规则

国际上法人居民身份的确定标准如下：

1. 注册地标准

注册地标准也称法律标准。按照居住国法律规定在居住国登记注册的法人企业都属于居住国的法人居民。

2. 管理和控制地标准

若对法人企业进行实质管理和控制的机构所在地在居住国，则该法人企业即为该居住国的税收居民，而不论其注册地是否在该居住国。

3. 总机构所在地标准

法人总机构设在某居住国，则法人企业即为该居住国的税收居民。总机构与管理控制机构的差异在于：总机构标准侧重于考察法人组织结构的法律形式，而管理控制标准关注法人权力中心的实际所在地。

4. 选举权控制标准

法人企业的选举权和控制权由居住国的居民控制，法人企业即为该居住国的税收居民。对法人居民身份的确定采用选举权控制标准的国家很少。澳大利亚在确定法人企业的居民身份时同时采用了管理和控制地标准及选举权控制标准。

根据《中华人民共和国企业所得税法》及其实施条例的相关规定，我国居民企业是指在中国境内成立，或者依照外国（地区）法律成立但实际管理机构在中国的企业。由此可知，我国对法人居民身份的界定同时采用了注册地标准和实际管理机构标准，满足其中之一即为我国的法人居民。2009 年国家税务总局颁布实施了《关于境外注册中资控股企业依据实际管理机构标准认定为居民企业有关问题的通知》。该文件对实际管理机构标准进行了较为详细的阐释与说明。

现实生活中由于各国对法人居民身份界定采用的标准不同，很容易导致税收居民管辖权内涵的扩大，跨国法人很可能会被两个或两个以上国家同时认定为居民企业。OECD 范本和联合国范本明确规定：当各国对因法人居民身份确定规则存在不同而导致出现双重居民身份时，应当认定该公司为实际管理机构所在国居民。由此可知，在出现双重税收居民身份时，国际惯例将实际管理机构标准置于支配地位。我国在处理这一问题时也遵循了 OECD 范本和联合国范本的相应规范。

（二）自然人居民管辖权的确定规则

国际上对自然人居民身份的判定主要采取以下标准：

1. 住所标准

住所是民法概念，是指一个人固定的或永久性的居住地。住所不同于居所，住所反映的是一个人长期居住意愿。若某自然人在某国有定居或习惯性居住的事实或意愿，则该自然人即为该国的税收居民。

2. 居所标准

居所不反映某自然人的长期居住意愿，它是指一个人居住了较长时间但不准备永久居住的居住地。

3. 停留时间标准

当某自然人在一国不拥有住所和居所但在该国居住的时间较长时，也会被认定为该国居民。具体时间的长短则由各国的国内法规定，通常为 183 天或一年。

当多国对跨国纳税人居民身份界定都采取多个标准时，就很可能导致自然人居民管辖权内涵的扩大，某一跨国自然人会同时被两个或两个以上国家认定为本国的居民纳税人。这一情况出现时，国际上通常采用加比规则来判定某一跨国自然人居民身份的实质归属国。加比规则就是对上述界定跨国自然人居民身份的具体标准进行排序，顺序靠前的标准会被优先使用。具体排序见图6-1。

永久性住所

永久性住所包括任何形式的住所，例如由个人租用的住宅或公寓、租用的房间等。但该住所必须具有永久性，即个人已安排长期居住，而不是因为某些原因（如旅游、商务考察等）临时逗留

重要利益中心

重要利益中心要参考个人家庭和社会关系、职业、政治、文化和其他活动、营业地点、管理财产所在地等因素进行综合评判。其中特别重要的是个人的行为，即个人一直居住、工作并且拥有家庭和财产的国家通常为其重要利益中心之所在

习惯性居处

在出现以下情况之一时，应采用习惯性居处的标准来判定个人居民身份的归属：一是个人在缔约国双方均有永久性住所且无法确定重要经济利益中心所在国；二是个人的永久性住所不在缔约国任何一方，比如该个人不断地穿梭于缔约国一方和另一方旅馆之间。第一种情况下对习惯性居处的判定，要注意其在双方永久性住所地停留的时间，同时还应考虑其在同一个国家不同地点停留的时间；第二种情况下对习惯性居处的判定，要将此人在一个国家的所有的停留时间加总考虑，而不问其停留的原因

国籍

如果该人在缔约国双方都有或都没有习惯性居处，应以该人的国籍作为判定居民身份的标准。当采用上述标准依次判断仍然无法确定其身份时，可由缔约国双方主管当局按照协定第二十四条规定的程序，通过相互协商解决

图6-1　加比规则排序

二、地域管辖权内涵的确定规则

非居住国政府对跨国纳税人的跨国所得征税的前提是对该项所得具有地域管辖权，即该项所得的来源地为该非居住国。不同类型跨国所得的来源地界定标准差异很大，因此下文对地域管辖权内涵的界定按照跨国所得类型分别进行。

（一）跨国营业所得

跨国营业所得是跨国所得中较为常见的一种类型。从国际惯例看，常设机构的存在是非居住国政府对跨国营业所得征税的前提。OECD范本和联合国范本都主张以常设机构为标准来确定缔约国一方是否有权对缔约国另一方企业来自本国的营业所得征税。

1. 常设机构类型

从一般意义看，常设机构是不具有法人地位的营业场所。常设机构一般包括以下几种类型：

（1）固定场所类常设机构

固定场所类常设机构应具备以下特点：

一是该营业场所是实质存在的。但应注意，这类场所没有规模或范围上的限制（如机器、仓库、摊位等也可能构成常设机构）；且不论是企业自有的还是租用的；也不管房屋、场地、设施或设备是否有一部分被用于其他活动。一个场所可能仅占用市场一角，或是长期租用的仓库的一部分（用于存放应税商品），或设在另一企业内部等；只要有一定可支配的空间，即可视为具有营业场所。

二是该营业场所是相对固定的，且在时间上具有一定的持久性。营业活动暂时的间断或停顿不影响场所时间上的持久性。如果某一营业场所是基于短期使用目的而设立，但实际存在时间却超出了临时性的范围，则可构成固定场所并可追溯性地构成常设机构；反之，一个以持久性为目的的营业场所如果发生特殊情况，例如投资失败提前清算，即使实际只存在了很短的时间，同样可以判定其自设立起就构成常设机构。

三是全部或部分营业活动是通过该营业场所进行的。"营业"一语的实际含义不仅仅包括生产经营活动，还包括非营利机构从事的业务活动，但为该机构进行准备性或辅助性的活动除外。"通过"该营业场所进行活动应作广义理解，包括企业在其可支配的地点从事活动的任何情形。

（2）工程型常设机构

跨国纳税人在缔约国另一方从事工程作业时间超过一定时限，即可认为在非居住国构成常设机构。按照国税发〔2010〕75号文的规定，对于缔约国一方企业在缔约对方的建筑工地，建筑、装配或安装工程，或者与其有关的监督管理活动，仅在此类工地、工程或活动持续时间为6个月以上的，构成常设机构。未达到该规定时间的则不构成常设机构。确定承包工程作业活动的起止日期，可按其所签订的合同从实施合同（包括一切准备活动）开始之日起，至作业（包括试运行作业）全部结束交付使用之日止进行计算。凡上述活动时间持续6个月以上的（不含6个月，跨年度的应连续计算），应视该企业在承包工程作业所在国构成常设机构。

（3）劳务型常设机构

从国际惯例看，相对于OECD（2010）范本，联合国范本所列举的劳务型常设机构的范围更广。我国目前缔结的税收协定更多地采用了联合国范本的相关规定，以符合我国引进较多劳务与技术的基本国情。按照国税发〔2010〕75号文的规定，缔约国一方企业派其雇员或其雇佣的其他人员到缔约对方提供劳务，仅以任何12个月内这些人员为从事劳务活动在对方停留连续或累计超过183天的，构成常设机构。该项规定针对的是缔约国一方企业派其雇员到缔约国另一方从事劳务活动的行为。

近年来我国与部分国家签署的双边税收协定进入修订期，关于咨询等劳务构成常设机构的时间标准由 6 个月修订为 183 天。时间的具体计算以外国企业派员为实施服务项目第一次抵达中国之日起至完成并交付服务项目日期止，这一期间所包含的天数为相关人员在中国的停留天数。

（4）代理型常设机构

代理人一般可分为独立代理人和非独立代理人。独立代理人为专门从事代理业务的机构。独立代理人不仅为某一个企业代理业务，也为其他企业提供代理业务。经纪人、中间商等一般佣金代理人属于独立代理人。非独立代理人的代理业务自由度很小，一般只为特定企业提供代理服务。非独立代理人为非居民企业提供代理服务时，其很可能会被认定为非居民企业在非居住国的常设机构。

2. 营业所得核算原则

在常设机构确定的前提下，非居住国如何核算及确定归属于常设机构的营业所得，这是非居住国政府对常设机构征税必须解决的另一个重要问题。从我国目前签订双边税收协定的具体规定看，跨国营业所得核算原则主要包括：

（1）利润归属原则

利润归属原则是指缔约国一方企业通过设在缔约国另一方的常设机构进行营业，其利润可以在该缔约国另一方征税，但应仅以归属于该常设机构的利润为限。

（2）独立企业原则

常设机构虽然不是独立的法人，其经营行为受控于国外总机构，利润分配也由总机构决定，但是为了便于非居住国行使地域管辖权，一般都要求将常设机构视为独立的纳税实体。常设机构应将取得的所有利润进行归并，独立地计算盈亏，按照非居住国独立企业适用的计税依据、税率等法律规定计算缴纳税款。

（3）有限扣除原则

对于常设机构为取得收入和利润而发生的费用支出，包括行政管理费用，都可以在税前扣除，而不考虑这些费用在何处发生。但对于总分机构之间支付的特许权使用费、利息以及为企业进行管理劳务所收取的佣金等不允许扣除。

（二）跨国投资所得

1. 股息所得

股息是指投资者因权益性投资从被投资方取得的收入。出于反避税考虑，实务中相关法条对股息的界定较为全面、严谨。国税发〔2010〕75 号文中称："股息即为公司所做的利润分配。股息支付不仅包括每年股东会议所决定的利润分配，也包括其他货币或具有货币价值的收益分配，如红股、红利、清算收入以及变相利润分配。"

股息所得来源地的确定较为明确。国内法与相关税收协定对股息来源地的界定是基本一致的。《中华人民共和国企业所得税法实施条例》第七条第四款规定："股息、红利等权益性投资所得来源地，按照分配所得的企业所在地确定。"《中华人民共和国政府和新加坡共和国政府关于对所得避免双重征税和防止偷漏税的协定》第十条第二款规定："股息可以在支付股息的公司是其居民的缔约国，按照该缔约国法律征税"。这一规定实施上界定了股息的来源地为支付股息公司的居民身份所在国，而不是股息支付地点所在国。应该注意，在居住国公司境外上市的情况下，股息支付地点所在国与支付股息公司居民身份所在国往往并不一致。

2. 利息所得

利息是指从各种债权取得的所得，不论其有无抵押担保或是否有权分享债务人利润。《中华人民共和国企业所得税法实施条例》第十八条规定："利息收入是指企业将资金提供他人使用但不构成权益性投资，或者因他人占用本企业资金取得的收入，包括存款利息、贷款利息、债券利息、欠款利息等收入。"由于延期支付的罚款，不应视为利息。

国内法与相关税收协定对利息来源地的界定也是基本一致的。《中华人民共和国企业所得税法实施条例》第七条第五款规定："利息所得、租金所得、特许权使用费所得，按照负担、支付所得的企业或者机构、场所所在地确定，或者按照负担、支付所得的个人的住所地确定。"《中华人民共和国政府和新加坡共和国政府关于对所得避免双重征税和防止偷漏税的协定》第十一条第二款规定：利息可以在该利息发生的缔约国，按照该缔约国法律征税。这一规定也明确了跨国利息的来源地为支付利息公司的居民身份所在国，而非利息支付地点所在国。

3. 特许权使用费

相对于国内法规定，双边税收协定对特许权使用费的界定更为具体和全面。《中华人民共和国企业所得税法实施条例》第二十条："特许权使用费收入，是指企业提供专利权、非专利技术、商标权、著作权以及其他特许权的使用权取得的收入。"《中华人民共和国政府和新加坡共和国政府关于对所得避免双重征税和防止偷漏税的协定》第十二条第三款规定："特许权使用费是指使用或有权使用文学、艺术或科学著作，包括电影影片、无线电或电视广播使用的胶片、磁带的版权，任何计算机软件，专利，商标，设计或模型，图纸，秘密配方或秘密程序所支付的作为报酬的各种款项；也包括使用或有权使用工业、商业、科学设备或有关工业、商业、科学经验的情报所支付的作为报酬的各种款项。"应特别注意，工商业设备跨国使用所支付的租金适用税收协定中的特许权使用费条款。

OECD 范本与联合国范本对特许权使用费来源地的界定有所不同。联合国范本承认特许权使用费支付方所在国对此项所得的地域管辖权，而 OECD 范本只承认特许权使用费获取方所在国居民管辖权的独占权。我国国内法和所签双边税收协定坚持了特许权使用费支付方所在国的地域管辖权。《中华人民共和国企业所得税法实施条例》第七条第五款规定："利息所得、租金所得、特许权使用费所得，按照负担、支付所得的企业或者机构、场所所在地确定，或者按照负担、支付所得的个人的住所地确定。"《中华人民共和国政府和新加坡共和国政府关于对所得避免双重征税和防止偷漏税的协定》第十二条第五款规定："如果支付特许权使用费的人是缔约国一方居民，应认为该特许权使用费发生在该缔约国。"这一规定界定了特许权使用费的来源地为支付特许权使用费公司的居民身份所在国。

（三）跨国财产所得

1. 不动产所得

不动产所得是指在不动产所有权不转移的情况下，使用不动产所获得的收益，包括直接使用、出租或者以任何其他形式使用该不动产取得的所得。很明显，对于出租不动产取得的跨国租金，应适用不动产所得条款。相应地，出租设备而取得的跨国租金所得，应适用税收协定中的特许权使用费条款。对于转让不动产取得的跨国所得则适用税收协定中的财产收益条款。

国际规范对跨国不动产所得来源地的界定较为明确。OECD范本和联合国范本都规定以不动产坐落地为不动产的来源地，即不动产坐落地所在国可以行使地域管辖权对跨国不动产所得征税。我国签订的双边税收协定也遵循了这一规范。

2. 财产收益

财产收益一般是指财产法律权属关系发生变更产生的收益，包括出售或交换财产产生的收益，也包括部分转让、征用、出售权利等产生的收益。从双边税收协定财产收益所涵盖的范围看，其主要包括转让各类动产、不动产和权利产生的收益或所得。

从目前的国际规范及我国签订的双边税收协定看，各项财产收益来源地的确定如下：

（1）转让不动产取得的收益应由不动产所在国征税。

（2）针对企业常设机构用于营业的财产中的动产，转让这类财产所取得的收益可以在常设机构所在国征税，即常设机构所在国可以行使地域管辖权征税。

（3）转让从事国际运输的船舶和飞机，或转让附属于经营上述船舶和飞机的动产取得的收益，应仅在经营上述船舶和飞机的企业为其居民的国家征税。

（4）转让股权收益的来源地界定较为复杂，需分情况讨论：

①直接转让。

直接转让是指股权转让行为中转让方为境外的非居民企业，而被转让方为转让方直接持有股权的某国居民企业（图6-2为直接转让示意图）。

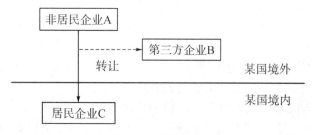

图6-2　直接转让

按照《中华人民共和国政府和新加坡共和国政府关于对所得避免双重征税和防止偷漏税的协定》第十三条第四款及第五款的相关规定，非居民企业（新加坡企业）直接转让中国公司股权包括转让不动产公司股权与转让其他类型公司股权两种情形。

转让不动产公司股权情形：缔约国一方居民转让股份取得的收益，如果股份价值的50%以上直接或间接由位于缔约国另一方的不动产构成，可以在缔约国另一方征税，即可由非居住国对此项转让收益征税（协定第四款）。若新加坡公司所转让公司财产价值的50%以上由位于中国的不动产构成，则中国政府可以行使地域管辖权对该项收益征税。

转让其他公司股权情形：除第四款外，缔约国一方居民转让其在缔约国另一方居民公司或其他法人资本中的股份、参股或其他权利取得的收益，如果该收益人在转让行为前的 12 个月内，曾经直接或间接参与该公司或其他法人至少 25% 的资本，可以在该缔约国另一方征税（协定第五款）。若新加坡公司持有中国公司股份在 25% 以上，则中国政府可以对该项股份转让收益行使地域管辖权征税。

②间接转让。

间接转让是指股权转让行为中的转让方为境外的非居民企业，被转让方亦为非居民企业，但被转让方直接或间接持有某国目标公司的股权。在间接转让中，转让方通过转让中间层公司股权，实现了实质上转让某国目标公司股权的目的。在间接转让中，中间层控股公司可能是一个，也可能是多个（图 6-3 为间接转让示意图）。

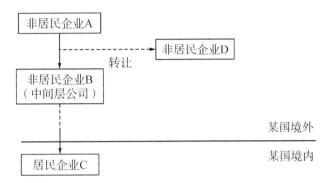

图 6-3 间接转让

目前的双边税收协定对这一转让行为的收益来源地没有进行明确界定。从我国税务实践看，税务机关很可能依据国税函〔2009〕698 号文及国家税务总局 2015 年 7 号公告等规定对设在第三国的中间层控股公司是否具有合理商业目的进行考察，当确定不具有合理商业目的时，中间层控股公司很可能被"穿透"，即在税法上否定中间层控股公司的存在而将股权转让收益的来源地界定为中国，从而中国政府对该项所得可以行使地域管辖权征税。

（四）跨国劳务所得

国际税收中的跨国劳务所得条款主要针对的是自然人从事跨国劳务活动取得的所得。跨国劳务所得来源地的界定分为独立个人劳务及非独立个人劳务两种情形。

1. 独立个人劳务

独立个人劳务是指以独立个人身份从事的科学、文学、艺术、教育或教学活动以及医师、律师、工程师、建筑师或牙医师和会计师等人员提供的专业性劳务。独立个人劳务最明显的特征就是提供者为自由职业者，其提供劳务不受相应雇主的支配。

从国际惯例看，OECD 范本不主张对跨国独立个人劳务所得征税，对相应的独立个人劳务所得按照跨国营业所得条款处理。联合国范本规定，对跨国个人劳务所得由居住国政府征税，但出现以下三种情形之一时，非居住国也可以行使地域管辖权征税：一是该个人在非居住国设有经常使用的固定基地；二是在非居住国停留累计等于或超过 183 天；三是该个人取得收入由非居住国居民支付或负担，且收入超过一定金额。我国与相关国家签订的税收协定坚持了跨国独立个人劳务所得的地域管辖权，基本遵照了联合国范本指南，但没有采用联合国范本关于独立个人劳务地域管辖权界定的第三种情形。

《中华人民共和国政府和新加坡共和国政府关于对所得避免双重征税和防止偷漏税的协定》第十四条第一款规定：缔约国一方居民个人由于专业性劳务或者其他独立性活动取得的所得，应仅在该缔约国征税，除非：①该居民个人在缔约国另一方为从事上述活动的目的设有经常使用的固定基地。在这种情况下，该缔约国另一方可以仅对属于该固定基地的所得征税；②该居民个人在任何 12 个月中在缔约国另一方停留连续或累计达到或超过 183 天。在这种情况下，该缔约国另一方可以仅对在该缔约国进行活动取得的所得征税。上述规定所涉及的固定基地的判定标准可参照营业利润来源地判定的常设机构标准。

2. 非独立个人劳务

非独立个人劳务所得是指有固定雇主的雇员从事劳务取得的所得，也称为"受雇所得"。OECD 范本和联合国范本都承认非居住国对跨国非独立个人劳务征税的地域管辖权。但地域管辖权行驶也存在一种例外情形，即同时满足以下三个条件时，跨国非独立个人劳务所得由居住国政府征税：

（1）收款人在有关会计年度开始或结束的任何 12 个月中在该缔约国另一方停留连续或累计不超过 183 天；

（2）该项报酬由并非该缔约国另一方居民的雇主或代表该雇主支付；

（3）该项报酬不由雇主设在该缔约国另一方的常设机构负担。

换言之，上述三个条件任何一条不能满足，则跨国非独立个人劳务所得（报酬）可由非居住国行使地域管辖权征税。

（五）董事费

国际惯例将董事费所得征税权赋予了董事所在公司为其居民的国家，即董事所在公司居民身份所在国可以行使地域管辖权对董事费所得征税。

（六）艺术家和运动员

国际惯例将艺术家和运动员所得视为个人劳务所得，对该项所得的征税权赋予了活动发生地的非居住国，而不论该艺术家或运动员在非居住国的停留时间，即非居住国政府可以地域管辖权对艺术家和运动员所得征税。

（七）退休金

国际惯例规定，对于退休金所得，取得退休金个人的居住国对该项所得拥有独占权，而不考虑取得退休金个人以前的工作地点。若某国不是取得退休金个人的居民身份所在国，则该国不能行使地域管辖权征税。

（八）为政府服务的报酬

对于政府部门支付给向其提供服务的个人的报酬，国际惯例规定支付国对该项所得享有独占权。这一报酬范围包括除退休金以外的薪金、工资和其他类似报酬，包括因向缔约国一方政府或法定机构提供服务而取得的各种实物收益，如公寓、交通工具、健康与人寿保险、俱乐部会员资格等。

（九）学生和实习人员

学生和企业学徒由于接受教育、培训或获取技术经验目的而暂时居住在缔约国另一方，对其为了生活、学习所取得的来源于缔约国另一方以外的所得，该缔约国另一方应予免税。即非居住国对来自居住国的学生和实习人员取得来自境外所得不能行使地域管辖权征税。

（十）教师和研究人员

我国政府对外签署的一些双边税收协定或安排列有专门的教师和研究人员条款。按照该条款规定，来自缔约对方的教师和研究人员符合条件的，可以在中国享受规定期限内的免税待遇。即中国政府对来自缔约对方的教师和研究人员受聘中国境内机构取得的所得，不应行使地域管辖权征税。

第三节　外延扩大国际重复征税的消除方法

外延扩大的重复征税是指不同类型税收管辖权发生交叉重叠而产生的国际重复征税。最常见的是居民税收管辖权与地域管辖权重叠形成的国际重复征税。理论上讲，消除外延扩大国际重复征税的方法主要有扣除法、免税法、减免法及抵免法（消除外延扩大国际重复征税方法参见表6-2）。从实践看，OECD范本和联合国范本推荐采用免税法和抵免法，我国现行税法规定只能采用抵免法。

表6-2　消除外延扩大国际重复征税方法

方法	概念界定	解释
扣除法	是指居住国政府对本国居民纳税人来自境外所得征税时，允许其境外所得负担的外国税款作为费用从全球所得前所得总额中扣除，就其余额向居住国政府缴税	事实上，在居住国实行比例税率的情况下，扣除法所消除的重复征税仅限于境外所得负担税款与居住国税率乘积部分，消除国际重复征税的力度较小
免税法	是指居住国政府对本国居民纳税人来自境外的所得实行部分免税或全额免税。免税法可以分为全额免税法和累进免税法	从各国税务实践看，免税法的实施都有较为严格的条件限制，且在累进免税法下，境外所得会拉高境内所得的适用税率，因此免税法并不意味着居住国政府完全放弃了自身的居民管辖权
减免法	是指居住国政府对本国居民纳税人来自境外的所得实行较低税率，而对境内所得按照正常税率征税	减免法只是部分降低了国外所得的税收负担，并没有消除国际重复征税。目前很少有国家采用减免法以消除国际重复征税
抵免法*	是指居住国政府对本国居民纳税人来自境外所得征税时，允许其境外所得所负担的外国税款从其全球所得应缴居住国税款中扣除。但这一扣除最高不能超过境外税前所得按照居住国税法规定计算的抵免限额	抵免法意味着居住国在承认非居住国优先行使地域管辖权的情况下并不放弃其居民管辖权。抵免法可分为直接抵免和间接抵免。直接抵免主要适用于跨国总分公司及预提所得税征收情形，间接抵免主要适用于跨国母子公司征收情形（孙公司及以下也可以纳入间接抵免范围，但按照我国现行规定，包括子公司在内不能超过三层）。由于抵免法很好地协调了居住国与非居住国间的税收权益，抵免法也成为OECD范本和联合国范本推荐的消除外延扩大重复征税的主要方法

* 税收饶让抵免是一种特殊的抵免方法。它是指居住国政府对本国居民纳税人来自境外所得征税时，将其在境外享受的所得税优惠视同已纳税款允许从该纳税人全球所得应纳税款中扣除。但应该注意，即使在税收饶让的情况下，这一扣除最高也不能超过抵免限额。税收饶让抵免是保证非居住国给予跨国纳税人的优惠能够被跨国纳税人切实享受的必要措施。若居住国不给予非居住国税收饶让待遇，则非居住国给予跨国纳税人的税收优惠将被居住国政府补征。

遵循 OECD 范本和联合国范本指南，我国目前主要采用抵免法以消除外延扩大国际重复征税问题。《关于企业境外所得税收抵免有关问题的通知》（财税〔2009〕125 号）是我国新企业所得税法实施后颁布的解决外延扩大国际重复征税的基本文件。抵免法计算思路见图 6-4。

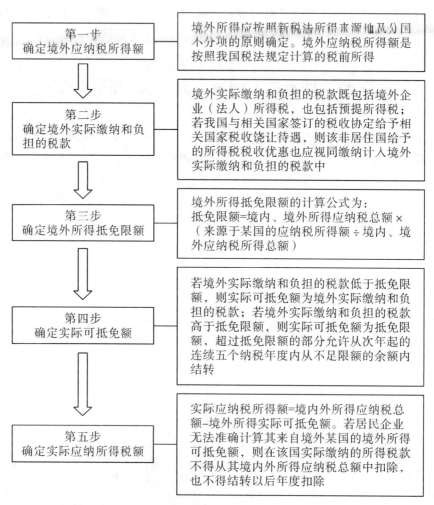

图 6-4　抵免法计算思路

第四节　国际避税与反避税

随着国际资本、技术及劳动力流动的日益频繁，跨国公司交易方式日益多样，企业集团股权架构安排日益复杂，对跨国公司的避税活动进行反避税的难度越来越大，对国际避税活动进行有效监控，防止双重或多重不征税越来越成为国际税收领域研究的重点内容。下文结合国际避税主要方式分析相关国际反避税措施。

一、转让定价（Transfer Pricing）

（一）转让定价概念

在国际税收中，转让定价是指跨国公司集团内部各企业间进行交易活动时所制定的内部交易价格。转让定价本身是一个中性词，它并不意味着跨国公司集团内部所进行的转让定价一定是出于逃税或避税目的。转让定价是随着社会化大生产的发展，公司组织形式和结构发生变化应运而生的一种内部管理手段，反映了公司集团内部分工与合作的必然要求。客观上，跨国公司集团内部企业间所进行的转让定价会产生费用与收入在国别间的分配问题。若这一问题的产生是跨国公司出于避税动机将相关费用与收入在不同国家间做出的人为安排，并且这种人为安排会导致集团整体税负明显下降，则此情形下的转让定价就会损害相关国家的税收权益而成为国际税收反避税的研究重点。转让定价避税的基本思路见图6-5。

图 6-5　转让定价避税的基本思路

（二）关联方关系认定

关联方关系的认定是税务机关对跨国公司进行转让定价调整的基础。为落实BEPS行动计划成果，实现对跨国公司商业模式不断创新背景下转让定价行为进行与时俱进的有效税务管理，国家税务总局于2016年发布了第42号公告《关于完善关联申报和同期资料管理有关事项的公告》。依据第42号公告的规定，关联关系主要指企业与其他企业、组织或个人具有下列关系之一者：

（1）一方直接或间接持有另一方的股份总和达到25%以上，或者双方直接或间接同为第三方所持有的股份达到25%以上。若一方通过中间方对另一方间接持有股份，只要一方对中间方持股比例达到25%以上，则一方对另一方的持股比例按照中间方对另一方的持股比例计算。

（2）一方与另一方（独立金融机构除外）之间借贷资金占一方实收资本50%以上，或者一方借贷资金总额的10%以上是由另一方（独立金融机构除外）担保。

（3）一方半数以上的高级管理人员（包括董事会成员和经理）或至少一名可以控制董事会的董事会高级成员是由另一方委派，或者双方半数以上的高级管理人员（包括董事会成员和经理）或至少一名可以控制董事会的董事会高级成员同为第三方委派。

（4）一方半数以上的高级管理人员（包括董事会成员和经理）同时担任另一方的高级管理人员（包括董事会成员和经理），或者一方至少一名可以控制董事会的董事会高级成员同时担任另一方的董事会高级成员。

（5）一方的生产经营活动必须由另一方提供的工业产权、专有技术等特许权才能正常进行。

（6）一方的购买或销售活动主要由另一方控制。

（7）一方接受或提供劳务主要由另一方控制。

（8）一方对另一方的生产经营、交易具有实质控制，或者双方在利益上具有相关联的其他关系，包括虽未达到本条第1项持股比例，但一方与另一方的主要持股方享受基本相同的经济利益，以及家族、亲属关系等。

上述关联关系概况见图6-6。

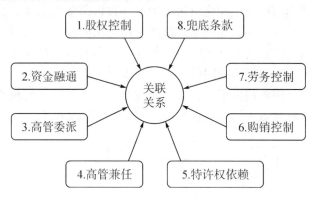

图 6-6　关联关系概况

（三）同期资料管理

同期资料也称同期文档或同期证明文件，是指企业与其关联方企业交易中发生的有关价格、费用的制定标准、计算方法及说明的资料。参照 OECD 转让定价指南和国际惯例，并根据我国现行税法的规定，企业在发生关联交易的当期，有义务准备同期资料文档，包括关联交易的价格、费用制定标准、计算方法和说明等具体转让定价文件资料，以证明企业关联交易符合独立交易原则，同时企业也有义务保存和向税务机关提供同期资料。同期是指关联交易的发生和关联交易资料的准备的同期，及关联交易资料保存与关联交易时间一致，必须在一个纳税年度内记录该年度的关联交易定价方法，不能在若干年后再返回记录若干年前的关联交易。同期资料准备是指企业采用恰当的方法将实际发生关联交易的转让定价情形以书面的形式记录并加以存档。当相关税务机关要求企业提交同期资料时，企业应当及时提供。

同期资料包括主体文档、本地文档和特殊事项文档。每种文档分别设定准备条件，企业结合自身情况，只要满足其中一种文档的准备条件，就要准备相应的同期资料文档。按照国家税务总局 2016 年第 42 号公告的要求，企业准备主体文档、本地文档和特殊事项文档的门槛见表6-3。

表6-3　同期资料相关文档的准备门槛

文档	准备门槛
主体文档	满足以下条件之一： 1. 年度发生跨境关联交易，且合并该企业财务报表的最终控股企业所属企业集团已准备主体文档； 2. 年度关联交易总额超过 10 亿元

表6-3（续）

文档	准备门槛
本地文档	满足以下条件之一： 1. 有形资产所有权转让金额（来料加工业务按照年度进出口报关价格计算）超过2亿元； 2. 金融资产转让金额超过1亿元； 3. 无形资产所有权转让金额超过1亿元； 4. 其他关联交易金额合计超过4 000万元
特殊事项文档	满足以下条件之一： 1. 企业签订或者执行成本分摊协议的，应当准备成本分摊协议特殊事项文档； 2. 企业关联债资比例超过标准比例需要说明符合独立交易原则的，应当准备资本弱化特殊事项文档

注：企业执行预约定价安排的，可以不准备预约定价安排涉及关联交易的本地文档和特殊事项文档；企业仅与境内关联方发生关联交易的，可以不准备主体文档、本地文档和特殊事项文档。

（四）转让定价调整方法

当税务机关认为纳税人的转让定价不符合独立交易原则而形成避税后果时，有权按照合理的转让定价调整方法对纳税人进行特别纳税调整。独立交易原则（Arm's Length Principle）是选择转让定价调整方法的基本原则。具体转让定价调整方法的含义及适用情况见表6-4。

表6-4　转让定价调整方法简介

方法	含义	适用范围
可比非受控价格法	是指以非关联方之间进行的与关联交易相同或类似业务活动所收取的价格作为关联交易的公平成交价格。这里的公平成交价格既可以是内部市场价格，也可以是外部市场价格。内部市场价格是关联企业同期既有与关联方的同类交易，也有与非关联方的同类交易，与非关联方的同类交易价格即为内部市场价格；外部市场价格是关联企业同期只与关联方发生交易的情况下，外部独立企业之间发生同类交易形成的价格	可比非受控价格法原则上适用于所有类型的关联交易。在可比性分析可以满足的情况下，该方法是关联交易调整方法中最理想的方法。但该方法对可比性要求较高，税务实践中受可比性分析限制，该方法不太适用于售价较多依赖生产者品牌价值的产品定价
再销售价格法	是指以关联方购进商品再销售给非关联方的价格减去可比非关联交易毛利后的金额作为关联方购进商品的公平成交价格。计算公式为：公平成交价格=再销售给非关联方的价格×（1-可比非关联交易毛利率），其中可比非关联交易毛利率=可比非关联毛利÷可比非关联交易收入净额×100%	再销售价格法通常适用于再销售者未对商品进行改变外形、性能、结构或更换商标等实质性增值加工的简单加工或单纯购销业务，如关联交易中购进一方为分销商的情形。该方法对交易产品的可比性分析要求相对较低，但在交易各方功能和风险可比分析方面要求较高
成本加成法	是指以关联交易发生的合理成本加上可比非关联交易毛利作为关联交易的公平成交价格。公平成交价格=关联交易的合理成本×（1+可比非关联交易成本加成率），其中，可比非关联交易成本加成率=可比非关联交易毛利÷可比非关联交易成本×100%	成本加成法通常适用于有形资产的购销、转让和使用，劳务提供或资金融通的关联交易。该方法非常适合关联卖方出售半成品而关联买方购入半成品后再进行加工、出售的情形

91

表6-4(续)

方法	含义	适用范围
交易净利润法	是指以可比非关联交易的利润率指标确定关联交易的净利润。利润率指标包括资产收益率、销售利润率、完全成本加成率、贝里比率等,确定可比企业利润率区间时可采用四分位法。国税发〔2009〕2号文规定采用四分位法时下限不能低于中位值	交易净利润法通常适用于有形资产的购销、转让和使用,无形资产的转让和使用以及劳务提供等关联交易。交易净利润法不同于再销售价格法及成本加成法考察毛利水平,该方法更关注关联交易实现的净利润是否合理,因此其更能承受关联企业与可比企业功能上的差异,也较少受到会计处理方法不同的影响
利润分割法	是指根据企业与其关联方对关联交易合并利润的贡献计算各自应该分配的利润额。利润分割法分为一般利润分割法和剩余利润分割法。前者根据关联交易各参与方所执行的功能、承担的风险以及使用的资产确定各自应取得的利润。后者将关联交易各参与方的合并利润减去分配给各方的常规利润后的余额作为剩余利润,再根据各方对剩余利润的贡献度进行分配	利润分割法通常适用于各参与方关联交易高度整合且难以单独评估各方交易结果的情形

注: 我国目前的转让定价法条并没有规定税务机关采用转让定价调整方法的具体顺序。为充分贯彻独立交易原则,税务在进行转让定价调整时应根据纳税人受控交易的客观事实及经济环境选取最合适的调整方法。

上述五种方法属于传统的转让定价调整方法,其中前三种统称为价格法,而后两种方法统称为利润法。为落实BEPS项目第8至第10项行动计划报告,解决传统方法难以解决无形资产转让定价避税问题,国家税务总局2017年发布的《特别纳税调查调整及相互协商程序管理办法》首次提出:"可以使用'成本法、市场法和收益法等资产评估方法',作为其他符合独立交易原则的方法"。成本法、市场法及收益法的含义及适用范围见表6-5。

表6-5 成本法、市场法及收益法的含义及适用范围

方法	含义	适用范围
成本法	成本法是以替代或者重置原则为基础,通过在当前市场价格下创造一项相似资产所发生的支出确定评估标的价值的评估方法	成本法适用于能够被替代的资产价值评估
市场法	市场法是利用市场上相同或者相似资产的近期交易价格,经过直接比较或者类比分析以确定评估标的价值的评估方法	市场法适用于在市场上能找到与评估标的相同或者相似的非关联可比交易信息时的资产价值评估
收益法	收益法是通过评估标的未来预期收益现值来确定其价值的评估方法	收益法适用于企业整体资产和可预期未来收益的单项资产评估

(五)预约定价安排(Advance Pricing Arrangement)

预约定价是税务机关对跨国纳税人转让定价行为进行管理的一种方法。不同于税务机关对跨国纳税人关联交易采用转让定价调整方法进行的事后调整,预约定价安排是指跨国纳税人与税务机关预先就关联交易的定价标准,如定价原则、定价方法、可比性、关键假设等进行事前沟通,就未来一段时间内(通常为3~5年)跨国

公司集团内部关联企业间转让定价事项事先做好的安排。由于税务机关采用相应的转让定价调整方法对纳税人进行的事后调整不仅增加了纳税人的遵从成本，也会耗费税务机关大量的人力物力。预约定价安排将税务机关对纳税人的转让定价管理从事后调整变为事先安排，不仅有利于降低纳税人的遵从成本，降低纳税人对关联交易税务处理的不确定预期，也有利于税务机关节约征管成本，提高跨国税源监管水平，减少税务机关与纳税人的税务争议。

预约定价安排可分为单边预约定价安排与双（多）边预约定价安排。单边预约定价安排是指跨国纳税人与一国税务机关预先就关联交易事项达成的安排。由于单边预约定价安排中只涉及一国税务机关，相关跨国关联交易事项若不能得到关联方对方所在国家税务机关的认可，则由于转让定价调整产生的国际重复征税问题依然无法得到有效解决。双（多）边预约定价安排是指跨国纳税人关联交易双方与两个（两个以上）国家税务机关预先就跨国关联交易事项达成的安排。由于双（多）边预约定价安排涉及关联交易各方所在国家的税务机关，相关转让定价事项可得到关联交易各方所在税务机关的认可，因此能够有效解决国际重复征税问题。

我国自 20 世纪 90 年代末开始预约定价安排实践。截至 2014 年 12 月 31 日，我国税务机关已累计签署 70 个单边预约定价安排和 43 个多边预约定价安排。2014 年签署了 3 个单边预约定价安排和 6 个双边预约定价安排。制造业的预约定价安排仍是已签署安排的主体，但安排所涉及的行业种类在逐步增加。预约定价安排谈签流程见图 6-7。

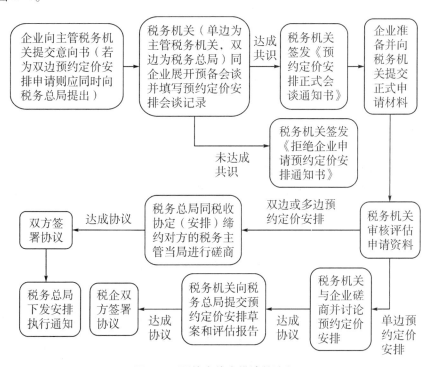

图 6-7　预约定价安排谈签流程

二、成本分摊协议（Cost Contribution Arrangements）

（一）成本分摊协议概念

成本分摊协议是指纳税人与其境外关联方为共同开发、受让无形资产，或者共同提供、接受劳务而签署的有关成本分摊及收益共享方面的协议。成本分摊协议管理是指税务机关依照相关法律规定，对企业与其关联方签署的成本分摊协议是否符合独立交易原则进行审核评估和调查调整等工作的总称。成本分摊协议原则包括：

1. 成本分摊协议的参与方对开发、受让的无形资产或参与的劳务活动享有受益权，并承担相应的活动成本。关联方承担的成本应与非关联方在可比条件下为获得上述受益权而支付的成本相一致。

2. 参与方使用成本分摊协议所开发或受让的无形资产不需另支付特许权使用费。

3. 企业对成本分摊协议所涉及无形资产或劳务的受益权应有合理的、可计量的预期收益，且以合理商业假设和营业常规为基础。

（二）成本分摊协议的反避税处理

在成本分摊协议执行期间，参与方实际分享的收益与分摊的成本不相匹配的，应根据实际情况做出补偿调整。

对符合独立交易原则的成本分摊协议，应做如下税务处理：

1. 企业按照协议分摊的成本，应在协议规定的各年度税前扣除；

2. 涉及补偿调整的，应在补偿调整的年度计入应纳税所得额；

3. 涉及无形资产的成本分摊协议，加入支付、退出补偿或终止协议时对协议成果分配的，应按资产购置或处置的有关规定处理。

企业与其关联方签署成本分摊协议，有下列情形之一的，其自行分摊的成本不得税前扣除：

1. 不具有合理商业目的和经济实质；

2. 不符合独立交易原则；

3. 没有遵循成本与收益配比原则；

4. 未按本办法有关规定备案或准备、保存和提供有关成本分摊协议的同期资料；

5. 自签署成本分摊协议之日起经营期限少于 20 年。

三、受控外国企业（Controlled Foreign Company）

（一）受控外国企业概念

受控外国企业是指由中国居民股东（包括中国居民企业股东和中国居民个人股东）控制的设立在实际税负低于所得税法规定税率水平 50% 的国家（地区），并非出于合理经营需要对利润不做分配或减少分配的外国企业。所称"控制"是指在股份、资金、经营、购销等方面构成实质控制。其中的股份控制是指由中国居民股东在纳税年度任何一天单层直接或多层间接单一持有外国企业 10% 以上有表决权股份，且共同持有该外国企业 50% 以上股份。中国居民股东多层间接持有股份按各层持股比例相乘计算，中间层持有股份超过 50% 的，按 100% 计算。

（二）受控外国企业反避税处理

若由中国居民股东控制的设立在低税负国家（地区）的外国企业，并非出于合理的经营需要而对利润不做分配或减少分配的，则该外国企业实质上构成了中国居民股东逃避我国纳税义务的工具，其很可能被认定为我国的受控外国公司。按照我国现行规定（国税发〔2009〕2 号文第 8 章），若某外国公司被认定为我国税法中的受控外国公司，则对其不是出于合理经营需要不做分配或减少分配的利润中归属于我国居民企业的部分，应当计入该居民企业的当期收入照章纳税。相应地，该笔利润所实际负担的境外所得税款也可以适用抵免法相关规定进行抵免。

计入中国居民企业股东当期的视同受控外国企业股息分配的所得，应按以下公式计算：

中国居民企业股东当期所得＝视同股息分配额×实际持股天数÷受控外国企业纳税年度天数×股东持股比例

中国居民股东多层间接持有股份的，股东持股比例按各层持股比例相乘计算。

若中国居民企业股东能够提供资料证明其控制的外国企业满足以下条件之一的，可免于将外国企业不做分配或减少分配的利润视同股息分配额，计入中国居民企业股东的当期所得：

1. 设立在国家税务总局指定的非低税率国家（地区）；

2. 主要取得积极经营活动所得；

3. 年度利润总额低于 500 万元。

为简化判定中国居民股东控制的受控外国企业的实际税负，国税函〔2009〕37 号通过"白名单"列举方式对中国居民股东设立在相关国家的外国企业，免于对不做分配或减少分配的利润视同利润分配征税。这些国家包括：美国、英国、法国、德国、日本、意大利、加拿大、澳大利亚、印度、南非、新西兰和挪威。

四、资本弱化（Thin Capitalization Rule）

（一）资本弱化概念

资本弱化是指纳税人从境外（境内）低税负国家（地区）关联方融入大量资金，导致其债务资本比例过高而自有资本比例过低，从而通过大量的税前利息扣除达到少缴所得税的经济现象。资本弱化管理则是指税务机关按照所得税法规定，对企业接受关联方债权性投资与企业接受的权益性投资的比例是否符合规定比例或独立交易原则进行审核评估和调查调整等工作的总称。企业向关联方支付的利息包括因直接或间接接受关联债权投资而实际支付的利息、担保费、抵押费和其他具有利息性质的费用。

（二）资本弱化反避税处理

由于资本弱化超过一定的标准就会损害到利息支付方所在国的税收权益，因此世界主要国家都制定有相关资本弱化反避税处理措施。从我国实际情况看，《中华人民共和国企业所得税法》第四十六条及《特别纳税调整实施办法（实行）》（国税发〔2009〕2号文）等都有相关的对资本弱化的反避税规定。按照现行规定，企业向关联方支付的超过规定标准利息的税务处理如下：

1. 不得在计算应纳税所得额时进行税前扣除；

2. 按照实际支付给各关联方利息占关联方利息总额的比例，在各关联方之间进行分配，其中，分配给实际税负高于企业的境内关联方的利息准予扣除；

3. 直接或间接实际支付给境外关联方的利息应视同分配的股息，按照股息和利息分别适用的所得税税率差补征企业所得税，如已扣缴的所得税税款多于按股息计算应征所得税税款，多出的部分不予退税。

五、一般反避税（General Anti-avoidance Rule）

（一）一般避税概念

一般避税是指跨国纳税人采用除转让定价、成本分摊、受控外国公司及资本弱化以外的避税手段达到避税目的的避税方式总称。世界上很多发达国家都将一般反避税条款视为反避税的兜底条款和防止跨国偷漏税的最后堡垒加以运用。一般反避税条款主要针对不具有合理商业目的的避税安排进行的纳税调整，它意味着税务机关有权对纳税人以减少、免除或推迟缴纳税款为主要目的的避税安排进行重新定性。不具有合理商业目的的避税安排通常具备以下两个特征：一是必须存在一个安排，即人为规划的一个或一系列行动或交易；二是相对于其他非税利益，企业从该安排中获取了更为明显的税务利益。

（二）一般反避税条款

由于一般反避税是针对除转让定价等特殊反避税条款以外的反避税方式的概括，因此各国在进行一般反避税条款立法时虽为减少税企争议而尽量使得该条款更具可操作性，但不可否认的是，一般反避税条款的不确定性依然是其主要特征之一。一般反避税条款的考察重点为跨国纳税人相关交易合理商业目的的定性判断。在这一定性判断中，不可避免地会体现税务机关的主观意愿，判定结果与跨国纳税人从自身财务利益角度出发的判定后果很可能有较大差异，在国际税收反避税实践中，适用一般反避税条款案例注定会成为税企双方争议的多发领域。为更好地维护跨国纳税人利益，防止税务机关一般反避税条款滥用，一般反避税条款启用都要经过最高税务机关批准。

为更好地在国际交往中维护我国的税收主权，2008年新企业所得税法颁布实施后，我国日益重视国际税收反避税领域中的一般反避税情形，通过制定及完善相关一般反避税法规，提升涉外税务人员综合素质，极大地提高了我国对跨国税源的管理水平。从目前相关规定看，体现我国一般反避税条款的法条主要包括：《中华人民共和国企业所得税法》第六章第四十七条；《中华人民共和国企业所得税法实施条例》第六章第一百二十条；《中华人民共和国税收征收管理法》第五十七条；《特别纳税调整实施办法（试行）》第十章（国税发〔2009〕2号）；《一般反避税管理办法》（国家税务总局令2014年第32号）。

上述一般反避税条款的主要内容包括：

1. 列举了启动一般反避税调查的情形

纳税人存在以下避税安排时，税务机关可以启动一般反避税调查：滥用税收优惠；滥用税收协定；滥用公司组织形式；利用避税港避税；其他不具有合理商业目的的安排。

2. 税务机关一般反避税审核内容

税务机关按照实质重于形式的原则审核企业是否存在避税安排，并综合考虑安排的以下内容：安排的形式和实质；安排订立的时间和执行期间；安排实现的方式；安排各个步骤或组成部分之间的关系；安排涉及各方财务状况的变化；安排的税收结果。

3. 税务机关对纳税人一般避税行为可以采取的措施

税务机关可以按照经济实质对企业的避税安排重新定性，取消企业从避税安排中获得的税收利益。对于没有经济实质的企业，特别是设立在避税港并导致避税后果的企业，可在税收上否定该企业的存在，或将该企业与其他交易方视为同一实体。

一般反避税立案及结案须呈报国家税务总局批准。

六、国际反避税最新形势

近年来，随着信息技术的不断发展及经济数字化程度的飞速提高，跨国公司借此不断创新经营模式，客观上为跨国公司合法避税创造了更大空间，应对经济数字化带来的税收挑战是国际反避税合作的重中之重。2015 年发布的 BEPS 行动计划最终报告第 1 项即为《应对数字经济的税收挑战》。但由于各国数字经济发展程度差异巨大，导致对解决经济数字化税收挑战方案的立场不同，因此这份报告并没有就经济数字化税收挑战给出"最终"的解决方案。虽然 BEPS 第 1 项行动计划成果报告没有最终解决经济数字化带来的税收挑战，但为后续的国际税收合作奠定了扎实的基础。

2016 年 2 月 26 日至 27 日，二十国集团（G20）财长和央行行长会议在上海举行，会议核准了关于全球落实税基侵蚀和利润转移（BEPS）项目的包容性框架。在 G20 的推动下，BEPS 包容性框架各成员承诺在 2020 年年底之前达成基于共识的应对经济数字化全球解决方案。为完成上述工作，2019 年 5 月 BEPS 包容性框架制定了工作计划。这一工作计划在 2019 年 1 月 23 日 BEPS 包容性框架批准的《应对经济数字化税收挑战——政策说明》的基础上，结合相关国家提案，提出了两大支柱的方案建议，以获得最大范围共识。支柱 1 聚焦于征税权的划分，寻求对利润分配规则和连接度规则的一致性和长期性解决方案；支柱 2 则为全球反税基侵蚀方案，聚焦 BEPS 问题，在有关国家（地区）没有有效行使自身主征税权（primary taxing right）或税款缴付低于经定义的有效税负的情况下，其他国家有权征税，解决多重不征税或少征税问题。国家间征税权分配问题与国际反避税问题交织在一起，加大了解决经济数字化带来的税收挑战的难度，全球共识方案的达成和落实还任重道远。

第七章
增值税

增值税是以商品（含应税劳务和应税服务）在流转过程中产生的增值额作为征税对象而征收的一种流转税，也是我国的第一大税种。我国从1979年开始在部分城市实施增值税试点，1994年正式在生产和流通领域全面实施生产型增值税，2008年国务院决定全面实施增值税转型改革，将增值税从生产型增值税转向消费型增值税。现行增值税法的基本法规，即是2008年11月10日国务院令第538号公布的《中华人民共和国增值税暂行条例》（以下简称《增值税暂行条例》）。

2011年年底国家决定首先由上海开始实施现代服务业、交通运输业等行业的营业税改征增值税（以下简称"营改增"）试点改革，试点改革在全国各省市迅速推开，试点行业也有所扩大。2016年3月23日，经国务院批准，财政部和国家税务总局发布了《关于全面推开营业税改征增值税试点的通知》（财税〔2016〕36号文，以下简称"营改增通知"），通知决定自2016年5月起在全国推行全面营改增试点改革，将尚未纳入试点的建筑业、房地产业、金融业、生活服务业全面纳入增值税试点征税范围，营业税自此全面退出历史舞台。

法国在1954年率先开征增值税，是基于商品或服务的增值额而征税的一种间接税，在澳大利亚、加拿大、新西兰、新加坡称其为商品及服务税（Goods and Services Tax，GST）。在实际的经济活动当中，由于商品新增价值或附加值在生产和流通过程中是很难准确计算的，因此中国也采用国际普遍采用的购进扣税法，即根据销售商品或劳务的销售额，按规定的税率计算出销售税额，然后扣除取得或者生产该商品或劳务时所支付的增值税款，也就是进项税额，其差额就是增值部分应交的税额，即体现按增值额计税的思想。增值税的特点主要包括：①不重复征税，具有中性税收的特征；②理论上由最终消费者承担税款；③税基广阔，具有征收的普遍性和连续性；④实行价外税制度。

第一节　纳税义务人和征税范围

纳税义务人是指根据《增值税暂行条例》和"营改增"的规定，凡在中华人民共和国境内发生的应税销售行为以及进口货物的单位和个人都是增值税纳税义务人。其中单位是指企业、行政单位、事业单位、军事单位、社会团体及其他单位。个人，是指个体工商户和其他个人。

单位以承包、承租、挂靠方式经营的，承包、承租人、挂靠人（以下称承包人）以发包人、出租人、被挂靠人（以下称发包人）名义对外经营并由发包人承担法律责任的，以该发包人为纳税人。否则以承包人为纳税人。

扣缴义务人是指中华人民共和国境外的单位或者个人在境内提供应税劳务和应税服务，在境内未设经营机构的，以其境内代理人为扣缴义务人；在境内没有代理人的，以购买方或接收方为扣缴义务人。

一、增值税一般纳税人和小规模纳税人

（一）划分一般纳税义务人和小规模纳税义务人的目的和原则

增值税实行凭专用发票抵扣税款的制度，客观上要求纳税人会计核算健全，并能够准确计算销项税额、进项税额和应纳税额。目前我国的增值税纳税义务人会计核算水平参差不齐，大量的小企业和个人还不具备用发票抵扣税款的条件。为了简化增值税的计算和征收，减少税收征管漏洞，将增值税纳税人按经营规模和会计核算水平分为一般纳税人和小规模纳税人两类纳税人。

（二）小规模纳税义务人的认定及管理

1. 小规模纳税人的一般认定

小规模纳税人是指年销售额在规定标准以下，并且会计核算不健全，不能按规定报送有关税务资料的增值税的纳税人。会计核算不健全是指不能正确核算增值税的销项税额、进项税额和应纳税额。

根据《增值税暂行条例》及其实施细则和"营改增"相关文件规定，小规模纳税义务人的认定标准是：

小规模纳税人是指年应税销售额在规定标准以下，且会计核算不健全，不能按规定报送有关税务资料的增值税纳税人。

小规模纳税人的具体认定标准是应征增值税销售额 500 万元（含）及以下。

2. 小规模纳税人的特殊规定

年应税销售额超过小规模纳税人标准的其他个人按小规模纳税人纳税；非企业性单位、不经常发生应税行为的企业，可选择按小规模纳税人纳税。

（三）一般纳税义务人的认定和管理

1. 一般纳税人的认定

增值税纳税人，年应税销售额超过财政部、国家税务总局规定的小规模纳税人标准的，除另有规定外，应向主管税务机关申请一般纳税人资格认定。

2. "营改增"试点纳税人一般纳税人的认定

（1）一般纳税人的登记条件

根据《增值税一般纳税人登记管理办法》的规定，增值税纳税人（以下简称纳税人），年应税销售额超过财政部、国家税务总局规定的小规模纳税人标准（以下简称规定标准）的，除下述（2）规定外，应当向主管税务机关办理一般纳税人登记。

年应税销售额是指纳税人在连续不超过 12 个月或四个季度的经营期内累计应征增值税销售额，包括纳税申报销售额、稽查查补销售额、纳税评估调整额。

销售服务、无形资产或者不动产（以下简称应税行为）有扣除项目的纳税人，其应税行为年应纳税销售额按照未扣除之前的销售额计算。纳税人偶尔发生的销售无形资产、转让不动产的销售额，不计入应税行为年应税销售额。

（2）例外规定

小规模纳税人会计核算健全，能够提供准确税务资料的，可以向主管税务机关申请一般纳税人资格认定，成为一般纳税人。

（3）不得办理一般纳税义务人认定

①个体工商户以外的其他个人。其他个人指自然人。

②选择按照小规模纳税人纳税的非企业性单位。非企业性单位是指行政单位、事业单位、军事单位、社会团体和其他单位。

③选择按照小规模纳税人纳税的不经常发生应税行为的企业。不经常发生应税行为的企业是指非增值税纳税人；不经常发行应税行为是指偶然发生增值税应税行为。

3. 一般纳税人办理资格认定的所在地和权限

纳税人应当向其机构所在地主管税务机关申请一般纳税人资格认定，一般纳税人资格认定的权限，在县（市、区）国家税务局（以下简称认定机关）。

除国家税务总局另有规定外，纳税人一经认定为一般纳税人后，不得转为小规模纳税人。

二、增值税征税范围

根据《增值税暂行条例》和"营改增"的规定，将增值税的征税范围分为一般规定和具体规定。

（一）征税范围的一般规定

增值税的征税范围的一般规定包括应税销售行为和进口的货物，具体如下：

1. 销售或者进口的货物

货物是指除去土地、房屋和其他建筑物等一切不动产之外的有形动产，包括电力、热力和气体在内。销售货物，是指有偿转让货物的所有权。

2. 销售劳务

应税劳务是指纳税人提供的加工、修理修配劳务。加工是指受托加工货物，即委托方提供原料及主要材料，受托方按照委托方的要求制造货物并收取加工费的业务；修理修配是指受托对损伤和丧失功能的货物进行修复，使其恢复原状和功能的业务。

提供应税劳务，是指有偿提供加工、修理修配劳务。单位或者个体工商户聘用的员工为本单位或者雇主提供加工、修理修配劳务，不包括在内。

3. 销售服务

销售服务包括交通运输服务、邮政服务、电信服务、建筑服务、金融服务、现代服务、生活服务。具体征税范围如下：

（1）交通运输服务。交通运输服务是指使用运输工具将货物或者旅客送达目的地，使其空间位置得到转移的业务活动。包括陆路运输服务、水路运输服务、航空运输服务和管道运输服务。

（2）邮政服务。邮政服务是指中国邮政集团公司及其所属邮政企业提供邮件寄递、邮政汇兑、机要通信和邮政代理等邮政基本服务的业务活动。包括邮政普遍服务、邮政特殊服务和其他邮政服务。

（3）电信服务。电信服务是指利用有线、无线的电磁系统或者光电系统等各种通信网络资源，提供语音通话服务，传送、发射、接收或者应用图像、短信等电子数据和信息的业务活动。包括基础电信服务和增值电信服务。

（4）现代服务。现代服务是指围绕制造业、文化产业、现代物流产业等提供技术性、知识性服务的业务活动。包括研发和技术服务、信息技术服务、文化创意服务、物流辅助服务、有形动产租赁服务、鉴证咨询服务、广播影视、商务辅助服务和其他现代服务。

（5）建筑服务。建筑服务是指各类建筑物、构筑物及其附属设施的建造、修缮、装饰、线路、管道、设备、设施等的安装以及其他工程作业的业务活动。包括工程服务、安装服务、修缮服务、装饰服务和其他建筑服务。

（6）金融服务。金融服务是指经营金融保险的业务活动。包括贷款服务、直接收费金融服务、保险服务和金融商品转让服务。

（7）生活服务。生活服务是为满足城乡居民日常生活需求提供的各类服务活动。生活服务包括了文化体育服务、教育医疗服务、旅游娱乐服务、餐饮住宿服务、居民日常服务和其他生活服务。

4. 销售无形资产

销售无形资产，是指转让无形资产所有权或者使用权的业务活动。无形资产，是指不具有实物形态，但能带来经济利益的资产，包括技术、商标、著作权、商誉、自然资源使用权和其他权益性无形资产。

技术，包括专利技术和非专利技术。

自然资源使用权包括土地使用权、海域使用权、探矿权、采矿权、取水权和其他自然资源使用权。

其他权益性无形资产包括基础设施资产经营权、公共事业特许权、配额、经营权（包括特许经营权、连锁经营权、其他经营权）、经销权、分销权、代理权、会员权、席位权、网络游戏虚拟道具、域名、名称权、肖像权、冠名权、转会费等。

5. 销售不动产

销售不动产，是指转让不动产所有权的业务活动。不动产，是指不能移动或者移动后会引起性质、形状改变的财产，包括建筑物、构筑物等。

建筑物，包括住宅、商业营业用房、办公楼等可供居住、工作或者进行其他活动的建造物、构筑物，包括道路、桥梁、隧道、水坝等建造物。

转让建筑物有限产权或者永久使用权的，转让在建的建筑物或者构筑物所有权的，以及在转让建筑物或者构筑物时一并转让其所占土地的使用权的，按照销售不动产缴纳增值税。

6. 非经营活动的确认

提供应税服务，是指有偿提供应税服务，但不包括非营业活动中提供的应税服务。非应税活动，是指：

①非企业性单位按照法律和行政法规的规定，为履行国家行政管理和公共服务职能收取政府性基金或者行政事业性收费的活动。

②单位或者个体工商户聘用的员工为本单位或者雇主提供应税服务。

③单位或者个体工商户为员工提供服务。

④财政部和国家税务总局规定的其他情形。

在境内提供应税服务，是指应税服务提供方或者接收方在境内。下列情形不属于在境内提供应税服务：

①境外单位或者个人向境内单位或者个人提供完全在境外消费的应税服务。

②境外单位或者个人向境内单位或者个人出租完全在境外使用的有形动产。

③境外单位或者个人向境内单位或者个人销售完全在境外使用的无形资产。

④财政部和国家税务总局规定的其他情形。

（二）征税范围的特殊规定

除了上述一般规定以外，增值税对经济实务中存在的某些特殊项目或行为是否属于增值税的征收范围，做出了具体确定。

1. 视同销售货物

单位或个体工商户的下列行为，视同销售货物：

（1）将货物交付其他单位或者个人代销；

（2）销售代销货物；

（3）设有两个以上机构并实行统一核算的纳税人，将货物从一个机构移送至其他机构用于销售，但相关机构设在同一县（市）的除外；

（4）将自产或者委托加工的货物用于非增值税应税项目；

（5）将资产、委托加工的货物用于集体福利或者个人消费；

（6）将自产、委托加工或者购进的货物作为投资，提供给其他单位或个体工商户；

（7）将自产、委托加工或者购进的货物分配给股东或投资者；

（8）将自产、委托加工或者购进的货物无偿赠送其他单位或者个人；

（9）单位和个体工商户向其他单位或者个人无偿提供应税服务，但以公益活动为目的或者以社会公众为对象的除外；

（10）财政部和国家税务总局规定的其他情形。

2. 视同销售服务、无形资产或不动产

（1）单位或个体工商户向其他单位或者个人无偿提供服务，但用于公益事业或者以社会公众为对象的除外；

（2）单位或个人向其他单位或者个人无偿转让无形资产或不动产，但用于公益事业或者以社会公众为对象的除外；

（3）财政部和国家税务总局规定的其他情形。

3. 对混合销售行为的征税规定

一项销售行为如果既涉及货物又涉及服务，为混合销售行为。从事货物的生产、批发或者零售的企业、企业性单位和个体工商户的混合销售行为，视为销售货物，应当缴纳增值税；其他单位和个人的混合销售行为，视为销售服务缴纳增值税。

上述从事货物的生产、批发和零售的单位和个体工商户，包括以从事货物的生产、批发或者零售为主，并兼营销售服务的单位和个体工商户在内。

混合销售行为的判定主要有两点：第一是其销售行为必须是一项行为；二是该项行为必须既涉及货物销售又涉及应税行为。

一般纳税人销售自产机器设备的同时提供安装服务，应分别核算机器设备和安装服务的销售额，安装服务可以按照甲供工程选择适用简易计税办法。

一般纳税人销售外购机器设备的同时提供安装服务，如果已经按照兼营的有关规定，分别核算机器设备和安装服务的销售额，安装服务可以按照甲供工程选择适用简易计税办法。

纳税人对安装运行后的机器设备提供的维护保养服务，按照"其他现代服务业"缴纳增值税。

4. 对兼营行为的征税规定

纳税人发生应税销售行为适用不同税率或征收率的，应分别核算货物或应税劳务、应税服务和非增值税应税劳务的销售额。如果不分别核算或者不能准确核算货物或应税销售额的，按照以下方法适用税率或者征收率。

（1）兼有不同税率的销售货物，加工修理修配劳务、服务、无形资产或者不动产，从高适用税率。

（2）兼有不同征收率的销售货物、加工修理修配劳务、服务、无形资产或不动产，从高适用税率。

（3）兼有不同税率和征收率的销售货物，加工修理修配劳务、服务、无形资产或者不动产，从高适用税率。

（三）其他按规定属于增值税征税范围的内容

（1）货物期货（包括商品期货和贵金属期货），应当征收增值税。

（2）银行销售金银的业务。

（3）典当业的死当物品销售业务和寄售业代委托人销售寄售物品的业务，均应征收增值税。

（4）集邮商品（包括邮票、小型张、小本票、明信片、首日封、邮折、集邮簿、邮盘、邮票目录、护邮袋、贴片及其他集邮商品）的生产、调拨，以及邮政部门和其他单位与个人销售集邮商品，应征收增值税。

（5）电力公司向发电企业收取的过网费，应当增收增值税。

（6）关于罚没物品免征增值税问题

①执罚部门和单位查处的属于一般商业部门经营的商品，具备拍卖条件的，由执罚部门或单位商同级财政部门同意后，公开拍卖。其拍卖收入作为罚没收入由执

罚部门和单位如数上缴财政，不予征税。对经营单位购入拍卖物品再销售的应照章征收增值税。

②执罚部门和单位查处的属于一般商业部门经营的商品，不具备拍卖条件的，由执法部门、财政部门、国家指定销售单位会同有关部门按质论价，并由国家指定销售单位纳入正常渠道变价处理。执罚部门按商定价格所取得的变价收入作为罚没收入如数上缴财政，不予征税。国家指定销售单位将罚没物品纳入正常销售渠道销售的，应照章征收增值税。

③执罚部门和单位查处的属于专管机关管理或专管企业经营的财物，如金银（不包括金银首饰）、外币、有价证券、非禁止出口文物，应交由专管机关或专营企业收兑或收购。执罚部门和单位按收兑或收购价所取得的收入作为罚没收入如数上缴财政，不予征税。专管机关或专营企业经营上述物品中属于应征增值税的货物，应照章征收增值税。

第二节　税率

一、增值税税率的基本原则以及增值税税率的类型

从理论上讲，单一税率是增值税最理想的税率结构。各国推行增值税的实践表明，多税率不仅造成税负不公和增加征纳费用，更重要的是造成生产者和消费者的选择扭曲，损害中性原则的贯彻，使纳税双方出差错的概率增大，加重偷漏税的风险。因此，有的实行增值税的国家采用单一税率，有的国家考虑特殊行业的照顾，以 2~3 档税率居多，最多不超过 5 档，简单化的税率结构利于增值税优势的发挥。从世界各国设置增值税税率的情况看，一般有以下几种类型：

（1）基本税率。基本税率也称标准税率。这是各个国家根据本国生产力发展水平、财政政策的需要、消费者的承受能力，并考虑到历史上流转税税负水平后确定的适用于绝大多数货物和应税劳务的税率。

（2）低税率。低税率即对基本生活用品和劳务确定的适用税率。增值税税负最终构成消费者的支出。因此，设置低税率的根本目的是鼓励某些货物或劳务的消费，或者说是为了照顾消费者的利益，保证消费者对基本生活用品的消费。一般而言，采用低税率的货物和劳务不宜过多。

（3）零税率。世界各国一般对出口货物规定零税率。

二、我国增值税税率

根据确定增值税税率的基本原则，我国增值税采取了分别按基本税率和低税率执行的模式，此外还对出口货物和劳务实施零税率。

（一）13%税率

纳税人销售和进口货物、提供有形动产租赁服务、提供加工、修理修配劳务，除另有规定外，税率为13%。这一税率就是通常所说的基本税率。

（二）9%税率

1. 纳税人销售或者进口下列货物的，税率为9%（这一税率即是通常所说的低税率）：

（1）粮食、食用植物油；

（2）自来水、暖气、冷气、热水、煤气、石油液化气、天然气、沼气、居民用煤炭制品；

（3）图书、报纸、杂志；

（4）饲料、化肥、农药、农机、农膜；

（5）国务院及有关部门规定的其他货物。

2. 纳税人提供交通运输服务、邮政服务和基础电信服务，建筑服务、不动产租赁服务、销售不动产、转让土地使用权，税率为9%。

（三）6%税率

纳税人销售服务、无形资产，除了第（一）、（二）、（五）项的规定外，其他税率为6%。

（四）适用出口货物零税率

纳税义务人出口货物和财政部国家税务总局规定的应税服务，税率为零。国务院另有规定除外。

（五）境内单位和个人跨境服务与无形资产适用税率

纳税义务人跨境销售国务院规定范围内的服务、无形资产，税率为零。

三、征收率

小规模纳税人增值税征收率为3%，征收率的调整，由国务院决定。

按照简易征收办法销售房地产，按照5%征收率征收。

第三节　应纳税额的计算

一、增值税的三种计税方法

（一）一般计税方法

一般纳税人提供应税服务适用一般计税方法计税。

当期应纳增值税额＝当期销项税额－当期进项税额

一般纳税人提供财政部和国家税务总局规定的特定应纳税服务，可以选择适用简易计税，但一经选择，36个月内不得变更。

（二）简易计税方法

小规模纳税人提供应税服务适用简易计税方法计税。

当期应纳增值税额＝当期销售额×征收率

（三）扣缴计税方法

境外单位或者个人在境内提供应税服务，在境内未设有经营机构的，扣缴义务人按照下列公式计算应扣缴税额：

$$应扣缴税额=接收方支付的价款÷（1+税率）×税率$$

二、一般纳税计税方法应纳税额的计算

（一）销项税额

销项税额，是指纳税人销售货物或者提供应税劳务和应税服务，按照销售额和税法规定的税率计算并向购买方收取的增值税额。销项税额的计算公式为

$$销项税额=销售额×税率$$

或

$$销项税额=组成计税价格×税率$$

在增值税税率一定的情况下，计算销项税额的关键在于正确合理的确定销售额。

1. 销售额的一般规定

销售额为纳税人销售货物或者提供应税劳务向购买方收取的全部价款和价外费用，但是不包括收取的销项税额。具体地讲，应税销售额包括以下内容：

（1）销售货物或提供应税劳务取自于购买方的全部价款。

（2）向购买方收取的各种价外费用。具体包括手续费、补贴、基金、集资费、返还利润、奖励费、违约金、延期付款利息、滞纳金、赔偿金、包装费、包装物租金、储备费、优质费、运输装卸费、代收款项、代垫款项及其他各种性质的价外收费。上述价外费用无论其会计制度如何核算，都应并入销售额计税。但下列项目不包括在内：

①受托加工应征消费税的货物，而由受托方向委托方代收代缴的消费税。

②同时符合以下两个条件的代垫运费：承运部门的运费发票开具给购买方，并且由纳税人将该项发票转交给购货方的。

③符合条件代为收取的政府性基金或者行政事业性收费。

④销售货物的同时代办保险等而向购买方收取的保险费，以及向购买方收取的代购买方缴纳的车辆购置税、车辆牌照费。

（3）消费税税金。

2. 特殊销售方式的销售额

（1）以折扣方式销售货物

折扣销售是指销售方在销售货物或提供应税劳务和服务时，因购买方需求量大等原因，而给予的价格方面的优惠。按照现行税法规定，纳税人采取折扣方式销售货物，如果销售额和折扣额在同一张发票上分别注明，可以按折扣后的销售额征收增值税。如果将折扣额另开发票，不论其在财务上如何处理，均不得从销售额中减除折扣额。注意，税法中所指的折扣销售有别于现金折扣。现金折扣通常是为了鼓励购货方及时偿还货款而给予的折扣优待，现金折扣发生在销货之后，而折扣销售则是现实销售时发生的，销售折扣不得从销售额中减除。

（2）以旧换新方式销售货物

以旧换新销售，是纳税人在销售货物过程中，折价收回同类旧货物，并以折价

款部分冲减货物价款的一种销售方式。税法规定，纳税人采取以旧换新方式销售货物的，应按新货物的同期销售价格确定销售额。但对金银首饰以旧换新业务，可以按销售方实际收取的不含增值税的全部价款征收增值税。

（3）采取还本方式销售货物

还本销售是指销货方将货物出售之后，按约定的时间，一次或分次将购货款部分或全部退还给购货方，退还的货款即为还本支出。纳税人采取还本方式销售货物，不得从销售额中减除还本支出，其销售额就是货物的销售价格。

（4）采取以物易物方式销售

以物易物是指购销双方不是以货币结算，而是以同等价款的货物相互结算，实现货物购销的一种方式。购销双方发生以物易物行为时，都应作购销处理，以各自发出的货物核算销项税额，以各自收到的货物核算购货额并计算进项税额。

（5）包装物押金计税问题

纳税人为销售货物而出租出借包装物收取的押金，单独记账核算的、时间在1年内又未过期的，不并入销售额征税，但对因逾期未收回包装物不再退还的押金，应按所包装货物的适用税率并入销售额征收增值税。需注意押金属于含税收入，应先将其换算为不含税销售额再并入销售额征税。但对销售除啤酒、黄酒外的其他酒类产品收取的包装物押金，无论是否返还以及会计上如何核算，均应并入当期销售额征税。

3. 按差额确定销售额

（1）金融商品转让的销售额

金融商品转让，按照卖出价扣除买入价后的余额为销售额。

转让金融商品出现的正负差，按盈亏相抵后的余额为销售额。若相抵后出现负差，可结转下一纳税期与下期转让金融商品销售额相抵，但年末时仍未出现负差的，不得转入下一个会计年度。

（2）融资租赁业务的销售额

第一，经中国人民银行、银监会或者商务部批准从事融资租赁业务的试点纳税人，提供有形动产融资性售后回租服务，以收取的全部价款和价外费用，扣除向承租方收取的有形动产价款本金，以及对外支付的借款利息（包括外汇借款和人民币借款利息）、发行债券利息后的余额为销售额。

第二，经中国人民银行、银监会或者商务部批准从事融资租赁业务的纳税人，提供除融资性售后回租以外的有形动产融资租赁服务，以收取的全部价款和价外费用，扣除支付的借款利息（包括外汇借款和人民币借款利息）、发行债券利息、保险费、安装费和车辆购置税后的余额为销售额。

（3）一般纳税人销售自行开发的房地产项目差额确定销售额的规定

房地产开发企业中的一般纳税人（以下简称一般纳税人）销售自行开发的房地产项目，适用一般计税方法计税，按照取得的全部价款和价外费用，扣除当期销售房地产项目对应的土地价款后的余额计算销售额。销售额的计算公式为

销售额＝（全部价款和价外费用 － 当期允许扣除的土地价款）÷（1+9%）

107

当期允许扣除的土地价款按照以下公式计算：

当期允许扣除的土地价款 =（当期销售房地产项目建筑面积÷房地产项目可供销售建筑面积）×支付的土地价款

当期销售房地产项目建筑面积，是指当期进行纳税申报的增值税销售额对应的建筑面积。

房地产项目可供销售建筑面积，是指房地产项目可以出售的总建筑面积，不包括销售房地产项目时未单独作价结算的配套公共设施的建筑面积。

支付的土地价款，是指向政府、土地管理部门或受政府委托收取土地价款的单位直接支付的土地价款，包括土地受让人向政府部门支付的征地和拆迁补偿费用，土地前期开发费用和土地出让收益等。目前，纳税人向其他单位或个人支付的拆迁补偿费用也允许在销售额中扣减。

在计算销售额时从全部价款和价外费用中扣除土地价款，应当取得省级以上（含省级）财政部门监（印）制的财政票据。扣除拆迁补偿费用时，应提供拆迁协议、拆迁双方支付和取得拆迁补偿费用等能够证明拆迁补偿费用真实性的资料。

上述规定，只适用于一般纳税人一般计税方式下销售额的确定，小规模纳税人以及适用简易计税的一般纳税人销售自行开发的房地产项目不得扣减任何费用，按取得的全部价款和价外费用确定销售额。

（4）纳税人提供建筑服务差额确定销售额的规定

一般纳税人提供建筑服务，选择适用简易计税办法的，应以取得的全部价款和价外费用扣除支付的分包款后的余额为销售额，按照3%的征收率计算应纳税额。

小规模纳税人提供建筑服务，应以取得的全部价款和价外费用扣除支付的分包款后的余额为销售额，按照3%的征收率计算应纳税额。

上述规定只适用于纳税人简易计税办法下销售额的确定。一般纳税人提供建筑服务适用一般计税方法计税的，应以取得的全部价款和价外费用为销售额计算应纳税额，不得差额确定销售额。

（5）经纪代理业务

试点纳税人提供知识产权代理服务、货物运输代理服务和代理报关服务，以其取得的全部价款和价外费用，扣除向委托方收取并代为支付的政府性基金或者行政事业性收费后的余额为销售额。

（6）劳务派遣服务

劳务派遣服务，是指劳务派遣公司为了满足用工单位对于各类灵活用工的需求，将员工派遣至用工单位，接受用工单位管理并为其工作的服务。

一般纳税人提供劳务派遣服务，以取得的全部价款和价外费用为销售额，按照一般计税方法计算缴纳增值税；也可以选择差额纳税，以取得的全部价款和价外费用，扣除代用工单位支付给劳务派遣员工的工资、福利和为其办理社会保险及住房公积金后的余额为销售额，按照简易计税方法依5%的征收率计算缴纳增值税。

小规模纳税人提供劳务派遣服务，以取得的全部价款和价外费用为销售额，按照简易计税方法依3%的征收率计算缴纳增值税；也可以选择差额纳税，以取得的全部价款和价外费用，扣除代用工单位支付给劳务派遣员工的工资、福利和为其办理社会保险及住房公积金后的余额为销售额，按照简易计税方法依5%的征收率计算缴纳增值税。

选择差额纳税的纳税人，向用工单位收取用于支付给劳务派遣员工工资、福利和为其办理社会保险及住房公积金的费用，不得开具增值税专用发票，可以开具普通发票。

（二）进项税额

纳税人购进货物或者接受应税劳务，所支付或者负担的增值税税额为进项税额。进项税额与销项税额是相互对应的两个概念，销售方收取的销项税额，就是购买方支付的进项税额。增值税的核心就是用纳税人收取的销项税额抵扣其支付的进项税额，其余额为纳税人实际缴纳的增值税额。纳税人的进项税额有两种形式：一是直接在增值税发票和海关完税凭证上注明的税额，不需计算；二是购进某些货物或者接受应税劳务时，进项税额是根据支付金额和法定的扣除率支付金额计算出来的。

1. 准予从销项税额中抵扣的进项税额

（1）从销售方或提供方取得的增值税专用发票上注明的增值税额（含货物运输业增值税专用发票、税控机动车销售统一发票，下同）。

（2）从海关取得的海关进口增值税专用缴款书上注明的增值税。

（3）购进农产品，准予抵扣的进项税额。

① 除②以外，纳税人购进农产品，取得一般纳税人开具的增值税专用发票或者海关进口增值税专用缴款书的，以增值税专用发票或海关进口增值税专用缴款书上注明的增值税税额为进项税额。

②自2019年4月1日起，纳税人从按照简易计税方法依照3%征收率计算缴纳增值税的小规模纳税人取得增值税专用发票的，以增值税专用发票上注明的金额和9%的扣除率计算进项税额。取得（开具）农产品销售发票或收购发票的，以农产品销售发票或收购发票上注明的农产品买价和9%的扣除率计算进项税额，纳税人购进用于生产或委托受托加工13%税率货物的农产品，按照10%的扣除率计算的进项税额。

上述销售发票，是指农业生产者销售自产农产品适用免征增值税政策而开具的普通发票。

③自2012年7月1日起，以购进农产品为原料生产销售液体乳及乳制品、酒及酒精、植物油的增值税一般纳税人，纳入农产品增值税进项税额核定扣除试点范围，其购进农产品无论是否用于生产上述产品，增值税进项税额均实施核定抵扣办法。核定扣除办法有投入产出法、成本法、参照法，省级（包括计划单列市）税务机关应根据上述顺序，确定纳税人适用的农产品增值税进项税额核定扣除方法。

（4）纳税人支付的道路、桥、闸通行费进项税额的抵扣

纳税人支付的道路通行费，按照收费公路通行费增值税电子普通发票上注明的增值税额抵扣进项税额。

（5）纳税人购进国内旅客运输服务进项税额的抵扣

自 2019 年 4 月 1 日起，一般纳税人购进国内旅客运输服务，其进项税额允许从销项税额中抵扣。除了开具的增值税专用发票外，还包括：

① 增值税电子普通发票，为发票上注明的税额。

② 取得注明旅客身份信息的航空运输电子客票行程单的，按照下列公式计算进项税额：

$$航空旅客运输进项税额 ＝（票价 ＋ 燃油附加费）÷（1+9\%）× 9\%$$

③取得注明旅客身份信息的铁路车票的，按照下列公式计算进项税额：

$$铁路旅客运输进项税额 ＝ 票面金额÷（1+9\%）× 9\%$$

④ 取得注明旅客身份信息的公路、水路等其他客票的，按照下列公式计算进项税额：

$$公路、水路等其他旅客运输进项税额 ＝ 票面金额÷（1+3\%）× 3\%$$

2. 不得从销项税额中抵扣的进项税额

（1）纳税人购进货物或者应税劳务，取得的增值税扣税凭证不符合法律、行政法规或者国务院税务主管部门有关规定的，其进项税额不得从销售额中抵扣。

（2）有下列情形之一者，应按销售额依照增值税税率计算应纳税额，不得抵扣进项税额也不得使用增值税专用发票：

①纳税人会计核算不健全，或者不能够提供准确税务资料的。

②除另有规定的外，纳税人销售额超过小规模纳税人标准，未申请办理一般纳税人认定手续的。

（3）用于简易计税方法计税项目、免征增值税项目、集体福利或者个人消费的购进货物、接受加工修理修配劳务、服务、无形资产、不动产。

其中涉及的固定资产、无形资产、不动产，仅指专用于上述项目的固定资产、无形资产（不包括其他权益性无形资产）、不动产。

（4）非正常损失的购进货物及相关劳务和交通运输业服务。

（5）非正常损失的在产品、产成品所耗用的购进货物（不包括固定资产）、劳务或者交通运输业服务。

（6）非正常损失的不动产，以及该不动产所耗用的购进货物、设计服务和建筑服务。

（7）非正常损失的不动产在建工程所耗用的购进货物、设计服务和建筑服务。

非正常损失，是指因管理不善造成被盗、丢失、霉烂变质的损失，以及被执法部门依法没收或者强令自行销毁的货物。

（8）购进的贷款服务、餐饮服务、居民日常服务和娱乐服务。

（9）适用一般计税方法的纳税人，兼营简易计税方法计税项目、非增值税应税劳务、免征增值税项目而无法划分不得抵扣的进项税额，按照下列公式计算不得抵扣的进项税额：

不得抵扣的进项税额＝当期无法划分的全部进项税额×（当期简易计税方法计算的项目销售额+非增值税应税劳务营业额+免征增值税项目销售额）÷（当期全部销售额+当期全部营业额）

（三）应纳税额的计算

一般纳税义务人在计算应纳增值税税额的时候，应当先分别计算当期销项税额和进项税额，然后以销项税额抵扣进项税额之后的余额为实际应纳税额。计算公式为

$$应纳税额＝当期销项税额－当期进项税额$$

1. 计算应纳税额的时间界定

（1）销项税额时间的界定

关于销项税额的确定时间，总的原则是销项税额的确定不得滞后。税法对此做了严格的规定，具体确定销项税额的时间根据本章第六节关于纳税义务发生时间的有关规定执行。

（2）进项税额抵扣时限的界定

关于进项税额的抵扣时间，总的原则是进项税额的抵扣不得提前。

①防伪税控专用发票进项税额的抵扣时限

增值税一般纳税人取得 2017 年 7 月 1 日以后开具的增值税专用发票和机动车销售统一发票，应在开具之日起 360 天内到税务机关办理认证，并在认证通过的次月申报期内，向主管税务机关申报抵扣进项税额。

②海关完税凭证进项税额的抵扣时限

纳税人进口货物取得的属于增值税扣税范围的海关缴款书，自开具之日起 360 天内向主管税务机关报送"海关完税凭证抵扣清单"（电子数据），申请稽核比对，逾期未申请的其进项税额不予抵扣。

2. 计算应纳税额时进项税额不足抵扣的处理

根据税法规定，当期进项税额不足抵扣的部分可以结转下期继续抵扣。

3. 扣减发生期进项税额的规定

已抵扣进项税额的购进货物或接受应税劳务和应税服务如果事后改变用途，根据《增值税暂行条例》及其实施细则和"营改增"的规定，应当将该项购进货物或者应税劳务和应税服务的进项税额从当期的进项税额中扣减；无法确定该项进项税额的，按当期实际成本计算应扣减的进项税额。

有以下情形应当按照销售额和增值税税率计算应纳税额，不得抵扣进项税额，也不得使用增值税专用发票：

一般纳税人会计核算不健全，或者不能够提供准确税务资料的。

4. 销货退回或折让涉及销项税额和进项税额的税务处理

一般纳税人销售货物或者提供应税劳务和服务，开具增值税专用发票后，发生销售货物退回或者折让、开票有误等情形，应按国家税务总局的规定开具红字增值税专用发票，未按规定开具红字增值税专用发票的不得扣减销项税额或者销售额。

三、简易计税方法应纳税额的计算

（一）应纳税额的计算

根据《增值税暂行条例》和"营改增"的规定，小规模纳税人销售货物或提供应税劳务和服务，按简易计算方法计算，即按销售额和规定征收率计算应纳税额，

不得抵扣进项税额，同时，销售货物或者提供劳务和服务也不得自行开具增值税专用发票。其应纳税额的计算公式为

$$应纳税额=销售额×征收率$$

公式中销售额与增值税一般纳税人计算应纳增值税的销售额，是销售货物或提供应税劳务向购买方收取的全部价款和价外费用。但不包括按征收率收取的增值税税额。

（二）含税销售额的换算

由于小规模纳税人销售货物自行开具的发票是普通发票，发票上列示的是含税销售额，因此，在计税时需要将其换算为不含税销售额。换算公式为

$$销售额=含增值税销售额÷（1+征收率）$$

纳税人提供的简易计税方法计算的应税服务，因服务终止或者折让而退还给接受方的销售额，应当从当期销售额中扣减。扣减当期销售额后仍有余额造成多缴的税款，可以从以后的纳税销售额中扣减。

（三）小规模纳税人销售自己使用过的固定资产

小规模纳税人（除其他个人外）销售自己使用过的固定资产，减按2%征收增值税。

$$销售额=含税销售额÷（1+3\%）$$

$$应纳税额=销售额×2\%$$

（四）一般纳税人简易征税的规定

1. 固定业户（指增值税一般纳税人）临时到外省、市销售货物的，必须向经营地税务机关出示"外出经营活动税收管理证明"回原地纳税，需要向购货方开具专用发票的，亦回原地补开。对未持"外出经营活动税收管理证明"的，经营地税务机关按3%的征收率征税。

2. 一般纳税人销售自产的下列货物，可选择按照简易办法依3%的征收率计算缴纳增值税。

（1）县级及县级以下小型水力发电单位生产的电力。

（2）建筑用和生产建筑材料所用的砂、土、石料。

（3）以自己采掘的砂、土、石料或其他矿物连续生产的砖、瓦、石灰（不含黏土实心砖、瓦）。

（4）用微生物、微生物代谢产物、动物毒素、人或动物的血液或组织制成的生物制品。

（5）自来水。

（6）商品混凝土（仅限于以水泥为原料生产的水泥混凝土）。

3. 一般纳税人销售货物属于下列情形之一的，暂按简易办法依照3%的征收率计算缴纳增值税。

（1）寄售商店代销寄售物品（包括居民个人寄售的物品在内）。

（2）典当业销售死当物品。

（3）经国务院或国务院授权机关批准的免税商店零售的免税品。

4. 试点纳税人中的一般纳税人提供的公共交通运输服务，可以选择按照简易计税方法计算缴纳增值税。

（五）纳税人销售旧货适用征收率的规定

纳税人销售旧货，按照简易办法依照3%的征收率减按2%征收增值税。计算公式为

$$销售额=含税销售额÷（1+3\%）$$

$$应纳税额=销售额×2\%$$

上述规定自2014年7月1日起执行。

四、进口货物应纳税额的计算

（一）进口货物的纳税人和征税范围

进口货物增值税的纳税义务人为进口货物的收货人或办理报关手续的单位和个人，包括国内一切从事进口业务的企业单位、机关团体和个人。

根据《增值税暂行条例》的规定，申报进入中华人民共和国海关境内的货物，均应缴纳增值税。确定一项货物是否属于进口货物，看其是否有报关手续。只要是报关进境的应税货物，不论其用途如何均应按照规定缴纳进口环节的增值税。

进口货物增值税税率与增值税一般纳税人在国内销售同类货物的税率相同。

（二）进口货物应纳税额的计算

1. 组成计税价格的确定

一般贸易项下进口货物的关税完税价格以海关审定的成交价格为基础的到岸价格为完税价格。特殊贸易项下进口的货物，由于进口时没有"成交价格"可作依据，为此《进出口关税条例》对这些进口货物制定了确定其完税价格的具体办法。

其计算公式为

$$组成计税价格=关税完税价格+关税+消费税$$

或

$$组成计税价格=（关税完税价格+关税）÷（1-消费税税率）$$

2. 进口货物应纳税额的计算

纳税人进口货物，按照组成计税价格和适用的税率计算应纳税额，不得抵扣任何税额，即在计算进口环节的应纳增值税税额时，不抵扣发生在我国境外的各种税金。

$$应纳税额=组成计税价格×税率$$

进口货物在海关缴纳的增值税，符合抵扣范围的，凭借海关进口增值税专用缴款书，可以从当期销项税额中抵扣。

第四节　出口货物退（免）税

出口货物退（免）税是指在国际贸易中，对报关出口的货物或者劳务和服务退还在国内各生产环节和流转环节按税法规定已经缴纳的增值税，或免征应缴纳的增值税。

一、适用增值税退（免）税政策的出口货物劳务

（一）出口企业出口货物

出口企业，是指依法办理工商登记、税务登记、对外贸易经营者备案登记，自营或委托出口货物的单位或者个体工商户，以及依法办理工商登记、税务登记但未办理对外贸易经营者备案登记，委托出口货物的生产企业。

（二）出口企业或其他单位视同出口货物

1. 出口企业对外援助、对外承包、境外投资的出口货物。

2. 出口企业经报关进入国家批准的出口加工区、保税物流园区、保税港区、综合保税区、珠澳跨境工业园区（珠海园区）、中哈霍尔果斯国际边境合作中心（中方配套区域）、保税物流中心（B型）（以下统称特殊区域）并销售给特殊区域内单位或境外单位、个人的货物。

3. 免税品经营企业销售的货物（国家规定不允许经营和限制出口的货物、卷烟和超出免税品经营企业《企业法人营业执照》规定经营范围的货物除外）。

4. 出口企业或其他单位销售给用于国际金融组织或外国政府贷款国际招标建设项目的中标机电产品。

5. 生产企业向海上石油天然气开采企业销售的自产的海洋工程结构物。

6. 出口企业或其他单位销售给国际运输企业用于国际运输工具上的货物。

7. 出口企业或者其他单位销售给特殊区域内生产耗用且不向海关报关而输入特殊区域的水（包括蒸汽）、电力、燃气。

（三）出口企业对外提供加工修理修配劳务

对外提供加工修理修配，是指对进境复出口货物或从事国际运输的运输工具进行的加工修理修配。

（四）一般纳税人提供适用增值税零税率的应税服务的退（免）税办法

境内的单位和个人提供适用增值税零税率的应税服务，如果属于适用简易计税方法的，实行免征增值税办法。如果适用于增值税一般计税方法的，生产企业实行"免、抵、退"税办法，外贸企业外购研发服务和设计服务出口实行免退税办法，外贸企业自己开发的研发服务和设计服务出口，视同生产企业连同其出口货物统一实行"免、抵、退"税办法。实行退（免）税办法的研发服务和设计服务，如果主管税务机关认定出口价格偏高的，有权按照核定的出口价格计算退（免）税，核定的出口价格低于外贸企业购进价格的，低于部分对应的进项税额不予退税，转入成本。

二、增值税退（免）税办法

（一）免抵退办法

生产企业出口自产货物或视同自产货物及对外提供加工修理修配劳务，以及列明的 74 家生产企业出口非自产货物，免征增值税，相应的进项税额抵减应纳增值税税额（不包括使用增值税即征即退、先征后退政策的应纳增值税税额），未抵减完的部分予以退还。

（二）免退税办法

不具有生产能力的出口企业或其他单位出口货物劳务，免征增值税，相应的进项税额予以退还。

境内的单位和个人提供适用增值税零税率的应税服务，如果属于适用简易计税方法的，实行免征增值税办法。如果属于适用增值税一般计税方法的，生产企业实行免抵退税办法，外贸企业外购研发服务和设计服务出口实行免退税办法，外贸企业自己开发的研发服务和设计服务，视同生产企业连同其出口货物统一实行免抵退税办法。

三、增值税出口退税率

除了财政部和国家税务总局根据国务院决定而明确的增值税退税率（以下称退税率）外，出口货物的退税率为其适用税率。目前我国增值税出口退税率分为 5 档，即 13%、10%、9%、6% 和零税率。

应税服务退税率为应税服务适用的增值税税率。外贸企业购进按简易办法征税的出口货物、从小规模纳税人购进的出口货物，其退税率分别为简易办法实际执行的征收率、小规模纳税人征收率。

出口企业委托加工修理修配货物，其加工修理修配费用的退税率，为出口货物的退税率。

四、增值税退（免）税的计税依据

出口货物劳务的增值税退（免）税的计税依据，按出口货物劳务的出口发票（外销发票）、其他普通发票或购进出口货物劳务的增值税专用发票、海关进口增值税专用缴款书确定。

（1）生产企业出口货物劳务（进料加工复出口货物除外）增值税退（免）税的计税依据，为出口货物劳务的实际离岸价（FOB）。

（2）生产企业进料加工复出口货物增值税退（免）税的计税依据，按出口货物的离岸价（FOB）扣除出口货物所含的海关保税进口料件的金额后确定。

（3）生产企业国内购进无进项税额且不计提进项税额的免税原材料加工后出口的货物的计税依据，按出口货物的离岸价（FOB）扣除出口货物所含的国内购进免税原材料的金额后确定。

（4）外贸企业出口货物（委托加工修理修配货物除外）增值税退（免）税的

计税依据，为购进出口货物的增值税专用发票注明的金额或海关进口增值税专用缴款书注明的完税价格。

（5）外贸企业出口委托加工修理修配货物增值税退（免）税的计税依据，为加工修理修配费用增值税专用发票注明的金额。外贸企业应将加工修理修配使用的原材料（进料加工海关保税进口料件除外）作价销售给受托加工修理修配的生产企业，受托加工修理修配的生产企业应将原材料成本并入加工修理修配费用开具发票。

（6）出口进项税额未计算抵扣的已使用过的设备增值税退（免）税的计税依据，按下列公式确定：

退（免）税计税依据＝增值税专用发票上的金额或海关进口增值税专用缴款书注明的完税价格×已使用过的设备固定资产净值÷已使用过的设备原值

已使用过的设备固定资产净值＝已使用过的设备原值－已使用过的设备已提累计折旧

五、增值税免抵退和免退税的计算

（一）生产企业出口货物劳务增值税免抵退税

出口退税的"免抵退"办法是指，在出口环节免征增值税，出口货物的进项税额先抵缴该出口企业的增值税应纳税义务，抵缴后尚有进项税余额的，再予以退税的一种出口退税办法。该办法主要适用于有进出口经营权的生产企业出口货物退税。

第一步"免"，即生产企业出口的自产或视同自产货物，免征出口环节增值税。

第二步"抵"，即生产企业出口的自产或视同自产货物所耗用的原材料、零部件、燃料、动力等所含应予退还的进项税额，抵减内销货物的应纳税额；按该货物适用的增值税税率与其所适用的退税率之差乘以出口货物的离岸价格折合人民币的金额，计算出口货物不予抵扣或退税的税额，从当期全部进项税额中剔除，计入产品成本。剔除后的余额，抵减内销货物的销项税额。

第三步"退"，即生产企业出口自产货物或视同自产货物，当月内应抵顶的进项税额大于应纳税额时，对未抵顶完的部分予以退税。

其具体步骤及公式为

第一步，计算期末留抵税额。

当期应纳税额＝当期销项税额－（当期进项税额－当期免抵退税不得免征和抵扣税额）

所计算出的结果小于 0 时，说明仍有未抵顶（或抵扣）完的进项税额，其绝对值即为当期期末留抵税额；所计算出的结果大于 0 时，说明已没有未抵顶（抵扣）完的税额，此时，当期期末留抵税额为 0。

当期应纳税额计算公式中的免抵退税不得免征和抵扣税额，是指当出口货物征、退税率不一致时，因退税率小于征税率而导致部分出口货物进项税额不予抵扣和退税，需从进项税额中转出进货成本的税额。对涉及适用免税购进原材料（如进料加工业务）的生产企业，还要根据免税购进原材料价格（如进料加工业务的进口料件组成计税价格）和出口货物征、退税率之差计算"免抵退税不得免征和抵扣税额抵减额"。其具体计算公式为

当期不得免征和抵扣税额＝当期出口货物离岸价×外汇人民币折合率×（出口货物
适用税率－出口货物退税率）－免抵退不得免征和抵扣
税额抵减额

当期不得免征和抵扣税额抵减额＝免税购进原材料价格×（出口货物适用征税率－
出口货物退税率）

第二步，计算免抵退税额。

当期免抵退税额＝出口货物离岸价×外汇人民币牌价×出口货物退税率－免抵退
税额抵减额

公式中的免抵退税额抵减额是指企业生产出口货物时使用了进料加工免税进口
料件或国内购进免税原材料，在计算免抵退税额时应予以抵减。其计算公式为

当期免抵退税额抵减额＝免税购进原材料价格×出口货物退税率

第三步，计算当期应退税额和免抵税额。

免抵退税的计算过程是先计算应退税额，再由免抵退税额减去应退税额计算出
免抵税额。当期应退税额是通过当期期末留抵税额与免抵退税额比较大小来确定的，
当期应退税额和免抵税额具体计算公式为

（1）当期期末留抵税额≤当期免抵退税额时，说明当期期末留抵税额与出口货
物进项税额抵顶内销货物应纳税额未抵顶完的部分（即当期应退税额）相一致。此时，

当期应退税额＝当期期末留抵税额

当期免抵税额＝当期免抵退税额－当期应退税额

（2）当期期末留抵税额＞当期免抵退税额时，说明期末留抵税额中除了出口货
物进项税额抵顶内销货物应纳税额未抵顶完的部分（即当期应退税额）外，还含有
库存原材料、产成品等的进项税额，这时不能把期末留抵税额作为应退税额，应退
税额最多只能为免抵退税额，而不能超过免抵退税额。因此，当期期末留抵税额＞
当期免抵退税额时，当期应退税额＝当期免抵退税额；当期免抵税额＝0。

这种情况下，将免抵退税额全部作为应退税额，即把出口货物进项税额抵顶内
销货物应纳税额未抵顶完的部分和当期应免抵税额都计算到当期应退税额中去了，
这时当期免抵税额应为零。

其中，当期免税购进原材料包括当期国内购进的无进项税额且不计提进项税额
的免税原材料的价格和当期进料加工保税进口料件的价格，而当期进料加工保税进
口料件的价格为组成计税价格。

当期进料加工保税进口料件的组成计税价格＝当期进口料件到岸价格＋海关实征
关税＋海关实征消费税

（二）外贸企业出口货物劳务增值税免退税

外贸企业出口货物劳务增值税免退税依下列公式计算：

1. 外贸企业出口委托加工修理修配货物以外的货物：

增值税应退税额＝增值税退（免）税计税依据×出口货物退税率

2. 外贸企业出口委托加工修理修配货物：

增值税应退税额＝委托加工修理修配的增值税退(免)税计税依据×出口货物退税率

六、出口货物和劳务及应税服务增值税免税政策

1. 出口企业或其他单位出口规定的货物，具体是指：

（1）增值税小规模纳税人出口的货物。

（2）避孕药品和用具，古旧图书。

（3）软件产品。其具体税则号前四位为"9803"的货物。动漫软件出口免征增值税。

（4）含黄金、铂金成分的货物，钻石及其饰品。

（5）国家计划内出口的卷烟。

（6）非出口企业委托出口的货物。

（7）非列名生产企业出口的非视同自产货物。

（8）农业生产者自产农产品。

（9）油画、花生果仁、黑大豆等财政部和国家税务总局规定的出口免税的货物。

（10）外贸企业取得普通发票、废旧物资收购凭证、农产品收购发票、政府非税收入票据的货物。

（11）来料加工复出口的货物。

（12）特殊区域内的企业出口的特殊区域内的货物。

（13）以人民币现金作为结算方式的边境地区出口企业从所在省（自治区）的边境口岸出口到接壤国家的一般贸易和边境小额贸易出口货物。

（14）以旅游购物贸易方式报关出口的货物。

2. 境内的单位和个人提供下列应税服务免征增值税，但财政部和国家税务总局规定适用零税率的除外。

（1）工程、矿产资源在境外的工程勘察勘探服务。

（2）会议展览地点在境外的会议展览服务。

（3）存储地点在境外的仓储服务。

（4）标的物在境外使用的有形动产租赁服务。

（5）为出口货物提供的邮政业服务和收派服务。

（6）适用简易计税方法，或声明放弃适用零税率选择免税的下列应税服务：

①国际运输服务；

②往返中国香港、中国澳门、中国台湾的交通运输服务以及在中国香港、中国澳门、中国台湾提供的交通运输服务；

③航天运输服务；

④向境外单位提供的研发服务和设计服务，对境内不动产提供的设计服务除外。

（7）向境外单位提供的下列应税服务：

①电信业服务、技术转让服务、技术咨询服务、合同能源管理服务、软件服务、电路设计及测试服务、信息系统服务、业务流程管理服务、商标著作权转让服务、知识产权服务、物流辅助服务（仓储服务、收派服务除外）、认证服务、鉴证服务、

咨询服务、广播影视节目（作品）制作服务、程租服务。

②广告投放地在境外的广告服务。适用增值税免税政策的出口货物劳务，其进项税额不得抵扣和退税，应当转入成本。

第五节　税收优惠

一、《增值税暂行条例》规定的免税项目

（1）农业生产者销售的自产农产品。

（2）避孕药品和用具。

（3）古旧图书，是指向社会收购的古书和旧书。

（4）直接用于科学研究、科学试验和教学的进口仪器、设备。

（5）外国政府、国际组织无偿援助的进口物资和设备。

（6）由残疾人的组织直接进口供残疾人专用的物品。

（7）销售的自己使用过的物品。自己使用过的物品，是指其他个人自己使用过的物品。

二、"营改增"试点规定的主要免税项目

（一）下列项目按规定实施减免增值税政策

（1）个人转让著作权。

（2）残疾人个人提供应税服务。

（3）航空公司提供飞机播撒农药服务。

（4）试点纳税人提供技术转让、技术开发和与之相关的技术咨询、技术服务。

（5）符合条件的节能服务公司实施合同能源管理项目中提供的应税服务。

（6）托儿所、幼儿园提供的保育和教育服务。

（7）殡葬服务。

（8）婚姻介绍服务。

（9）养老机构提供的养老服务。

（10）从事学历教育的学校提供的教育服务。

（11）学生勤工俭学提供的服务。

（12）纪念馆、博物馆、文化馆、文物保护单位管理机构、美术馆、展览馆、书画院、图书馆在自己的场所提供文化体育服务取得的第一道门票收入。

（二）下列项目实行增值税即征即退

1. 增值税一般纳税人销售其自行开发生产的软件产品，按 13% 的税率征收增值税后，对其增值税实际税负超过 3% 的部分实行即征即退政策。

2. 安置残疾人应享受增值税即征即退政策。

①纳税人，是指安置残疾人的单位和个体工商户。

②安置的每位残疾人每月可退还的增值税具体限额，由县级以上税务机关根据

纳税人所在区县（含县级市、旗，下同）适用的经省（含自治区、直辖市、计划单列市，下同）人民政府批准的月最低工资标准的4倍确定。

三、增值税起征点的规定

纳税人销售额未达到国务院财政、税务主管部门规定的起征点的免征增值税。增值税起征点的适用范围适用于个人（不包括认定为一般纳税人的个体工商户）。增值税起征点的幅度规定如下：

（1）销售货物的，为月销售额5 000~20 000元；

（2）销售应税劳务的，为月销售额5 000~20 000元；

（3）按次纳税的，为每次（日）销售额300~500元。

（4）应税服务的起征点：

①按期纳税的，为月应税销售额5 000~20 000元（含本数）；

②按次纳税的，为每次（日）销售额300~500元（含本数）。

四、其他有关减免税的规定

（1）纳税人兼营免税、减税项目的，应当分别核算免税、减税项目的销售额；未分别核算的，不得免税、减税。

（2）纳税人销售货物或者提供应税劳务和应税服务使用免税规定的，可以放弃免税。放弃免税后，36个月内不得再申请免税。

（3）安置残疾人单位既符合促进残疾人就业增值税优惠政策条件，又符合其他增值税优惠政策条件的，可同时享受多项增值税优惠政策，但年度申请退还增值税总额不得超过本年度内应纳增值税总额。

第六节　申报与缴纳

一、增值税纳税义务发生时间

增值税纳税义务发生时间，是指纳税人发生应税行为应当承担纳税义务的起始时间。税法明确规定纳税义务发生时间的作用在于：①正式确认纳税人已经发生属于税法规定的应税行为，应承担纳税义务；②有利于税务机关实施税务管理，合理规定申报期限和纳税期限，监督纳税人切实履行纳税义务。

（一）销售货物或者提供劳务的纳税义务发生时间

1. 纳税人销售货物或者提供应税劳务，其纳税义务发生时间为收讫销售款项或者取得索取销售款项凭据的当天；先开发票的，为开具发票的当天。其中，

（1）采取直接收款方式销售货物，不论货物是否发出，纳税义务发生时间均为收到销售款或取得索取销售款凭据的当天。

（2）采取托收承付和委托银行收款方式销售货物，纳税义务发生时间为发出货物并办妥托收手续的当天。

（3）采取赊销和分期收款方式销售货物，纳税义务发生时间为按合同约定的收款日期的当天，无书面合同的或者书面合同没有约定收款日期的，为货物发出的当天。

（4）采取预收货款方式销售货物，纳税义务时间为货物发出的当天，但生产销售生产工期超过12个月的大型机械设备、船舶、飞机等货物，为收到预收款或者书面合同约定的收款日期的当天。

（5）委托其他纳税义务人代销货物，纳税义务发生时间为收到代销单位销售的代销清单或者收到全部或者部分货款的当天；未收到代销清单及货款的，纳税义务发生时间为发出代销货物满180天的当天。

（6）销售应税劳务，纳税义务发生时间为提供劳务同时收讫销售款或取得索取销售款凭据的当天。

（7）纳税义务人发生视同销售货物行为，纳税义务发生时间为货物移送的当天。

2. 纳税义务人进口货物，纳税义务发生时间为报关进口的当天。

3. 增值税扣缴义务发生时间为纳税人增值税纳税义务发生的当天。

（二）提供应税服务的纳税义务发生时间

1. 纳税人提供应税服务并收讫销售款项或者取得索取销售款项凭据的当天；先开具发票的，为开具发票的当天。

2. 纳税人提供有形动产租赁服务采取预收款方式的，其纳税义务发生时间为收到预收款的当天。

3. 纳税人发生视同提供应税服务的，其纳税义务发生时间为应税服务完成的当天。

4. 增值税扣缴义务发生时间为增值税纳税义务发生的当天。

二、增值税纳税地点

为了保证纳税人按期申报纳税，根据企业跨地区经营和搞活商品流通的特点以及不同情况，税法还具体规定了增值税的纳税地点。

1. 固定业户的纳税地点

（1）《增值税暂行条例》规定，固定业户应当向其机构所在地主管税务机关申报纳税。

（2）固定业户的总机构和分支机构不在同一县（市）的，应当分别向各自所在地主管税务机关申报纳税；经国家税务总局或其授权的税务机关批准，可以由总机构汇总向总机构所在地主管税务机关申报纳税。

（3）固定业户临时外出经营的纳税地点。固定业户到外县（市）销售货物的，应当向其机构所在地主管税务机关申请开具外出经营活动税收管理证明，向其机构所在地主管税务机关申报纳税。

2. 非固定业户的纳税地点

非固定业户销售货物或者应税劳务，应当向销售地主管税务机关申报纳税；非固定业户到外县（市）销售货物或者应税劳务未向销售地主管税务机关申报纳税，由其机构所在地或者居住地主管税务机关补征税款。

3. 进口货物纳税地点

进口货物应当由进口人或其代理人向报关地海关申报纳税。

4. 扣缴义务人

扣缴义务人应当向其机构所在地或者居住地的主管税务机关申报缴纳其扣缴的税款。

三、增值税纳税期限

（一）纳税期限的规定

增值税的纳税期限规定为 1 日、3 日、5 日、10 日、15 日、1 个月或者 1 个季度。

纳税义务人的具体纳税期限，由主管税务机关根据纳税人应纳税额的大小分别核定；不能按照固定期限纳税的，可以按次纳税。以 1 个季度为纳税期限的规定仅适用于小规模纳税人以及财政部和国家税务总局规定的其他纳税人。

（二）增值税报缴期限的规定

1. 纳税义务人以 1 个月或者 1 个季度为纳税期，自期满之日起 15 日内申报纳税；以 1 日、3 日、5 日、10 日或者 15 日为 1 个纳税期的，自期满之日起 5 日内预缴税款，于次月 1 日起 15 日内申报纳税并结清上月应纳税款。

2. 纳税义务人进口货物，应当自海关填发进口增值税专用缴款书之日起 15 日内缴纳税款。

3. 纳税义务人出口货物，应按月向税务机关申报办理该项出口货物退税。

第七节　增值税案例分析

（一）某厨电销售公司为增值税一般纳税人（增值税税率为 13%），2020 年 3 月发生的购销业务如下：

（1）本月购入烤箱一批，取得的防伪税控系统开具的增值税专用发票上注明价款 64 000 元、增值税 8 320 元；支付运输费用，取得的增值税专用发票上注明的价款为 10 000 元、增值税 900 元。

（2）本月销售 AX 型蒸箱 40 台，每台零售价 4 520 元；另外将 10 台 AX 型蒸箱分配给股东。

（3）采取以旧换新方式销售电冰箱 30 台，旧冰箱收购价 150 元/台，新冰箱零售价为 2 034 元/台。

（4）采用分期收款方式销售洗碗机 10 台，每台零售价 10 170 元，合同规定当月收款 50%，余款半年后收回。

（5）公司在 2020 年年初也开展了高端进口厨电的定制配置服务，为客户从海外进口一些高端小众的厨电用具，满足个性化需求。2020年3月底接到某客户的厨房高端进口电器整体配置订单，合同约定将取得含税收入226 000元，公司财务小刘认为这部分收入应分别核算，其中26 000元作为高端进口家电配置服务收入，200 000万元作为销售家电收入，并据此分别按提供设计服务和销售货物计算应纳税额。

（6）上月未抵扣完的增值税进项税额为3 000元。

根据上述资料和税法规定，回答下列问题：

1. 计算该厨电零售企业本月发生的销项税额。

2. 计算该厨电零售企业本月发生的进项税额。

3. 计算该厨电零售企业当月应缴纳的增值税税额。

4. 小刘对配置订单的处理意向是否正确，为什么？

【答案】

（1）销项税额=（40×4 520+10×4 520+30×2 034+10×10 170）÷（1+13%）×13%=44 720（元）

（2）进项税额=8 320+900=9 220（元）

（3）应纳税额=44 720-9 220-3 000=32 500（元）

【解析】

（1）公司财务小刘对取得的整理家电配置订单的销售收入的税务处理的想法不正确。

（2）因为一项销售行为如果既涉及货物又涉及服务，为混合销售行为，所售厨房家电属于增值税货物范围，应按销售货物全额征收增值税。如果订单完成，应纳税额的计算应为

当月销项税额=226 000÷（1+13%）×13%=26 000（元）

（二）甲公司（增值税一般纳税人）主要生产销售各种竹制桌椅。企业取得的增值税扣税凭证均在当月申报抵扣，本期购进的原竹当月全部生产领用，用于生产竹制桌椅。假设2020年7月发生的经济业务如下：

（1）向个人收购自产原竹一批，收购发票注明的价款为300 000元。

（2）因管理不善，收购的部分原竹发生毁损，原竹账面成本为40 000元，损失原竹已按10%扣除率计算抵扣了进项税额。

（3）零售给居民个人竹制桌椅一批，价税合计22 600元。

（4）代销商发来本月代销竹制桌椅的代销清单，当月代销收入价税合计395 500元，代销货款尚未收到。

（5）当月，销售给经销商竹制桌椅不含税销售额共计600 000元。

要求：计算甲公司当月应缴纳的增值税。

【答案】

（1）零售给居民个人竹制桌椅的销项税额=22 600÷（1+13%）×13%=2 600（元）

（2）代销竹制桌椅的销项税额=395 500÷（1+13%）×13%=45 500（元）

（3）销售给经销商竹制桌椅的销项税额=600 000×13%=78 000（元）

（4）当期销项税额＝2 600＋45 500＋78 000＝126 100（元）

（5）向个人收购自产原竹进项税额＝300 000×10％＝30 000（元）

（7）当期应转出进项税额＝40 000÷（1－10％）×10％＝4 444.44（元）

（8）当期进项税额＝30 000－4 444.44＝25 555.56（元）

（9）当期应纳增值税税额＝126 100－25 555.56＝100 544.44（元）

【解析】

（1）纳税人购进用于生产销售或委托受托加工13％税率货物的农产品，按照10％的扣除率计算进项税额。因本期购进的原竹当月全部生产领用，故本期购进的原料按照10％的扣除率计算进项税额。

（2）已抵扣进项税额的购进货物或者应税劳务，发生不得抵扣情形的（非正常损失），应当将该项购进货物或者应税劳务的进项税额从当期的进项税额中扣减。无法确定该项进项税额的，按当期实际成本计算应扣减的进项税额。

参考文献：

［1］杨斌. 税收学［M］. 北京：科学出版社，2011.

［2］王国清，朱明熙，刘蓉. 国家税收［M］. 成都：西南财经大学出版社，2008.

［3］中国注册会计师协会. 税法［M］. 北京：经济科学出版社，2021.

第八章
消费税

- -

消费税是对特定的消费品和消费行为在特定的环节征收的一种税。消费税是价内税，根据《中华人民共和国消费税暂行条例》（以下简称《消费税暂行条例》）的规定，消费税是对我国境内从事生产、委托加工和进口应税消费品的单位和个人，就其销售额或销售数量在特定环节征收的一种税。

一般概念上，消费税主要指对特定消费品或特定消费行为课税。消费税主要以消费品为课税对象，在此情况下，税收随价格转嫁给消费者负担，消费者是实际的赋税人。消费税的征收具有较强的选择性，是国家贯彻消费政策、引导消费结构从而引导产业结构的重要手段，因而在保证国家财政收入，体现国家经济政策等方面具有十分重要的意义。

我国现行消费税的特点：①征收范围具有选择性。我国消费税在征收范围上根据产业政策与消费政策仅选择部分消费品征税，而不是对所有消费品都征收消费税。②征税环节具有单一性。消费税主要在生产和进口环节征收。③平均税率水平比较高且税负差异大。消费税的平均税率水平一般定得比较高，并且不同征税项目的税负差异较大，对需要限制或控制消费的消费税，通常税负较重。④征收方法具有灵活性。消费税既采用对消费品制定单位税额，以消费品数量实行从量定额的征收方法，也采用对消费品制定比例税率，以消费品的价格实行从价定率的征收方法。

第一节　纳税人、征税范围和税率

一、消费税纳税义务人

根据《消费税暂行条例》的规定，消费税纳税人，是指在中华人民共和国境内生产、委托加工和进口应税消费品的单位和个人。自 2009 年 1 月 1 日起，增加了国务院确定的销售应税消费品的其他单位和个人。这里所说的"单位"是指，国有企业、集体企业、私有企业、股份制企业、外商投资企业和外国企业、其他企业和行政单位、事业单位、军事单位、社会团体及其他单位。"个人"是指，个体工商户及其他个人。"中华人民共和国境内"是指，生产、委托加工和进口应税的消费品的起运地或所在地在中国境内。

消费税的纳税义务人具体包括：

125

（1）生产应税消费品的单位和个人。

（2）进口应税消费品的单位和个人。

（3）委托加工应税消费品的单位和个人。

自 2009 年 1 月 1 日起，国务院确定的销售应税消费品的单位和个人中，委托加工的应税消费品由受托方于委托方提货时代扣代缴（受托方为个体经营者除外）；自产自用的应税消费品，由资产自用单位和个人在移送使用时缴纳消费税。

二、消费税具体征税范围

按照《消费税暂行条例》及其相关规定，征收消费税的有烟、酒、化妆品等 15 个税目，有的税目还进一步划分了若干子目。

（一）烟

凡是以烟叶为原料加工生产的产品，不论使用何种辅料，均属于本税目的征收范围。包括卷烟（进口卷烟、白包卷烟、手工卷烟和未经国务院批准纳入计划的企业及个人生产的卷烟）、雪茄烟和烟丝。

自 2009 年 5 月 1 日起，在卷烟批发环节加征一道从价税。在中华人民共和国境内从事卷烟批发业务的单位和个人，批发销售的所有牌号规格的卷烟，按其销售额（不含增值税）征收 11% 的消费税。纳税人应将卷烟销售额与其他商品销售额分开核算，未分开核算的，一并征收消费税。纳税人销售给纳税人以外的单位和个人的卷烟于销售时纳税。纳税人之间销售的卷烟不缴纳消费税。卷烟批发企业的机构所在地，总机构与分支机构不在同一地区的，由总机构申报纳税。卷烟消费税在生产和批发两个环节征收后，批发企业在计算纳税时不得扣除已含的生产环节的消费税税款。

（二）酒

酒是指酒精度在 1 度以上的各种酒类饮料。酒类包括粮食白酒、薯类白酒、黄酒、啤酒、果啤和其他酒。

啤酒每吨出厂价（含包装物及其包装物押金）在 3 000 元（含 3 000 元，不含增值税）以上是甲类啤酒，每吨出厂价（含包装物及包装物押金）在 3 000 元（不含增值税）以下的是乙类啤酒。包装物押金不包括重复使用的塑料周转箱的押金。对饮食业、商业、娱乐业举办的啤酒屋（啤酒坊）利用啤酒生产设备生产的啤酒，应当征收消费税。果酒属于啤酒，按啤酒征收消费税。

（三）高档化妆品

从 2016 年 10 月 1 日起，本税目征收范围包括高档美容、修饰类化妆品、高档护肤类化妆品和成套化妆品。

高档美容、修饰类化妆品和高档护肤类化妆品生产（进口）环节销售（完税）价格（不含增值税）在 10 元/毫升（克）或 15 元/片（张）及以上的美容、修饰类化妆品和护肤类化妆品。

美容、修饰类化妆品是指香水、香水精、香粉、口红、指甲油、胭脂、眉笔、唇笔、蓝眼油、眼睫毛以及成套化妆品。

舞台、戏剧、影视演员化妆用的上妆油、卸妆油、油彩，不属于本税目的征收范围。

高档护肤类品的征税范围另行规定。

（四）贵重首饰及珠宝玉石

本税目征收范围包括：凡以金、银、白金、宝石、珍珠、钻石、翡翠、珊瑚、玛瑙等高贵稀有物质，以及其他金属、人造宝石等制作的各种纯金银首饰及镶嵌首饰和经采掘、打磨、加工的各种珠宝玉石。对出国人员免税商店销售的金银首饰征收消费税。

（五）鞭炮、焰火

本税目征收范围包括：各种鞭炮、焰火。体育上用的发令纸、鞭炮药引线，不按本税目征收。

（六）成品油

本税目包括汽油、柴油、石脑油、溶剂油、航空煤油、润滑油、燃料油 7 个子目。

（七）小汽车

小汽车是指由动力驱动，具有 4 个或 4 个以上车轮的非轨道承载的车辆。

本税目征收范围包括：

1. 乘用车，含驾驶员座位在内最多不超过 9 个座位（含）的，在设计和技术特性上用于载运乘客和货物的各类乘用车。

2. 中轻型商用客车，含驾驶员座位在内的座位数在 10~23 座（含）的在设计和技术特性上用于载运乘客和货物的各类中轻型商用客车。

3. 超豪华小汽车，每辆车零售价格在 130 万元（不含增值税）及以上的乘用车和中轻型商用客车。

电动汽车不属于本税目征收范围。车身长度大于 7 米（含），并且座位在 10~23 座（含）以下的商用客车，不属于中型商用客车征税范围，不征收消费税。沙滩车、雪地车、卡丁车、高尔夫车不属于消费税征收范围，不征收消费税。

（八）摩托车

本税目征税范围：气缸容量 250 毫升和 250 毫升（不含）以上的摩托车征收消费税。

（九）高尔夫球以及球具

高尔夫球及球具是指从事高尔夫球运动所需的各种专用装备，包括高尔夫球、高尔夫球杆及高尔夫球包（袋）等。

高尔夫球是指重量不超过 45.93 克、直径不超过 42.67 毫米的高尔夫运动比赛、练习用球；高尔夫球杆是指被设计用来打高尔夫球的工具，由杆头、杆身和握把三部分组成；高尔夫球包（袋）是指专用于盛装高尔夫球及球杆的包（袋）。

本税目征收范围包括高尔夫球、高尔夫球杆、高尔夫球包（袋）。高尔夫球杆的杆头、杆身和握把属于本税目的征收范围。

（十）高档手表

高档手表是指销售价格（不含增值税）每只在 10 000 元（含）以上的各类手表。

（十一）游艇

游艇是指长度大于 8 米小于 90 米，船体由玻璃钢、钢、铝合金、塑料等多种材料制作，可以在水上移动的水上浮载体。按照动力划分，游艇分为无动力艇、帆艇和机动艇。

本税目征收范围包括艇身长度大于 8 米（含）小于 90 米（含），内置发动机，可以在水上移动，一般为私人或团体购置，主要用于水上运动和休闲娱乐等非营利活动的各类机动艇。

（十二）木制一次性筷子

木制一次性筷子，又称卫生筷子，是指以木材为原料经过锯段、浸泡、旋切、刨切、烘干、筛选、打磨、倒角、包装等环节加工而成的各类供一次性使用的筷子。

本税目征收范围包括各种规格的木制一次性筷子。未经打磨、倒角的木制一次性筷子属于本税目征税范围。

（十三）实木地板

实木地板是指以木材为原料，经锯割、干燥、刨光、截断、开榫、涂漆等工序加工而成的块状或条状的地面装饰材料。实木地板按生产工艺不同，可分为独板（块）实木地板、实木指接地板、实木复合地板三类；按表面处理状态不同，可分为未涂饰地板（白坯板、素板）和漆饰地板两类。

本税目征收范围包括各类规格的实木地板、实木指接地板、实木复合地板及用于装饰墙壁、天棚的侧端面为榫、槽的实木装饰板。未经涂饰的素板属于本税目征税范围。

（十四）电池

电池，是一种将化学能、光能等直接转换为电能的装置，一般由电极、电解质、容器、极端，通常还有隔离层组成的基本功能单元，以及用一个或多个基本功能单元装配成的电池组。范围包括：原电池、蓄电池、燃料电池、太阳能电池和其他电池。

自 2015 年 2 月 1 日起对电池（铅蓄电池除外）征收消费税；对无汞原电池、金属氢化物镍蓄电池、锂原电池、锂离子蓄电池、太阳能电池、燃料电池和全钒液流电池免征消费税。2015 年 12 月 31 日前对铅蓄电池缓征消费税；自 2016 年 1 月 1 日起，对铅蓄电池按 4% 的税率征收消费税。

（十五）涂料

涂料是指涂于物体表面能形成具有保护、装饰或特殊性能的固态涂膜的一类液体或固体材料之总称。自 2015 年 2 月 1 日起对涂料征收消费税，施工状态下挥发性有机物（Volatile Organic Compounds，VOC）含量低于 420 克/升（含）的涂料免征消费税。

三、消费税税率

消费税采用比例税率和定额税率两种形式，以适应不同应税消费品的实际情况。消费税根据不同的税目或者子目确定相应的税率或者单位税额。例如，高档化妆品税率为 15%，摩托车税率为 3% 等，黄酒、啤酒、汽油、柴油等分别按照单位重量或者单位体积确定单位税额；卷烟、白酒采用比例税率和定额税率双重征收模式。经整理汇总的消费税税目、税率（税额）见表 8-1。

表 8-1　消费税税目、税率（税额）

税目	计税单位	税率（税额）
一、烟		
1. 卷烟		
（1）每标准条（200 支）调拨价格在 70 元（含）以上的	每标准箱（50 000 支）	56%；150 元
（2）每标准条（200 支）调拨价格在 70 元以下的	每标准箱（50 000 支）	36%；150 元
2. 雪茄烟		36%
3. 烟丝		30%
4. 卷烟批发环节		11% 加 0.005 元/支
二、酒		
1. 白酒	500 毫升	20%；0.5 元
2. 黄酒	吨	240 元
3. 啤酒		
（1）每吨出厂价格（含包装物及其包装物押金）在 3 000 元以上（含 3 000 元，不含增值税）以上的	吨	250 元
（2）每吨在 3 000 元以下的	吨	220 元
4. 其他酒		10%
三、高档化妆品		15%
四、贵重首饰和珠宝玉石		
1. 金、银、铂金首饰和钻石及钻石饰品		5%
2. 其他贵重首饰和珠宝玉石		10%
五、鞭炮、烟火		15%
六、成品油		
1. 汽油	升	1.52 元
2. 柴油	升	1.2 元
3. 石脑油	升	1.52 元
4. 溶剂油	升	1.52 元
5. 润滑油	升	1.52 元
6. 燃料油	升	1.2 元
7. 航空煤油	升	1.2 元

表8-1(续)

税目	计税单位	税率(税额)
七、小汽车		
1.乘用车		
(1)气缸容量(排气量,下同)在1.0升(含)以下的		1%
(2)气缸容量在1.0升以上至1.5升(含)的		3%
(3)气缸容量在1.5升以上至2.0升(含)的		5%
(4)气缸容量在2.0升以上至2.5升(含)的		9%
(5)气缸容量在2.5升以上至3.0升(含)的		12%
(6)气缸容量在3.0升以上至4.0升(含)的		25%
(7)气缸容量在4.0升以上的		40%
2.中型商用客车		5%
3.超豪华小汽车[每辆零售价格130万元(不含增值税)及以上的乘用车和中轻型商用客车]		10%
八、摩托车		
1.气缸容量在250毫升		3%
2.气缸容量在250毫升以上		10%
九、高尔夫球以及球具		10%
十、高档手表	10 000元以上/只	20%
十一、游艇		10%
十二、木制一次性筷子		5%
十三、实木地板		5%
十四、电池		4%
十五、涂料		4%

第二节　消费税的征税环节

(一)生产环节

生产的应税消费品销售时是消费税征收的主要环节,因为消费税具有单一环节征税的特点,在生产与销售环节征税后,货物在流通环节无论再转销多少次,不用再缴纳消费税。生产应税消费品除了直接对外销售应征收消费税外,纳税人将生产的应税消费品换取生产资料、消费资料、投资入股、偿还债务,以及用于继续生产应税消费品以外的其他方面都应缴纳消费税。

（二）委托加工环节

委托加工应税消费品是指委托方提供原料和主要材料，受托方只收取加工费和代垫部分辅助材料加工的应税消费品。由受托方提供原材料或其他情形的一律不能视同加工应税消费品。委托加工的应税消费品收回后，再继续用于生产应税消费品销售且符合现行政策规定的，其他环节缴纳的消费税税款可以扣除。

（三）进口环节

单位和个人进口货物属于消费税的征税范围的，在进口环节要缴纳消费税。为了减少征税成本，进口环节缴纳的消费税由海关代征。

（四）零售环节

经国务院批准，自1995年1月1日起，金银首饰消费税由生产环节征收改为零售环节征收。改在零售环节征收消费税的金银首饰仅限于金基、银基合金首饰以及金、银和金基、银基合金的镶嵌首饰，进口环节暂不征收，零售环节征收。

自2016年12月1日起，"小汽车"税目下增设"超豪华小汽车"子税目，征收范围为每辆零售价格130万元（不含增值税）及以上的乘用车和中轻型商用客车，在现有生产（进口）环节征税的基础上，在零售环节加征消费税，税率为10%。

（五）批发环节

自2009年5月1日起，对卷烟，除生产环节以外，在批发环节加征一道消费税。自2015年5月10日起，提高卷烟批发环节从价税税率，并加征从量税。

第三节　计税依据和应纳税额的计算

一、消费税计税依据

根据《消费税暂行条例》，我国消费税的征收方法有三种：从价定率征收、从量定额征收以及从价从量复合征收。

（一）从价计征

在从价定率计算方法下，纳税额等于应税消费品的销售额乘以适用税率，应纳税额的多少取决于应税消费品的销售额和适用税率。

1. 销售额的确定

销售额为销售应税消费品向购货方收取的全部价款和价外费用。销售，是指有偿转让应税消费品的所有权；有偿，是指从购买方取得货币、货物或者其他经济利益；价外费用，是指价外向购买方收取的手续费、补贴、基金、集资款、返还利润、奖励费、违约金、延期付款利息、赔偿金、代收款项、代垫款项、包装费、包装物租金、储备费、优质费、运输装卸费以及其他各种性质的价外收费。但下列款项不属于价外费用：

（1）同时符合以下条件的代垫运输费：

①承运部门的运输费用发票开具给购买方的；

②纳税义务人将该项发票转交给购买方的。

（2）同时符合以下条件代为收取的政府性基金或者行政事业性收费：

①由国务院或者财政部批准设立的政府性基金，由国务院或者省级人民政府及其财政、价格主管部门批准设立的行政事业性收费；

②收取时开具省级以上财政部门印制的财政票据；

③所收款项全额上缴财政。

除此之外，其他价外费用，无论是否属于纳税人的收入，均应并入销售额计算征税。

实行从价定率办法计算应纳税额的应税消费品连同包装销售的，无论包装物是否单独计价，也不论在会计上如何核算，均应并入应税消费品的销售额中征收消费税。如果包装物不作价随同产品销售，而是收取押金，此项押金则不应并入应税消费品的销售额中征税。因逾期未收回的包装物不再退还的或者已收取的时间超过 12 个月的押金，应并入应税消费品的销售额，按照应税消费品的适用税率缴纳消费税。

对既作对价随同应税消费品销售，又另外收取押金的包装物的押金，凡纳税人在规定的期限内还没有退还的，均应并入应税消费品的销售额，按照应税消费品的适用税率缴纳消费税。

从 1995 年 6 月 1 日起，对酒类产品生产企业销售酒类产品而收取的包装物押金，无论押金是否返还及会计上如何核算，均应并入酒类产品销售额中征收消费税。对销售啤酒、黄酒所收取的押金，按一般押金的规定处理。

另外，白酒生产企业向商业销售单位收取的"品牌使用费"是随着应税白酒的销售而向购货方收取的，属于应税白酒销售价款的组成部分，因此，不论企业采取何种方式以何种名义收取价款，均应并入白酒的销售额中缴纳消费税。

对啤酒生产企业销售的啤酒，不得以向其关联企业的啤酒销售公司销售的价格作为确定消费税税额的标准，而应当以其关联企业的啤酒销售公司对外的销售价格（含包装物及包装物押金）作为确定消费税税额的标准，并依此确定该啤酒消费税单位税额。

纳税人销售的应税消费品，以外汇结算销售额的，其销售额的人民币折合率可以选择结算的当月 1 日的国家外汇牌价（原则上为中间价）。纳税人应在事先确定采取何种折合率，确定后 1 年内不得变更。

2. 含增值税销售额的换算

应税消费品在缴纳消费税的同时，与一般货物一样，还应缴纳增值税。按照《消费税暂行条例实施细则》的规定，应税消费品的销售额，不包括应向购买方收取的增值税税款。如果纳税人应税消费品的销售额中未扣除增值税税额或者因不得开具增值税专用发票而发生价款和增值税税额合并收取的，在计算消费税时，应将含增值税的销售额换算为不含增值税的销售额。换算公式为

应税消费品的销售额 = 含增值税的销售额 ÷（1+增值税税率或征收率）

在使用换算公式时，应根据纳税人的具体情况分别使用增值税税率或征收率。如果消费税的纳税人同时又是增值税一般纳税人的，应适用 13% 的增值税税率；如

果消费税的纳税人是增值税小规模纳税人的，应适用3%的征收率。

（二）从量计征

在从量定额计算方法下，应纳税额等于应税消费品的销售数量乘以单位税额，应纳税额的多少取决于应税消费品的销售数量和单位税额两个因素。

1. 销售数量的确定

销售数量是指纳税人生产、加工和进口应税消费品的数量。具体规定为：

①销售应税消费品的，为应税消费品的销售数量；

②自产自用应税消费品的，为应税消费品的移送使用数量；

③委托加工应税消费品的，为纳税人收回的应税消费品数量；

④进口的应税消费品，为海关核定的应税消费品进口应征税数量。

2. 计税单位的换算标准

《消费税暂行条例》规定，黄酒、啤酒是以吨为税额单位；汽油、柴油是以升为税额单位的。考虑到在实际销售过程中，一些纳税人会把吨或者升这两个计量单位混用，故规范了不同产品的计量单位（见表8-2），以便于准确计算应纳税额。

表8-2　吨、升换算

名称	计量单位的换算标准
黄酒	1 吨 = 962 升
啤酒	1 吨 = 988 升
汽油	1 吨 = 1 388 升
柴油	1 吨 = 1 176 升
航空煤油	1 吨 = 1 246 升
石脑油	1 吨 = 1 385 升
溶剂油	1 吨 = 1 282 升
润滑油	1 吨 = 1 126 升
燃料油	1 吨 = 1 015 升

（三）从价从量复合计征

应纳税额等于应税销售数量乘以定额税率再加上应税销售现行消费税的征税范围中，只有卷烟、白酒采用复合计征方法额乘以比例税率。

生产销售卷烟、白酒从量定额计算依据为实际销售数量。进口、委托加工、自产自用卷烟、白酒从量定额计税依据分别为海关核定的进口数量、委托方收回数量、移动使用数量。

（四）计税依据的特殊规定

1. 纳税人通过自设非独立核算门市部销售的自产应税消费品，应当按照门市部对外销售额或者销售数量征收消费税。

2. 纳税人用于换取生产资料和消费资料，投资入股和抵偿债务等方面的应税消费品，应当以纳税人同类应税消费品的最高销售价格作为计税依据计算消费税。

3. 从高适用税率的情况：

（1）纳税人生产销售应税消费品，如果不是单一经营某一税率的产品，而是经营多种不同税率的产品，这就是兼营行为。

纳税人兼营不同税率的应税消费品，应当分别核算不同税率应税消费品的销售额、销售数量。未分别核算销售额、销售数量，或者将不同税率的应税消费品组成成套消费品销售的，从高适用税率。

（2）纳税人将应税消费品与非应税消费品以及适用税率不同的应税消费品组成成套消费品销售的，应根据组合产制品的销售金额按应税消费品中适用最高税率的消费品税率征税。

二、应纳税额的计算

（一）生产销售环节应纳税额的计算

纳税人在生产销售环节应纳税额的消费税，包括直接对外销售应税消费品应缴纳的消费税和自产自用应税消费品应缴纳的消费税。

1. 直接对外销售应纳消费税的计算

（1）从价定率计算

从价定率计算方法下，应纳消费税等于销售额乘以适用税率。基本计算公式为

$$应纳税额＝应税消费品的销售额×比例税率$$

（2）从量定额计算

在从量定额计算方法下，应纳税额等于应税消费品的销售数量乘以单位税额。基本计算公式为

$$应纳税额＝应税消费品的销售数量×定额税率$$

（3）从价定率和从量定额复合计算

现行消费税的征税范围中，只有卷烟、白酒采用复合计征方法。基本计算公式为

$$应纳税额＝应税消费品的销售数量×定额税率+应税销售额×比例税率$$

2. 自产自用应税消费税的计算

自产自用，就是纳税人生产应税消费品后，不是用于直接对外销售，而是用于自己连续生产应税消费品或用于其他方面。这种自产自用应税消费品形式，在实际经济活动中是很常见的，但是也是在是否纳税或如何纳税上最容易出现问题的。

（1）用于连续生产应税消费品

纳税人资产自用的应税消费品，用于连续生产应税消费品的，不纳税。所谓"纳税人自产自用的应税消费品，用于连续生产应税消费品的"，是指作为生产最终应税消费品的直接材料并构成最终产品实体的应税消费品。例如，卷烟厂生产出烟丝，烟丝已是应税消费品，卷烟厂再用生产出的烟丝连续生产卷烟，这样，用于连续生产卷烟的烟丝就不缴纳消费税，只对生产的卷烟征收消费税。

（2）用于其他方面的应税消费品

纳税人自产自用的应税消费品，除用于连续生产应税消费品外，凡用于其他方

面的，于移送使用时纳税。

用于其他方面的是指纳税人用于生产非应税消费品、在建工程、管理部门、非生产机构，提供劳务，以及用于馈赠、赞助、集资、广告、样品、职工福利、奖励等方面。所谓"用于生产非应税消费品"，是指把自产的应税消费品用于生产消费税条例税目税率表所列 15 类产品以外的产品。所谓"用于在建工程"，是指把自己生产的应税消费品用于与本单位有隶属关系的管理部门或非生产机构。所谓"用于馈赠、赞助、集资、广告、样品、职工福利、奖励"，是指把自己生产的应税消费品无偿赠送给他人或以自己的形式投资于对外单位某些事业或作为商品广告、经销样品或以福利、奖励的形式发给职工。总之，企业资产的应税消费品虽然没有用于销售或连续生产应税消费品，但只要是用于税法规定的范围的都要视同销售，依法缴纳消费税。

（3）组成计税价格及税额的计算

纳税人自产自用的应税消费品，用于其他方面，应当纳税的，按照纳税人生产的同类消费品的销售价格计算纳税。同类消费品的销售价格是指纳税人当月销售同类消费品的销售价格，如果当月同类消费品各期销售价格高低不同，应按销售数量加权平均计算。但销售的应税消费品有下列情况之一的，不得列入加权平均计算：

①销售价格明显偏低又无正当理由的；

②无销售价格的。

如果当月无销售或者当月未完结，应按照同类消费品上月或者最近月份的销售价格计算纳税。没有同类消费品销售价格的，按照组成计税价格计算纳税。

实行从价定率办法计算纳税的组成计税价格计算公式为

$$组成计税价格＝（成本＋利润）÷（1－比例税率）$$

$$应纳税额＝组成计税价格×比例税率$$

实行复合计税办法计算纳税的组成计税价格计算公式为

$$组成计税价格＝（成本＋利润＋自产自用数量×定额税率）÷（1－比例税率）$$

$$应纳税额＝组成计税价格×比例税率＋自产自用数量×定额税率$$

上述公式中所说的"成本"，是指应税消费品的产品生产成本。

上述公式中所说的"利润"，是指应税消费品的全国平均成本利润率计算的利润。应税消费品全国平均成本利润率由国家税务总局确定。

（4）应税消费品全国平均成本利润率

1993 年 12 月 28 日与 2006 年 3 月，国家税务总局颁发的《消费税若干具体问题的规定》，确定了应税消费品平均成本利润率（见表 8-3）。

表 8-3　应税消费品平均成本利润率　　　　　　　　　单位：%

货物名称	利润率	货物名称	利润率
甲类卷烟	10	贵重首饰及珠宝玉石	6
乙类卷烟	5	摩托车	6
雪茄烟	5	高尔夫球及球具	10

135

表8-3(续)

货物名称	利润率	货物名称	利润率
烟丝	5	高档手表	20
粮食白酒	10	游艇	10
薯类白酒	5	木制一次性筷子	5
其他酒	5	实木地板	5
化妆品	5	乘用车	8
鞭炮、焰火	5	中轻型商用客车	5

（二）委托加工环节应税消费品应纳税额的计算

企业、单位或者个人由于设备、技术、人力等方面的局限或者其他方面的原因，常常要委托其他单位代为加工应税消费品，然后，将加工好的应税消费品收回，直接销售或自己使用。按照规定，委托加工的应税消费品，由受托方在向委托方交货时代收代缴税款。

1. 委托加工应税消费品的确定

委托加工应税消费品是指委托方提供原材料和主要材料，受托方只收取加工费和代垫部分辅助材料加工的应税消费品。对于由受托方提供原材料生产的应税消费品，或者受托方先将原材料卖给委托方，然后再接受加工的应税消费品，以及由受托方以委托方名义购进原材料生产的应税消费品，不论纳税人在财务上是否作销售处理，都不得作为委托加工应税消费品，而应当按照销售自制应税消费品缴纳消费税。

2. 代收代缴税款的规定

对于确实属于委托方提供原料和主要材料，受托方只收取加工费和代垫部分辅助材料加工应税消费品，《中华人民共和国税法》规定，由受托方在向委托方交货时代收代缴消费税。这样，受托方就是法定的代收代缴义务人。

委托加工的应税消费品，受托方在交货时已代收代缴消费税，委托方将收回的应税消费品，以不高于受托方的计税价格出售的，为直接出售，不再缴纳消费税；委托方以高于受托方的计税价格出售的，不属于直接出售，需按照规定申报缴纳消费税，在计税时准予扣除受托方已代收代缴的消费税。

对于受托方没有按照规定代收代缴税款的，不能因此免除委托方补缴税款的责任。在对委托方进行税务检查时，如果发现其委托加工应税消费品的受托方没有代收代缴税款，则应按照《中华人民共和国税收征收管理法》规定，对受托方处以代收代缴税款50%以上3倍以下的罚款；委托方要补缴税款，对委托方补征税款的计税依据是：如果在检查时，收回的应税消费品已经直接销售的，按照销售额计税；收回的应税消费品尚未销售或不能直接销售的（如收回后用于连续生产等），按组成计税价格计税。组成计税价格的计算公式与下列"3"组成计税价格公式相同。

3. 组成计税价格及其应纳税额的计算

委托加工的应税消费品，按照受托方的同类消费品的销售价格计算纳税，同类消费品的销售价格是指受托方（即代收代缴义务人）当月销售的同类消费品的销售价格，如果当月同类消费品各期销售价格高低不同，应按销售数量加权平均计算。但销售的应税消费品有下列情况之一的，不得列入加权平均计算：

①销售价格明显偏低又无正当理由的；

②无销售价格的。

如果当月无销售或者当月未完结，应按照同类消费品上月或者最近月份的销售价格计算纳税。没有同类消费品销售价格的，按照组成计税价格计算纳税。

实行从价定率办法计算纳税的组成计税价格计算公式为

$$组成计税价格＝（材料成本＋加工费）÷（1-比例税率）$$

实行复合计税办法计算纳税的组成计税价格计算公式为

$$组成计税价格＝（材料成本＋加工费＋委托加工数量×定额税率）÷（1-比例税率）$$

$$应纳税额＝组成计税价格×适用税率$$

上述公式中，"材料成本"按照《消费税暂行条例实施细则》的解释，是指委托方所提供加工材料实际成本。"加工费"按照《消费税暂行条例实施细则》的解释，是指受托方加工应税消费品向委托方所收取的全部费用（包括代垫辅助材料的实际成本，不包括增值税税金）。

（三）进口环节应纳消费税的计算

进口的应税消费品，于报关进口时缴纳消费税；进口的应税消费品的消费税由海关代征；进口的应税消费品，由进口人或者其代理人向报关地海关申报纳税，纳税人进口应税消费品，按照关税征收管理的相关规定，应当自海关填发海关进口消费税专用缴款书之日起15日内缴纳税款。

1993年12月，国家税务总局、海关总署联合颁发的《关于对进口货物征收增值税、消费税有关问题的通知》规定，进口应税消费品的收货人或办理报关手续的单位和个人，为进口应税消费品消费税的纳税义务人。进口应税消费品消费税的税目、税率（税额），依照《消费税暂行条例》所附的"消费税税目（税额）表"执行。

纳税人进口的应税消费品，按照组成计税价格和规定的税率计算纳税。其计算方法如下：

1. 从价定率计征应纳税额的计算

其基本计算公式为

$$组成计税价格＝（关税完税价格＋关税）÷（1-消费税比例税率）$$

$$应纳税额＝组成计税价格×适用税率$$

公式中的"关税完税价格"，是指海关核定的关税计税价格。

2. 从量定额计征应纳税额的计算

其基本计算公式为

$$应纳税额＝应税消费品的销售数量×消费税定额税率$$

公式中的"应税消费品数量"是指海关核定的应税消费品进口征税数量。

3. 从价定率和从量定额复合计算

其基本计算公式为

组成计税价格＝(海关完税价格+关税+进口数量×消费税定额税率)÷(1−比例税率)

应纳税额＝组成计税价格×消费税税率+应税消费品进口数量×消费税定额税率

（四）已纳消费税扣除的计算

为了避免重复征税，现行消费税规定，将外购应税消费品和委托加工收回的应税消费品继续生产应税消费品销售的，可以将外购应税消费品和委托加工收回应税消费品已缴纳的消费税给予扣除。

1. 外购应税消费品已纳税款的扣除

（1）外购应税消费品连续生产应税消费品

按应税消费品销售额扣除部分因素确定计税依据。《消费税暂行条例》规定：对纳税义务人购进已税消费品连续生产应税消费品的，可以将从其应税消费品的销售额中扣除外购已税消费品买价的余额作为计税依据，或者从其应税消费品应纳消费税税额中扣除原料已纳消费税税款。扣除范围包括：

①外购已税烟丝生产的卷烟；

②外购已税高档化妆品为原料生产的高档化妆品；

③外购已税珠宝玉石生产的贵重首饰及珠宝玉石［注意，纳税人用外购的已税珠宝玉石生产的改在零售环节征收消费税的金银首饰（镶嵌首饰），在计税时一律不得扣除外购珠宝玉石的已纳消费税税款］；

④外购已税鞭炮焰火为原料生产的鞭炮焰火；

⑤外购已税杆头、杆身和握把为原料生产的高尔夫球杆；

⑥外购已税木制一次性筷子为原料生产的木制一次性筷子；

⑦外购已税实木地板为原料生产实木地板；

⑧外购已税汽油、柴油为原料生产汽油、柴油；

⑨用外购已税润滑油生产润滑油；

⑩外购已税石脑油、燃料油为原料生产应税消费品。

上述当期准予扣除的外购应税消费品已纳消费税税款，其计算公式为

当期准予扣除的外购应税消费品的已纳税款＝当期准予扣除的外购应税消费品的买价×外购应税消费品适用税率

当期准予扣除的外购应税消费品买价＝期初库存的外购应税消费品的买价+当期购进的应税消费品的买价−期末库存的外购应税消费品的买价

外购已税消费品的买价是指购货发票上注明的销售额（不包括增值税额）。

（2）外购应税消费品后销售

对自己不生产应税消费品，而只是购进后再销售应税消费品的工业企业，其销售的高档化妆品，鞭炮焰火和珠宝玉石，凡不能构成最终消费品直接进入消费品市场，而需要进一步加工的，应征收消费税，同时允许扣除上述外购应税消费品的已纳税款。

2. 委托加工收回的应税消费品已纳税款的扣除

委托加工的应税消费品因为已由受托方代收代缴消费税。因此，委托方收回货物后用于连续生产应税消费品的，其已缴纳税款准予按照规定从连续生产的应税消

费品应纳税额中抵扣。按照国家税务总局的规定，下列连续生产的应税消费品准予从应纳消费税税额中按当期生产领用数量计算扣除委托加工收回的应税消费品已纳消费税税款：

①以委托加工收回的已税烟丝生产的卷烟；

②以委托加工收回的已税高档化妆品生产的高档化妆品；

③以委托加工收回的已税珠宝玉石生产的贵重首饰及珠宝玉石〔注意：纳税人用委托加工收回的已税珠宝玉石生产的改在零售环节征收消费税的金银首饰（镶嵌首饰），在计税时一律不得扣除委托加工收回的珠宝玉石的已纳消费税税款〕；

④以委托加工收回的已税鞭炮焰火生产的鞭炮焰火；

⑤以委托加工收回的已税杆头、杆身和握把生产的高尔夫球杆；

⑥以委托加工收回的已税一次性木制性筷子为原料生产的木制一次性筷子；

⑦以委托加工收回的已税实木地板生产实木地板；

⑧以委托加工收回的已税汽油、柴油为原料生产的汽油、柴油；

⑨以委托加工收回的已税润滑油生产润滑油；

⑩以委托加工收回的已税石脑油、燃料油为原料生产应税消费品。

上述当期准予扣除的外购应税消费品已纳消费税税款，其计算公式为

当期准予扣除的委托加工收回应税消费品的已纳税款＝期初库存的委托加工应税消费品的已纳税款＋当期收回的委托加工应税消费品的已纳税款－期末库存的委托加工应税消费品已纳税款

第四节　出口退税

纳税人出口应税消费品，与出口货物一样，按照税法规定，享受退（免）税优惠。由于出口应税消费品同时涉及退（免）增值税和消费税，且退（免）消费税与出口货物退（免）增值税在退（免）税范围的限定、退（免）税办理程序、退（免）税审核及管理上都有许多一致的地方。所以，这里仅仅对消费税出口退税的特殊问题做介绍。

一、出口免税并退税

有出口经营权的外贸企业购进应税消费品直接出口，以及外贸企业受其他外贸企业委托代理出口应税消费品。外贸企业只有受其他外贸企业委托，代理出口应税消费品才可办理退税，外贸企业受其他企业（主要是非生产性的商贸企业）委托，代理出口应税消费品是不予退（税）的。

属于从价定率计征消费税的，为已征且未在内销应税消费品应纳税额中抵扣的购进出口货物金额；属于从量定额计征消费税的，为已征且未在内销应税消费品应纳税额中抵扣的购进出口货物数量；属于复合计征消费税的，按从价定率和从量定额的计税依据分别确定。

消费税应退税额＝从价定率计征消费税的退税计税依据×比例税率＋从量定额计征消费税的退税计税依据×定格税率

二、出口免税但不退税

有出口经营权的生产性企业自营出口或生产企业委托外贸企业代理出口自产的应税消费品，依据其实际出口数量免征消费税，不予办理退还消费税。免征消费税是指对生产性企业按其实际出口数量免征生产环节的消费税。不予办理退还消费税，因已免征生产环节的消费税，该应税消费品出口时，已不含有消费税，所以无须再办理退还消费税。

三、出口不免税也不退税

除生产企业、外贸企业外的其他企业，具体是指一般商贸企业，这类企业委托外贸企业代理出口应税消费品一律不予退（免）税。出口货物的消费税应退税额的计税依据，按购进出口货物的消费税专用缴款书和海关进口消费税专用缴款书确定。

第五节　申报与缴纳

一、纳税义务发生时间

纳税人生产的应税消费品于销售时纳税，进口消费品应当与应税消费品报关进口环节纳税，但金银首饰、钻石及钻石饰品在零售环节纳税。消费税纳税义务发生的时间，以货款结算方式或行为发生时间分别确定。

1. 纳税人销售的应税消费品，其纳税义务的发生时间为：

（1）纳税义务人采取赊销和分期收款结算方式，其纳税义务的发生时间为书面合同约定的收款日期的当天，书面合同没有约定收款日期或者无书面合同的，为发出应税消费品的当天。

（2）纳税义务人采取预收货款结算方式，其纳税义务的发生时间为发出应税消费品的当天。

（3）纳税义务人采取托收承付和委托银行收款方式销售的应税消费品，其纳税义务的发生时间，为发出应税消费品并办妥托收手续的当天。

（4）纳税义务人采取其他结算方式，其纳税义务的发生时间为收讫销售款或者取得索取销售款凭据的当天。

2. 纳税人自产自用的应税消费品，其纳税义务的发生时间，为移送使用的当天。

3. 纳税义务人委托加工的应税消费品，其纳税义务的发生时间，为纳税人提货的当天。

4. 纳税义务人进口的应税消费品，其纳税义务的发生时间，为报关进口的当天。

二、纳税期限

按照《消费税暂行条例》规定，消费税的纳税期限分别为 1 日、3 日、5 日、10 日、15 日、1 个月或者 1 个季度。纳税人的具体纳税期限，由主管税务机关根据纳税人应纳税额的大小分别核定，不能按照固定期限纳税，可以按次纳税。

纳税义务人以 1 个月或以 1 个季度为一期纳税的，自期满之日起 15 日内申报纳税；以 1 日、3 日、5 日、10 日或者 15 日为一期纳税的，自期满之日起 5 日内预缴税款，于次月 1 日起 15 日内申报纳税并结清上月应纳税款。纳税人进口应税消费品，应当自海关填发税款缴纳证之日起 15 日内缴纳税款。如果纳税人不能按照规定的纳税期限依法纳税，将按《税收征收管理法》的有关规定处理。

三、纳税地点

消费税纳税地点分以下几种情况：

1. 纳税人销售的应税消费品，以及自产自用的应税消费品，除国务院财政、税务主管部门另有规定外，应当向纳税人机构所在地或者居住地的主管税务机关申报纳税。

2. 委托加工的应税消费品，除受托方为个人外，由受托方向机构所在地或者居住地的主管税务机关解缴消费税税款。

3. 进口的应税消费品，由进口人或由其代理人向报关地海关申报纳税。

4. 纳税人到外县（市）销售或委托外县（市）代销自产应税消费品的，于应税消费品销售后，向机构所在地或者居住地主管税务机关申报纳税。

纳税人总机构与分支机构不在同一县（市），但在同一省（自治区、直辖市）范围内，经省（自治区、直辖市）财政厅（局）、国家税务总局审批同意，可以由总机构汇总向总机构所在地主管税务机关申报缴纳增值税。

省（自治区、直辖市）财政厅（局）、国家税务总局应将审批同意的结果，上报财政部、国家税务总局备案。

5. 纳税人销售的应税消费品，如因质量等原因由购买者退回时，经所在地主管税务机关审核批准后，可退还已征收的消费税税款，但不能自行直接抵减应纳税款。

第六节　消费税案例分析

（一）某制酒企业为增值税一般纳税人，2019 年 8 月经营状况如下：

（1）生产食用酒精一批，将其中的 50% 用于销售，开具的增值税专用发票注明金额为 20 万元、税额为 2.6 万元。

（2）以剩余 50% 的食用酒精为酒基，加入食品添加剂调制成 30 度的配制酒 2 吨，当月全部销售，开具的增值税专用发票注明金额为 15 万元、税额为 1.95 万元。

（3）制作葡萄酒一批，装瓶对外销售，开具的增值税专用发票上注明的金额为

44 万元、税额为 5.72 万元。

（4）企业将自产的 5 吨新型粮食白酒作为职工福利发放给本企业职工，这批白酒的成本为 10 万元，无同类产品市场销售价格，成本利润率为 10%。

（5）当月收回委托 A 公司加工的白酒 30 000 千克，收回后当月全部销售并收取了不含税价款 90 万元。

其他相关资料：白酒消费税比例税率为 20%，定额税率为 0.5 元/500 克，其他酒消费税税率为 10%。

要求：根据上述资料，按照下列序号回答问题，如有计算需计算出合计数。

（1）计算业务（1）应缴纳的消费税。

（2）计算业务（2）应缴纳的消费税。

（3）计算业务（3）应缴纳的消费税。

（4）计算业务（4）应缴纳的消费税。

（5）计算业务（5）应缴纳的消费税。

【答案】

（1）应纳税额为 0，酒精不属于消费税的应税消费品。

（2）配制酒的酒精度数低于 38 度的均按照其他酒征收消费税。

应纳消费税 = $15 \times 10\% = 1.5$（万元）

（3）应纳消费税 = $44 \times 10\% = 4.4$（万元）

（4）组成计税价格 = $[10 \times (1 + 10\%) + 5 \times 1\,000 \times 2 \times 0.5 \div 10\,000] \div (1 - 20\%) = 14.375$（万元）

应纳消费税 = $14.375 \times 20\% + 5 \times 1\,000 \times 2 \times 0.5 \div 10\,000 = 3.375$（万元）

（5）业务(5)应纳消费税 = $90 \times 20\% + 30\,000 \times 0.5 \times 2 \div 10\,000 - 16.25 = 4.75$（万元）

【解析】

实行复合计税办法时，组成计税价格 =（成本 + 利润 + 自产自用数量 × 定额税率）÷（1 - 比例税率）；应纳税额 = 组成计税价格 × 比例税率 + 自产自用数量 × 定额税率

（二）某金银企业为增值税一般纳税人，2020 年 12 月发生以下业务：

（1）零售金银首饰与镀金首饰组成的套装礼盒，取得收入 33.9 万元，其中金银首饰收入 25 万元，镀金首饰收入 8.9 万元。

（2）采取"以旧换新"方式向消费者销售金项链 2 600 条，新项链每条零售价 0.25 万元，旧项链每条作价 0.2 万元，每条项链取得差价款 0.05 万元。

（3）用 400 条项链抵偿债务，该批项链账面成本为 46 万元，零售价为 90.4 万元。

其他相关资料：金银首饰零售环节消费税税率为 5%。

要求：根据上述资料，按下列序号计算回答问题。

（1）销售成套礼盒应缴纳的消费税。

（2）"以旧换新"销售金项链应缴纳的消费税。

（3）用项链抵偿债务应缴纳的消费税。

【答案】

（1）销售成套礼盒应缴纳的消费税=33.9÷（1+13%）×5%=1.5（万元）

（2）以旧换新销售金项链应缴纳的消费税=2 600×0.05÷（1+13%）×5%=5.75（万元）

（3）以物抵债应纳消费税=90.4÷（1+13%）×5%=4（万元）

【解析】

（1）应税首饰与非应税首饰打成礼品包装的，不论是否单独核算，一并计算缴纳消费税。

（2）以旧换新销售金项链，按照实际收取得不含增值税的全部价款计算消费税。

（3）以物抵债视同销售计算消费税。

参考文献：

[1] 杨斌. 税收学 [M]. 北京：科学出版社，2010.

[2] 王国清，朱明熙，刘蓉. 国家税收 [M]. 成都：西南财经大学出版社，2008.

[3] 中国注册会计师协会. 税法 [M]. 北京：经济科学出版社，2016.

第九章

关税

第一节　关税的基本原理

一、关税的内涵与界定原则

关税是由海关对进出国境或关境的货物、物品征收的一种税。"境域"是关税内涵的重要概念，包括国境与关境的两个分类。国境是一个国家以边界为界限，全面行使主权的境域，包括领土、领海、领空。关境是指海关征收关税的领域。一般而言，国境和关境是一致的，商品进出国境也就是进出关境。但是也有两者不一致的情况，如有些国家在国境内设有自由贸易港、自由贸易区或出口加工区时，关境就小于国境；当几个国家组成关税同盟时，成员国之间互相取消关税，对外实行共同的关税税则，这样，对成员国来说，其关境大于国境。

二、课征关税的目的

明确国家课征关税的目的是深入理解关税的前提与基础。一般来说，课征关税有两大目的：一是筹集国家财政收入，即财产性关税；二是保护民族或地区经济，即保护性关税。

（一）财政性关税

财政性关税是指关税的主要功能是为国家筹集财政收入，是政府增加财政收入的一种财政工具。根据陈共的《财政学》（第七版）中关于关税的阐述，在历史上，筹集财政收入是关税的主要功能。然而，随着国际化日益加深，当今世界关税的这一功能已经被弱化。在 20 世纪初，西方国家的关税收入占其税收整体收入的比例高达 40% 以上，之后关税的征收逐渐减弱，目前西方发达国家的关税收入占税收整体收入的比重均不到 5%。但是，以间接税为主的许多发展中国家仍占 1/3 左右。[1] 我国于 1950 年 1 月颁布了《关于关税政策和海关工作的决定》，之后颁布了《中华人民共和国暂行海关法》和《中华人民共和国海关进出口税则》，形成海关基本制度体系。从数据来看，自 1997 年到 2020 年，关税收入占全国税收收入的平均比例为

---

① 陈共. 财政学 [M]. 7 版. 北京：中国人民大学出版社，2012.

3.22%，特别是在 2018 年到 2020 年已低于 2%，平均占比仅为 1.77%。[①]

（二）保护性关税

保护性关税是指通过关税来保护本国或某一地区相关产业的发展，这是关税的主要内在功能。保护关税的成因可从以下角度进行分析：一是，时间维度下政府行为的短视效应。根据公共选择理论，政府作为集体中的一员时，由于信息不对称，其选择更倾向于关税征收在短期内所带来的收益，即财政收入收益和保护本国产业的发展等，而忽略了关税降低为企业、为国家带来的长远利益。二是，关税本身的内在功能。根据李斯特的发展经济学理论，在经济发展初期阶段，政府需要保护本国的产业发展，使本国产业在一个不受威胁的稳定的环境中成长，待产业发展成熟以后再充分参与竞争。三是，国际上缺乏一个全球范围内的有效约束体制。目前，世界各国均主张发展自由市场经济，推进全球经济一体化进程，共同遵守 WTO 准则，降低关税。实际上，各国虽然降低了名义关税率，但隐性关税壁垒仍然存在，对于产品的自由竞争形成一定阻碍。

三、关税的课征对象

我国关税的课征对象分为两类，一类是贸易性商品，即我国的进出口机构向外国出售和从国外购进的商品；另一类是非贸易性商品，包括入境旅客随身携带的行李物品、个人邮递物品、各种运输工具上的服务人员携带进口的自用物品和馈赠物品中，以及以其他方式进入国境的个人物品。关税的纳税人包括两类：一是经营进出口贸易的厂商，如国营外贸进出口公司、工贸结合和农贸结合的进出口公司、其他经批准经营进出口商品的企业等；二是各种非贸易物品的持有人、所有人（馈赠物品）、收件人（邮递物品）。[②]

四、关税的税率

关税税率包括进口关税税率和出口关税税率。其中，进口关税税率包括最惠国税率、配额税率、普通税率、协定税率和特惠税率等形式。从新中国成立至今，我国关税税率经过多次变革与调整。特别是在改革开放以后，我国政府为适应对外开放政策带来的经济不断发展的要求，分别在 1985 年和 1989 年对关税制度做了较大的修订。同时，按照国际通行的《海关合作理事会商品分类目录》对税则、税目进行重新编排，并大幅度地降低了税率。我国现行关税的主要特点是只对少量出口商品征收出口税，且税收负担从轻，对进口商品按必需品、需用品、非必需品、限制进口品分别规定不同的税率。目前，我国正在不断下调进口关税税率，具体参见海关总署公告〔2020〕135 号文规定与《中华人民共和国进出口税则》；同时，表 9-1 也分别列示了世界主要国家 2010—2019 年关税税率、工业产品税率和初级产品税率的平均水平。

---

① 数据结果根据中国统计局网站提供的税收分项数据计算而得。
② 陈共. 财政学 [M]. 7 版. 北京：中国人民大学出版社，2012.

表 9-1　主要国家 2010—2019 年关税平均税率　　　　　　单位：%

	平均税率	工业产品平均税率	初级产品平均税率
美国	3.57	3.573	3.637
英国	5.15	4.083	8.556
法国	5.15	4.083	8.556
德国	5.15	4.083	8.556
加拿大	5.488	5.752	4.775
澳大利亚	9.64	12.145	2.435
日本	5.067	2.771	12.208

数据来源：CEIC 全球数据库。

五、关税的基本分类

根据商品在国境上的流动方向的不同，可将关税分为进口税、出口税和过境税。进口税是对进口商品课征的关税，目前也是各国最主要的关税。出口税是对出口商品课征的关税，由于出口税的课征不利于本国商品的出口，因此，目前许多国家已不再课征此税，甚至当产品出口时对在国内所征的商品流转税也实行退税，以加强出口商品的竞争能力。但也有少数发展中国家为了增加财政收入或改善贸易条件，对一些稀缺性产品，如矿产品或石油征收出口税。过境税是对过境商品课征的关税，过境是指商品只在本国口岸暂时停留，然后再运往别的国家，这部分商品只进入一国的国境，但不进入该国的市场。目前，各国为了发展转口贸易，增加航运、仓储、商业、银行、保险等服务业收入，以及繁荣经济，增加就业，基本上已不再征收过境税。只有当这些商品转到国内市场销售时，才征收进口税。

第二节　关税的税收规定

一、关税概述

我国关税以《中华人民共和国海关法》（以下简称《海关法》）为法律依据，以《中华人民共和国进出口关税条例》，以及《中华人民共和国海关进出口税则》和《中华人民共和国海关关于入境旅客行李物品和个人邮递物品征收进口税办法》为基本法规。

关税是海关依法对进出境货物、物品征收的一种税。所谓"境"是指关境，又称"海关境域""关税领域"，是国家《海关法》全面实施的领域。

二、关税纳税人、课税对象及税率

（一）关税纳税人

进口货物的收货人、出口货物的发货人、进境物品的所有人，是关税的纳税义务人。进出口货物的收、发货人是依法取得对外贸易经营权，并进口或者出口货物的法人或者其他社会团体。进出境物品的所有人包括该物品的所有人和推定为所有人。其中，推定所有人包括携带人、收件人、寄件人或托运人等。一般情况下，对于携带进境的物品，推定其携带人为所有人；对分离运输的行李，推定相应的进出境旅客为所有人；对以邮递方式进境的物品，推定其收件人为所有人；以邮递或其他运输方式出境的物品，推定其寄件人或托运人为所有人。

（二）课税对象

关税的征税对象是准许进出境的货物和物品。其中，"货物"是指贸易性商品；"物品"是指入境旅客随身携带的行李物品、个人邮递物品、各种运输工具上的服务人员携带进口的自用物品、馈赠物品以及其他方式进境的个人物品。

（三）税率

1. 进口关税税率

（1）暂定税率优化适用于优惠税率或最惠国税率，所以适用最惠国税率的进口货物有暂定税率的，适用暂定税率；当最惠国税率低于或等于协定税率时，协定有规定的，按相关协定的规定执行；协定无规定的，两者从低适用。适用协定税率、特惠税率的进口货物有暂定税率的，应当从低适用税率。

按照国家规定关税配额管理的进口货物，关税配额内的，适用关税配额税率；关税配额外的，按其适用税率的规定执行。

（2）按照有关法律、行政法规的规定，对进口货物采取反倾销、反补贴、保障措施的，其税率适用按照《中华人民共和国反倾销法》（国务院令第 401 号）、《中华人民共和国反补贴法》（国务院令第 402 号）和《中华人民共和国保障措施条例》（国务院令第 403 号）的有关规定执行。

2. 进境物品税率

自 2019 年 4 月 9 日起，除另有规定外，我国对准予应税进口的旅客行李物品、个人邮寄物品以及其他个人自用物品，均由海关按照《中华人民共和国进境物品进口税率表》的规定，征收进口关税、代征进口环节增值税和消费税等进口税。

3. 出口关税税率

出口关税税率与进口税率多栏税率有显著不同——我国出口税则为一栏税率，即出口税率。国家仅对少数资源性产品及易于竞相杀价、盲目进口、需要规范出口秩序的半制成品征收出口关税。自 2020 年 1 月 1 日起，我国继续对铬铁等 107 项出口商品征收出口关税，适用出口税率或出口暂定税率。

（四）关税税率的运用

1. 一般规定

进出口货物，应当适用海关接受该货物申报进口或者出口之日实施的税率。

2. 特殊规定

不同进出口方式下，税率的具体运用的规定。①进口货物到达之前，经海关核准先行申报的，应当适用装载此货物的运输工具申报进境之日实施的税率。②进口转关运输货物，应当适用指运地海关接受该货物申报进口之日实施的税率；货物运抵指运地前，经海关核准先行申报的，应当适用装载该货物的运输工具抵达指运地之日实施的税率。③出口转关运输货物，应当适用启运地海关接受该货物申报出口之日实施的税率。④经海关批准，实行集中申报的进出口货物，应当适用每次货物进出口时海关接受该货物申报之日实施的税率。⑤因超过规定期限未申报而海关依法变卖的进口货物，应当适用装载该货物的运输工具进境之日实施的税率。⑥因纳税义务人违反规定需要追征税款的进出口货物，应当适用违反规定的行为发生之日实施的税率；行为发生之日不能确定的，适用海关发生该行为之日实施的税率。

3. 保税、减免税等货物的补税规定

已申报进境并放行的保税货物、减免税货物、租赁货物或者已申报进出境并放行的暂时进出境货物，有下列情形之一需缴纳税款的，应当适用海关接受纳税义务人再次填写报关单申报办理纳税及有关手续之日实施的税率：

（1）保税货物经批准不复运出境的；

（2）保税仓储货物转入国内市场销售的；

（3）减免税货物经批准转让或者移作他用的；

（4）可暂不缴纳税款的暂时进出境货物，经批准不复运出境或者进境的；

（5）租赁进口货物，分期缴纳税款的。

4. 补征或者退还进出口货物税款

补征或者退还进出口货物税款，应当按照前述规定（即 2 和 3）确定适用的税率。

三、关税完税价格

关税完税价格是指货物的关税计税价格。根据《海关法》规定，进出口货物的完税价格，由海关以该货物的成交价格为基础审查确定。成交价格不能确定时，完税价格由海关依法估定。自我国加入世界贸易组织后，我国海关已全面实施《世界贸易组织估价协定》，遵循客观、公平、统一的估价原则，并依据 2014 年 2 月 1 日起实施的《中华人民共和国海关审定进出口货物完税价格办法》（以下简称《完税价格办法》），审定进出口货物的完税价格。

（一）一般进口货物的完税价格

1. 以成交价格为基础的完税价格

根据《海关法》规定，进口货物的完税价格包括货物的货价、货物运抵我国境内输入地点起卸前的运输及相关费用、保险费。我国境内输入地为入境海关地，包括内陆河、江口岸，一般为第一口岸。货物的货价以成交价格为基础。进口货物的成交价格是指买方为购买该货物，并按《完税价格办法》有关规定调整后的实付或应付价格。

2. 对实付或应付价格进行调整的有关规定

"实付或应付价格"指买方为购买进口货物直接或间接支付的总额，即作为卖方销售进口货物的条件，由买方向卖方或为履行卖方义务向第三方已经支付或将要支付的全部价款。

（1）如下列费用或者价值未包括在进口货物的实付或应付价格中，应当计入完税价格：

①由买方负担的除购货佣金以外的佣金和经济费。"购货佣金"指买方为购买进口货物向自己的采购代理人支付的劳务费用。"经纪费"指买方为购买进口货物向代表买卖双方利益的经纪人支付的劳务费用。

②由买方负担的与该货物视为一体的容器费用。

③由买方负担的包装材料和包装劳务费用。

④与该货物的生产和向中华人民共和国境内销售有关的，由买方以免费或者以低于成本的方式提供并可以按适当比例分摊的料件、工具、模具、消耗材料及类似货物的价款，以及在境外开发、设计等相关服务的费用。

⑤与该货物有关并作为卖方向我国销售该货物的一项条件，应当由买方直接或间接支付的特许权使用费。"特许权使用费"指买方为获得与进口货物相关的、受著作保护的作品、专利、商标、专有技术和其他权利的使用许可而支付的费用。但是在估定完税价格时，进口货物在境内的复制权费不得进入该货物的实付或应付价格之中。

⑥卖方直接或间接从买方对该货物进口后转售、处置或使用所得中获得的收益。

上列所述的费用或价值，应当由进口货物的收货人向海关提供客观量化的数据材料。如果没有客观量化的数据材料，完税价格由海关按《完税价格办法》规定的方法进行估定。

（2）下列费用，如能与该货物实付或者应付价格区分，不得计入完税价格：

①厂房、机械、设备等货物进口后的基建、安装、装配、维修和技术服务的费用；

②货物运抵境内输入地点之后的运输费用、保险费和其他相关费用；

③进口关税及其他国内税收；

④为在境内复制进口货物而支付的费用；

⑤境内外技术培训及境外考察费用。

3. 对买卖双方之间有特殊关系的规定

买卖双方之间有特殊关系的，经海关审定其特殊关系未对成交价格产生影响，或进口货物的收货人能证明其成交价格与同时或大约同时发生的下列任一价格相近，该成交价格海关应当接受：

（1）向境内无特殊关系的买方出售的相同或类似货物的成交价格；

（2）按照使用倒扣价格有关规定所确定的相同或类似货物的完税价格；

（3）按照使用计算价格有关规定所确定的相同或类似货物的完税价格。

海关在使用上述价格做比较时，应当考虑商业水平和进口数量的不同，以及实付或者应付价格的调整规定所列各项目和交易中买卖双方有无特殊关系造成的费用差异。

有下列情形之一的，应当认定买卖双方有特殊关系：

①买卖双方为同一家族成员；

②买卖双方互为商业上的高级职员或董事；

③一方直接或间接地受另一方控制；

④买卖双方都直接或间接地受第三方控制；

⑤买卖双方共同直接或间接地控制第三方；

⑥一方直接或间接地拥有、控制或持有对方5%或以上公开发行的有表决权的股票或股份；

⑦一方是另一方的雇员、高级职员或董事；

⑧买卖双方是同一合伙的成员。买卖双方在经营上相互有联系，一方是另一方的独家代理、经销或受让人，如果有上述关系的，也应当视为有特殊关系。

（4）进口货物海关估价方法。

进口货物的价格不符合成交价格条件或者成交价格不能确定的，海关应当依次以相同货物成交价格方法、类似货物成交价格方法、倒扣价格方法、计算价格方法及其他合理方法确定的价格为基础，估定完税价格。如果进口货物的收货人提出要求，并提供相关资料，经海关同意，可以选择倒扣价格方法和计算价格方法的适用次序。

①相同或类似货物成交价格方法。相同或类似货物成交价格方法，即以与被估的进口货物同时或大约同时（在海关接受申报进口之日的前后各45日以内）进口的相同或类似货物的成交价格为基础，估定完税价格。

以该方法估定完税价格时，应使用与该货物相同商业水平且进口数量基本一致的相同或类似货物的成交价格，但对因运输距离和运输方式不同，在成本和其他费用方面产生的差异应当进行调整。在没有上述的相同或类似货物的成交价格的情况下，可以使用不同商业水平或不同进口数量的相同或类似货物的成交价格，但对因商业水平、进口数量、运输距离和运输方式不同，在价格、成本和其他费用方面产生的差异应当作出调整。

以该方法估定完税价格时，应当首先使用同一生产商生产的相同或类似货物的成交价格，只有在没有在这一成交价格的情况下，才可以使用同一生产国或地区生产的相同或类似货物的成交价格。如果有多个相同或类似货物的成交价格，应当以最低的成交价格为基础，估定进口货物的完税价格。

上述"相同货物"指与进口货物在同一国家或地区生产的，在物理性质、质量和信誉等所有方面都相同的货物，但表面的微小差异允许存在；"类似货物"指与进口货物在同一国家或地区生产的，虽然不是在所有方面都相同，但却具有相似的特征、相似的组成材料、同样的功能，并且在商业中可以互换的货物。

②倒扣价格方法。倒扣价格方法即以被估的进口货物、相同或类似进口货物在境内销售的价格为基础估定完税价格。按该价格销售的货物应当同时符合五个条件，即在被估货物进口时或大约同时销售；按照进口时的状态销售；在境内第一环节销售；合计的货物销售总量很大；向境内无特殊关系方的销售。

以该方法估定完税价格时，下列各项应当扣除：

该货物的同等级或同种类货物，在境内销售时的利润和一般费用及通常支付的佣金；货物运抵境内输入地点之后的运费、保险费、装卸费及其他相关费用；进口关税、进口环节税和其他与进口或销售上述货物有关的国内税。

③计算价格方法。计算价格方法即按下列各项的总和计算出的价格估定完税价格。有关项为：生产该货物所使用的原材料价值和进行装配或其他加工的费用；与向境内出口销售同等级或同种类货物的利润、一般费用相符的利润和一般费用；货物运抵境内输入地点起卸前运输及相关费用、保险费。

④其他合理方法。使用其他合理方法时，应当根据《完税价格办法》规定的估价原则，以在境内获得的数据资料为基础估定完税价格。但不得使用以下价格：

境内生产的货物在境内的销售价格；可供选择的价格中较高的价格；货物在出口地市场的销售价格；以计算价格方法规定的有关各项之外的价值或费用计算的价格；出口到第三国或地区的货物的销售价格；最低限价或武断虚构的价格。

（二）出口货物的完税价格

1. 以成交价格为基础的完税价格

出口货物的完税价格，由海关以该货物向境外销售的成交价格为基础审查核定，并应包括货物运至我国境内输出地点装卸前的运输及相关费用、保险费，但其中包含的出口关税税额，应当扣除。

出口货物的成交价格，是指该货物出口销售到我国境外时买方向卖方实付或应付的价格。出口货物的成交价格中还有支付给境外佣金的，如果单独列明，应当扣除。

2. 出口货物海关估价方法

出口货物的成交价格不能确定时，完税价格由海关依次使用下列方法估定：

（1）同时或大约同时向同一国家或地区出口的相同货物的成交价格；

（2）同时或大约同时向同一国家或地区出口的类似货物的成交价格；

（3）根据境内生产相同或类似货物的成本、利润和一般费用、境内发生的运输及其相关费用、保险费计算所得的价格；

（4）按照合理方法估定的价格。

（三）进出口货物完税价格中的运输及相关费用、保险费的计算

1. 以一般陆运、空运、海运方式进口的货物

在进口货物的运输及相关费用、保险费计算中，海运进口货物，计算至该货物运抵境内的卸货口岸；如果该货物的卸货及口岸是内河（江）口岸，则应当计算至内河（江）口岸。陆运进口货物，计算至该货物运抵境内的第一口岸；如果运输及相关费用、保险费支付至目的地口岸，则计算至目的地口岸。空运进口货物，计算至该货物运抵境内的第一口岸；如果该货物的目的地为境内的第一口岸外的其他口岸，则计算至目的地口岸。

陆运、空运和海运进口货物的运费和保险费，应当按照实际支付的费用计算。如果进口货物的运费无法确定或未实际发生，海关应当按照该货物进口同期运输行业公布的运费率（额）计算运费；按照"货价加运费"两者总额的3‰计算保险费。

2. 以其他方式进口的货物

邮运的进口货物，应当以邮费作为运输及其相关费用、保险费；以境外边境口岸价格条件成交的铁路或公路运输进口货物，海关应当按照货价的1%计算运输及其相关费用、保险费；作为进口货物的自驾进口的运输工具，海关在审定完税价格时，可以不另行计入运费。

3. 出口货物

出口货物的销售价格如果包括离境口岸至境外口岸之间的运输、保险费的，该运费、保险费应当扣除。

四、应纳税额计算

（一）从价税应纳税额的计算

关税税额＝应税进（出）口货物数量×单位完税价格×税率

（二）从量税应纳税额的计算

关税税额＝应税进（出）口货物数量×单位货物税额

（三）复合税应纳税额的计算

关税税额＝应税进（出）口货物数量×单位货物税额＋应税进（出）口货物数量×单位完税价格×税率

（四）滑准税应纳税额的计算

关税税额＝应税进（出）口货物数量×单位完税价格×滑准税税率

现行税则《进（出）商品从量税、复合税、滑准税税目税率表》后注明了滑准税税率的计算公式，该公式是一个与应税进（出）口货物完税价格相关的取整函数。

五、跨境电子商务零售进口税收政策

（一）跨境电子商务零售进口税收政策适用范围

跨境电子商务零售进口税收政策适用于从其他国家或地区进口的、《跨境电子商务零售进口商品清单》范围内的以下商品：

1. 所有通过与海关联网的电子商务交易平台交易，能够实现交易、支付、物流电子信息"三单"比对的跨境电子商务零售进口商品；

2. 未通过与海关联网的电子商务交易平台交易，但快递、邮政企业能够统一提供交易、支付、物流等电子信息，并承诺承担相应法律责任进境的跨境电子商务零售进口商品。

不属于跨境电子商务零售进口的个人物品以及无法提供交易、支付、物流等电子信息的跨境电子商务零售进口商品，按现行规定执行。

（二）主要征收规定

1. 纳税人和扣缴义务人

购买跨境电子商务零售进口商品的个人作为纳税义务人。电子商务企业、电子商务交易平台企业或物流企业可作为代收代缴义务人。

2. 计税依据

以实际交易价格为完税价格，包括货物零售价格、运费和保险费。这里实际交易价格的货价是海关口径的零售价格。

3. 计征限额和计税规则

2019 年 1 月 1 日起，跨境电子商务零售进口商品的单次交易限值为人民币 5 000 元，个人年度交易限值为人民币 26 000 元。在限值以内进口的跨境电子商务零售进口商品，关税税率暂设为 0%；进口环节增值税、消费税暂按法定应纳税额的 70% 征收。完税价格超过 5 000 元单次交易限值但低于 26 000 元年度交易限值，且订单下仅一件商品时，可以自跨境电商零售渠道进口，按照货物税率全额征收关税和进口环节增值税、消费税，交易额计入年度交易总额。年度交易总额超过年度交易限值的，应按一般贸易管理

4. 计算规则

未超过交易限值的税款计算：

（1）应征关税=完税价格×关税税率（关税税率为零）

（2）法定计征的消费税=［（完税价格+关税）÷（1-消费税税率）］×消费税税率应征消费税=法定计征的消费税×70%

（3）法定计征的增值税=（完税价格+关税+法定计征的消费税税额）×增值税税率

应征增值税=法定计征的增值税×70%

退税及限额调整：跨境电子商务零售进口商品自海关放行之日起 30 日内退货的，可申请退税，并相应调整个人年度交易总额。

六、关税的减免与税收优惠

我国《海关法》规定：减免进出口关税的权限属于中央政府；在未经中央政府许可的情况下各地海关不得擅自决定减免，以保证国家关税政策的统一。关税减免主要可分为法定减免、特定减免和临时减免三种类型。

（一）法定减免

法定减免是依照关税基本法规的规定，对列举的课税对象给予的减免。包括：

1. 关税税额在 50 元以下的一票货物。

2. 无商业价值的广告品和货样。

3. 外国政府、国际组织无偿赠送的物资。

4. 在海关放行前损失的货物。

5. 进出境运输工具装载的途中必需的燃料、物料和饮食用品。

6. 在海关放行前遭受损坏的货物，可以根据海关认定的受损程度减征关税。

7. 我国缔结或者参加的国际条约规定减征、免征关税的货物、物品，按照规定予以减免关税。

8. 法律规定减征、免征关税的其他货物、物品。

（二）特定减免

特定减免税是指在法定减免税之外，国家按国际通行规则和我国实际情况，制

定发布的特定或政策性减免税。包括：科教用品；残疾人专用品；慈善捐赠物资；重大技术装备等的减免关税规定。

（三）暂时减免

暂时进境或者暂时出境的下列货物，在进境或者出境时纳税义务人向海关缴纳相当于应纳税款的保证金或者提供其他担保的，可以暂不缴纳关税，并应当自进境或者出境之日起6个月内复运出境或者复运进境；需要延长复运出境或者复运进境期限的，纳税义务人应当根据海关总署的规定向海关办理延期手续：

1. 在展览会、交易会、会议及类似活动中展示或者使用的货物。

2. 文化、体育交流活动中使用的表演、比赛用品。

3. 进行新闻报道或者摄制电影、电视节目使用的仪器、设备及用品。

4. 开展科研、教学、医疗活动使用的仪器、设备及用品。

5. 在上述第1项至第4项所列活动中使用的交通工具及特种车辆。

6. 货样。

7. 供安装、调试、检测设备时使用的仪器、工具。

8. 盛装货物的容器。

9. 其他用于非商业目的的货物。

《中华人民共和国进出口关税条例》规定，所列暂时进境货物在规定的期限内未复运出境的，或者暂时出境货物在规定的期限内未复运进境的，海关应当依法征收关税。

《中华人民共和国进出口关税条例》规定，所列可以暂时免征关税范围以外的其他暂时进境货物，应当按照该货物的完税价格和其在境内滞留时间与折旧时间的比例计算征收进口关税。具体办法由海关总署规定。

（四）临时减免

临时减免是指在以上减免以外，由国务院用一案一批原则，针对某个单位、某类商品、某个项目或某批进出口货物的特殊情况，给予特别照顾，临时给予的减免。

第三节　关税的税收征管

一、关税纳税方式

进口货物自运输工具申报进境之日起14日内，出口货物在货物运抵海关监管区后装货的24小时以前，应该由进出口货物的纳税义务人向货物进出境地海关申报，海关根据税则归类和完税价格计算应缴纳的关税和进口环节代征税，并填发税款缴款书。

纳税义务人或他们的代理人应在海关填发税款缴纳证之日起15日内，向指定银行缴纳，并由当地银行解缴中央金库。关税纳税义务人因不可抗力或国家税收政策调整的情形下，不能按期缴纳税款的，经海关总署批准，可以延期缴纳税款，但最长不得超过6个月。

通常的关税纳税方式是由接受按进（出）口货物正式进（出）口的通关手续申报的海关，逐票计算应征关税并填发关税缴款书；由纳税义务人凭以向海关或指定的银行办理税款交付或转账入库手续；之后，海关（凭银行回执联）办理结关放行手续。征税手续在前，结关放行手续在后，有利于税款及时入库，防止拖欠税款。因此，各国海关都以这种方式作为基本纳税方式。

二、关税的强制执行

关税的强制执行措施，包括加收滞纳金和强制征收。

（一）滞纳金

进出口货物的纳税义务人，应当自海关填发税款缴款书之日起十五日内缴纳税款；逾期缴纳的，由海关征收滞纳金。滞纳金自关税缴纳期届满之日起，至纳税义务人缴纳关税之日止，周末和法定假日不予扣除。

关税滞纳金金额＝滞纳关税税额×0.05%×滞纳天数

（二）强制征收

纳税义务人自缴纳税款期限届满之日起 3 个月仍未缴纳税款，经直属海关关长或其授权的隶属海关关长批准，海关可以采取强制扣缴、变价抵缴等强制措施。

三、关税退还

关税退还是指海关将实际征收多于应当征收的税额（溢征关税）退还给纳税人的一种行政行为。溢征关税海关发现后应立即退还。纳税人发现的，申请退税时限为缴纳税款之日起 1 年内，并加算银行同期活期存款利息。

四、关税补征和追征

关税的补征和追征，是指海关在纳税义务人按海关核定的税额缴纳关税后，发现实际征收税额少于应征税额（短征关税）时，责令纳税义务人补缴所差税款的一种行政行为。补征和追征概念的差异在于导致少纳税款的责任不同，责任的不同也带来补征与追征时限的不同。

补征，海关发现的，自缴纳税款或货物、物品放行之日起 1 年内补征，不加收滞纳金。

追征，自纳税人缴纳税款或者货物、物品放行之日起 3 年内追征，按日加收万分之五的滞纳金

五、关税后纳制

关税后纳制是海关允许某些纳税人在办理了有关关税手续后，先行办理放行货物的手续，然后再办理征纳关税手续的海关制度。关税后纳制是在通常的基本纳税方式的基础上，对某些易腐、急需或有关手续无法立即办结等特殊情况采取的一种变通措施。海关在提取货样、收取保证金或接受纳税人其他担保后即可放行有关货物。关税后纳制使海关有充足的时间准确地进行关税税则归类，审定货物完税价格，

确定其原产地等作业，或使纳税人有时间完成有关手续，防止口岸积压货物，使进出境货物尽早投入使用。

参考文献：

[1] 王国清，朱明熙，刘蓉. 国家税收 [M]. 成都：西南财经大学出版社，2008.

[2] 陈共. 财政学 [M]. 7 版. 北京：中国人民大学出版社，2012.

[3] 中国注册会计师协会. 税法 [M]. 经济科学出版社，2021.

[4] 王玮. 税收学原理 [M]. 2 版. 北京：清华大学出版社，2012.

第十章
企业所得税

- -

　　企业所得税是指国家对企业及其他取得收入的组织的生产经营所得和其他所得依法征收的一种税。现行企业所得税基本规范，是 2007 年 3 月 16 日第十届全国人民代表大会第五次全体会议通过的《中华人民共和国企业所得税法》（以下简称《企业所得税法》）和同年 11 月 28 日国务院第 197 次常务会议通过的《中华人民共和国企业所得税法实施条例》（以下简称《企业所得税法实施条例》）。

　　我国的企业所得税是对我国境内的企业和其他取得收入的组织的生产经营所得和其他所得征收的一种税。企业所得税具有以下作用：第一，有利于企业改善经营管理活动，提升企业盈利能力；第二，有利于调整产业结构，促进经济发展；第三，有利于为公共管理及公共服务的提供筹集财政资金。

第一节　纳税义务人、征税范围与税率

一、纳税义务人

　　企业所得税的纳税义务人是指在中华人民共和国境内的企业和其他取得收入的组织（以下统称企业）。个人独资企业、合伙企业除外。

　　企业按登记注册地标准和实际管理机构所在地标准，分为居民企业和非居民企业。居民企业与非居民企业在中国所承担的纳税义务范围宽窄不同。

　　（一）居民企业

　　居民企业是指依法在中国境内成立，或者依照外国（地区）法律成立但实际管理机构在中国境内的企业。

　　依法在中国境内成立的企业，是指依照中国法律、行政法规在中国境内成立的企业、事业单位、社会团体以及其他取得收入的组织。依照外国（地区）法律成立的企业，是指依照外国（地区）法律成立的企业和其他取得收入的组织。

　　实际管理机构，是指对企业的生产经营、人员、账务、财产等实施实质性全面管理和控制的机构。

　　（二）非居民企业

　　非居民企业是指依照外国（地区）法律成立且实际管理机构不在中国境内，但在中国境内设立机构、场所的，或者在中国境内未设立机构、场所，但有来源于中

国境内所得的企业。

机构、场所，是指在中国境内从事生产经营活动的机构、场所，包括：

1. 管理机构、营业机构、办事机构；

2. 工厂、农场、开采自然资源的场所；

3. 提供劳务的场所；

4. 从事建筑、安装、装配、修理、勘探等工程作业的场所；

5. 其他从事生产经营活动的机构、场所。

非居民企业委托营业代理人在中国境内从事生产经营活动的，包括委托单位或者个人经常代其签订合同，或者储存、交付货物等，该营业代理人视为非居民企业在中国境内设立的机构、场所。

二、征税对象及范围

（一）征税对象

企业所得税的征税对象为企业所得，具体包括销售货物所得、提供劳务所得、转让财产所得、股息红利等权益性投资所得、利息所得、租金所得、特许权使用费所得、接受捐赠所得、其他所得。

（二）征税范围

1. 居民企业应当就其来源于中国境内、境外的所得缴纳企业所得税。

2. 非居民企业在中国境内设立机构、场所的，应当就其所设机构、场所取得的来源于中国境内的所得，以及发生在中国境外但与其所设机构、场所有实际联系的所得，缴纳企业所得税。

非居民企业在中国境内未设立机构、场所的，或者虽设立机构、场所但取得的所得与其所设机构、场所没有实际联系的，应当就其来源于中国境内的所得缴纳企业所得税。

上述所称的实际联系，是指非居民企业在中国境内设立的机构、场所拥有据以取得所得的股权、债权，以及拥有、管理、控制据以取得所得的财产等。

（三）所得来源的确认

纳税人来源于中国境内、境外的所得，按照以下原则确定：

1. 销售货物所得，按照交易活动发生地确定；

2. 提供劳务所得，按照劳务发生地确定；

3. 转让财产所得，不动产转让所得按照不动产所在地确定，动产转让所得按照转让动产的企业或者机构、场所所在地确定，权益性投资资产转让所得按照被投资企业所在地确定；

4. 股息、红利等权益性投资所得，按照分配所得的企业所在地确定；

5. 利息所得、租金所得、特许权使用费所得，按照负担、支付所得的企业或者机构、场所所在地确定，或者按照负担、支付所得的个人的住所地确定；

6. 其他所得，由国务院财政、税务主管部门确定。

三、税率

企业所得税的税率为25%。非居民企业在中国境内未设立机构、场所取得的所得或者设立了机构、场所而取得的来源于中国境内的所得但与其所设机构、场所没有实际联系，适用税率为20%（见表10-1）。

表 10-1　企业所得税的纳税人、征税对象、税率

纳税人	具体情况	征税对象	税率
居民	依法在中国境内成立（即在中国注册）的企业	境内、境外所得	25%
	外国注册但实际管理机构所在地在中国境内		
非居民	外国注册且实际管理机构不在中国境内，但在中国境内设立机构、场所的	境内所得	
		发生在中国境外但与其所设机构、场所有实际联系的所得	
	外国注册且实际管理机构不在中国境内，中国境内也未设立机构、场所，但有来源于中国境内所得的企业	境内所得	20%（实际减按10%）

此外，如果企业上一年度发生亏损，可用当年应纳税所得予以弥补，按弥补亏损后的应纳税所得额来确定适用税率。

第二节　应纳税所得额的确定

企业所得税的计税依据为应纳税所得额。应纳税所得额是指企业每一纳税年度的收入总额，减除不征税收入、免税收入、各项扣除以及允许弥补的以前年度亏损后的余额。其直接计算公式为

应纳税所得额=收入总额-不征税收入-免税收入-各项扣除-以前年度亏损

间接计算为

应纳税所得额=会计利润总额±纳税调整项目金额

企业应纳税所得额的计算，应坚持两个原则：一是权责发生制为原则，即属于当期的收入和费用，不论款项是否收付，均作为当期的收入和费用；不属于当期的收入和费用，即使款项已经在当期收付，均不作为当期的收入和费用；二是税法优先原则，即企业在计算应纳税所得额时，企业财务、会计处理办法与税收法律、行政法规的规定不一致的，应当依照税收法律、行政法规的规定计算。这表明会计与税法有差异时，应按税法进行纳税调整，并按调整后的应纳税所得计算并缴纳税款。

应当注意的是，应纳税所得与会计利润是两个不同的概念，二者既有联系又有区别。应纳税所得是一个税收概念，是指企业按照《企业所得税法》的一定标准确

定的，纳税义务人在一个时期内的计税所得。而会计利润则是一个会计核算概念，是由利润表所反映出来的，企业一定时期内生产经营的财务成果。它关系到企业经营成果、投资者的权益以及企业与职工的利益。会计利润是确定应纳税所得的基础，但是不能等同于应纳税所得额。企业按照财务会计制度的规定进行核算得出的会计利润，根据税法规定做相应的调整后，才能作为企业的应纳税所得。

企业应纳税所得额，由收入总额减除准予扣除项目金额构成。同时，税法中对不得扣除的项目和亏损弥补也做了明确规定。

一、收入

（一）收入总额确定的原则

1. 收入实现原则，是指只有当收入被纳税人实现以后，才能计入收入总额。收入实现，指资产在销售之后取得现金或收取现金的权利。

2. 权责发生制原则，是指收入的确认应同时满足以下两个条件：一是支持该项收入权利的所有事项已经发生；二是应该取得的收入额可以被合理、准确地确定。

（二）收入总额

1. 收入内容

企业取得的收入，是指企业以货币形式和非货币形式从各种来源取得的收入，包括：

（1）销售货物收入。其是指企业销售商品、产品、原材料、包装物、低值易耗品以及其他存货取得的收入。

（2）提供劳务收入。其是指企业从事建筑安装、修理修配、交通运输、仓储租赁、金融保险、邮电通信、咨询经纪、文化体育、科学研究、技术服务、教育培训、餐饮住宿、中介代理、卫生保健、社区服务、旅游、娱乐、加工以及其他劳务服务活动取得的收入。

（3）转让财产收入。其是指企业转让固定资产、生物资产、无形资产、股权、债权等财产取得的收入。

（4）股息、红利等权益性投资收益。其是指企业因权益性投资从被投资方取得的收入。股息、红利等权益性投资收益，除国务院财政、税务主管部门另有规定外，按照被投资方做出利润分配决定的日期确认收入的实现。

（5）利息收入。其是指企业将资金提供他人使用但不构成权益性投资，或者因他人占用本企业资金取得的收入，包括存款利息、贷款利息、债券利息、欠款利息等收入。利息收入，按照合同约定的债务人应付利息的日期确认收入的实现。

（6）租金收入。其是指企业提供固定资产、包装物或者其他有形资产的使用权取得的收入。租金收入，按照合同约定的承租人应付租金的日期确认收入的实现。

（7）特许权使用费收入。其是指企业提供专利权、非专利技术、商标权、著作权以及其他特许权的使用权取得的收入。特许权使用费收入，按照合同约定的特许权使用人应付特许权使用费的日期确认收入的实现。

（8）接受捐赠收入。其是指企业接受的来自其他企业、组织或者个人无偿给予的货币性资产、非货币性资产。接受捐赠收入，按照实际收到捐赠资产的日期确认收入的实现。

（9）其他收入。其是指企业取得的上述规定的收入外的其他收入，包括企业资产溢余收入、逾期未退包装物押金收入、确实无法偿付的应付款项、已作坏账损失处理后又收回的应收款项、债务重组收入、补贴收入、违约金收入、汇兑收益等。

2. 收入形式

企业收入的形式分为货币形式和非货币形式。企业取得收入的货币形式，包括现金、存款、应收账款、应收票据、准备持有至到期的债券投资以及债务的豁免等。企业取得收入的非货币形式，包括固定资产、生物资产、无形资产、股权投资、存货、不准备持有至到期的债券投资、劳务以及有关权益等。企业以非货币形式取得的收入，应当按照公允价值确定收入额。公允价值，是指按照市场价格确定的价值。

3. 收入的确认

企业的下列生产经营业务可以分期确认收入的实现：

（1）以分期收款方式销售货物的，按照合同约定的收款日期确认收入的实现。

（2）企业受托加工制造大型机械设备、船舶、飞机，以及从事建筑、安装、装配工程业务或者提供其他劳务等，持续时间超过 12 个月的，按照纳税年度内完工进度或者完成的工作量确认收入的实现。

（3）采取产品分成方式取得收入的，按照企业分得产品的日期确认收入的实现，其收入额按照产品的公允价值确定。

企业发生非货币性资产交换，以及将货物、财产、劳务用于捐赠、偿债、赞助、集资、广告、样品、职工福利或者利润分配等用途的，应当视同销售货物、转让财产或者提供劳务，但国务院财政、税务主管部门另有规定的除外。

（三）不征税收入

不征税收入是指企业所得税中永久不列入征税范围的收入，但不属于税收优惠的范畴。收入总额中的下列收入为不征税收入：

1. 财政拨款。其是指各级人民政府对纳入预算管理的事业单位、社会团体等组织拨付的财政资金，但国务院和国务院财政、税务主管部门另有规定的除外。

2. 依法收取并纳入财政管理的行政事业性收费、政府性基金。行政事业性收费，是指依照法律法规等有关规定，按照国务院规定程序批准，在实施社会公共管理，以及在向公民、法人或者其他组织提供特定公共服务过程中，向特定对象收取并纳入财政管理的费用。政府性基金，是指企业依照法律、行政法规等有关规定，代政府收取的具有专项用途的财政资金。

3. 国务院规定的其他不征税收入。其是指企业取得的，由国务院财政、税务主管部门规定专项用途并经国务院批准的财政性资金。

二、扣除

（一）扣除项目遵循的原则

企业实际发生的与取得收入有关的、合理的支出，准予在计算应纳税所得额时扣除。税前扣除的项目一般遵循以下原则：

1. 真实性原则。企业税前可扣除的支出，除税法规定的加计扣除外，必须是实际发生的支出，且纳税人必须提供证明真实性的足够和适当的凭据。

2. 相关性原则。企业税前可扣除的支出，是与其取得的应税收入直接相关的支出。具体判断的依据必须是费用发生的根源和性质，而不是费用支出的结果。

3. 合理性原则。企业税前可扣除的支出，是符合生产经营活动常规，应当计入当期损益或者有关资产成本的必要和正常的支出。即计算和分配方法符合一般的经营常规和会计惯例。如企业发生的支出应当区分收益性支出和资本性支出：收益性支出在发生当期直接扣除；资本性支出应当分期扣除或者计入有关资产成本，不得在发生当期直接扣除。

此外，企业的不征税收入用于支出所形成的费用或者财产，不得扣除或者计算对应的折旧、摊销扣除。

（二）准予扣除项目的基本范围

计算应纳税所得额时准予从收入额扣除的项目，是指企业实际在一个纳税年度内发生的与取得收入有关的、合理的支出，包括成本、费用、税金、损失和其他支出。

1. 成本，是指企业在生产经营活动中发生的销售成本、销货成本、业务支出以及其他耗费。

2. 费用，是指企业在生产经营活动中发生的销售费用、管理费用和财务费用，已经计入成本的有关费用除外。

3. 税金，是指企业发生的除企业所得税和允许抵扣的增值税以外的各项税金及其附加。

4. 损失，是指企业在生产经营活动中发生的固定资产和存货的盘亏、毁损、报废损失，转让财产损失，呆账损失，坏账损失，自然灾害等不可抗力因素造成的损失以及其他损失。

企业发生的损失，减除责任人赔偿和保险赔款后的余额，依照国务院财政、税务主管部门的规定扣除。企业已经作为损失处理的资产，在以后纳税年度又全部收回或者部分收回时，应当计入当期收入。

5. 其他支出，是指除成本、费用、税金、损失外，企业在生产经营活动中发生的与生产经营活动有关的、合理的其他支出。

（三）部分扣除项目的具体规定

1. 企业发生的合理的工资薪金支出，准予扣除。工资薪金，是指企业每一纳税年度支付给在本企业任职或者受雇的员工的所有现金形式或者非现金形式的劳动报酬，包括基本工资、奖金、津贴、补贴、年终加薪、加班工资，以及与员工任职或者受雇有关的其他支出。

2. 企业发生的职工福利费支出，不超过工资薪金总额14%的部分，准予扣除；企业拨缴的工会经费，不超过工资薪金总额2%的部分，准予扣除；除国务院财政、税务主管部门另有规定外，企业发生的职工教育经费支出，不超过工资薪金总额

8%的部分，准予扣除；超过部分，准予在以后纳税年度结转扣除。

3. 企业依照国务院有关主管部门或者省级人民政府规定的范围和标准为职工缴纳的基本养老保险费、基本医疗保险费、失业保险费、工伤保险费、生育保险费等基本社会保险费和住房公积金，准予扣除。

企业为投资者或者职工支付的补充养老保险费、补充医疗保险费，在国务院财政、税务主管部门规定的范围和标准内，准予扣除。

4. 除企业依照国家有关规定为特殊工种职工支付的人身安全保险费和国务院财政、税务主管部门规定可以扣除的其他商业保险费外，企业为投资者或者职工支付的商业保险费，不得扣除。

5. 企业参加财产保险，按照规定缴纳的保险费，准予扣除。

6. 企业在生产经营活动中发生的合理的不需要资本化的借款费用，准予扣除。

企业为购置、建造固定资产、无形资产和经过12个月以上的建造才能达到预定可销售状态的存货发生借款的，在有关资产购置、建造期间发生的合理的借款费用，应当作为资本性支出计入有关资产的成本，并依照资产的有关规定准予扣除；有关资产交付使用后发生的利息费用，可在发生当期直接扣除。

企业通过发行债券、取得贷款、吸收保户储金等方式融资而发生的合理的费用，符合资本化条件的，应计入相关资本成本；不符合资本化条件的，准予在企业所得税前据实扣除。

7. 企业在生产经营活动中发生的下列利息支出，准予扣除：

（1）非金融企业向金融企业借款的利息支出、金融企业的各项存款利息支出和同业拆借利息支出、企业经批准发行债券的利息支出；

（2）非金融企业向非金融企业借款的利息支出，不超过按照金融企业同期同类贷款利率计算的数额的部分。

8. 企业发生的与生产经营活动有关的业务招待费支出，按照发生额的60%扣除，但最高不得超过当年销售（营业）收入的5‰。

9. 企业发生的符合条件的广告费和业务宣传费支出，除国务院财政、税务主管部门另有规定外，不超过当年销售（营业）收入15%的部分，准予扣除；超过部分，准予在以后纳税年度结转扣除。

10. 企业依照法律、行政法规有关规定提取的用于环境保护、生态恢复等方面的专项资金，准予扣除。上述专项资金提取后改变用途的，不得扣除。

11. 企业在货币交易中，以及纳税年度终了时将人民币以外的货币性资产、负债按照期末即期人民币汇率中间价折算为人民币时产生的汇兑损失，除已经计入有关资产成本以及与向所有者进行利润分配相关的部分外，准予扣除。

12. 企业根据生产经营活动的需要租入固定资产支付的租赁费，按照以下方法扣除：

（1）以经营租赁方式租入固定资产发生的租赁费支出，按照租赁期限均匀扣除；

（2）以融资租赁方式租入固定资产发生的租赁费支出，按照规定构成融资租入固定资产价值的部分应当提取折旧费用，分期扣除。

13. 企业发生的合理的劳动保护支出，准予扣除。

14. 企业之间支付的管理费、企业内营业机构之间支付的租金和特许权使用费，以及非银行企业内营业机构之间支付的利息，不得扣除。

15. 非居民企业在中国境内设立的机构、场所，就其中国境外总机构发生的与该机构、场所生产经营有关的费用，能够提供总机构出具的费用汇集范围、定额、分配依据和方法等证明文件，并合理分摊的，准予扣除。

16. 企业转让资产，该项资产的净值，准予在计算应纳税所得额时扣除。资产的净值，是指有关资产、财产的计税基础减除已经按照规定扣除的折旧、折耗、摊销、准备金等后的余额。

17. 除国务院财政、税务主管部门另有规定外，企业在重组过程中，应当在交易发生时确认有关资产的转让所得或者损失，相关资产应当按照交易价格重新确定计税基础。

18. 捐赠支出。企业发生的公益性捐赠支出，在年度利润总额12%以内的部分，准予在计算应纳税所得额时扣除。

2016年9月1日起，公益性捐赠支出超过年度利润总额12%的部分，准予以后三年内在计算应纳税所得额时结转扣除。

年度利润总额，是指企业依照国家统一会计制度的规定计算的年度会计利润。

公益性捐赠，是指企业通过公益性社会团体或者县级以上人民政府及其部门，用于《中华人民共和国公益事业捐赠法》规定的公益事业的捐赠。

公益性社会团体，是指同时符合下列条件的基金会、慈善组织等社会团体：

（1）依法登记，具有法人资格；

（2）以发展公益事业为宗旨，且不以营利为目的；

（3）全部资产及其增值为该法人所有；

（4）收益和营运结余主要用于符合该法人设立目的的事业；

（5）终止后的剩余财产不归属任何个人或者营利组织；

（6）不经营与其设立目的无关的业务；

（7）有健全的财务会计制度；

（8）捐赠者不以任何形式参与社会团体财产的分配；

（9）国务院财政、税务主管部门会同国务院民政部门等登记管理部门规定的其他条件。

三、不得扣除项目

在计算应纳税所得额时，下列支出不得扣除：

1. 向投资者支付的股息、红利等权益性投资收益款项；

2. 企业所得税税款；

3. 税收滞纳金；

4. 罚金、罚款和被没收财物的损失；

5. 超过国家规定允许扣除的捐赠支出；

6. 赞助支出，指企业发生的与生产经营活动无关的各种非广告性质支出；

7. 未经核定的准备金支出，指不符合国务院财政、税务主管部门规定的各项资产减值准备、风险准备等准备金支出；

8. 与取得收入无关的其他支出。

四、亏损弥补

亏损，是指企业将每一纳税年度的收入总额减除不征税收入、免税收入和各项扣除后小于零的数额。企业纳税年度发生的亏损，准予向以后年度结转，用以后年度的所得弥补，但结转年限最长不得超过五年。

亏损弥补的含义有两个：一是自亏损年度的下一个年度起连续 5 年不间断地计算；二是连续发生年度亏损，也必须从第一个亏损年度算起，先亏先补，按顺序连续计算亏损弥补期，不得将每个亏损年度的连续弥补期相加，更不得断开计算。

企业在汇总计算缴纳企业所得税时，其境外营业机构的亏损不得抵减境内营业机构的盈利。

五、资产的税务处理

企业的各项资产，包括固定资产、生物资产、无形资产、长期待摊费用、投资资产、存货等，以历史成本为计税基础。历史成本，是指企业取得该项资产时实际发生的支出。企业持有各项资产期间资产增值或者减值，除国务院财政、税务主管部门规定可以确认损益外，不得调整该资产的计税基础。

（一）固定资产的计价和折旧

固定资产，是指企业为生产产品、提供劳务、出租或者经营管理而持有的、使用时间超过 12 个月的非货币性资产，包括房屋、建筑物、机器、机械、运输工具以及其他与生产经营活动有关的设备、器具、工具等。

1. 固定资产的计税基础

（1）外购的固定资产，以购买价款和支付的相关税费以及直接归属于使该资产达到预定用途发生的其他支出为计税基础；

（2）自行建造的固定资产，以竣工结算前发生的支出为计税基础；

（3）融资租入的固定资产，以租赁合同约定的付款总额和承租人在签订租赁合同过程中发生的相关费用为计税基础，租赁合同未约定付款总额的，以该资产的公允价值和承租人在签订租赁合同过程中发生的相关费用为计税基础；

（4）盘盈的固定资产，以同类固定资产的重置完全价值为计税基础；

（5）通过捐赠、投资、非货币性资产交换、债务重组等方式取得的固定资产，以该资产的公允价值和支付的相关税费为计税基础；

（6）改建的固定资产，除已足额提取折旧的固定资产的改建支出和租入固定资产的改建支出外，以改建过程中发生的改建支出增加计税基础。

在计算应纳税所得额时，企业按照直线法计算的固定资产折旧，准予扣除。企业应当自固定资产投入使用月份的次月起计算折旧；停止使用的固定资产，应当自停止使用月份的次月起停止计算折旧。

2. 固定资产的折旧

企业应当根据固定资产的性质和使用情况，合理确定固定资产的预计净残值。固定资产的预计净残值一经确定，不得变更。除国务院财政、税务主管部门另有规定外，固定资产计算折旧的最低年限如下：

（1）房屋、建筑物，为20年；

（2）飞机、火车、轮船、机器、机械和其他生产设备，为10年；

（3）与生产经营活动有关的器具、工具、家具等，为5年；

（4）飞机、火车、轮船以外的运输工具，为4年；

（5）电子设备，为3年。

改建的固定资产，除已足额提取折旧的固定资产的改建支出和租入固定资产的改建支出外，应当适当延长折旧年限。

下列固定资产不得计算折旧扣除：

（1）房屋、建筑物以外未投入使用的固定资产；

（2）以经营租赁方式租入的固定资产；

（3）以融资租赁方式租出的固定资产；

（4）已足额提取折旧仍继续使用的固定资产；

（5）与经营活动无关的固定资产；

（6）单独估价作为固定资产入账的土地；

（7）其他不得计算折旧扣除的固定资产。

从事开采石油、天然气等矿产资源的企业，在开始商业性生产前发生的费用和有关固定资产的折耗、折旧方法，由国务院财政、税务主管部门另行规定。

（二）生产性生物资产的计价和折旧

生产性生物资产，是指企业为生产农产品、提供劳务或者出租等而持有的生物资产，包括经济林、薪炭林、产畜和役畜等。

1. 生产性生物资产的计税基础

（1）外购的生产性生物资产，以购买价款和支付的相关税费为计税基础；

（2）通过捐赠、投资、非货币性资产交换、债务重组等方式取得的生产性生物资产，以该资产的公允价值和支付的相关税费为计税基础。

2. 生产性生物资产的折旧

生产性生物资产按照直线法计算的折旧，准予扣除。企业应当自生产性生物资产投入使用月份的次月起计算折旧；停止使用的生产性生物资产，应当自停止使用月份的次月起停止计算折旧。

企业应当根据生产性生物资产的性质和使用情况，合理确定生产性生物资产的预计净残值。生产性生物资产的预计净残值一经确定，不得变更。

生产性生物资产计算折旧的最低年限如下：

（1）林木类生产性生物资产，为10年；

（2）畜类生产性生物资产，为3年。

（三）无形资产的计价和摊销

无形资产，是指企业为生产产品、提供劳务、出租或者经营管理而持有的、没有实物形态的非货币性长期资产，包括专利权、商标权、著作权、土地使用权、非专利技术、商誉等。

1. 无形资产的计税基础

（1）外购的无形资产，以购买价款和支付的相关税费以及直接归属于使该资产达到预定用途发生的其他支出为计税基础；

（2）自行开发的无形资产，以开发过程中该资产符合资本化条件后至达到预定用途前发生的支出为计税基础；

（3）通过捐赠、投资、非货币性资产交换、债务重组等方式取得的无形资产，以该资产的公允价值和支付的相关税费为计税基础。

2. 无形资产的摊销

无形资产按照直线法计算的摊销费用，准予扣除。无形资产的摊销年限不得低于10年；作为投资或者受让的无形资产，有关法律规定或者合同约定了使用年限的，可以按照规定或者约定的使用年限分期摊销。

下列无形资产不得计算摊销费用扣除：

（1）自行开发的支出已在计算应纳税所得额时扣除的无形资产；

（2）自创商誉；

（3）与经营活动无关的无形资产；

（4）其他不得计算摊销费用扣除的无形资产。

外购商誉的支出，在企业整体转让或者清算时，准予扣除。

（四）长期待摊费用的处理

在计算应纳税所得额时，企业发生的下列支出作为长期待摊费用，按照规定摊销的，准予扣除：

1. 已足额提取折旧的固定资产的改建支出

已足额提取折旧的固定资产的改建支出是指改变房屋或者建筑物结构、延长使用年限等发生的支出。按照固定资产预计尚可使用年限分期摊销。

2. 租入固定资产的改建支出

租入固定资产的改建支出按照合同约定的剩余租赁期限分期摊销。

3. 固定资产的大修理支出

固定资产的大修理支出，是指同时符合下列条件的支出：

第一，修理支出达到取得固定资产时的计税基础50%以上；

第二，修理后固定资产的使用年限延长2年以上。

固定资产的大修理支出，按照固定资产尚可使用年限分期摊销。

4. 其他应当作为长期待摊费用的支出

其他应当作为长期待摊费用的支出，自支出发生月份的次月起，分期摊销，摊销年限不得低于3年。

（五）投资资产的处理

投资资产，是指企业对外进行权益性投资和债权性投资形成的资产。

1. 企业对外投资期间，投资资产的成本在计算应纳税所得额时不得扣除。企业在转让或者处置投资资产时，投资资产的成本，准予扣除。

2. 投资资产按照以下方法确定成本：

（1）通过支付现金方式取得的投资资产，以购买价款为成本；

（2）通过支付现金以外的方式取得的投资资产，以该资产的公允价值和支付的相关税费为成本。

（六）存货的处理

存货，是指企业持有以备出售的产品或者商品、处在生产过程中的在产品、在生产或者提供劳务过程中耗用的材料和物料等。

1. 存货的成本

企业使用或者销售存货，按照规定计算的存货成本，准予在计算应纳税所得额时扣除。

（1）通过支付现金方式取得的存货，以购买价款和支付的相关税费为成本；

（2）通过支付现金以外的方式取得的存货，以该存货的公允价值和支付的相关税费为成本；

（3）生产性生物资产收获的农产品，以产出或者采收过程中发生的材料费、人工费和分摊的间接费用等必要支出为成本。

2. 存货成本的计算方法

企业使用或者销售的存货的成本计算方法，可以在先进先出法、加权平均法、个别计价法中选用一种。计价方法一经选用，不得随意变更。

六、应纳税所得额的计算

（一）企业所得税的计税依据

企业所得税的计税依据是应纳税所得额，计算的基本公式为

应纳税所得额＝收入总额－不征税收入－免税收入－各项扣除－弥补以前年度亏损

（二）非居民企业的计税依据

非居民企业取得在中国境内未设立机构、场所的，或者虽设立机构、场所但取得的所得与其所设机构、场所没有实际联系的所得，按照下列方法计算其应纳税所得额：

1. 股息、红利等权益性投资收益和利息、租金、特许权使用费所得，以收入全额为应纳税所得额。

2. 转让财产所得，以收入全额减除财产净值后的余额为应纳税所得额。

财产净值，是指有关资产、财产的计税基础减除已经按照规定扣除的折旧、折耗、摊销、准备金等后的余额。

3. 其他所得，参照前两项规定的方法计算应纳税所得额。

收入全额，是指非居民企业向支付人收取的全部价款和价外费用。

在计算应纳税所得额时，企业财务、会计处理办法与税收法律、行政法规的规定不一致的，应当依照税收法律、行政法规的规定计算。

第三节　应纳税额的计算

《企业所得税法》规定，企业的应纳税所得额乘以适用税率，减除依照税收优惠的规定减免和抵免的税额后的余额，为应纳税额。

应纳税额的计算公式为

应纳税额＝应纳税所得额×适用税率－减免税额－抵免税额

所得税税额的抵免可分为直接抵免和间接抵免。

一、直接抵免的税额

企业取得的所得已在境外缴纳的所得税税额，可以从其当期应纳税额中抵免，抵免限额为该项所得依照《企业所得税法》规定计算的应纳税额；超过抵免限额的部分，可以在以后五个年度内，用每年度抵免限额抵免当年应抵税额后的余额进行抵补。

（1）企业取得的所得，是指居民企业来源于中国境外的应税所得；非居民企业在中国境内设立机构、场所，取得发生在中国境外但与该机构、场所有实际联系的应税所得。

（2）已在境外缴纳的所得税税额，是指企业来源于中国境外的所得依照中国境外税收法律以及相关规定应当缴纳并已经实际缴纳的企业所得税性质的税款。

（3）抵免限额，是指企业来源于中国境外的所得，依照企业所得税法和企业所得税实施条例的规定计算的应纳税额。除国务院财政、税务主管部门另有规定外，该抵免限额应当分国（地区）不分项计算，计算公式为

抵免限额＝中国境内、境外所得依照企业所得税法和本条例的规定计算的应纳税总额×来源于某国（地区）的应纳税所得额÷中国境内、境外应纳税所得总额。

（4）五个年度，是指从企业取得的来源于中国境外的所得，已经在中国境外缴纳的企业所得税性质的税额超过抵免限额的当年的次年起连续五个纳税年度。

（5）企业依照规定抵免企业所得税税额时，应当提供中国境外税务机关出具的税款所属年度的有关纳税凭证。

二、间接抵免的税额

居民企业从其直接或者间接控制的外国企业分得的来源于中国境外的股息、红利等权益性投资收益，外国企业在境外实际缴纳的所得税税额中属于该项所得负担的部分，可以作为该居民企业的可抵免境外所得税税额，抵免方法同直接抵免。

直接控制，是指居民企业直接持有外国企业20%以上股份。

间接控制，是指居民企业以间接持股方式持有外国企业20%以上股份，具体认定办法由国务院财政、税务主管部门另行制定。

第四节 税收优惠

企业所得税的税收优惠，是指国家根据经济和社会发展的需要，在一定的期限内对特定地区、行业和企业的纳税义务人应缴纳的企业所得税，给予减征或者免征的一种照顾和鼓励措施。

企业所得税税收优惠的原则，一是以产业优惠为主，区域优惠为辅；二是以间接优惠为主，直接优惠为辅。

概括起来，企业所得税的法定减免税优惠主要包括以下内容：

一、国家对重点扶持和鼓励发展的产业和项目，给予企业所得税优惠

1. 国家需要重点扶持的高新技术企业，减按15%的税率征收企业所得税。

国家需要重点扶持的高新技术企业，是指拥有核心自主知识产权，并同时符合下列条件的企业：

（1）企业申请认定时须注册成立一年以上。

（2）企业过自主研发、受让、受赠、并购等方式，获得对其主要产品（服务）在技术上发挥核心支持作用的知识产权的所有权。

（3）对企业主要产品（服务）发挥核心支持作用的技术属于《国家重点支持的高新技术领域》规定的范围。

（4）研究开发费用占同期销售收入的比例不低于规定比例；企业为获得科学技术（不包括人文、社会科学）新知识，创造性运用科学技术新知识，或实质性改进技术、产品（服务）而持续进行了研究开发活动，且近三个会计年度的研究开发费用总额占同期销售收入总额的比例符合如下要求：

① 最近一年销售收入小于5 000万元（含）的企业，比例不低于5%；

② 最近一年销售收入在5 000万元至20 000万元（含）的企业，比例不低于4%；

③ 最近一年销售收入在20 000万元以上的企业，比例不低于3%。

其中，企业在中国境内发生的研究开发费用总额占全部研究开发费用总额的比例不低于60%。

（5）近一年高新技术产品（服务）收入占企业同期总收入的60%以上；

（6）企业从事研发和相关技术创新活动的科技人员占企业当年职工总数的比例不低于10%。

（7）企业创新能力评价应达到相应要求。

（8）企业申请认定前一年内未发生重大安全、重大质量事故或严重的环境违法行为。

对经认定的技术先进型服务企业，减按15%的税率征收企业所得税。

2. 从事国家重点扶持的公共基础设施项目投资经营的所得自项目取得第一笔生

产经营收入所属纳税年度起，第一年至第三年免征企业所得税，第四年至第六年减半征收企业所得税。企业承包经营、承包建设和内部自建自用本条规定的项目，不得享受本条规定的企业所得税优惠。

国家重点扶持的公共基础设施项目，是指《公共基础设施项目企业所得税优惠目录》规定的港口码头、机场、铁路、公路、城市公共交通、电力、水利等项目。

3. 企业以《资源综合利用企业所得税优惠目录》规定的资源作为主要原材料，生产国家非限制和禁止并符合国家和行业相关标准的产品取得的收入，减按 90% 计入收入总额。原材料占生产产品材料的比例不得低于《资源综合利用企业所得税优惠目录》规定的标准。

4. 企业从事规定的符合条件的环境保护、节能节水项目的所得，自项目取得第一笔生产经营收入所属纳税年度起，第一年至第三年免征企业所得税，第四年至第六年减半征收企业所得税。符合条件的环境保护、节能节水项目，包括公共污水处理、公共垃圾处理、沼气综合开发利用、节能减排技术改造、海水淡化等。

二、企业的免税收入

企业的免税收入包括：

1. 国债利息收入。其是指企业持有国务院财政部门发行的国债取得的利息收入。

2. 符合条件的居民企业之间的股息、红利等权益性投资收益。符合条件的，是指居民企业直接投资于其他居民企业取得的投资收益。

3. 在中国境内设立机构、场所的非居民企业从居民企业取得与该机构、场所有实际联系的股息、红利等权益性投资收益。

以上所称股息、红利等权益性投资收益，不包括连续持有居民企业公开发行并上市流通的股票不足 12 个月取得的投资收益。

4. 符合条件的非营利组织的收入。其不包括非营利组织从事营利性活动取得的收入，但国务院财政、税务主管部门另有规定的除外。

符合条件的非营利组织应同时符合下列条件：

（1）依法履行非营利组织登记手续；

（2）从事公益性或者非营利性活动；

（3）取得的收入除用于与该组织有关的、合理的支出外，全部用于登记核定或者章程规定的公益性或者非营利性事业；

（4）财产及其孳息不用于分配；

（5）按照登记核定或者章程规定，该组织注销后的剩余财产用于公益性或者非营利性目的，或者由登记管理机关转赠给与该组织性质、宗旨相同的组织，并向社会公告；

（6）投入人对投入该组织的财产不保留或者享有任何财产权利；

（7）工作人员工资福利开支控制在规定的比例内，不变相分配该组织的财产。

非营利组织的认定管理办法由国务院财政、税务主管部门会同国务院有关部门制定。

三、企业的下列所得，可以免征、减征企业所得税

（一）从事农、林、牧、渔业项目的所得

1. 企业从事下列项目的所得，免征企业所得税：

（1）蔬菜、谷物、薯类、油料、豆类、棉花、麻类、糖料、水果、坚果的种植；

（2）农作物新品种的选育；

（3）中药材的种植；

（4）林木的培育和种植；

（5）牲畜、家禽的饲养；

（6）林产品的采集；

（7）灌溉、农产品初加工、兽医、农技推广、农机作业和维修等农、林、牧、渔服务业项目；

（8）远洋捕捞。

2. 企业从事下列项目的所得，减半征收企业所得税：

（1）花卉、茶以及其他饮料作物和香料作物的种植；

（2）海水养殖、内陆养殖。

企业从事国家限制和禁止发展的项目，不得享受本条规定的企业所得税优惠。

（二）从事国家重点扶持的公共基础设施项目投资经营的所得

国家重点扶持的公共基础设施项目，是指《公共基础设施项目企业所得税优惠目录》规定的港口码头、机场、铁路、公路、城市公共交通、电力、水利等项目。

企业从事上述规定的国家重点扶持的公共基础设施项目的投资经营的所得，自项目取得第一笔生产经营收入所属纳税年度起，第一年至第三年免征企业所得税，第四年至第六年减半征收企业所得税。企业承包经营、承包建设和内部自建自用本条规定的项目，不得享受本条规定的企业所得税优惠。

（三）从事符合条件的环境保护、节能节水项目的所得

符合条件的环境保护、节能节水项目，包括公共污水处理、公共垃圾处理、沼气综合开发利用、节能减排技术改造、海水淡化等。

企业从事规定的符合条件的环境保护、节能节水项目的所得，自项目取得第一笔生产经营收入所属纳税年度起，第一年至第三年免征企业所得税，第四年至第六年减半征收企业所得税。

依照上述（二）、（三）项规定享受减免税优惠的项目，在减免税期限内转让的，受让方自受让之日起，可以在剩余期限内享受规定的减免税优惠；减免税期限届满后转让的，受让方不得就该项目重复享受减免税优惠。

（四）符合条件的技术转让所得

一个纳税年度内，居民企业技术转让所得不超过 500 万元的部分，免征企业所得税；超过 500 万元的部分，减半征收企业所得税。

（五）非居民企业所得税

非居民企业在中国境内未设立机构、场所的，或者虽设立机构、场所但取得的

所得与其所设机构、场所没有实际联系的，其来源于中国境内的所得减按 10% 的税率征收企业所得税。

（六）可以免征企业所得税的所得

下列所得可以免征企业所得税：

1. 外国政府向中国政府提供贷款取得的利息所得；

2. 国际金融组织向中国政府和居民企业提供优惠贷款取得的利息所得；

3. 经国务院批准的其他所得。

四、符合条件的小型微利企业，减按 20% 的税率征收企业所得税

符合条件的小型微利企业，是指全部生产经营活动产生的所得均负有我国企业所得税纳税义务的企业且从事国家非限制和禁止行业，并符合下列条件的企业：

年应纳税所得额不超过 300 万元，从业人数不超过 300 人，资产总额不超过 5 000 万元。

自 2019 年 1 月 1 日至 2021 年 12 月 31 日，对小型微利企业年应纳税所得额不超过 100 万元的部分，减按 25% 计入应纳税所得额；对应纳税所得额超过 100 万元但不超过 300 万元的部分，减按 50% 计入应纳税所得额。

五、国家需要重点扶持的高新技术企业，减按 15% 的税率征收企业所得税

国家需要重点扶持的高新技术企业，是指拥有核心自主知识产权，并同时符合下列条件的企业：

（1）企业申请认定时须注册成立一年以上。

（2）企业通过自主研发、受让、受赠、并购等方式，获得对其主要产品（服务）在技术上发挥核心支持作用的知识产权的所有权。

（3）对企业主要产品（服务）发挥核心支持作用的技术属于《国家重点支持的高新技术领域》规定的范围。

（4）研究开发费用占同期销售收入的比例不低于规定比例；企业为获得科学技术（不包括人文、社会科学）新知识，创造性运用科学技术新知识，或实质性改进技术、产品（服务）而持续进行了研究开发活动，且近三个会计年度的研究开发费用总额占同期销售收入总额的比例符合如下要求：

① 最近一年销售收入小于 5 000 万元（含）的企业，比例不低于 5%。

② 最近一年销售收入在 5 000 万元至 20 000 万元（含）的企业，比例不低于 4%。

③ 最近一年销售收入在 20 000 万元以上的企业，比例不低于 3%。

其中，企业在中国境内发生的研究开发费用总额占全部研究开发费用总额的比例不低于 60%。

（5）近一年高新技术产品（服务）收入占企业同期总收入的 60% 以上。

（6）企业从事研发和相关技术创新活动的科技人员占企业当年职工总数的比例不低于 10%。

173

（7）企业创新能力评价应达到相应要求。

（8）企业申请认定前一年内未发生重大安全、重大质量事故或严重的环境违法行为。

六、民族自治地方有关所得

民族自治地方的自治机关对本民族自治地方的企业应缴纳的企业所得税中属于地方分享的部分，可以决定减征或者免征。

民族自治地方，是指依照《中华人民共和国民族区域自治法》的规定，实行民族区域自治的自治区、自治州、自治县。对民族自治地方内国家限制和禁止行业的企业，不得减征或者免征企业所得税。自治州、自治县决定减征或者免征的，须报省、自治区、直辖市人民政府批准。

七、企业的下列支出，可以在计算应纳税所得额时加计扣除

（一）开发新技术、新产品、新工艺发生的研究开发费用

研究开发费用的加计扣除，是指企业为开发新技术、新产品、新工艺发生的研究开发费用，未形成无形资产计入当期损益的，在按照规定据实扣除的基础上，在2018年1月1日至2020年12月31日期间，按照实际发生额的75%在税前加计扣除；形成无形资产的，在上述期间内按照无形资产成本的175%摊销。

（二）安置残疾人员及国家鼓励安置的其他就业人员所支付的工资

企业安置残疾人员所支付的工资的加计扣除，是指企业安置残疾人员的，在按照支付给残疾职工工资据实扣除的基础上，按照支付给残疾职工工资的100%加计扣除。残疾人员的范围适用《中华人民共和国残疾人保障法》的有关规定。

安置国家鼓励安置的其他就业人员所支付的工资的加计扣除办法，由国务院另行规定。

八、创业投资企业从事国家需要重点扶持和鼓励的创业投资所得

创业投资企业从事国家需要重点扶持和鼓励的创业投资，可以按投资额的一定比例抵扣应纳税所得额。

创业投资企业采取股权投资方式投资于未上市的中小高新技术企业2年以上的，可以按照其投资额的70%在股权持有满2年的当年抵扣该创业投资企业的应纳税所得额；当年不足抵扣的，可以在以后纳税年度结转抵扣。

九、符合条件的企业固定资产加速折旧

《国家税务总局关于设备器具扣除有关企业所得税政策执行问题的公告》（国家税务总局公告2018年第46号）（以下简称"46号公告"），企业在2018年1月1日至2020年12月31日期间新购进的设备、器具，单位价值不超过500万元的，允许一次性计入当期成本费用在计算应纳税所得额时扣除，不再分年度计算折旧。

单位价值超过500万元的固定资产，仍按照企业所得税法及其实施条例、《财政

部 国家税务总局关于完善固定资产加速折旧企业所得税政策的通知》(财税〔2014〕75 号)《财政部 国家税务总局关于进一步完善固定资产加速折旧企业所得税政策的通知》(财税〔2015〕106 号)《国家税务总局关于固定资产加速折旧税收政策有关问题的公告》(国家税务总局公告 2014 年第 64 号)《国家税务总局关于进一步完善固定资产加速折旧企业所得税政策有关问题的公告》(国家税务总局公告 2015 年第 68 号) 等相关规定执行。

企业的固定资产由于技术进步等原因,确需加速折旧的,可以采取缩短折旧年限或者采取加速折旧的方法的固定资产,包括:

(1) 由于技术进步,产品更新换代较快的固定资产;

(2) 常年处于强震动、高腐蚀状态的固定资产。

采取缩短折旧年限方法的,最低折旧年限不得低于前述固定资产计算折旧的最低年限的 60%;采取加速折旧方法的,可以采取双倍余额递减法或者年数总和法。

十、企业综合利用资源符合条件的生产所得

企业综合利用资源,生产符合国家产业政策规定的产品所取得的收入,可以在计算应纳税所得额时减计收入。

企业以《资源综合利用企业所得税优惠目录》规定的资源作为主要原材料,生产国家非限制和禁止并符合国家和行业相关标准的产品取得的收入,减按 90% 计入收入总额。原材料占生产产品材料的比例不得低于《资源综合利用企业所得税优惠目录》规定的标准。

十一、企业购置符合条件的专用设备可以按一定比例实行抵免

企业购置用于环境保护、节能节水、安全生产等专用设备的投资额,可以按一定比例实行税额抵免。

企业购置并实际使用《环境保护专用设备企业所得税优惠目录》《节能节水专用设备企业所得税优惠目录》和《安全生产专用设备企业所得税优惠目录》规定的环境保护、节能节水、安全生产等专用设备的,该专用设备的投资额的 10% 可以从企业当年的应纳税额中抵免;当年不足抵免的,可以在以后 5 个纳税年度结转抵免。企业应当实际购置并自身实际投入使用上述规定的专用设备;企业购置上述专用设备在 5 年内转让、出租的,应当停止享受企业所得税优惠,并补缴已经抵免的企业所得税税款。

十二、对企业投资者持有 2019—2023 年发行的铁路债券取得的利息收入,减半征收企业所得税

十三、对经认定的技术先进型服务企业,减按 15% 的税率征收企业所得税

十四、对注册在海南自由贸易港并实质性运营的鼓励类产业企业,减按 15% 的税率征收企业所得税

175

十五、西部地区的列举行业，符合规定的可享受"两免三减半"税收优惠

十六、对设在西部地区国家鼓励类产业，在 2021 年 1 月 1 日至 2030 年 12 月 31 日期间，减按 15% 的税率征收企业所得税

十七、海南自贸区企业所得税税收优惠政策

（一）鼓励类产业企业减按 15% 税率征收企业所得税问题

1. 注册在海南自由贸易港（以下简称自贸港）并实质性运营的鼓励类产业企业，减按 15% 的税率征收企业所得税。本款规定所称企业包括设立在自贸港的非居民企业机构、场所。

2. 对总机构设在自贸港的企业，仅将该企业设在自贸港的总机构和分支机构（不含在自贸港以外设立的二级以下分支机构在自贸港设立的三级以下分支机构）纳入判断是否符合规定条件范围，设在自贸港以外的分支机构不纳入判断范围；对总机构设在自贸港以外的企业，仅就设在自贸港的分支机构（不含在自贸港以外设立的二级以下分支机构在自贸港设立的三级以下分支机构）判断是否符合规定条件，设在自贸港以外的总机构和分支机构不纳入判断范围。

（二）旅游业、现代服务业、高新技术产业企业新增境外直接投资取得的所得免征企业所得税问题

1. 通知第二条所称新增境外直接投资是指企业在 2020 年 1 月 1 日至 2024 年 12 月 31 日期间新增的境外直接投资，包括在境外投资新设分支机构、境外投资新设企业、对已设立的境外企业增资扩股以及收购境外企业股权。

2. 旅游业、现代服务业、高新技术产业企业新增境外直接投资取得的所得免征企业所得税政策，在年度纳税申报时可按规定享受，主要留存备查资料为：企业属于自贸港鼓励类产业目录中的旅游业、现代服务业、高新技术产业以及新增境外直接投资所得符合条件的说明。

（三）新购置的资产一次性扣除或加速折旧和摊销问题

1. 自行开发的无形资产，按达到预定用途的时间确认购置时点。

2. 无形资产在可供使用的当年一次性扣除或开始加速摊销。

3. 企业购置的无形资产按通知第三条规定缩短摊销年限或采取加速摊销方法的，可比照《国家税务总局关于企业固定资产加速折旧所得税处理有关问题的通知》（国税发〔2009〕81 号）的相关规定执行。

第五节　特别纳税调整

《企业所得税法》对企业与其关联方之间的业务往来，做出了一系列的反避税措施，有效地防范和制止了避税行为，维护了国家税收利益。

1. 企业与其关联方之间的业务往来，不符合独立交易原则而减少企业或者其关联方应纳税收入或者所得额的，税务机关有权按照合理方法调整。

（1）关联方，是指与企业有下列关联关系之一的企业、其他组织或者个人：

①在资金、经营、购销等方面存在直接或者间接的控制关系；

②直接或者间接地同为第三者控制；

③在利益上具有相关联的其他关系。

（2）独立交易原则，是指没有关联关系的交易各方，按照公平成交价格和营业常规进行业务往来遵循的原则。

（3）调整的合理方法，包括：

①可比非受控价格法，是指按照没有关联关系的交易各方进行相同或者类似业务往来的价格进行定价的方法；

②再销售价格法，是指按照从关联方购进商品再销售给没有关联关系的交易方的价格，减除相同或者类似业务的销售毛利进行定价的方法；

③成本加成法，是指按照成本加合理的费用和利润进行定价的方法；

④交易净利润法，是指按照没有关联关系的交易各方进行相同或者类似业务往来取得的净利润水平确定利润的方法；

⑤利润分割法，是指将企业与其关联方的合并利润或者亏损在各方之间采用合理标准进行分配的方法；

⑥其他符合独立交易原则的方法。

2. 企业与其关联方共同开发、受让无形资产，或者共同提供、接受劳务发生的成本，在计算应纳税所得额时应当按照独立交易原则进行分摊。企业可以按照独立交易原则与其关联方分摊共同发生的成本，达成成本分摊协议。企业与其关联方分摊成本时，应当按照成本与预期收益相配比的原则进行分摊，并在税务机关规定的期限内，按照税务机关的要求报送有关资料。

企业与其关联方分摊成本时违反上述两项规定的，其自行分摊的成本不得在计算应纳税所得额时扣除。

3. 企业可以向税务机关提出与其关联方之间业务往来的定价原则和计算方法，税务机关与企业协商、确认后，达成预约定价安排。

预约定价安排，是指企业就其未来年度关联交易的定价原则和计算方法，向税务机关提出申请，与税务机关按照独立交易原则协商、确认后达成的协议。

4. 企业向税务机关报送年度企业所得税纳税申报表时，应当就其与关联方之间的业务往来，附送年度关联业务往来报告表。

税务机关在进行关联业务调查时，企业及其关联方，以及与关联业务调查有关的其他企业，应当按照规定提供相关资料。包括：

（1）与关联业务往来有关的价格、费用的制定标准、计算方法和说明等同期资料；

（2）关联业务往来所涉及的财产、财产使用权、劳务等的再销售（转让）价格或者最终销售（转让）价格的相关资料；

（3）与关联业务调查有关的其他企业应当提供的与被调查企业可比的产品价格、定价方式以及利润水平等资料；

177

（4）其他与关联业务往来有关的资料。与关联业务调查有关的其他企业，是指与被调查企业在生产经营内容和方式上相类似的企业。

5. 企业应当在税务机关规定的期限内提供与关联业务往来有关的价格、费用的制定标准、计算方法和说明等资料。关联方以及与关联业务调查有关的其他企业应当在税务机关与其约定的期限内提供相关资料。

6. 企业不提供与其关联方之间业务往来资料，或者提供虚假、不完整资料，未能真实反映其关联业务往来情况的，税务机关有权依法核定其应纳税所得额。

核定企业的应纳税所得额时，可以采用下列方法：

（1）参照同类或者类似企业的利润率水平核定；

（2）按照企业成本加合理的费用和利润的方法核定；

（3）按照关联企业集团整体利润的合理比例核定；

（4）按照其他合理方法核定。

企业对税务机关按照前款规定的方法核定的应纳税所得额有异议的，应当提供相关证据，经税务机关认定后，调整核定的应纳税所得额。

7. 由居民企业，或者由居民企业和中国居民控制的设立在实际税负明显低于企业所得税基本税率的50%的国家（地区）的企业，并非由于合理的经营需要而对利润不做分配或者减少分配的，上述利润中应归属于该居民企业的部分，应当计入该居民企业的当期收入。

中国居民，是指根据《中华人民共和国个人所得税法》的规定，就其从中国境内、境外取得的所得在中国缴纳个人所得税的个人。

上述所称控制，包括：

（1）居民企业或者中国居民直接或者间接单一持有外国企业10%以上有表决权股份，且由其共同持有该外国企业50%以上股份；

（2）居民企业，或者居民企业和中国居民持股比例没有达到第1项规定的标准，但在股份、资金、经营、购销等方面对该外国企业构成实质控制。

8. 企业从其关联方接受的债权性投资与权益性投资的比例超过规定标准而发生的利息支出，不得在计算应纳税所得额时扣除。具体标准，由国务院财政、税务主管部门另行规定。

债权性投资，是指企业直接或者间接从关联方获得的，需要偿还本金和支付利息或者需要以其他具有支付利息性质的方式予以补偿的融资。

企业间接从关联方获得的债权性投资，包括：

（1）关联方通过无关联第三方提供的债权性投资；

（2）无关联第三方提供的、由关联方担保且负有连带责任的债权性投资；

（3）其他间接从关联方获得的具有负债实质的债权性投资。

权益性投资，是指企业接受的不需要偿还本金和支付利息，投资人对企业净资产拥有所有权的投资。

9. 企业实施其他不具有合理商业目的的安排而减少其应纳税收入或者所得额的，税务机关有权按照合理方法调整。

不具有合理商业目的，是指以减少、免除或者推迟缴纳税款为主要目的。

10. 税务机关依照上述规定做出纳税调整，需要补征税款的，应当补征税款，并按照国务院规定加收利息。

税务机关根据税收法律、行政法规的规定，对企业做出特别纳税调整的，应当对补征的税款，自税款所属纳税年度的次年 6 月 1 日起至补缴税款之日止的期间，按日加收利息。按规定加收的利息，不得在计算应纳税所得额时扣除。

利息的计算，按照税款所属纳税年度中国人民银行公布的与补税期间同期的人民币贷款基准利率加 5 个百分点计算；企业依照有关规定提供税务机关要求提供的有关资料的，可以只按前款规定的人民币贷款基准利率计算利息。

企业与其关联方之间的业务往来，不符合独立交易原则，或者企业实施其他不具有合理商业目的安排的，税务机关有权在该业务发生的纳税年度起 10 年内，进行纳税调整。

第六节　申报与缴纳

一、纳税年度

企业所得税按纳税年度计算。纳税年度自公历 1 月 1 日起至 12 月 31 日止。企业在一个纳税年度中间开业，或者终止经营活动，使该纳税年度的实际经营期不足 12 个月的，应当以其实际经营期为一个纳税年度。企业依法清算时，应当以清算期间作为一个纳税年度。

二、缴纳方法

企业所得税按年计征，分月或者分季预缴，年终汇算清缴，多退少补。企业分月或者分季预缴企业所得税时，应当按照月度或者季度的实际利润额预缴；按照月度或者季度的实际利润额预缴有困难的，可以按照上一纳税年度应纳税所得额的月度或者季度平均额预缴，或者按照经税务机关认可的其他方法预缴。预缴方法一经确定，该纳税年度内不得随意变更。

企业应当自月份或者季度终了之日起 15 日内，向税务机关报送预缴企业所得税纳税申报表，预缴税款。企业在报送企业所得税纳税申报表时，应当按照规定附送财务会计报告和其他有关资料。

企业应当自年度终了之日起 5 个月内，向税务机关报送年度企业所得税纳税申报表，并汇算清缴，结清应缴应退税款。

企业在年度中间终止经营活动的，应当自实际经营终止之日起 60 日内，向税务机关办理当期企业所得税汇算清缴。

企业所得税，以人民币计算。所得以人民币以外的货币计算的，应当折合成人民币计算并缴纳税款。

三、纳税地点

除税收法律、行政法规另有规定外，企业的纳税地点为：

1. 居民企业以企业登记注册地为纳税地点；但登记注册地在境外的，以实际管理机构所在地为纳税地点。"企业登记注册地"是指企业依照国家有关规定登记注册的住所地。居民企业在中国境内设立不具有法人资格的营业机构的，应当汇总计算并缴纳企业所得税。

2. 非居民企业在中国境内设立机构、场所的，取得的来源于中国境内的所得，以及发生在中国境外但与其所设机构、场所有实际联系的所得，以机构、场所所在地为纳税地点。非居民企业在中国境内设立两个或者两个以上机构、场所的，经各机构、场所所在地税务机关的共同上级税务机关审核批准，可以选择由其主要机构、场所汇总缴纳企业所得税。

对主要机构、场所的判定，应当同时符合下列条件：

（1）对其他各机构、场所的生产经营活动负有监督管理责任；

（2）设有完整的账簿、凭证，能够准确反映各机构、场所的收入、成本、费用和盈亏情况。

3. 非居民企业在中国境内未设立机构、场所的，或者虽设立机构、场所但取得的所得与其所设机构、场所没有实际联系的，以扣缴义务人所在地为纳税地点。

4. 除国务院另有规定外，企业之间不得合并缴纳企业所得税。

四、源泉扣缴

1. 对非居民企业在中国境内未设立机构、场所，或者虽设立机构、场所但取得的所得与其所设机构、场所没有实际联系的其所得应缴纳的所得税，实行源泉扣缴，以支付人为扣缴义务人。税款由扣缴义务人在每次支付或者到期应支付时，从支付或者到期应支付的款项中扣缴。

2. 对非居民企业在中国境内取得工程作业和劳务所得应缴纳的所得税，税务机关可以指定工程价款或者劳务费的支付人为扣缴义务人。

可以指定扣缴义务人的情形，包括：

（1）预计工程作业或者提供劳务期限不足一个纳税年度，且有证据表明不履行纳税义务的；

（2）没有办理税务登记或者临时税务登记，且未委托中国境内的代理人履行纳税义务的；

（3）未按照规定期限办理企业所得税纳税申报或者预缴申报的。

3. 依照上两项规定应当扣缴的所得税，扣缴义务人未依法扣缴或者无法履行扣缴义务的，由纳税人在所得发生地缴纳。纳税人未依法缴纳的，税务机关可以从该纳税人在中国境内其他收入项目的支付人应付的款项中，追缴该纳税人的应纳税款。

所得发生地，是指依照征税范围中"来源于中国境内、境外的所得的确定原则"确定的所得发生地。在中国境内存在多处所得发生地的，由纳税人选择其中之一申报缴纳企业所得税。纳税人在中国境内其他收入，是指该纳税人在中国境内取得的其他各种来源的收入。

扣缴义务人每次代扣的税款，应当自代扣之日起七日内缴入国库，并向所在地的税务机关报送扣缴企业所得税报告表。

参考文献：

［1］中国注册会计师协会.税法［M］.北京：中国财政经济出版社，2020.

［2］全国税务师职业资格考试教材编写组.税法［M］.北京：中国税务出版社，2020.

第十一章
个人所得税

个人所得税是对自然人取得的各项应税所得征收的一种税，是政府对个人收入进行调节的一种经济手段。它最早于 1799 年在英国创立，目前世界上已有 140 多个国家开征了这一税种。《中华人民共和国个人所得税法》（以下简称《个人所得税法》）于 1980 年 9 月 10 日第五届全国人民代表大会第三次会议通过，至今已经过 7 次修正，现行的《个人所得税法》于 2018 年 8 月 31 日修正，自 2019 年 1 月 1 日起施行。

我国现行个人所得税的特点：①实行综合与分类相结合的混合征收模式。个人所得税的征收模式有三种：分类征收、综合征收、混合征收。一是分类征收模式，将纳税人不同来源、性质的所得，分别按不同的税率征税并汇总。该模式偏重效率；二是综合征收模式，将纳税人的各项所得汇总，按统一的税率征税。该模式偏重公平；三是混合征收模式，将纳税人所得分别实行分类征收和综合征收，最后汇总。一个国家征收模式的选择与该国的经济发展和税收征收管理水平密切相关。目前我国采用的是综合与分类相结合的混合征收模式。②实行累进税率和比例税率并行的税率设计。根据纳税人不同来源、性质的所得，分别按超额累进税率和比例税率征税，以增强税法的适应性。③设定扣除标准。根据纳税人不同来源、性质的所得以及居民身份的不同，分别按不同的标准扣除，酌情考虑纳税人的教育、住房、医疗等费用的支出。④实行以个人为计税单位。现行个人所得税以取得收入的个人，单独计算税款和实施征管，不能反映家庭收入的整体状况，未考虑不同纳税人之间家庭结构的差别。

第一节　纳税义务人和征税范围

一、纳税义务人

个人所得税的纳税义务人，包括中国境内公民、个体工商业户以及在中国境内有所得的外籍人员（包括无国籍人员，下同）和中国香港、中国澳门、中国台湾同胞。上述纳税义务人依据住所和时间两个标准，区分为居民纳税义务人和非居民纳税义务人，分别承担不同的纳税义务。

现行税法中关于"中国境内"的概念，是指中国有效行使税收管辖权的地区，即中国大陆地区，目前还不包括中国香港、中国澳门和中国台湾地区。

（一）居民纳税义务人

居民纳税义务人负无限纳税义务，其所取得的应纳税所得，无论是来源于中国境内还是中国境外，均在中国缴纳个人所得税。

居民纳税义务人，是指在中国境内有住所，或者无住所而一个纳税年度内在中国境内居住累计满183天的个人。

在中国境内有住所，是指因户籍、家庭、经济利益关系而在中国境内习惯性居住。这里所说的习惯性居住，是判定纳税义务人属于居民还是非居民的一个重要依据。它是指个人因学习、工作、探亲等原因消除之后，没有理由在其他地方继续居留时，所要回到的地方，而不是指实际居住或在某一个特定时期内的居住地。

在境内居住满183天，是指在一个纳税年度（即公历1月1日起至12月31日止，下同）内，在中国境内居住满183天。

在计算居住天数时，中国境内居住累计满183天的任一年度中，有一次离境超过30天的，其在中国境内居住累计满183天的年度的连续年限重新起算。

无住所个人一个纳税年度内在中国境内累计居住天数，按照个人在中国境内累计停留的天数计算。在中国境内停留的当天满24小时的，计入中国境内居住天数，在中国境内停留的当天不足24小时的，不计入中国境内居住天数。

个人独资企业和合伙企业投资者，视同自然人企业，也为个人所得税的居民纳税义务人。

（二）非居民纳税义务人

非居民纳税义务人负有限纳税义务，其所取得的应纳税所得，仅就来源于中国境内，在中国缴纳个人所得税。

非居民纳税义务人是指在中国境内无住所又不居住，或无住所且居住不满183天的个人。也就是说，非居民纳税义务人，是指习惯性居住地不在中国境内，而且不在中国居住，或者在一个纳税年度内，在中国境内居住不满183天的个人。

二、征税范围

我国的个人所得税实行综合和分类相结合的混合征收模式，对个人收入采用列举法。

居民个人取得下列第一项至第四项所得，为综合所得（以下称综合所得），按纳税年度合并计算个人所得税；非居民个人取得第一项至第四项所得，按月或者按次分项计算个人所得税。纳税人取得第五项至第九项所得，分别计算个人所得税。

（一）工资、薪金所得

工资、薪金所得，是指个人因任职或者受雇取得的工资、薪金、奖金、年终加薪、劳动分红、津贴、补贴以及与任职或者受雇有关的其他所得。

判断一项所得是否属于工资、薪金所得的关键，在于判断其支付方与接受方的关系在实质上是否属于劳动关系，即该项所得是否是基于劳动关系的所得。如果是，则该项所得无论名称为何都属于工资、薪金所得；如果不是，则该项所得无论名称为何都不属于工资、薪金所得。

劳动关系的判断依据为劳动法，是指用人单位向劳动者给付劳动报酬，由劳动者提供职业性劳动所形成的法律关系。劳动关系是否成立一般依据劳动合同来判定。如用人单位招用劳动者未订立书面劳动合同，一般认为同时具备以下三种情形的，劳动关系成立：第一，用人单位和劳动者符合法律、法规规定的主体资格；第二，用人单位依法制定的各项劳动规章制度适用于劳动者，劳动者受用人单位的劳动管理，从事用人单位安排的有报酬的劳动；第三，劳动者提供的劳动是用人单位业务的组成部分。

（二）劳务报酬所得

劳务报酬所得，是指个人从事劳务取得的所得，包括从事设计、装潢、安装、制图、化验、测试、医疗、法律、会计、咨询、讲学、翻译、审稿、书画、雕刻、影视、录音、录像、演出、表演、广告、展览、技术服务、介绍服务、经纪服务、代办服务以及其他劳务取得的所得。

个人独立从事上述劳务取得所得，该项所得支付方与其不属于劳动关系，则该项所得判定为劳务报酬所得。

（三）稿酬所得

稿酬所得，是指个人因其作品以图书、报刊等形式出版、发表而取得的所得。

（四）特许权使用费所得

特许权使用费所得，是指个人提供专利权、商标权、著作权、非专利技术以及其他特许权的使用权取得的所得；提供著作权的使用权取得的所得，不包括稿酬所得。

（五）经营所得

经营所得包括：

1. 个体工商户从事生产、经营活动取得的所得，个人独资企业投资人、合伙企业的个人合伙人来源于境内注册的个人独资企业、合伙企业生产、经营的所得；

2. 个人依法从事办学、医疗、咨询以及其他有偿服务活动取得的所得；

3. 个人对企业、事业单位承包经营、承租经营以及转包、转租取得的所得；

4. 个人从事其他生产、经营活动取得的所得。

（六）利息、股息、红利所得

利息、股息、红利所得，是指个人拥有债权、股权等而取得的利息、股息、红利所得。

（七）财产租赁所得

财产租赁所得，是指个人出租不动产、机器设备、车船以及其他财产取得的所得。

（八）财产转让所得

财产转让所得，是指个人转让有价证券、股权、合伙企业中的财产份额、不动产、机器设备、车船以及其他财产取得的所得。

（九）偶然所得

偶然所得，是指个人得奖、中奖、中彩以及其他偶然性质的所得。

个人取得的所得，难以界定应纳税所得项目的，由国务院税务主管部门确定。

三、所得来源地的确定

判断所得来源地，是确定该项所得是否应该征收个人所得税的重要依据。所得来源地的判断应反映经济活动的实质，要遵循方便税务机关实行有效征管的原则。中国的个人所得税规定下列所得，不论支付地点是否在中国境内，均为来源于中国境内的所得：

（1）因任职、受雇、履约等在中国境内提供劳务取得的所得；

（2）将财产出租给承租人在中国境内使用而取得的所得；

（3）许可各种特许权在中国境内使用而取得的所得；

（4）转让中国境内的不动产等财产或者在中国境内转让其他财产取得的所得；

（5）从中国境内企业、事业单位、其他组织以及居民个人取得的利息、股息、红利所得。

第二节　税率

我国个人所得税根据纳税人身份及所得类别的不同，分别适用超额累进税率和比例税率。

（一）居民个人综合所得适用税率

居民个人综合所得，适用3%至45%的七级超额累进税率（见表11-1）。

表11-1　综合所得个人所得税税率

级数	全年应纳税所得额	税率/%	速算扣除数
1	不超过36 000元的	3	0
2	超过36 000元至144 000元的部分	10	2 520
3	超过144 000元至300 000元的部分	20	16 920
4	超过300 000元至420 000元的部分	25	31 920
5	超过420 000元至660 000元的部分	30	52 920
6	超过660 000元至960 000元的部分	35	85 920
7	超过960 000元的部分	45	181 920

（二）非居民纳税人，工资薪金所得、劳务报酬所得、稿酬所得及特许权使用费所得适用税率

非居民纳税人，取得上述所得，按月或按次分项计税，适用按月换算后的综合个人所得税税率（以下称月度税率，见表11-2）。

表 11-2　按月换算后的综合所得个人所得税税率（月度税率）

级数	全月应纳税所得额	税率/%	速算扣除数
1	不超过 3 000 元的	3	0
2	超过 3 000 元至 12 000 元的部分	10	210
3	超过 12 000 元至 25 000 元的部分	20	1 410
4	超过 25 000 元至 35 000 元的部分	25	2 660
5	超过 35 000 元至 55 000 元的部分	30	4 410
6	超过 55 000 元至 80 000 元的部分	35	7 160
7	超过 80 000 元的部分	45	15 160

（三）经营所得适用税率

经营所得适用税率，适用 5% 至 35% 的 5 级超额累进税率（见表 11-3）。

表 11-3　经营所得个人所得税税率

级数	全年应纳税所得额	税率/%	速算扣除数
1	不超过 30 000 元的	5	0
2	超过 30 000 元至 90 000 元的部分	10	1 500
3	超过 90 000 元至 300 000 元的部分	20	10 500
4	超过 300 000 元至 500 000 元的部分	30	40 500
5	超过 500 000 元的部分	35	65 500

（四）其他所得适用税率

利息、股息、红利所得，财产租赁所得，财产转让所得和偶然所得，统一适用 20% 的比例税率。

第三节　应纳税所得额的规定

个人所得税的计税依据为应纳税所得额。在混合征收模式下，某类所得的应纳税所得额为该类所得的收入，减去税法规定的该类费用减除标准后的余额。

一、每次收入的确定

个人所得税的纳税期限有三种：一是按年征收，如居民纳税人的综合所得和个体工商户的生产、经营所得；二是按月征收，如非居民纳税人的工资、薪金所得；三是按次征收，如非居民纳税人取得的劳务报酬所得、稿酬所得、特许权使用费所得，以及纳税人取得的利息、股息、红利所得，财产租赁所得，财产转让所得，偶然所得等所得。由于"次"相对于"年""月"而言，确定难度大，如何准确划分

"次"，是十分重要的。"次"的具体规定是：

1. 劳务报酬所得，属于一次性收入的，以取得该项收入为一次；属于同一项目连续性收入的，以一个月内取得的收入为一次。

2. 稿酬所得，以每次出版、发表取得的收入为一次。具体又可细分为：

（1）同一作品再版取得的所得，应视为另一次稿酬所得计征个人所得税；

（2）同一作品先在报刊上连载，然后再出版，或先出版，再在报刊上连载的，应视为两次稿酬所得征税；

（3）同一作品在报刊上连续取得收入的，以连载完成后取得的所有收入合并为一次，计征个人所得税；

（4）同一作品在出版和发表时，以预付稿酬或分次支付稿酬等形式取得的稿酬收入，应合并计算为一次；

（5）同一作品出版、发表后，因添加印数而追加稿酬的，应与以前出版、发表的取得稿酬合并计算为一次，计征个人所得税。

3. 特许权使用费所得，以一项特许权的一次许可使用所取得的收入为一次。

4. 财产租赁所得，以一个月内取得的收入为一次。

5. 财产转让所得，按照一次转让财产的收入额减除财产原值和合理费用后的余额，计算纳税。

6. 利息、股息、红利所得，以支付利息、股息、红利时取得的收入为一次。

7. 偶然所得，以每次取得该项收入为一次。

二、应纳税所得额的确定

（一）居民个人综合所得

综合所得的应纳税所得额为每一纳税年度的工资薪金所得、劳务报酬所得、稿酬所得及特许权使用费之和，减除税法准予扣除费用后的余额。其应纳税所得额的计算公式为

综合所得的应纳税所得额=每一纳税年度的收入额-标准扣除费用、专项扣除费用、专项附加扣除费用和依法确定的其他扣除费用后的余额。

1. 收入额。工资薪金所得按全额计算收入额，劳务报酬所得、稿酬所得、特许权使用费所得以收入减除20%的费用后的余额为收入额，且稿酬所得的收入额减按70%计算。

2. 扣除费用项目。在遵循公平合理、利于民生、简便易行原则的基础上，个人所得税法准予扣除费用项目包括4项（见表11-4）：

（1）标准扣除，每一纳税年度为60 000万元。

（2）专项扣除，包括居民个人按照国家规定的范围和标准缴纳的基本养老保险、基本医疗保险、失业保险等社会保险费和住房公积金等。

（3）专项附加扣除，包括子女教育、继续教育、大病医疗、住房贷款利息或者住房租金、赡养老人等支出。

（4）依法确定的其他扣除，包括个人缴付符合国家规定的企业年金、职业年

金，个人购买符合国家规定的商业健康保险、税收递延型商业养老保险的支出，以及国务院规定可以扣除的其他项目。

表 11-4　个人所得税法准予扣除费用项目

（1）标准扣除	居民：每年 60 000 元 非居民：每月 5 000 元		
（2）专项扣除	三险一金 （基本养老保险、基本医疗保险、失业保险和住房公积金）		
（3）专项附加扣除	子女教育		
	继续教育		
	大病医疗		
	住房贷款利息		
	住房租金		
	赡养老人		
（4）依法确定的其他扣除	企业或职业年金		
	符合条件的商业健康保险		
	税收递延型养老保险		

3. 专项扣除费用的标准。

（1）子女教育支出扣除规定如下：①纳税人的子女接受学前教育、全日制学历教育的相关支出，按照每个子女每月 1 000 元的标准定额扣除。学历教育包括义务教育（小学、初中教育）、高中阶段教育（普通高中、中等职业、技工教育）、高等教育（大学专科、大学本科、硕士研究生、博士研究生教育）。②父母可以选择由其中一方按扣除标准的 100% 扣除，也可以选择由双方分别按扣除标准的 50% 扣除，具体扣除方式在一个纳税年度内不能变更。③纳税人子女在中国境外接受教育的，纳税人应当留存境外学校录取通知书、留学签证等相关教育的证明资料备查。④允许扣除的时间段规定如下：学前教育阶段，为子女年满 3 周岁当月至小学入学前一月。学历教育，为子女接受全日制学历教育入学的当月至全日制学历教育结束的当月。

（2）继续教育支出扣除规定如下：①纳税人在中国境内接受学历（学位）继续教育的支出，在学历（学位）教育期间按照每月 400 元定额扣除。学历（学位）继续教育，为在中国境内接受学历（学位）继续教育入学的当月至学历（学位）继续教育结束的当月，同一学历（学位）继续教育的扣除期限不能超过 48 个月。纳税人接受技能人员职业资格继续教育、专业技术人员职业资格继续教育的支出，在取得相关证书的当年，按照 3 600 元定额扣除。②个人接受本科及以下学历（学位）继续教育，符合本办法规定扣除条件的，可以选择由其父母扣除，也可以选择由本人扣除。③纳税人接受技能人员职业资格继续教育、专业技术人员职业资格继续教育的，应当留存相关证书等资料备查。

（3）大病医疗支出扣除规定如下：①在一个纳税年度内，纳税人发生的与基本医保相关的医药费用支出，扣除医保报销后个人负担（指医保目录范围内的自付部分）累计超过15 000元的部分，由纳税人在办理年度汇算清缴时，在80 000元限额内据实扣除。②纳税人发生的医药费用支出可以选择由本人或者其配偶扣除；未成年子女发生的医药费用支出可以选择由其父母一方扣除。纳税人及其配偶、未成年子女发生的医药费用支出，按规定分别计算扣除额。③纳税人应当留存医药服务收费及医保报销相关票据原件（或者复印件）等资料备查。医疗保障部门应当向患者提供在医疗保障信息系统记录的本人年度医药费用信息查询服务。④允许扣除的年份为医疗保障信息系统记录的医药费用实际支出的当年。

（4）住房贷款利息支出扣除规定如下：①纳税人本人或者配偶单独或者共同使用商业银行或者住房公积金个人住房贷款为本人或者其配偶购买中国境内住房，发生的首套住房贷款利息支出，在实际发生贷款利息的年度，按照每月1 000元的标准定额扣除，扣除期限最长不超过240个月。纳税人只能享受一次首套住房贷款的利息扣除。首套住房贷款是指购买住房享受首套住房贷款利率的住房贷款。②经夫妻双方约定，可以选择由其中一方扣除，具体扣除方式在一个纳税年度内不能变更。夫妻双方婚前分别购买住房发生的首套住房贷款，其贷款利息支出，婚后可以选择其中一套购买的住房，由购买方按扣除标准的100%扣除，也可以由夫妻双方对各自购买的住房分别按扣除标准的50%扣除，具体扣除方式在一个纳税年度内不能变更。③纳税人应当留存住房贷款合同、贷款还款支出凭证备查。④允许扣除的时间段为贷款合同约定开始还款的当月至贷款全部归还或贷款合同终止的当月。

（5）住房租金支出扣除规定如下：①纳税人在主要工作城市没有自有住房而发生的住房租金支出，可以按照以下标准定额扣除：直辖市、省会（首府）城市、计划单列市以及国务院确定的其他城市，扣除标准为每月1 500元；除前述所列城市以外，市辖区户籍人口超过100万的城市，扣除标准为每月1 100元；市辖区户籍人口不超过100万的城市，扣除标准为每月800元。纳税人的配偶在纳税人的主要工作城市有自有住房的，视同纳税人在主要工作城市有自有住房。市辖区户籍人口，以国家统计局公布的数据为准。②主要工作城市是指纳税人任职受雇的直辖市、计划单列市、副省级城市、地级市（地区、州、盟）全部行政区域范围；纳税人无任职受雇单位的，为受理其综合所得汇算清缴的税务机关所在城市。夫妻双方主要工作城市相同的，只能由一方扣除住房租金支出。③住房租金支出由签订租赁住房合同的承租人扣除。④纳税人及其配偶在一个纳税年度内不能同时分别享受住房贷款利息和住房租金专项附加扣除。⑤纳税人应当留存住房租赁合同、协议等有关资料备查。⑥允许扣除的时间段为租赁合同（协议）约定的房屋租赁期开始的当月至租赁期结束的当月。提前终止合同（协议）的，以实际租赁期限为准。

（6）赡养老人支出扣除规定如下：①纳税人赡养一位及以上被赡养人的赡养支出，统一按照以下标准定额扣除：纳税人为独生子女的，按照每月2 000元的标准定额扣除；纳税人为非独生子女的，由其与兄弟姐妹分摊每月2 000元的扣除额度，每人分摊的额度不能超过每月1 000元。可以由赡养人均摊或者约定分摊，也可以由被赡养人指定分摊。约定或者指定分摊的须签订书面分摊协议，指定分摊优先于约定分摊。具体分摊方式和额度在一个纳税年度内不能变更。②被赡养人是指年满60岁的父母，以及子女均已去世的年满60岁的祖父母、外祖父母。父母，是指生父母、继父母、养父母；子女，是指婚生子女、非婚生子女、继子女、养子女。父母之外的其他人担任未成年人的监护人的，比照本规定执行。③允许扣除的时间段为被赡养人年满60周岁的当月至赡养义务终止的年末。

专项扣除、专项附加扣除和依法确定的其他扣除，以居民个人一个纳税年度的应纳税所得额为限额；一个纳税年度扣除不完的，不得结转以后年度扣除。公安、人民银行、金融监督管理等相关部门应当协助税务机关确认纳税人的身份、金融账户信息。教育、卫生、医疗保障、民政、人力资源社会保障、住房城乡建设、公安、人民银行、金融监督管理等相关部门应当向税务机关提供纳税人子女教育、继续教育、大病医疗、住房贷款利息、住房租金、赡养老人等专项附加扣除信息。

（二）非居民个人的工资、薪金所得

非居民个人的工资、薪金所得，以每月收入额减除费用5 000元后的余额为应纳税所得额；非居民个人劳务报酬所得、稿酬所得、特许权使用费所得，以每次收入额为应纳税所得额。以收入减除20%的费用后的余额为收入额，且稿酬所得的收入额减按70%计算。

（三）经营所得

经营所得以每一纳税年度的收入总额减除成本、费用以及损失后的余额，为应纳税所得额。

成本、费用，是指生产、经营活动中发生的各项直接支出和分配计入成本的间接费用以及销售费用、管理费用、财务费用；损失，是指生产、经营活动中发生的固定资产和存货的盘亏、毁损、报废损失，转让财产损失，坏账损失，自然灾害等不可抗力因素造成的损失以及其他损失。具体参考企业所得税相应规定执行。

取得经营所得的个人，没有综合所得的，计算其每一纳税年度的应纳税所得额时，应当减除费用60 000元、专项扣除、专项附加扣除以及依法确定的其他扣除（具体减除规则同前）：应纳税所得额=收入额-成本-费用-损失-60 000-专项扣除-专项附加扣除-其他扣除。专项附加扣除在办理汇算清缴时减除。

从事生产、经营活动，未提供完整、准确的纳税资料，不能正确计算应纳税所得额的，由主管税务机关核定应纳税所得额或者应纳税额。

（四）财产租赁所得

1. 财产租赁所得，以1个月内取得的收入为一次。在确定财产租赁的应纳税所得额时，纳税人在出租财产的过程中缴纳的税金和教育费附加，可持完税（缴款）凭证，从其财产租赁收入中扣除。准予扣除的项目除了规定费用和有关税、费外，还准予扣除能够提供有效、准确凭证，证明由纳税人负担的该出租财产实际开支的修缮费用。允许扣除的修缮费用，以每次800元为限。一次扣除不完的，准予在下一次继续扣除，直到扣完为止。

个人出租财产取得的财产租赁收入，在计算缴纳个人所得税时，应依次扣除以下费用：

（1）财产租赁过程中缴纳的税金、教育费附加和符合规定的国家基金；

（2）由纳税人负担的该出租财产实际开支的修缮费用；

（3）税法规定的费用扣除标准。

2. 财产租赁所得，每次收入不超过 4 000 元的，减除费用 800 元；4 000 元以上的，减除 20%的费用，其余额为应纳税所得额。以一个月内取得的收入为一次。

（五）财产转让所得

财产转让所得，以转让财产的收入额减除财产原值和合理费用（卖出财产时按照规定支付的有关税费）后的余额，为应纳税所得额。

财产原值，按照下列方法确定：

1. 有价证券，为买入价以及买入时按照规定交纳的有关费用；

2. 建筑物，为建造费或者购进价格以及其他有关费用；

3. 土地使用权，为取得土地使用权所支付的金额、开发土地的费用以及其他有关费用；

4. 机器设备、车船，为购进价格、运输费、安装费以及其他有关费用。

其他财产，参照上述规定的方法确定财产原值。纳税人未提供完整、准确的财产原值凭证，不能按照上述规定的方法确定财产原值的，由主管税务机关核定财产原值。对股票转让所得征收个人所得税的办法，由国务院另行规定，并报全国人民代表大会常务委员会备案。

（六）利息、股息、红利所得和偶然所得

利息、股息、红利所得和偶然所得，以每次收入额为应纳税所得额。

三、应纳税所得额的其他规定

1. 个人将其所得对教育、扶贫、济困等公益慈善事业进行捐赠，捐赠额未超过纳税人申报的应纳税所得额 30%的部分，可以从其应纳税所得额中扣除；国务院规定对公益慈善事业捐赠实行全额税前扣除的，从其规定。

2. 个人所得的形式，包括现金、实物、有价证券和其他形式的经济利益；所得为实物的，应当按照取得的凭证上所注明的价格计算应纳税所得额，无凭证的实物或者凭证上所注明的价格明显偏低的，参照市场价格核定应纳税所得额；所得为有价证券的，根据票面价格和市场价格核定应纳税所得额；所得为其他形式的经济利益的，参照市场价格核定应纳税所得额。

第四节　应纳税额的计算

根据税法规定，纳税人各类所得的应纳税额，应分别计算。计算公式为

应纳税额＝各类所得的应纳税所得额×适用税率－境外所得的抵免税额

一、应纳税额的计算

（一）居民个人境内综合所得

综合所得适用7级超额累进税率（见表11-1）。应纳税额计算公式为

综合所得应纳个人所得税额=应纳税所得额×适用税率-速算扣除数

（二）非居民个人取得的工资、薪金所得、劳务报酬所得、稿酬所得、特许权使用费所得

非居民个人取得的工资、薪金所得、劳务报酬所得、稿酬所得、特许权所得，适用月度税率表（见表11-2）。应纳税额计算公式为

应纳个人所得税额=应纳税所得额×适用税率-速算扣除数

（三）经营所得

个体工商户的生产、经营所得，适用5级超额累进税率（见表11-3）。应纳税额的计算公式为

应纳税额=应纳税所得额×适用税率-速算扣除数

=（全年收入总额-成本、费用以及损失）×适用税率-速算扣除数

税法规定，个人独资企业和合伙企业应纳个人所得税，依照经营所得的计算。

对个人独资企业和合伙企业生产经营所得，其个人所得税应纳税额的计算有两种办法：

1. 查账征收

（1）个人独资企业和合伙企业投资者的生产经营所得依法计征个人所得税时，个人独资企业和合伙企业投资者本人的费用扣除标准统一确定为60 000元/年，即5 000元/月。投资者的工资不得在税前扣除。

（2）企业向从业人员实际支付的工资、薪金支出，允许在税前据实扣除。

（3）投资者及其家庭成员发生的生活费用不允许在税前扣除。投资者及其家庭发生的生活费用与企业生产经营费用混合在一起，并且难以划分的，全部视为投资者个人及其家庭发生的生活费用，不允许在税前扣除。

（4）企业生产经营和投资者及其家庭生活共用固定资产，难以划分的，由主管税务机关根据企业的生产经营类型、规模等具体情况，核定准予在税前扣除的折旧费用的数额或比例。

（5）企业计提的各种准备金不得扣除。

2. 核定征收

核定征收方式，包括定额征收、核定应税所得率征收以及其他合理的征收方式。

实行核定应税所得率征收方式的，应纳所得税额的计算公式为

（1）应纳所得税额=应纳税所得额×适用税率

（2）应纳税所得额=收入总额×应税所得率

或 =成本费用支出额÷（1-应税所得率）×应税所得率

应税所得率按表11-5规定的标准执行。

表 11-5 个人所得税应税所得率

行业	应税所得率/%
工业、交通运输业、商业	5~20
建筑业、房地产开发业	7~20
饮食服务业	7~25
娱乐业	20~40
其他行业	10~30

（四）利息、股息、红利所得

利息、股息、红利所得，应纳税额的计算公式为

$$应纳税额=应纳税所得额×适应税率$$
$$=每次收入额×20\%$$

（五）财产租赁所得

财产租赁所得，应纳税额的计算公式为

1. 每次（月）收入不足 4 000 元的

$$应纳税额=应纳税所得额×适用税率$$
$$=（每次收入额-800）×20\%$$

2. 每次（月）收入在 4 000 元以上的

$$应纳税额=应纳税所得额×适用税率$$
$$=每次收入额×（1-20\%）×20\%$$

（六）财产转让所得

财产转让所得，其应纳税额的计算公式为

$$应纳税额=应纳税所得额×适用税率$$
$$=（收入总额-财产原值-合理费用）×20\%$$

（七）偶然所得

偶然所得应纳税额的计算公式为

$$应纳税额=应纳税所得额×适用税率=每次收入额×20\%$$

二、境外所得的抵免税额

为了避免对纳税义务人的境外所得的重复征税，我国税法规定，纳税义务人从中国境外取得的所得，准予其在应纳税额中扣除已在境外缴纳的个人所得税税额。

境外所得抵免税额的计算，采用分国不分项抵免法，具体规定如下：

（1）居民个人从中国境外取得的所得，可以从其应纳税额中抵免已在境外缴纳的个人所得税税额，但抵免额不得超过该纳税人境外所得依照《中华人民共和国个人所得税法》规定计算的应纳税额。

（2）居民个人从中国境内和境外取得的综合所得、经营所得，应当分别合并计算应纳税额；从中国境内和境外取得的其他所得，应当分别单独计算应纳税额。

（3）已在境外缴纳的个人所得税税额，是指居民个人来源于中国境外的所得，

依照该所得来源国家（地区）的法律应当缴纳并且实际已经缴纳的所得税税额。

（4）纳税人境外所得依照《中华人民共和国个人所得税法》规定计算的应纳税额，是居民个人抵免已在境外缴纳的综合所得、经营所得以及其他所得的所得税税额的限额（以下简称抵免限额）。除国务院财政、税务主管部门另有规定外，来源于中国境外一个国家（地区）的综合所得抵免限额、经营所得抵免限额以及其他所得抵免限额之和，为来源于该国家（地区）所得的抵免限额。

（5）居民个人在中国境外一个国家（地区）实际已经缴纳的个人所得税税额，低于依照第（4）款规定计算出的来源于该国家（地区）所得的抵免限额的，应当在中国缴纳差额部分的税款；超过来源于该国家（地区）所得的抵免限额的，其超过部分不得在本纳税年度的应纳税额中抵免，但是可以在以后纳税年度来源于该国家（地区）所得的抵免限额的余额中补扣。补扣期限最长不得超过五年。

居民个人申请抵免已在境外缴纳的个人所得税税额，应当提供境外税务机关出具的税款所属年度的有关纳税凭证。

三、应纳税额计算中的几个特殊问题

（一）对个人取得全年一次性奖金等计算征收个人所得税的征税方法

全年一次性奖金是指行政机关、企事业单位等扣缴义务人根据其全年经济效益和对雇员全年工作业绩的综合考核情况，向雇员发放的一次性奖金。

在 2021 年 12 月 31 日前，可以选择并入当年综合所得计算纳税；也选择可不并入当年综合所得，以全年一次性奖金收入除以 12 个月得到的数额，按照月度税率表（见表 11-2）确定适用税率和速算扣除数，单独计算纳税。其计算公式为

应纳税额 = 全年一次性奖金收入 × 适用税率 - 速算扣除数

自 2022 年 1 月 1 日起，居民个人取得全年一次性奖金，应并入当年综合所得计算缴纳个人所得税。

中央企业负责人取得年度绩效薪金延期兑现收入和任期奖励，在 2021 年 12 月 31 日前，参照全年一次性奖金计税规定执行；2022 年 1 月 1 日之后的政策另行明确。

（二）对社会保险费（金）、住房公积金的征税方法

1. 企事业单位按照国家或省（自治区、直辖市）人民政府规定的缴费比例或办法实际缴付的基本养老保险费、基本医疗保险费和失业保险费，免征个人所得税；个人按照国家或省（自治区、直辖市）人民政府规定的缴费比例或办法实际缴付的基本养老保险费、基本医疗保险费和失业保险费，允许在个人应纳税所得额中扣除。

企事业单位和个人超过规定的比例和标准缴付的基本养老保险费、基本医疗保险费和失业保险费，应将超过部分并入个人当期的工资、薪金收入，计征个人所得税。

2. 单位和个人分别在不超过职工本人上一年度月平均工资 12% 的幅度内，其实际缴存的住房公积金，允许在个人应纳税所得额中扣除。单位和职工个人缴存住房公积金的月平均工资不得超过职工工作地所在设区城市上一年度职工月平均工资的

3倍，具体标准按照各地有关规定执行。

单位和个人超过上述规定比例和标准缴付的住房公积金，应将超过部分并入个人当期的工资、薪金收入，计征个人所得税。

（三）个人接受促销展业赠品的个人所得税规定

企业和单位（包括企业、事业单位、社会团体、个人独资企业、合伙企业和个体工商户等，以下简称企业）在营销活动中以折扣折让、赠品、抽奖等方式，向个人赠送现金、消费券、物品、服务等（以下简称礼品）有关个人所得税问题通知如下：

第一，下列情形不征收个人所得税：

企业通过价格折扣、折让方式向个人销售商品（产品）和提供服务；

企业在向个人销售商品（产品）和提供服务的同时给予赠品，如通信企业对个人购买手机赠话费、入网费，或者购话费赠手机等；

企业对累积消费达到一定额度的个人按消费积分反馈礼品。

第二，下列情形须征收个人所得税（税款由赠送礼品的企业代扣代缴）：

企业在业务宣传、广告等活动中，随机向本单位以外的个人赠送礼品，对个人取得的礼品所得；

企业在年会、座谈会、庆典以及其他活动中向本单位以外的个人赠送礼品，对个人取得的礼品所得；

企业对累积消费达到一定额度的顾客，给予额外抽奖机会而抽到的奖品。

第三，企业赠送的礼品是自产产品（服务）的，按该产品（服务）的市场销售价格确定个人的应税所得；是外购商品（服务）的，按该商品（服务）的实际购置价格确定个人的应税所得。

（四）对个人住房转让所得征收个人所得税的征税方法

对个人住房转让所得征收的个人所得税，按以下方法计征：

1. 对住房转让所得征收个人所得税时，以实际成交价格为转让收入。纳税人申报的住房成交价格明显低于市场价格且无正当理由的，征收机关依法有权根据有关信息核定其转让收入，但必须保证各税种计税价格一致。

2. 对转让住房收入计算个人所得税应纳税所得额时，纳税人可凭原购房合同、发票等有效凭证，经税务机关审核后，允许从其转让收入中减除房屋原值、转让住房过程中缴纳的税金及有关合理费用。

（1）房屋原值具体为：

①商品房，购置该房屋时实际支付的房价款及交纳的相关税费。

②自建住房，实际发生的建造费用及建造和取得产权时实际交纳的相关税费。

③经济适用房（含集资合作建房、安居工程住房），原购房人实际支付的房价款及相关税费，以及按规定交纳的土地出让金。

④已购公有住房，原购公有住房标准面积按当地经济适用房价格计算的房价款，加上原购公有住房超标准面积实际支付的房价款以及按规定向财政部门（或原产权单位）交纳的所得收益及相关税费。

⑤城镇拆迁安置住房，其原值分别为以下四种情形：

第一种，房屋拆迁取得货币补偿后购置房屋的，为购置该房屋实际支付的房价款及交纳的相关税费；

第二种，房屋拆迁采取产权调换方式的，所调换房屋原值为《房屋拆迁补偿安置协议》注明的价款及交纳的相关税费；

第三种，房屋拆迁采取产权调换方式，被拆迁人除取得所调换房屋，又取得部分货币补偿的，所调换房屋原值为《房屋拆迁补偿安置协议》注明的价款和交纳的相关税费，减去货币补偿后的余额；

第四种，房屋拆迁采取产权调换方式，被拆迁人取得所调换房屋，又支付部分货币的，所调换房屋原值为《房屋拆迁补偿安置协议》注明的价款，加上所支付的货币及交纳的相关税费。

（2）转让住房过程中缴纳的税金是指，纳税人在转让住房时实际缴纳的营业税、城市维护建设税、教育费附加、土地增值税、印花税等税金。

（3）合理费用是指，纳税人按照规定实际支付的住房装修费用、住房贷款利息、手续费、公证费等费用。

①支付的住房装修费用。纳税人能提供实际支付装修费用的税务统一发票，并且发票上所列付款人姓名与转让房屋产权人一致的，经税务机关审核，其转让的住房在转让前实际发生的装修费用，可在以下规定比例内扣除：

一是已购公有住房、经济适用房，最高扣除限额为房屋原值的15%；

二是商品房及其他住房，最高扣除限额为房屋原值的10%。

纳税人原购房为装修房，即合同注明房价款中含有装修费（铺装了地板，装配了洁具、厨具等）的，不得再重复扣除装修费用。

②支付的住房贷款利息。纳税人出售以按揭贷款方式购置的住房的，其向贷款银行实际支付的住房贷款利息，凭贷款银行出具的有效证明据实扣除。

③纳税人按照有关规定实际支付的手续费、公证费等，凭有关部门出具的有效证明据实扣除。

3. 纳税人未提供完整、准确的房屋原值凭证，不能正确计算房屋原值和应纳税额的，税务机关可根据《中华人民共和国税收征收管理法》第三十五条的规定，对其实行核定征税，即按纳税人住房转让收入的一定比例核定应纳个人所得税额。具体比例由省级地方税务局或者省级地方税务局授权的地市级地方税务局根据纳税人出售住房的所处区域、地理位置、建造时间、房屋类型、住房平均价格水平等因素，在住房转让收入1%~3%的幅度内确定。

第五节　税收优惠

《个人所得税法》及其实施细则，以及财政部、国家税务总局的若干规定等，都对个人所得项目给予了减税、免税的优惠。其主要包括：

一、下列各项个人所得，免纳个人所得税

1. 省级人民政府、国务院部委和中国人民解放军军以上单位，以及外国组织、国际组织颁发的科学、教育、技术、文化、卫生、体育、环境保护等方面的奖金；

2. 国债和国家发行的金融债券利息；

3. 按照国家统一规定发给的补贴、津贴；

4. 福利费、抚恤金、救济金；

5. 保险赔款；

6. 军人的转业费、复员费、退役金；

7. 按照国家统一规定发给干部、职工的安家费、退职费、基本养老金或者退休费、离休费、离休生活补助费；

8. 依照有关法律规定应予免税的各国驻华使馆、领事馆的外交代表、领事官员和其他人员的所得；

9. 中国政府参加的国际公约、签订的协议中规定免税的所得；

10. 国务院规定的其他免税所得。

二、下列各项个人所得，减征个人所得税

有下列情形之一的，可以减征个人所得税，具体幅度和期限，由省、自治区、直辖市人民政府规定，并报同级人民代表大会常务委员会备案：

1. 残疾、孤老人员和烈属的所得；

2. 因自然灾害遭受重大损失的。

三、其他免税、减税规定

1. 发给见义勇为者的奖金。对乡、镇（含乡、镇）以上人民政府或经县（含县）以上人民政府主管部门批准成立的有机构、有章程的见义勇为基金或者类似性质组织，奖励见义勇为者的奖金或奖品，经主管税务机关核准，免征个人所得税。

2. 个人举报、协查各种违法、犯罪行为而获得的奖金。

3. 企业和个人按照国家或地方政府规定的比例提取并缴付的基本养老保险金、医疗保险金、失业保险金、住房公积金不计入个人当期的工资、薪金收入，免予征收个人所得税；超过规定的比例缴付的部分计征个人所得税。

个人领取原提存的基本养老保险金、医疗保险金、住房公积金时，免予征收个人所得税。

4. 关于保险的个人所得税优惠政策。

对个人购买符合规定的商业健康保险产品的支出，允许在当年（月）计算应纳税所得额时予以税前扣除，扣除限额为2 400元/年（200元/月）。单位统一为员工购买符合规定的商业健康保险产品的支出，应分别计入员工个人工资薪金，视同个人购买，按上述限额予以扣除。2 400元/年（200元/月）的限额扣除为个人所得税法规定减除费用标准之外的扣除。

5. 关于企业年金和职业年金缴费的个人所得税优惠政策。

企业和事业单位（以下统称单位）根据国家有关政策规定的办法和标准，为在本单位任职或者受雇的全体职工缴付的企业年金或职业年金（以下统称年金）单位缴费部分，在计入个人账户时，个人暂不缴纳个人所得税。

个人根据国家有关政策规定缴付的年金个人缴费部分，在不超过本人缴费工资计税基数的4%标准内的部分，暂从个人当期的应纳税所得额中扣除。

年金基金投资运营收益分配计入个人账户时，个人暂不缴纳个人所得税。

6. 个人转让自用达 5 年以上，并且是唯一的家庭居住用房取得的所得。

7. 以下情形的房屋产权无偿赠与，对当事双方不征收个人所得税：

（1）房屋产权所有人将房屋产权无偿赠与配偶、父母、子女、祖父母、外祖父母、孙子女、外孙子女、兄弟姐妹；

（2）房屋产权所有人将房屋产权无偿赠与对其承担直接抚养或者赡养义务的抚养人或者赡养人；

（3）房屋产权所有人死亡，依法取得房屋产权的法定继承人、遗嘱继承人或者受遗赠人。

8. 个人在上海证券交易所、深圳证券交易所转让从上市公司公开发行和转让市场所得的上市公司股票所得，免征个人所得税。

9. 自 2013 年 1 月 1 日起，对个人从公开发行和转让市场取得的上市公司股票，股息红利所得按持股时间长短实行差别化个人所得税政策：个人从公开发行和转让市场取得的上市公司股票，持股期限在 1 个月以内（含 1 个月）的，其股息红利所得全额计入应纳税所得额；持股期限在 1 个月以上至 1 年（含 1 年）的，暂减按 50%计入应纳税所得额；个人从公开发行和转让市场取得的上市公司股票，持股期限超过 1 年的，股息红利所得暂免征收个人所得税。上述所得统一适用 20%的税率计征个人所得税。

10. 个人取得下列中奖所得，暂免征收个人所得税。

个人取得单张有奖发票奖金所得不超过 800 元（含 800 元）的，暂免征收个人所得税；个人取得单张有奖发票奖金所得超过 800 元的，应全额按照个人所得税法规定的"偶然所得"征税。购买社会福利有奖募捐奖券、体育彩票一次中奖收入不超过 10 000 元的（含）暂免征收个人所得税，对一次中奖收入超过 10 000 元的，应按税法规定全额征税。

11. 其他经国务院财政部门批准免税的所得。

第六节 征收管理

个人所得税的征收管理，依照《中华人民共和国个人所得税法》和《中华人民共和国税收征收管理法》的规定执行。

个人所得税以所得人为纳税人，以支付所得的单位或者个人为扣缴义务人。

一、自然人纳税识别号管理

个人所得税的纳税人为自然人，每个自然人拥有一个纳税识别号，它是自然纳税人办理涉税事项的唯一代码标识。

纳税人有中国居民身份证号码的，以中国居民身份证号码为纳税人识别号；纳税人没有中国居民身份证号码的，由税务机关赋予其纳税人识别号。扣缴义务人扣缴税款时，纳税人应当向扣缴义务人提供纳税人识别号。

二、纳税申报方式

个人所得税的纳税方式，有自行申报纳税和扣缴申报纳税两种方式。

（一）自行申报纳税

自行申报纳税，是由纳税义务人自行在税法规定的纳税期限内，向税务机关申报取得的应税所得项目和数额，如实填写个人所得税纳税申报表，并按照税法规定计算应纳税额，据此缴纳个人所得税的一种方法。

1. 有下列情形之一的，纳税人应当依法办理纳税申报：

（1）取得综合所得需要办理汇算清缴；

（2）取得应税所得没有扣缴义务人；

（3）取得应税所得，扣缴义务人未扣缴税款；

（4）取得境外所得；

（5）因移居境外注销中国户籍；

（6）非居民个人在中国境内从两处以上取得工资、薪金所得；

（7）国务院规定的其他情形。

居民个人取得劳务报酬所得、稿酬所得、特许权使用费所得，应当在汇算清缴时向税务机关提供有关信息。

2. 取得综合所得需要办理汇算清缴。

取得综合所得且符合下列情形之一的纳税人，需要办理汇算清缴：

（1）从两处以上取得综合所得，且综合所得年收入额减除专项扣除的余额超过6万元；

（2）取得劳务报酬所得、稿酬所得、特许权使用费所得中一项或者多项所得，且综合所得年收入额减除专项扣除的余额超过6万元；

（3）纳税年度内预缴税额低于应纳税额；

（4）纳税人申请退税。

纳税人取得综合所得办理汇算清缴，应当准备与收入、专项扣除、专项附加扣除、其他法定扣除、享受税收优惠、公益慈善捐赠等相关资料，按规定留存备查或报送。

3. 取得综合所得不需要办理汇算清缴。

2019 年 1 月 1 日至 2020 年 12 月 31 日居民个人取得的综合所得，可免于办理个人所得税综合所得汇算清缴：

（1）年度综合所得收入不超过 12 万元且需要汇算清缴补税的；

（2）年度汇算清缴补税金额不超过 400 元的。

（二）扣缴申报纳税

为加强税源管理，扣缴义务人向个人支付应税款项时，应当按照税法规定预扣或代扣税款，按时纳税，并专项记载备案。

扣缴义务人，是指向个人支付所得的单位或者个人。扣缴义务人应当依法办理全员全额扣缴申报。

全员全额申报，是指扣缴义务人在代扣税款的次月十五日内，向主管税务机关报送其支付所得的所有个人的有关信息、支付所得数额、扣除事项和数额、扣缴税款的具体数额和总额以及其他相关涉税信息资料。

1. 扣缴税款适用的范围

实行个人所得税全员全额扣缴申报的应税所得包括：

（1）工资、薪金所得；

（2）劳务报酬所得；

（3）稿酬所得；

（4）特许权使用费所得；

（5）利息、股息、红利所得；

（6）财产租赁所得；

（7）财产转让所得；

（8）偶然所得。

2. 预扣税款的方法

纳税人的不同项目所得，适用不同的预扣方法。

（1）居民工资、薪金所得

扣缴义务人向居民个人支付工资、薪金所得时，应当按照累计预扣法计算预扣税款，并按月办理扣缴申报。

① 累计预扣预缴应纳税所得额。

累计预扣预缴应纳税所得额 = 累计收入 - 累计免税收入 - 累计减除费用 - 累计专项扣除 - 累计专项附加扣除 - 累计依法确定的其他扣除

上述公式中，员工当期可扣除的专项附加扣除金额，为该员工在本单位截至当前月份符合政策条件的扣除金额。

累计基本减除费用，按照 5 000 元/月乘以纳税人当年在本单位的任职月份数计算；

②计算本期应预扣预缴税额。

本期应预扣预缴税额=（累计预扣预缴应纳税所得额×预扣率-速算扣除数）-

累计减免税额-累计已预扣预缴税额

如果计算本月应预扣预缴税额为负值时，暂不退税。

纳税年度终了后余额仍为负值时，由纳税人通过办理综合所得年度汇算清缴，税款多退少补。申报存在错误的，应当及时办理修正申报。

居民个人工资、薪金所得预扣率见表11-6。

表11-6 居民个人工资、薪金所得预扣率

级数	累计预扣预缴应纳税所得额	预扣率/%	速算扣除数
1	不超过36 000元	3	0
2	超过36 000元至144 000元的部分	10	2 520
3	超过144 000元至300 000元的部分	20	16 920
4	超过300 000元至420 000元的部分	25	31 920
5	超过420 000元至660 000元的部分	30	52 920
6	超过660 000元至960 000元的部分	35	85 920
7	超过960 000元的部分	45	181 920

（2）劳务报酬所得、稿酬所得、特许权使用费所得

扣缴义务人向居民个人支付劳务报酬所得、稿酬所得、特许权使用费所得时，应按次或者按月预扣预缴税款。

①劳务报酬所得应预扣预缴税额

=（收入-费用-其他允许扣除的项目）×预扣率-速算扣除数

②稿酬所得应预扣预缴税额

=〔（收入-费用）×70% -其他允许扣除的项目〕×预扣率

③许权使用费所得应预扣预缴税额

=（收入-费用-其他允许扣除的项目）×预扣率

上述公式中的收入、费用、预扣率的规定如下：

劳务报酬所得、稿酬所得、特许权使用费所得以收入减除费用后的余额为收入额；其中，稿酬所得的收入额减按70%计算。

费用：预扣预缴税款时，劳务报酬所得、稿酬所得、特许权使用费所得每次收入不超过4 000元的，减除费用按800元计算；每次收入4 000元以上的，减除费用按收入的20%计算。

劳务报酬所得预扣率：劳务报酬所得预扣率为3级超额累进税率，见表11-7；稿酬所得、特许权使用费所得，统一适用20%的比例预扣率。

表 11-7　劳务报酬所得预扣率

级数	预扣预缴应纳税所得额	预扣率/%	速算扣除数
1	不超过 20 000 元	20	0
2	超过 20 000 元至 50 000 元的部分	30	2 000
3	超过 50 000 元的部分	40	7 000

居民个人办理年度综合所得汇算清缴时，应当依法计算劳务报酬所得、稿酬所得、特许权使用费所得的收入额，并入年度综合所得计算应纳税款，税款多退少补。

（3）非居民个人取得工资、薪金所得，劳务报酬所得，稿酬所得和特许权使用费所得扣缴义务人向非居民个人支付工资、薪金所得，劳务报酬所得，稿酬所得和特许权使用费所得时，应当按月或者按次代扣代缴税款。具体方法见本章第四节——非居民个人取得的工资、薪金所得、劳务报酬所得、稿酬所得、特许权使用费所得应纳税额的计算。

（4）扣缴义务人支付利息、股息、红利所得，财产租赁所得，财产转让所得或者偶然所得时，应当依法按次或者按月代扣代缴税款。具体方法见本章第四节——利息、股息、红利所得，财产租赁所得，财产转让所得或者偶然所得应纳税额的计算。

三、申报期限

个人所得税的申报期限主要规定有：

（1）居民个人取得综合所得，按年计算个人所得税；有扣缴义务人的，由扣缴义务人按月或者按次预扣预缴税款；需要办理汇算清缴的，应当在取得所得的次年 3 月 1 日至 6 月 30 日内办理汇算清缴。

（2）非居民个人取得工资、薪金所得，劳务报酬所得，稿酬所得和特许权使用费所得，有扣缴义务人的，由扣缴义务人按月或者按次代扣代缴税款，不办理汇算清缴。

（3）纳税人取得经营所得，按年计算个人所得税，由纳税人在月度或者季度终了后 15 日内向税务机关报送纳税申报表，并预缴税款；在取得所得的次年 3 月 31 日前办理汇算清缴。

（4）纳税人取得利息、股息、红利所得，财产租赁所得，财产转让所得和偶然所得，按月或者按次计算个人所得税，有扣缴义务人的，由扣缴义务人按月或者按次代扣代缴税款。

（5）纳税人取得应税所得没有扣缴义务人的，应当在取得所得的次月 15 日内向税务机关报送纳税申报表，并缴纳税款。

（6）纳税人取得应税所得，扣缴义务人未扣缴税款的，纳税人应当在取得所得的次年 6 月 30 日前，缴纳税款；税务机关通知限期缴纳的，纳税人应当按照期限缴纳税款。

（7）居民个人从中国境外取得所得的，应当在取得所得的次年 3 月 1 日至 6 月

30 日内申报纳税。

（8）非居民个人在中国境内从两处以上取得工资、薪金所得的，应当在取得所得的次月 15 日内申报纳税。

四、反避税管理

为了堵塞税收漏洞，维护国家税收权益，针对个人不按独立交易原则转让财产、在境外避税地避税、实施不合理商业安排获取不当税收利益等避税行为，增加反避税规定。

（一）纳税调整

有下列情形之一的，税务机关有权按照合理方法进行纳税调整：

1. 个人与其关联方之间的业务往来不符合独立交易原则而减少本人或者其关联方应纳税额，且无正当理由；

2. 居民个人控制的，或者居民个人和居民企业共同控制的设立在实际税负明显偏低的国家（地区）的企业，无合理经营需要，对应当归属于居民个人的利润不做分配或者减少分配；

3. 个人实施其他不具有合理商业目的的安排而获取不当税收利益。

（二）补税及加收利息

税务机关依照前款规定做出纳税调整，需要补征税款的，应当补征税款，并依法加收利息。

利息，应当按照税款所属纳税申报期最后一日中国人民银行公布的与补税期间同期的人民币贷款基准利率计算，自税款纳税申报期满次日起至补缴税款期限届满之日止按日加收。纳税人在补缴税款期限届满前补缴税款的，利息加收至补缴税款之日。

（三）弃籍清算

纳税人因移居境外注销中国户籍的，应当在注销中国户籍前办理税款清算。

第七节　个人所得税计算案例

（一）在甲单位就职的工程师李某每月取得扣除"三险一金"后的工资薪金为 25 000 元，负担其就读于九年级的女儿的教育费用。2020 年 1 月和 2 月还取得以下收入：

（1）1 月，甲单位统一给包括李某在内的全体员工购买了每人每年 3 000 元的符合规定的商业健康保险产品。

（2）1 月某一个休息日，李某业余帮乙单位检查设备运行，乙单位按照 10 000 元的标准支付给李某报酬。

（3）2 月领取 2019 年年终奖 36 000 元，选择单独计税。

（4）2 月在丙杂志社发表一篇技术分析文章，取得稿酬 2 000 元。

（其他相关资料：对子女教育专项附加扣除李某选择在甲单位预扣预缴其税款时扣除）

要求计算：根据上述资料，计算回答下列问题，每问需计算出合计数。

（1）计算甲单位1月应预扣预缴李某的个人所得税。

（2）计算乙单位1月应预扣预缴李某的个人所得税。

（3）计算甲单位2月应预扣预缴李某的个人所得税。

（4）计算甲单位2月应扣缴李某年终奖的个人所得税。

（5）计算丙杂志社2月应预扣预缴李某的个人所得税。

【答案及解析】

（1）单位统一组织为员工购买符合规定的商业健康保险产品，在办理投保手续的当月应作为个人所得税的"工资、薪金所得"项目，计入个人收入。

累计预扣预缴应纳税所得额＝25 000＋3 000－5 000－1 000＝22 000（元）

商业健康保险的扣除不在投保当月，而是次月。所以当月扣除"三险一金"的收入，只需再扣除5 000元基本减除费用和子女教育专项附加扣除。

李某1月被甲单位预扣预缴个人所得税＝22 000×3％＝660（元）

（2）乙单位1月应预扣预缴李某的个人所得税＝10 000×（1－20％）×20％＝1 600（元）

（3）由于单位统一购买的商业健康保险产品在项目上符合规定但金额超标，所以自2月起按照200元/月的限额在5 000元基本减除费用和规定"三险一金"扣除、子女教育专项附加扣除之外进行扣除。

累计预扣预缴应纳税所得额＝25 000×2＋3 000－5 000×2－1 000×2－200＝40 800（元）

李某2月被甲单位预扣预缴个人所得税＝40 800×10％－2 520－660＝1 560－660＝900（元）

（4）36 000÷12＝3 000（元），适用3％的税率。

李某年终奖的个人所得税＝36 000×3％＝1 080（元）

（5）丙杂志社2月应预扣预缴李某的个人所得税＝（2 000－800）×70％×20％＝168（元）。

（二）2020年，居民个人张某取得收入和部分支出如下：

（1）全年扣除三险一金后工资薪金合计150 000元，累计已预扣预缴个人所得税款5 280元。

（2）取得年终奖42 000元，选择单独计税。

（3）每周的周末去甲单位做一次技术培训，甲单位按照每月5 000元的标准给张某付酬。

（4）利用业余时间出版一部小说，取得稿酬30 000元。

（5）张某当年取得了CPA和TA两个职业资格证书。

（6）转让自用达8年以上、并且是唯一的家庭居住用房，取得的所得1 000 000元，各项成本费用扣除600 000元。

（7）支付 1 000 元，购买福利彩票，中奖 10 000 元。

要求：根据上述资料，按照下列序号回答问题，如有计算需计算出合计数。

（1）计算张某取得的年终奖应缴纳的个人所得税额。

（2）计算甲单位 2020 年预扣预缴张某的个人所得税的合计数。

（3）计算张某取得的稿酬所得应预扣预缴的个人所得税额。

（4）计算张某 2020 年取得的综合所得收入额。

（5）计算张某 2020 年取得的综合所得应缴纳的个人所得税额。

（6）计算张某就 2020 年综合所得向主管税务机关办理汇算清缴时应补缴的税款或申请的应退税额，并说明综合所得汇算清缴的时间规定。

（7）计算张某分类所得应缴纳的个人所得税额。

【答案及解析】

（1）42 000÷12＝3 500（元），适用按月换算后的综合所得税率表，税率为 10%，速算扣除数为 210 元，张某取得的年终奖应缴纳的个人所得税税额＝42 000×10%－210＝3 990（元）

（2）甲单位 2020 年合计预扣预缴个人所得税税额＝5 000×（1－20%）×20%×12＝9 600（元）

（3）稿酬所得应预扣预缴的个人所得税额＝30 000×（1－20%）×70%×20%＝16 800×20%＝3 360（元）

（4）张某 2020 年取得的综合所得收入额＝150 000＋5 000×（1－20%）×12＋30 000×（1－20%）×70%＝214 800（元）

（5）综合所得应纳税所得额＝214 800－60 000－3 600－1 000×12＝139 200（元）

取得两个职业资格证书也只能扣除 3 600 元继续教育专项附加扣除。

应缴纳的个人所得税税额＝139 200×10%－2 520＝11 400（元）

（6）综合所得应补（退）税额＝11 400－5 280－9 600－3 360＝－6 840（元）

张某就 2020 年综合所得向主管税务机关办理汇算清缴时申请的应退税额为 6 840 元。

居民个人办理年度综合所得汇算清缴的时间规定是取得所得次年（本题为 2021 年）3 月 1 日至 6 月 30 日。

（7）分类所得。

转让财产所得：个人转让自用达 5 年以上，并且是唯一的家庭居住用房取得的所得，免税。

偶然所得：应纳税额＝10 000×20%＝2 000（元）

第十二章
土地、房产相关各税

第一节　土地增值税

　　土地增值税是对转让国有土地使用权、地上建筑物及其附着物，并取得收入的单位和个人，以其转让房地产所取得的增值额为征税对象而征收的一种税，是国家参与国有土地增值收益分配的一种形式。

　　开征土地增值税，有助于国家运用税收手段规范房地产市场秩序，合理调节土地增值收益分配；适应"分税制"财政体制做实地方税体系；控制土地开发，促进土地资源合理配置。

一、纳税义务人

　　土地增值税的纳税义务人，是转让国有土地使用权、地上的建筑及其附着物（以下简称转让房地产）并取得收入的单位和个人。单位包括各类企业、事业单位、国家机关和社会团体及其他组织。个人包括个体经营者和外籍个人。

二、征税范围

　　土地增值税的征税范围包括转让国有土地使用权、地上的建筑物及其附着物连同国有土地使用权一并转让、存量房地产的买卖等房地产转让行为。地上的建筑物，是指建于土地上的一切建筑物，包括地上地下的各种附属设施；附着物，是指附着于土地上的不能移动或一经移动即遭损坏的物品。

　　土地增值税的征税范围可以按照"国有""转让""有偿"三个标准界定：

　　1. 转让土地使用权的土地应为国有土地。国有土地，是指依照国家法律规定属于国家所有的土地。根据《中华人民共和国宪法》《中华人民共和国土地管理法》的规定，城市的土地属于国家。农村和城市郊区的土地除由法律规定属于国家所有的以外，其他属于农村集体所有。国家为了公共利益可以依法征用集体土地，依法征用后的集体土地属于国家所有。因此，按照法律规定，集体土地不能自行转让。对于违法转让集体土地的行为，应由有关部门补办土地征用或出让手续变为国家所有后，再纳入土地增值税的征税范围。

2. 土地使用权、土地与地上建筑物及其附着物应发生产权转让。这是判定是否属于土地增值税征税范围的重要标志之一。国有土地使用权的出让行为不包括在征税范围之内。所谓国有土地使用权的出让，是指国家以土地所有者的身份将土地使用权在一定年限内让与土地使用者，并由土地使用者向国家支付土地使用权出让金的行为，属于土地一级交易市场；国有土地使用权的转让是指土地使用者通过出让等形式取得土地使用权后，将土地使用权再转让的行为，包括出售、交换和赠与，属于土地二级交易市场。

3. 转让土地使用权、土地与地上建筑物及其附着物应为有偿。土地增值税的征收范围不包括房地产的权属虽转让但未取得收入的行为。以继承、赠与等方式无偿转让房地产的行为，不需要缴纳土地增值税。

实践中，还应注意判定以下具体情况是否属于土地增值税征税范围：

（1）房地产的出租不属于土地增值税的征税范围。

（2）房地产的抵押，在抵押期间不征收土地增值税。待抵押期满后，视该房地产是否转移占有而确定是否征收土地增值税。对于以房地产抵债而发生房地产权属转让的，应列入土地增值税的征税范围。

（3）房地产的交换属于土地增值税的征税范围。但对个人之间互换自有居住用房地产的，经当地税务机关核实，可以免征土地增值税。

（4）对于以房地产进行投资、联营的，投资、联营的一方以土地（房地产）作价入股进行投资或作为联营条件，将房地产转让到所投资、联营的企业中时，暂免征收土地增值税；对投资、联营企业将上述房地产再转让的，应征收土地增值税。但投资、联营的企业属于从事房地产开发的，或者房地产开发企业以其建造的商品房进行投资和联营的，应当征收土地增值税。

（5）对于一方出地，一方出资金，双方合作建房，建成后按比例分房自用的，暂免征收土地增值税；建成后转让的，应征收土地增值税。

（6）在企业兼并中，对被兼并企业将房地产转让到兼并企业中的，暂免征收土地增值税。

（7）房地产的代建房行为不属于土地增值税的征税范围。代建房行为是指房地产开发公司代客户进行房地产的开发，开发完成后向客户收取代建收入。

（8）房地产的重新评估不属于土地增值税的征税范围。

（9）房地产的继承、赠与均不属于土地增值税的征税范围。

房地产的继承是指房产的原产权所有人、依照法律规定取得土地使用权的土地使用人死亡以后，由其继承人依法承受死者房产产权和土地使用权的民事法律行为。这种行为虽然发生了房地产的权属变更，但作为房产产权、土地使用权的原所有人（即被继承人）并没有因为权属改变而取得任何收入。因此这种房地产的继承不属于土地增值税的征税范围。

房地产的赠与是指房产产权所有人、土地使用权所有人将自己所拥有的房地产无偿地交给其他人的民事法律行为。但这里的"赠与"仅指以下情况：①房产产权所有人、土地使用权所有人将房产产权、土地使用权赠与直系亲属或承担直接赡养

207

义务人的。②房产产权所有人、土地使用权所有人通过中国境内非营利的社会团体、国家机关将房产产权、土地使用权赠与教育、民政和其他社会福利、公益事业的。社会团体是指经民政部门批准成立的非营利性的公益组织。房地产的赠与虽发生了房地产的权属变更，但作为房产产权所有人、土地使用权的所有人并没有因为权属的转让而取得任何收入。因此，房地产的赠与不属于土地增值税的征税范围。

三、税率

土地增值税采用四级超率累进税率，该税率以增值率为累进依据（见表12-1）。所谓增值率，是指增值额占扣除项目的比率。

表 12-1　土地增值税四级超率累进税率　　　　　　　　　单位：%

级数	增值额与扣除项目金额的比率	税率	速算扣除系数
1	不超过50%的部分	30	0
2	超过50%~100%的部分	40	5
3	超过100%~200%的部分	50	15
4	超过200%的部分	60	35

四、税额计算

土地增值税税额的计算一般有以下几个步骤：第一，确定转让房地产所取得的收入；第二，确定扣除项目的金额；第三，计算增值额和增值率；第四，计算土地增值税应纳税额。

（一）确定房地产转让收入

纳税人转让房地产取得的应税收入，应包括转让房地产的全部价款及有关的经济收益。从收入的形式来看，包括货币收入、实物收入和其他收入。其中，对实物收入和其他非货币收入，要按市场公允价或评估价予以确认。

（二）确定扣除项目金额

按照规定，准予扣除的项目主要包括：

1. 取得土地使用权所支付的金额。其包括纳税人为取得土地使用权所支付的地价款和按国家统一规定缴纳的有关费用，如土地出让金、契税等。

2. 房地产开发成本。其是指房地产开发项目实际发生的成本，包括土地的征用及拆迁补偿费、前期工程费、建筑安装工程费、基础设施费、公共配套设施费、开发间接费用等。

3. 房地产开发费用。其是指与房地产开发项目有关的销售费用、管理费用和财务费用。根据现行财务会计制度的规定，这三项费用作为期间费用，直接计入当期损益，不按成本核算对象进行分摊。作为土地增值税扣除项目的房地产开发费用，不按纳税人房地产开发项目实际发生的三项费用进行扣除，而按《土地增值税暂行条例实施细则》的标准分两种情况进行扣除。

（1）纳税人能够按转让房地产项目计算分摊利息支出，并能提供金融机构的贷款证明的：

允许扣除的房地产开发费用＝利息＋（取得土地使用权所支付的金额＋房地产开发成本）×5%以内（利息最高不能超过按商业银行同类同期贷款利率计算的金额）

（2）纳税人不能按转让房地产项目计算分摊利息支出或不能提供金融机构贷款证明的：

允许扣除的房地产开发费用＝（取得土地使用权所支付的金额＋房地产开发成本）×10%以内

此外，对扣除项目金额中利息支出的计算问题做了两点专门规定：一是利息的上浮幅度按国家的有关规定执行，超过上浮幅度的部分不允许扣除；二是对于超过贷款期限的利息部分和加罚的利息不允许扣除。

4.与转让房地产有关的税金。其是指在转让房地产时缴纳的营业税、城市维护建设税、印花税。因转让房地产缴纳的教育费附加、地方教育费，也可视同税金予以扣除。需要明确的是，房地产开发企业缴纳的印花税，因已列入管理费用中予以扣除，因此不再扣除。

5.其他扣除项目。房地产开发企业，在按上述规定归集计算扣除项目后，还可以按上述"取得土地使用权所支付的金额""房地产开发成本"之和，加计扣除20%。

6.旧房及建筑物的评估价格。对于转让旧房的，应按房屋及建筑物的评估价格、取得土地使用权所支付的地价款或出让金、按国家统一规定缴纳的有关费用和转让环节缴纳的税金作为扣除项目金额计征土地增值税。对取得土地使用权时未支付地价款或不能提供已支付的地价款凭据的，在计征土地增值税时不允许扣除。

旧房及建筑物的评估价格是指在转让已使用的房屋及建筑物时，由政府批准设立的房地产评估机构评定的重置成本价乘以成新度折扣率后的价格。评估价格须经当地税务机关确认。重置成本价是指对旧房及建筑物，按转让时的建材价格及人工费用计算，建造同样面积、同样层次、同样结构、同样建设标准的新房及建筑物所需花费的成本费用。成新度折扣率是指按旧房的新旧程度作一定比例的折扣。

（三）计算增值额与增值率

$$增值额＝转让房地产取得的收入－准予扣除项目金额$$
$$增值率＝增值额÷扣除项目金额$$

（四）计算应纳税额

土地增值税应纳税额要根据增值率的不同来计算。

$$应纳税额＝\sum（每级距的土地增值额×适用税率）$$

由于分步计算较为繁琐，实际计算时一般采用速算扣除法。

当增值率≤50%时，应纳税额＝增值额×30%；

当50%＜增值率≤100%时，应纳税额＝增值额×40%－扣除项目金额×5%；

当100%＜增值率≤200%时，应纳税额＝增值额×50%－扣除项目金额×15%；

当增值率>200%时，应纳税额＝增值额×60%－扣除项目金额×35%。

例1 纳税人甲转让一栋写字楼取得500万元收入，扣除项目金额为200万元，计算应纳土地增值税。

方法一：

增值额为500－200＝300（万元）

增值率为300÷200×100%＝150%

增值率超过100%却未超过200%，分别适用30%、40%与50%三档税率。

（1）增值率未超过50%的部分，适用30%的税率。

增值额＝200×50%＝100（万元）

增值税额＝100×30%＝30（万元）

（2）增值率超过50%未超过100%的部分，适用40%的税率。

增值额＝200×（100%－50%）＝100（万元）

增值税额＝100×40%＝40（万元）

（3）增值率超过100%未超过200%的部分，适用50%的税率。

增值额＝200×（150%－100%）＝100（万元）

增值税额＝100×50%＝50（万元）

（4）应纳土地增值税额＝30+40+50＝120（万元）

方法二：

增值额为500－200＝300（万元）

增值率为300÷200×100%＝150%

因此，应纳土地增值税额＝300×50%－200×15%＝120（万元）

例2 某房地产开发公司出售一栋住宅，收入总额为10 000万元。开发过程中的有关支出如下：支付地价款及各种费用1 000万元；房地产开发成本3 000万元；财务费用中的利息支出为500万元（可按转让项目计算分摊并提供金融机构证明），但其中有50万元属于加罚的利息；转让环节缴纳的有关税费共计为555万元；该单位所在地政府规定的其他房地产开发费用计算扣除比例为5%。计算应缴纳的土地增值税额。

（1）取得土地使用权支付的地价款及有关费用为1 000万元；

（2）房地产开发成本为3 000万元；

（3）房地产开发费用＝500－50+（1 000+3 000）×5%＝650（万元）；

（4）与转让房地产有关的税金为555万元；

（5）其他扣除项目为房地产开发企业加计扣除20%：

加计扣除额＝（1 000+3 000）×20%＝800（万元）；

（6）允许扣除的项目金额合计＝1 000+3 000+650++555+800＝6 005（万元）；

（7）增值额＝10 000－6 005＝3 995（万元）；

（8）增值率＝3 995÷6 005×100%＝66.53%；

（9）应纳土地增值税额＝3 995×40%－6 005×5%＝1 297.75（万元）。

五、税收优惠

1. 建造普通标准住宅出售，增值额未超过扣除项目金额 20%的，免征土地增值税；

2. 因国家建设需要依法征用、收回的房地产，免征土地增值税；

3. 因城市实施规划、国家建设的需要而搬迁，由纳税人自行转让原房地产的，免征土地增值税；

4. 对企事业单位、社会团体以及其他组织转让旧房作为公共租赁住房房源的且增值额未超过扣除项目金额 20%的，免征土地增值税。

六、征收管理

（一）纳税期限

土地增值税的纳税人应在转让房地产合同签订后的 7 日内向税务机关办理纳税申报，并向税务机关提交房屋及建筑物产权、土地使用权证书，土地转让、房产买卖合同，房地产评估报告及其他与转让房地产有关的资料。纳税人因经常发生房地产转让而难以在每次转让后申报的，经税务机关审核同意后，可以定期进行纳税申报，具体期限由税务机关根据相关规定确定。

（二）纳税地点

土地增值税纳税人应向房地产所在地（即坐落地）主管税务机关申报纳税。

（三）征税办法

土地增值税应在取得房产预售款当期按预征率进行预征；除保障性住房外，东部地区省份预征率不得低于 2%，中部和东北地区省份不得低于 1.5%，西部地区省份不得低于 1%；当房地产项目符合"应清算"或"可清算"条件时，再进行土地增值税清算，多退少补。

第二节　房产税

房产税是以房屋为征税对象，按照房屋的计税余值或租金收入，向产权所有人征收的一种财产税。由于房产有确定的坐落地、税源可靠、纳税面广，因此，征收房产税有利于地方政府筹集财政收入。

一、纳税义务人

房产税以在征税范围内的房屋产权所有人为纳税人。具体规定如下：

1. 产权属国家所有的，由经营管理单位纳税；产权属集体和个人所有的，由集体单位和个人纳税。所称单位，包括各类企业（含外资企业）和事业单位、社会团体、国家机关、军队以及其他单位；所称个人，包括个体工商户以及其他个人。

2. 产权出典的，由承典人纳税。所谓产权出典，是指产权所有人将房屋、生产资料等的产权，在一定期限内典当给他人使用，而取得资金的一种融资业务。

3. 产权所有人、承典人不在房屋所在地的，或者产权未确定及租典纠纷未解决的，由房产代管人或者使用人纳税。所谓租典纠纷，是指产权所有人在房产出典和租赁关系上，与承典人、租赁人发生的各种争议以及一些产权归属不清的问题。

4. 纳税单位和个人无租使用房产管理部门、免税单位及纳税单位的房产，应由使用人代为缴纳房产税。

5. 自 2009 年 1 月 1 日起，外商投资企业、外国企业和组织以及外籍个人（包括港澳台资企业和组织以及华侨、港澳台同胞），依照《中华人民共和国房产税暂行条例》（以下简称《房产税暂行条例》）缴纳房产税。

二、征税对象

房产税的征税对象是房产。所称房产，是指有屋面和围护结构（有墙或两边有柱），能够遮风避雨，可供人们在其中生产、学习、工作、娱乐、居住或储藏物资的场所。独立于房屋之外的建筑物，如围墙、烟囱、水塔、油池、变电塔、酒窖菜窖、室外游泳池、玻璃暖房、砖瓦石灰窑以及各种油气罐等，不属于房产。

房地产开发企业建造的商品房，在出售前，不征收房产税；但对出售前房地产开发企业已使用或出租、出借的商品房应按规定征收房产税。

房产税是对位于城市、县城、建制镇和工矿区的房产征收。其具体规定如下：

1. 城市是指国务院批准设立的市。按市行政区（含郊区）的区域范围。

2. 县城是指县人民政府所在地的地区。县城镇行政区（含镇郊）的区域范围。

3. 建制镇是指经省、自治区、直辖市人民政府批准设立的建制镇。按镇人民政府所在地的镇区范围，不包括所辖的行政村。

4. 工矿区是指工商业比较发达、人口比较集中、符合国务院规定的建制镇标准但尚未设立建制镇的大中型工矿企业所在地。具体指大中型工矿企业所在地非农业人口达二千人以上，工商业比较发达的工矿区。开征房产税的工矿区须经省级税务机关批准。

三、税率

我国现行房产税采用比例税率。根据其计税依据不同，税率可以分为两种：一种是按房产原值一次减除 10%~30% 后的余值计征的，税率为 1.2%；另一种是按房产出租的租金收入计征的，税率为 12%。从 2001 年 1 月 1 日起，对个人按市场价格出租的居民住房，用于居住的，可暂减按 4% 的税率征收房产税。自 2008 年 3 月 1 日起，对个人出租住房，不区分用途，均按 4% 的税率征收房产税。

四、计税依据

房产税的计税依据有两种，分别为房产的计税价值或房产的租金收入。按照房产计税价值征税的，称为从价计征；按照房产租金收入计征的，称为从租计征。

1. 从价计征

《房产税暂行条例》规定，房产税依照房产原值一次减除 10%~30% 后的余值计算缴纳。房产余值是房产的原值减除规定比例后的剩余价值。各地扣除比例由所在省、自治区、直辖市人民政府确定。

（1）房产原值是指纳税人按照会计制度规定，在会计核算账簿"固定资产"科目中记载的房屋原价。自 2009 年 1 月 1 日起，对依照房产原值计税的房产，不论是否记载在会计账簿固定资产科目中，均应按照房屋原价计算缴纳房产税。房屋原价应根据国家有关会计制度规定进行核算。自 2010 年 12 月 21 日起，对按照房产原值计税的房产，无论会计上如何核算，房产原值均应包含地价，包括为取得土地使用权支付的价款、开发土地发生的成本费用等。宗地容积率低于 0.5 的，按房产建筑面积的 2 倍计算土地面积并据此确定计入房产原值的地价。

（2）房产原值应包括与房屋不可分割的各种附属设备或一般不单独计算价值的配套设施。主要有：暖气、卫生、通风、照明、煤气等设备；各种管线，如蒸汽、压缩空气、石油、给水排水等管道及电力、电信、电缆导线；电梯、升降机、过道、晒台等。自 2006 年 1 月 1 日起，为了维持和增加房屋的使用功能或使房屋满足设计要求，凡以房屋为载体，不可随意移动的附属设备和配套设施，如给排水、采暖、消防、中央空调、电气及智能化楼宇设备等，无论在会计核算中是否单独记账与核算，都应计入房产原值，计征房产税。

对于更换房屋附属设备和配套设施的，在将其价值计入房产原值时，可扣减原来相应设备和设施的价值；对附属设备和配套设施中易损坏、需要经常更换的零配件，更新后不再计入房产原值。

（3）纳税人对原有房屋进行改建、扩建的，要相应增加房屋的原值。

2.从租计征

《房产税暂行条例》规定，房产出租的，以房产租金收入为房产税的计税依据。所谓房产的租金收入，是房屋产权所有人出租房产使用权所得的报酬，包括货币收入、实物收入、其他经济利益。对以劳务或者其他形式为报酬抵付房租收入的，应根据当地同类房产的租金水平，确定一个标准租金额，并以此作为房产的出租收入。

五、税额计算

房产税的计税依据有两种，与之相适应的应纳税额计算也分为两种：一是从价计征的计算；二是从租计征的计算。

1.从价计征是按房产的原值减除一定比例后的余值计征，其计算公式为

$$应纳税额 = 应税房产原值 \times（1 - 扣除比例）\times 1.2\%$$

扣除比例是省、自治区、直辖市人民政府规定的 10% ~ 30% 的减除比例。

2.从租计征是按房产的租金收入计征，其计算公式为

$$应纳税额 = 租金收入 \times 12\%（或 4\%）$$

六、税收优惠

房产税的税收优惠是根据国家政策需要和纳税人的负担能力制定的。其优惠主要是政策性优惠。目前，房产税的税收优惠政策主要有：

1. 国家机关、人民团体、军队自用的房产免征房产税。其指的是这些单位本身的办公用房和公务用房。这些单位的出租房产以及非自身业务使用的生产、营业用房，不属于免税范围。所称人民团体，是指经国务院授权的政府部门批准设立或登记备案并由国家拨付行政事业费的各种社会团体。

2. 由国家财政部门拨付事业经费的单位，如学校、医疗卫生单位、托儿所、幼儿园、敬老院、文化、体育、艺术等实行全额或差额预算管理的事业单位所有的，本身业务范围内使用的房产免征房产税。

3. 宗教寺庙、公园、名胜古迹自用的房产免征房产税。宗教寺庙自用的房产，是指举行宗教仪式等的房屋和宗教人员使用的生活用房；公园、名胜古迹自用的房产，是指供公共参观游览的房屋及其管理单位的办公用房。宗教寺庙、公园、名胜古迹中附设的营业单位，如影剧院、饮食部、茶社、照相馆等所使用的房产及出租的房产，不属于免税范围。

4. 个人所有非营业用的房产免征房产税。其主要是指居民住房，不分面积多少，一律免征房产税。而个人拥有的营业用房或者出租的房产，不属于免税范围。

5. 对非营利性医疗机构、疾病控制机构和妇幼保健机构等卫生机构自用的房产，免征房产税。

6. 经营公租房的租金收入，免征房产税。公共租赁住房经营管理单位应单独核算公共租赁住房租金收入，未单独核算的，不得享受免征房产税优惠政策。

七、征收管理

（一）纳税义务发生时间

1. 纳税人将原有房产用于生产经营，自生产经营之月起缴纳房产税。

2. 纳税人自行新建房屋用于生产经营，自建成之次月起缴纳房产税。

3. 纳税人委托施工企业建设的房屋，自办理验收手续之次月起缴纳房产税。

4. 纳税人购置新建商品房，自房屋交付使用之次月起缴纳房产税。

5. 纳税人购置存量房，自办理房屋权属转移、变更登记手续，房地产权属登记机关签发房屋权属证书之次月起，缴纳房产税。

6. 纳税人出租、出借房产，自交付出租、出借房产之次月起，缴纳房产税。

7. 房地产开发企业自用、出租、出借本企业建造的商品房，自房屋使用或交付之次月起，缴纳房产税。

8. 自 2009 年 1 月 1 日起，纳税人因房产的实物或权利状态发生变化而依法终止房产税纳税义务的，其应纳税款的计算应截至房产的实物或权利状态发生变化的当月末。

（二）纳税期限

房产税实行按年计算、分期缴纳的征收方法，具体纳税期限由省、自治区、直辖市人民政府确定。

（三）纳税地点

房产税在房产所在地缴纳。房产不在同一地方的纳税人，应按房产的坐落地点分别向房产所在地的税务机关纳税。

第三节　契税

契税是以在中华人民共和国境内转移土地、房屋权属为征税对象，向产权承受人征收的一种财产税。

契税与其他税种相比，具有如下特点：

（1）契税属于财产转移税。契税以发生转移的不动产即土地和房屋为征税对象，具有财产转移课税性质。土地、房屋产权未发生转移的，不征收契税。

（2）契税由财产承受人缴纳。一般税种都确定销售者为纳税义务人，即卖方纳税。契税则属于土地、房屋产权发生交易过程中的财产，由承受人纳税，即买方纳税。对买方征税的主要目的，在于承认不动产转移生效，承受人纳税以后，便可拥有转移过来的不动产产权或使用权，法律保护纳税义务人的合法权益。

一、纳税义务人

在中华人民共和国境内转移土地、房屋权属，承受的单位和个人是契税的纳税义务人。境内是指中华人民共和国实际税收行政管辖范围内。土地、房屋权属是指土地使用权和房屋所有权。单位是指企业单位、事业单位、国家机关、军事单位和社会团体以及其他组织。个人是指个体经营者及其他个人，包括中国公民和外籍人员。

二、征税对象

契税的征税对象是境内发生转移的土地、房屋权属。具体包括以下五项内容：

1. 国有土地使用权出让。

2. 土地使用权的转让，包括出售、赠与、交换或者其他方式将土地使用权转移给其他单位和个人的行为。土地使用权的转让不包括农村集体土地承包经营权的转移。

3. 房屋买卖。即以货币为媒介，出卖者向购买者过户房产所有权的交易行为。以下几种特殊情况，视同买卖房屋：①以房产抵债或实物交换房屋；②以房产作投资、入股；③买房拆料或翻建新房，应照章征收契税。

4. 房屋赠与。房屋的赠与是指房屋产权所有人将房屋无偿转让给他人所有。其中，将自己的房屋转交给其他的法人和自然人，称作房屋赠与人；接受他人房屋的法人和自然人，称为受赠人。房屋赠与的前提必须是产权无纠纷，赠与人和受赠人双方自愿。

5. 房屋交换。房屋交换是指房屋所有者之间互相交换房屋的行为。等价交换房屋的，免征契税；交换价格不等时，依照交换价格差额征税。

有些特殊方式转移土地、房屋权属的，也将视同土地使用权转让、房屋所有权买卖。如以获奖、偿还债务、划转等方式承受土地、房屋权属，以预付集资建房款方式承受土地、房屋权属。

三、税率

契税实行幅度比例税率，税率幅度为3%～5%。具体执行税率，由各省、自治区、直辖市人民政府在规定的幅度内，按照本地区的实际情况决定。

四、计税依据

契税的计税依据按照土地、房屋交易的不同情况而定：

1. 国有土地使用权出让、土地使用权出售、房屋买卖，以成交价格为计税依据。具体应包括应交付的货币以及实物、其他经济利益对应的价款。

2. 土地使用权赠与、房屋赠与，由征收机关参照土地使用权出售、房屋买卖的市场价格核定。

3. 土地使用权交换、房屋交换，其计税依据是所交换的土地使用权、房屋的价格差额。交换价格相等时，免征契税；交换价格不等时，由多交付的货币、实物、无形资产或者其他经济利益的一方缴纳契税。

4. 以划拨方式取得土地使用权，经批准转让房地产时，由房地产转让者补交契税。计税依据为补交的土地使用权出让费用或者土地收益。

为了避免偷、逃税款，税法规定，成交价格明显低于市场价格并且无正当理由的，或者所交换土地使用权、房屋价格的差额明显不合理并且无正当理由的，征收机关可以参照市场价格核定计税依据。

5. 房屋附属设施征收契税的依据。

（1）不涉及土地使用权和房屋所有权转移变动的，不征收契税。

（2）采取分期付款方式购买房屋附属设施土地使用权、房屋所有权的，应按合同规定的总价款计征契税。

（3）承受的房屋附属设施权属如为单独计价的，按照当地确定的适用税率征收契税；如与房屋统一计价的，适用与房屋相同的契税税率。

6. 个人无偿赠与不动产行为（法定继承人除外），应对受赠人全额征收契税。

五、税额计算

应纳税额的计算公式为

$$应纳税额 = 计税依据 × 税率$$

应纳税额以人民币计算。转移土地、房屋权属，以外汇结算的，按照纳税义务发生之日中国人民银行公布的人民币市场汇率中间价折合成人民币计算。

六、税收优惠

1. 下列情形之一，免征契税：

（1）国家机关、事业单位、社会团体、军事单位承受土地、房屋用于办公、教学、医疗、科研和军事设施的。

（2）非营利性的学校、医疗机构、社会福利机构承受土地、房屋权属用于办公、教学、医疗、科研、养老、救助。

（3）承受荒山、荒沟、荒丘、荒滩土地使用权，并用于农、林、牧、渔业生产的。

（4）婚姻关系存续期间夫妻之间变更土地、房屋权属。

（5）法定继承人通过继承承受土地、房屋权属。

（6）依照法律规定应当予以免税的外国驻华使馆、领事馆、联合国驻华机构承受土地、房屋权属。

2. 省、自治区、直辖市决定对下列情形免征或减征契税：

（1）土地、房屋被县级以上人民政府征收、征用后，重新承受土地、房屋权属的。

（2）因不可抗力灭失住房而重新承受住房权属。

七、征收管理

（一）纳税义务发生时间

契税的纳税义务发生时间是纳税人签订土地、房屋权属转移合同的当天，或者纳税人取得其他具有土地、房屋权属转移合同性质凭证的当天。

（二）纳税期限

纳税人应当在依法办理土地、房屋权属登记手续前申报缴纳契税。

（三）纳税地点

契税的纳税地点是土地、房屋所在地的契税征收机关。

（四）征收管理

纳税人办理纳税事宜后，征收机关应向纳税人开具契税完税凭证。纳税人持契税完税凭证和其他规定的文件材料，依法向土地管理部门、房产管理部门办理有关土地、房屋的权属变更登记手续。土地管理部门和房产管理部门应向契税征收机关提供有关资料，并协助契税征收机关依法征收契税。

第四节　城镇土地使用税

城镇土地使用税是以国有土地为征税对象，对拥有土地使用权的单位和个人征收的一种税。

城镇土地使用税的特殊作用在于：①有利于调节土地的级差收入；②有利于有效利用城镇土地；③有利于筹集地方财政资金；④有利于平衡不同等级城镇土地使用者之间的税收负担。

一、纳税义务人

城镇土地使用税的纳税人是在城市、县城、建制镇、工矿区范围内使用土地的单位和个人。这里所称单位是指各类企业（含外资企业）和事业单位、社会团体、国家机关、军队以及其他单位；所称个人，包括个体工商户以及其他个人。

城镇土地使用税的纳税人一般包括以下几类：

1. 拥有土地使用权的单位和个人。

2. 拥有土地使用权的单位和个人不在土地所在地的，其土地的实际使用人和代管人为纳税人。

3. 土地使用权未确定或权属纠纷未解决的，其实际使用人为纳税人。

4. 土地使用权共有的，共有各方都是纳税人，由共有各方分别纳税。

几个人或几个单位共同拥有一块土地的使用权，这块土地的城镇土地使用税的纳税人应是对这块土地拥有使用权的每一个人或每一个单位。他们应以其实际使用的土地面积占总面积的比例，分别计算缴纳城镇土地使用税。

二、征税对象

城镇土地使用税的征税对象是在城市、县城、建制镇和工矿区内的国家所有的土地。所称城市、县城、建制镇和工矿区分别按以下标准确认：

1. 城市是指经国务院批准设立的市。

2. 县城是指县人民政府所在地。

3. 建制镇是指经省、自治区、直辖市人民政府批准设立的建制镇。

4. 工矿区是指工商业比较发达，人口比较集中，符合国务院规定的建制镇标准，但尚未设立建制镇的大中型工矿企业所在地，工矿区须经省、自治区、直辖市人民政府批准。

上述城镇土地使用税的征税范围中，城市的土地包括市区和郊区的土地，县城的土地是指县人民政府所在地的城镇土地，建制镇的土地是指镇人民政府所在地的土地。建立在城市、县城、建制镇和工矿区以外的工矿企业不需要缴纳城镇土地使用税。

三、税率

不同地段的土地存在级差收入差异，城镇土地使用税采用幅度差别定额税率，按大、中、小城市和县城、建制镇、工矿区分别规定每平方米土地使用税年应纳税额。具体规定如下：

1. 大城市 1.5~30 元；

2. 中等城市 1.2~24 元；

3. 小城市 0.9~18 元；

4. 县城、建制镇、工矿区 0.6~12 元。

以上大、中、小城市是以公安部门登记在册的非农业正式户口人数为依据，按照国务院颁布的《城市规划条例》中规定的标准划分。人口在 50 万人以上者为大城市；人口在 20 万至 50 万人之间者为中等城市；人口在 20 万人以下者为小城市。

各省、自治区、直辖市人民政府可根据市政建设情况和经济繁荣程度在规定税额幅度内，确定所辖地区的适用税额幅度。经济落后地区，土地使用税的适用税额标准可适当降低，但降低额不得超过上述规定最低税额的30%。经济发达地区的适用税额标准可以适当提高，但须报财政部批准。

四、计税依据

城镇土地使用税以纳税人实际占用的土地面积为计税依据，土地面积计量标准为平方米。其中纳税人实际占用的土地面积按下列办法进行确定：

1. 由省、自治区、直辖市人民政府确定的单位组织测定土地面积的，以测定的面积为准。

2. 尚未组织测量，但纳税人持有政府部门核发的土地使用证书的，以证书确认的土地面积为准。

3. 尚未核发土地使用证书的，应由纳税人申报土地面积，据以纳税，待核发土地使用证以后再做调整。

4. 在城镇土地使用税征税范围内单独建造的地下建筑用地，对已取得地下土地使用权证的，按土地使用权证确认的土地面积计算应征税款；对未取得地下土地使用权证或地下土地使用权证上未标明土地面积的，按地下建筑垂直投影面积计算应征税款。另外，地下建筑用地暂按应征税款的50%征收城镇土地使用税。

五、税额计算

城镇土地使用税的应纳税额依据纳税人实际占用的土地面积以及该土地所在地段的适用税额计算。计算公式为

全年应纳税额＝实际占用应税土地面积（平方米）×适用税额

六、税收优惠

（一）法定免缴

1. 国家机关、人民团体、军队自用的土地。其是指这些单位本身的办公用地和公务用地。

2. 由国家财政部门拨付事业经费的单位自用的土地。其是指单位本身的业务用地。

3. 宗教寺庙、公园、名胜古迹自用的土地。宗教寺庙自用的土地是指举行宗教仪式等的用地和寺庙内的宗教人员生活用地；公园、名胜古迹自用的土地是指供公共参观游览的用地及其管理单位的办公用地。

以上单位的生产、经营用地和其他用地，不属于免税范围，应按规定缴纳土地使用税，如公园、名胜古迹中的营业单位如照相馆、餐厅、茶楼等使用的土地。

4. 市政街道、广场、绿化地带等公共用地。

5. 直接用于农、林、牧、渔业的生产用地。其是指直接从事于种植养殖、饲养的专业用地，不包括农副产品加工场地和生活办公用地。

6. 经批准开山填海整治的土地和改造的废弃土地，从使用的月份起免缴土地使

用税 5~10 年。

7. 非营利性医疗机构、疾病控制机构和妇幼保健机构等卫生机构自用的土地，免征城镇土地使用税。

8. 企业办的学校、医院、托儿所、幼儿园，其用地能与企业其他用地明确区分的，免征城镇土地使用税。

9. 免税单位无偿使用纳税单位的土地（如公安、海关等单位使用铁路、民航等单位的土地），免征城镇土地使用税。纳税单位无偿使用免税单位的土地，纳税单位应照章缴纳城镇土地使用税。

10. 对行使国家行政管理职能的中国人民银行总行（含国家外汇管理局）所属分支机构自用的土地，免征城镇土地使用税。

（二）省、自治区、直辖市确定的免税优惠

1. 个人所有的居住房屋及院落用地。

2. 房产管理部门在房租调整改革前经租的居民住房用地。

3. 免税单位职工家属的宿舍用地。

4. 集体和个人办的各类学校、医院、托儿所、幼儿园用地。

七、征收管理

（一）纳税义务发生时间

1. 纳税人购置新建商品房，自房屋交付使用之次月起，缴纳城镇土地使用税。

2. 纳税人购置存量房，自办理房屋权属转移、变更登记手续，房地产权属登记机关签发房屋权属证书之次月起，缴纳城镇土地使用税。

3. 纳税人出租、出借房产，自交付出租、出借房产之次月起，缴纳城镇土地使用税。

4. 以出让或转让方式有偿取得土地使用权的，应由受让方从合同约定交付土地时间的次月起缴纳城镇土地使用税；合同未约定交付时间的，由受让方从合同签订的次月起缴纳城镇土地使用税。

5. 纳税人新征用的耕地，自批准征用之日起满 1 年时开始缴纳城镇土地使用税。

6. 纳税人新征用的非耕地，自批准征用次月起缴纳城镇土地使用税。

7. 自 2009 年 1 月 1 日起，纳税人因土地的权利发生变化而依法终止城镇土地使用税纳税义务的，其应纳税款的计算应截止到土地权利发生变化的当月末。

（二）纳税期限

城镇土地使用税实行按年计算、分期缴纳的征收方法，具体纳税期限由省、自治区、直辖市人民政府确定。

（三）纳税地点

城镇土地使用税在土地所在地缴纳。

纳税人使用的土地不属于同一省、自治区、直辖市管辖的，由纳税人分别向土地所在地的税务机关缴纳土地使用税；在同一省、自治区、直辖市管辖范围内，纳税人跨地区使用的土地，其纳税地点由各省、自治区、直辖市税务局确定。

第五节　耕地占用税

耕地占用税是对占用耕地建房或从事其他非农业建设的单位和个人，就其实际占用的耕地面积征收的一种税。它属于对特定土地资源占用课税。耕地占用税与其他税种有着很大的不同，它是国家为了保护耕地，而对被占用的耕地征收的一次性行为税。

一、纳税义务人

耕地占用税的纳税义务人，是占用耕地建设建筑物、构筑物或从事非农业建设的单位和个人。

占用耕地建设农田水利设施的，不缴纳耕地占用税。

所称单位，包括各类企业（含外资企业）和事业单位、社会团体、国家机关、军队以及其他单位；所称个人，包括个体工商户以及其他个人。

二、征税范围

耕地占用税的征税范围包括纳税人为建房或从事其他非农业建设而占用的国家所有和集体所有的耕地。所谓耕地是指种植农业作物的土地，包括菜地、园地。其中，园地包括花圃、苗圃、茶园、果园、桑园和其他种植经济林木的土地。

占用鱼塘及其他农用土地建房或从事其他非农业建设，也视同占用耕地，必须依法征收耕地占用税。占用已开发从事种植、养殖的滩涂、草场、水面和林地等从事非农业建设，由省、自治区、直辖市本着有利于保护土地资源和生态平衡的原则，结合具体情况确定是否征收耕地占用税。

三、税率

由于在我国的不同地区之间人口和耕地资源的分布极不均衡，有些地区人烟稠密，耕地资源相对匮乏；而有些地区则人烟稀少，耕地资源比较丰富。各地区之间的经济发展水平也有很大差异。考虑到不同地区之间客观条件的差别以及与此相关的税收调节力度和纳税人负担能力方面的差别，耕地占用税在税率设计上采用了地区差别定额税率。税率规定如下：

1. 人均耕地不超过1亩的地区（以县级行政区域为单位，下同），每平方米为10~50元；

2. 人均耕地超过1亩但不超过2亩的地区，每平方米为8~40元；

3. 人均耕地超过2亩但不超过3亩的地区，每平方米为6~30元；

4. 人均耕地超过3亩以上的地区，每平方米为5~25元。

在人均耕地低于0.5亩的地区，省、自治区、直辖市可适当提高耕地占用税税额，但最多不得超过当地适用税额的150%（见表12-2）。

表 12-2　各省、自治区、直辖市耕地占用税平均税额　　　　单位：元

地区	每平方米平均税额
上海	45
北京	40
天津	35
江苏、浙江、福建、广东	30
辽宁、湖北、湖南	25
河北、安徽、江西、山东、河南、重庆、四川	22.5
广西、海南、贵州、云南、陕西	20
山西、吉林、黑龙江	17.5
内蒙古、西藏、甘肃、青海、宁夏、新疆	12.5

四、税额计算

（一）计税依据

耕地占用税以纳税人实际占用耕地的面积为计税依据，按照规定的适用税额一次性征收。

（二）应纳税额的计算

耕地占用税应纳税额的计算公式为

应纳税额＝实际占用耕地面积×适用定额税率

五、税收优惠与征收管理

（一）免征耕地占用税

军事设施、学校、幼儿园、社会福利机构、医疗机构占用耕地免征耕地占用税。

学校范围，包括由国务院人力资源社会保障行政部门，省、自治区、直辖市人民政府或其人力资源社会保障行政部门批准成立的技工院校。

（二）减征耕地占用税

1. 铁路线路、公路线路、飞机场跑道、停机坪、港口、航道、水利工程占用耕地，减按每平方米 2 元的税额征收耕地占用税。

2. 农村居民占用耕地新建住宅，按照当地适用税额减半征收耕地占用税。

其中农村居民经批准搬迁，新建自用住宅占用耕地不超过原宅基地面积的部分，免征耕地占用税。

农村烈士遗属、因公牺牲军人遗属及残疾军人以及符合农村最低生活保障条件的农村居民，在规定用地标准内新建自用住宅，免征耕地占用税。

免征或者减征耕地占用税后，纳税人改变原占地用途，不再属于免征或者减征耕地占用税情形的，应当按照当地适用税额补缴耕地占用税。

（三）征收管理

纳税人收到自然资源管理部门办理占用耕地手续的书面通知当日为纳税义务发生时间，纳税人应自纳税义务发生之日起 30 日内申报缴纳耕地占用税。自然资源管理部门凭耕地占用税完税凭证或者免税凭证和其他有关文件发放建设用地批准书。

纳税人临时占用耕地，应当依照本条例的规定缴纳耕地占用税。纳税人在批准临时占用耕地的期限内恢复所占用耕地原状的，全额退还已经缴纳的耕地占用税。

占用园地、林地、牧草地、农田水利用地、养殖水面以及渔业水域滩涂等其他农用地建设建筑物、构筑物或者从事非农业建设的，依法征收耕地占用税。建设直接为农业生产服务的生产设施占用前款规定的农用地的，不征收耕地占用税。

第十三章
环保税、资源税、印花税及其他各税费

第一节 环境保护税

环境保护税的目的，在于保护和改善环境，减少污染物排放，推进生态文明建设。

一、纳税义务人

在中华人民共和国领域和其管辖的其他海域，直接向环境排放污染物的企事业单位和其他生产经营者为环境保护税的纳税人。

所称污染物，是指大气污染物、水污染物、固体废物和噪声。

有下列情形之一的，不属于直接向环境排放污染物，不缴纳相应污染物环保税：

1. 企事业单位和其他生产经营者，向依法设立的污水集中处理、生活垃圾集中处理场所排放应税污染物的；

2. 企事业单位和其他生产经营者，在符合国家和地方环保标准的设施、场所贮存或者处置固体废物的。

其中，依法设立的污水集中处理、生活垃圾集中处理场所向环境的排放需符合国家和地方规定的标准，贮存和处置固体废物需符合国家和地方规定的标准；否则，应当缴纳环保税。

城乡污水集中处理场所，是指为社会公众提供生活污水处理服务的场所，及生产经营者自建自用的污水处理场所。

达到省级人民政府确定的规模标准并且有污染物排放口的畜禽养殖场，应当依法缴纳环保税；依法对畜禽养殖废弃物进行综合利用和无害化处理的，不属于直接向环境排放污染物，不缴纳环保税。

二、税目税额

环保税税目税额依照环保税法所附的《环境保护税税目税额表》（见表13-1）执行。

应税大气污染物和水污染物的具体适用税额（见表13-2）的确定和调整，由省、自治区、直辖市人民政府在规定的税额幅度内提出,报同级人大常委会决定,并报全国人大常委会和国务院备案。

表 13-1 环境保护税税目税额

税目		计税单位	税额	备注
大气污染物		每污染当量	1.2 元至 12 元	
水污染物		每污染当量	1.4 元至 14 元	
固体废物	煤矸石	每吨	5 元	
	尾矿	每吨	15 元	
	危险废物	每吨	1 000 元	
	冶炼渣、粉煤灰、炉渣、其他固体废物(含半固态、液态废物)	每吨	25 元	
噪声	工业噪声	超标 1-3 分贝	每月 350 元	1. 一个单位边界上有多处噪声超标,根据最高一处超标升级计算应纳税额;当沿边界长度超过 100 米有两处以上噪声超标,按照两个单位计算应纳税额。
		超标 4-6 分贝	每月 700 元	2. 一个单位有不同地点作业场所的,应当分别计算应纳税额,合并计征。
		超标 7-9 分贝	每月 1 400 元	3. 昼、夜均超标的环境噪声,昼、夜分别计算应纳税额,累计计征。 4. 声源一个月内超标不足 15 天的,减半计算应纳税额
		超标 10-12 分贝	每月 2 800 元	5. 夜间频繁突发和夜间偶然突发厂界超标噪声,按等效声级和峰值噪声两种指标中超标分贝值高的一项计算应纳税额
		超标 13-15 分贝	每月 5 600 元	
		超标 16 分贝以上	每月 11 200 元	

表 13-2 应税污染物和当量值

一、第一类水污染物污染当量值

污染物	污染当量值/千克
1. 总汞	0.000 5
2. 总镉	0.005
3. 总铬	0.04
4. 六价铬	0.02
5. 总砷	0.02
6. 总铅	0.025
7. 总镍	0.025
8. 苯并(a)芘	0.000 000 3
9. 总铍	0.01
10. 总银	0.02

二、第二类水污染物污染当量值

污染物	污染当量值/千克	备注
11. 悬浮物(SS)	4	

225

表13-2（续）

污染物	污染当量值/千克	备注
12. 生化需氧量（BOD$_5$）	0.5	同一排放口中的化学需氧量、生化需氧量和总有机碳，只征收一项
13. 化学需氧量（CODcr）	1	
14. 总有机碳（TOC）	0.49	
15. 石油类	0.1	
16. 动植物油	0.16	
17. 挥发酚	0.08	
18. 总氰化物	0.05	
19. 硫化物	0.125	
20. 氨氮	0.8	
21. 氟化物	0.5	
22. 甲醛	0.125	
23. 苯胺类	0.2	
24. 硝基苯类	0.2	
25. 阴离子表面活性剂（LAS）	0.2	
26. 总铜	0.1	
27. 总锌	0.2	
28. 总锰	0.2	
29. 彩色显影剂（CD-2）	0.2	
30. 总磷	0.25	
31. 单质磷（以P计）	0.05	
32. 有机磷农药（以P计）	0.05	
33. 乐果	0.05	
34. 甲基对硫磷	0.05	
35. 马拉硫磷	0.05	
36. 对硫磷	0.05	
37. 五氯酚及五氯酚钠（以五氯酚计）	0.25	
38. 三氯甲烷	0.04	
39. 可吸附有机卤化物(AOX)(以Cl计)	0.25	
40. 四氯化碳	0.04	
41. 三氯乙烯	0.04	
42. 四氯乙烯	0.04	
43. 苯	0.02	
44. 甲苯	0.02	
45. 乙苯	0.02	
46. 邻-二甲苯	0.02	
47. 对-二甲苯	0.02	

表13-2(续)

污染物	污染当量值/千克	备注
48. 间-二甲苯	0.02	
49. 氯苯	0.02	
50. 邻二氯苯	0.02	
51. 对二氯苯	0.02	
52. 对硝基氯苯	0.02	
53. 2, 4-二硝基氯苯	0.02	
54. 苯酚	0.02	
55. 间-甲酚	0.02	
56. 2, 4-二氯酚	0.02	
57. 2, 4, 6-三氯酚	0.02	
58. 邻苯二甲酸二丁酯	0.02	
59. 邻苯二甲酸二辛酯	0.02	
60. 丙烯腈	0.125	
61. 总硒	0.02	

三、pH 值、色度、大肠菌群数、余氯量水污染物污染当量值

污染物		污染当量值	备注
1. pH 值	1. 0-1, 13-14 2. 1-2, 12-13 3. 2-3, 11-12 4. 3-4, 10-11 5. 4-5, 9-10 6. 5-6	0.06 吨污水 0.125 吨污水 0.25 吨污水 0.5 吨污水 1 吨污水 5 吨污水	pH5-6 指大于等于 5，小于 6；pH9-10 指大于 9，小于等于 10，其余类推
2. 色度		5 吨水·倍	
3. 大肠菌群数（超标）		3.3 吨污水	大肠菌群数和余氯量只征收一项
4. 余氯量（用氯消毒的医院废水）		3.3 吨污水	

四、禽畜养殖业、小型企业和第三产业水污染物污染当量值

（本表仅适用于计算无法进行实际监测或者物料衡算的畜禽养殖业、小型企业和第三产业等小型排污者的水污染物污染当量数）

类型	污染当量值		备注
禽畜养殖场	1. 牛	0.1 头	仅对存栏规模大于 50 头牛、500 头猪、5 000 羽鸡鸭等的禽畜养殖场征收
	2. 猪	1 头	
	3. 鸡、鸭等家禽	30 羽	
4. 小型企业	1.8 吨污水		
5. 饮食娱乐服务业	0.5 吨污水		

227

表13-2(续)

类型		污染当量值	备注
6. 医院	消毒	0.14 床	医院病床数大于 20 张的按照本表计算污染当量数
		2.8 吨污水	
	不消毒	0.07 床	
		1.4 吨污水	

五、大气污染物污染当量值

污染物	污染当量值/千克
1. 二氧化硫	0.95
2. 氮氧化物	0.95
3. 一氧化碳	16.7
4. 氯气	0.34
5. 氯化氢	10.75
6. 氟化物	0.87
7. 氰化氢	0.005
8. 硫酸雾	0.6
9. 铬酸雾	0.000 7
10. 汞及其化合物	0.000 1
11. 一般性粉尘	4
12. 石棉尘	0.53
13. 玻璃棉尘	2.13
14. 炭黑尘	0.59
15. 铅及其化合物	0.02
16. 镉及其化合物	0.03
17. 铍及其化合物	0.000 4
18. 镍及其化合物	0.13
19. 锡及其化合物	0.27
20. 烟尘	2.18
21. 苯	0.05
22. 甲苯	0.18
23. 二甲苯	0.27
24. 苯并（a）芘	0.000 002
25. 甲醛	0.09
26. 乙醛	0.45
27. 丙烯醛	0.06
28. 甲醇	0.67
29. 酚类	0.35

表13-2(续)

污染物	污染当量值/千克
30. 沥青烟	0.19
31. 苯胺类	0.21
32. 氯苯类	0.72
33. 硝基苯	0.17
34. 丙烯腈	0.22
35. 氯乙烯	0.55
36. 光气	0.04
37. 硫化氢	0.29
38. 氨	9.09
39. 三甲胺	0.32
40. 甲硫醇	0.04
41. 甲硫醚	0.28
42. 二甲二硫	0.28
43. 苯乙烯	25
44. 二硫化碳	20

三、计税依据和应纳税额

（一）应税污染物的计税依据

应税污染物的计税依据，按照下列方法确定：

1. 应税大气污染物按照污染物排放量折合的污染当量数确定；

2. 应税水污染物按照污染物排放量折合的污染当量数确定；

3. 应税固体污染物按照固体废物的排放量确定；

4. 应税噪声按照超过国家规定标准的分贝数确定。

（二）应税大气污染物、水污染物的污染当量数计算

每种应税大气污染物、水污染物的具体污染当量值，依照环保税法所附《应税污染物和当量值表》执行。

（三）征收环保税的污染物

1. 每一排放口或者没有排放口的应税大气污染物

按照污染当量数从大到小排序，对前三项污染物征收环保税。

2. 每一排放口的应税水污染物

按照环保税法所附《应税污染物和当量值表》，区分第一类水污染物和其他类水污染物；按照污染物当量数从大到小排序，对第一类水污染物按照前五项征收环保税，其他类水污染物按照前三项征收环保税。

省、自治区、直辖市人民政府，可以增加同一排放口征收环保税的应税污染物项目数，报同级人大常委会决定，报全国人大常委会和国务院备案。

（四）应税大气污染物、水污染物、固体废物的排放量和噪声的分贝数的计算

其按下列方法和顺序进行：

1. 纳税人安装使用符合国家规定和检测规范的污染物自动检测设备的，按照污染物自动检测数据计算；

2. 纳税人未安装使用污染物自动检测设备的，按照检测机构出具的符合国家有关规定和检测规范的监测数据计算；

3. 因排放污染物种类多等原因不具备检测条件的，按照国务院环保主管部门规定的排污系数、物料衡算方法计算；

4. 不能按前述 3 种方法计算的，按照省、自治区、直辖市人民政府环保主管部门规定的抽样测算的方法核定计算。

（五）应税大气污染、水污染物排放量的惩罚性认定

纳税有下列情形之一的，以其当期应税大气污染物、水污染物的产生量作为污染物排放量：

1. 未依法安装使用污染物自动监测设备或未将污染物自动监测设备与环保主管部门的监控设备联网；

2. 损毁或擅自移动、改变污染物自动检测设备；

3. 篡改、伪造污染物检测数据；

4. 通过暗管、渗井、渗坑、灌注或者稀释排放以及不正常运行防治污染设施等方式违法排放应税污染物；

5. 进行虚假纳税申报。

（六）应税固体废物的排放量的确定

1. 固体废物排放量的计算

固体废物排放量＝当期应税固体废物的产生量−当期应税固体废物的贮存量、处置量、综合利用量

2. 纳税人有下列情形之一的，以其当期应税固体废物的产生量作为固体废物的排放量：

（1）非法倾倒应税固体废物；

（2）进行虚假纳税申报。

（七）其他规定

1. 从两个以上排放口排放应税污染物的，对每一排放口排放的应税污染物分别计征环保税。

2. 纳税人持有排污许可证的，其污染物排放口按照排污许可证载明的污染物排放口确定。

（八）环保税应纳税额计算方法

1. 应税大气污染物的应纳税额＝污染当量数×具体适用税额

2. 应税水污染物的应纳税额＝污染当量数×具体使用税额

3. 应税固体废物的应纳税额＝固体废物排放量×具体使用税额

4. 应税噪声的应纳税额＝超过国家规定标准的分贝数×具体适用税额

四、税收优惠

1. 下列情形，暂予免征环保税：

（1）农业生产（不包括规模化养殖）排放应税污染物；

（2）机动车、铁路机车、非道路移动机械、船舶和航空器等流动污染源排放应税污染物；

（3）依法设立的城乡污水集中处理、生活垃圾集中处理场所排放相应应税污染物，不超过国家和地方规定的排放标准的；

（4）纳税人综合利用的固体废物，符合国家和地方环境保护标准的；

（5）国务院批准免税的其他情形。

2. 下列情形，减征环保税：

（1）纳税人排放应税大气污染物或水污染物的浓度值低于国家和地方规定的污染物排放标准 30% 的，减按 75% 征收环保税。

（2）纳税人排放应税大气污染物或者水污染物的浓度值低于国家和地方规定的污染物排放标准 50% 的，减按 50% 征收环保税。

其中，"浓度值"由自动检测设备测得，大气污染物浓度值的小时平均值再平均、水污染物浓度值的日平均值再平均；或者监测机构当月监测浓度值的平均值。

享受减征环保税，应对每一排放口排放的不同应税污染物分别计算。

五、征收管理

（一）征管主体及职责

1. 县级以上地方人民政府应建立税务机关、环保主管部门和其他相关单位分工协作工作机制，加强环保税征管、保障税款及时入库。

2. 环保部门和税务机关应建立涉税信息共享平台和工作配合机制。

（1）环保部门应将排污单位的排污许可、污染物排放数据、环境违法和受行政处罚情况等环保相关信息，定期交送税务机关。

（2）税务机关应将纳税人的纳税申报、税款入库、减免税额、欠缴税款以及风险疑点等环保涉税信息，定期交送环保部门。

（3）国务院税务、环保主管部门制定涉税信息共享平台技术标准以及数据采集、存储、传输、查询和使用规范。环保部门通过该平台向税务机关交送在环保监督管理中获取的信息，税务机关通过该平台向环保部门交送环保涉税信息。

（二）纳税义务产生时间及纳税期限、申报期限

1. 纳税义务发生时间，为纳税人排放应税污染物的当日。

2. 纳税期限，分为按季申报缴纳、按次申报缴纳。

3. 申报期限，按季申报缴纳的，应自季度终了之日起 15 日内办理纳税申报并缴纳税款；按次申报缴纳的，应自纳税义务发生之日起 15 日内办理纳税申报并缴纳税款。

（三）纳税申报缴纳地点

纳税人应向污染物排放地的税务机关申报缴纳环保税。

应税污染物排放地是指：

1. 应税大气污染物、水污染物排放口所在地；
2. 应税固体废物产生地；
3. 应税噪声产生地。

第二节　资源税

资源税是对在我国领域和管辖的其他海域开发应税资源进行征税，属于对自然资源占用课税。

一、纳税义务人

资源税的纳税义务人是指在中华人民共和国领域及其管辖的其他海域从事应税资源开发的单位和个人。

二、税目税率

资源税税目，首先分为能源矿产、金属矿产、非金属矿产、水气矿产、盐；其次金属矿产分为黑色金属、有色金属，非金属矿产分为矿物类、岩石类、宝玉石类；再次最终形成 33 个细目。资源税 33 个征税细目中，能源矿产包括 7 个细目，它们是：原油，天然气等，煤，煤成（层）气，铀、钍，油页岩等，地热；黑色金属包括铁等 1 个细目；有色金属包括 9 个细目，它们是：铜等，铝土矿，钨，钼，金、银，铂等，轻稀土，中重稀土，铍等；非金属矿物类包括 8 个细目，它们是：高岭土，石灰岩，磷，石墨，萤石等，天然石英砂等，叶蜡石等，其他黏土；非金属岩石类包括 2 个细目，它们是：大理岩等，砂石；水气矿产包括 2 个细目，它们是：二氧化碳气等，矿泉水；盐包括 3 个细目，它们是：钠盐等，天然卤水，海盐。

资源税税率（见表 13-3），有 6 个单一比例税率，有 21 个幅度差别比例税率，有 6 个既可实行幅度差别比例税率、又可实行幅度差别定额税率。

表 13-3　资源税税目税率

税目		征税对象	税率
能源矿产	原油	原矿	6%
	天然气、页岩气、天然气水合物	原矿	6%
	煤	原矿或者选矿	2%～10%
	煤成（层）气	原矿	1%～2%
	铀、钍	原矿	4%
	油页岩、油砂、天然沥青、石煤	原矿或者选矿	1%～4%
	地热	原矿	1%～20%或者每立方米 1～30 元

表13-3(续)

税目		征税对象	税率
金属矿产	黑色金属	铁、锰、铬、钒、钛	原矿或者选矿	1%~9%
	有色金属	铜、铅、锌、锡、镍、锑、镁、钴、铋、汞	原矿或者选矿	2%~10%
		铝土矿	原矿或者选矿	2%~9%
		钨	选矿	6.50%
		钼	选矿	8%
		金、银	原矿或者选矿	2%~6%
		铂、钯、钌、锇、铱、铑	原矿或者选矿	5%~10%
		轻稀土	选矿	7%~12%
		中重稀土	选矿	20%
		铍、锂、锆、锶、铷、铯、铌、钽、锗、镓、铟、铊、铪、铼、镉、硒、碲	原矿或者选矿	2%~10%
非金属矿产	矿物类	高岭土	原矿或者选矿	1%~6%
		石灰岩	原矿或者选矿	1%~6%或者每吨（或者每立方米）1~10元
		磷	原矿或者选矿	3%~8%
		石墨	原矿或者选矿	3%~12%
		萤石、硫铁矿、自然硫	原矿或者选矿	1%~8%
		天然石英砂、脉石英、粉石英、水晶、工业用金刚石、冰洲石、蓝晶石、硅线石（矽线石）、长石、滑石、刚玉、菱镁矿、颜料矿物、天然碱、芒硝、钠硝石、明矾石、砷、硼、碘、溴、膨润土、硅藻土、陶瓷土、耐火黏土、铁钒土、凹凸棒石黏土、海泡石黏土、伊利石黏土、累托石黏土	原矿或者选矿	1%~12%
		叶蜡石、硅灰石、透辉石、珍珠岩、云母、沸石、重晶石、毒重石、方解石、蛭石、透闪石、工业用电气石、白垩、石棉、蓝石棉、红柱石、石榴子石、石膏	原矿或者选矿	2%~12%
		其他黏土（铸型用黏土、砖瓦用黏土、陶粒用黏土、水泥配料用黏土、水泥配料用红土、水泥配料用黄土、水泥配料用泥岩、保温材料用黏土）	原矿或者选矿	1%~5%或者每吨（或者每立方米）0.1~5元
	岩石类	大理岩、花岗岩、白云岩、石英岩、砂岩、辉绿岩、安山岩、闪长岩、板岩、玄武岩、片麻岩、角闪岩、页岩、浮石、凝灰岩、黑曜岩、霞石正长岩、蛇纹岩、麦饭石、泥灰岩、含钾岩石、含钾砂页岩、天然油石、橄榄岩、松脂岩、粗面岩、辉长岩、辉石岩、正长岩、火山灰、火山渣、泥炭	原矿或者选矿	1%~10%
		砂石	原矿或者选矿	1%~5%或者每吨（或者每立方米）0.1~5元
	宝玉石类	宝石、玉石、宝石级金刚石、玛瑙、黄玉、碧玺	原矿或者选矿	4%~20%

233

表13-3(续)

税目		征税对象	税率
水气矿产	二氧化碳气、硫化氢气、氦气、氡气	原矿	2%~5%
	矿泉水	原矿	1%~20%或者每立方米1~30元
盐	钠盐、钾盐、镁盐、锂盐	选矿	3%~15%
	天然卤水	原矿	3%~15%或者每吨(或者每立方米)1~10元
	海盐		2%~5%

三、计征要求

1. 资源税实行从价计征或从量计征。

可选择实行从价计征或从量计征的,由省、自治区、直辖市人民政府提出,报同级人大常委会决定,并报全国人大常委会和国务院备案。

2. 纳税人开采或生产不同税目应税产品的,应分别核算不同税目应税产品的销售额或销售数量;未分别核算或不能准确提供不同税目应税产品的销售额或销售数量的,从高适用税率。

3. 纳税人开采或生产应税产品自用的,依法缴纳资源税;自用于连续生产应税产品的,不缴纳资源税。

4. 纳税人的免税、减税项目,应单独核算销售额或销售数量;未单独核算或不能准确提供销售额或销售数量的,不予免税或减税。

四、资源税应纳税额计算

1. 资源税实行从价计征

$$应纳资源税额=应税产品销售额×适用税率$$

2. 资源税实行从量计征

$$应纳资源税额=应税产品销售数量×适用税率$$

应税产品为矿产品的,包括原矿和选矿产品。

五、税收优惠

1. 有下列情形之一的,免征资源税:

(1) 开采原油以及在油田范围内运输原油过程中用于加热的原油、天然气。

(2) 煤炭开采企业因安全生产需要抽采的煤成(层)气。

2. 有下列情形之一的,减征资源税:

(1) 从低丰度油气田开采的原油、天然气,减征20%资源税。

(2) 高含硫天然气、三次采油和从深水油气田开采的原油、天然气,减征30%资源税。

(3) 稠油、高凝油减征40%资源税。

（4）从衰竭期矿山开采的矿产品，减征30%资源税。

3. 有下列情形之一的，省、自治区、直辖市可以决定免征或减征资源税：

（1）纳税人开采或者生产应税产品过程中，因意外事故或者自然灾害等原因遭受重大损失。

（2）纳税人开采共伴生矿、低品位矿、尾矿。

六、征收管理

（一）纳税义务产生时间

1. 纳税人销售应税产品，为收讫销售款或取得索取销售款凭据的当日。

2. 纳税人自用应税产品，为移送应税产品的当日。

（二）纳税期限与申报期限

资源税的纳税期限分为：按月、按季、按次。

按月、按季申报缴纳的，应自月度或季度终了之日起15日内进行纳税申报。

按次申报缴纳的，应自纳税义务发生之日起15日内进行纳税申报。

第三节　印花税

印花税是一种具有行为税性质的凭证税，凡发生书立、使用应税凭证及进行证券交易行为的，就必须依照印花税法的有关规定履行纳税义务。

一、纳税义务人

印花税的纳税义务人，是在中国境内书立、在境内使用在境外书立的应税凭证，以及进行证券交易的单位和个人。证券交易的印花税对证券交易的出让方征收，不对受让方征收。

所称单位和个人，是指国内各类企业、事业、机关、团体、部队以及中外合资企业、合作企业、外资企业、外国公司和其他经济组织及其在华机构等单位和个人。

上述单位和个人，按照书立、使用、领受应税凭证的不同，可以分别确定为立合同人、立据人、立账簿人、领受人、使用人和各类电子应税凭证的签订人。

1. 立合同人。立合同人是指合同的当事人。所谓当事人，是指对凭证有直接权利义务关系的单位和个人，但不包括合同的担保人、证人、鉴定人。各类合同的纳税人是立合同人。各类合同，包括借款、融资租赁、买卖、承揽、建设工程、运输、技术、租赁、保管、仓储、财产保险等合同。

所称合同，是指根据原《中华人民共和国经济合同法》《中华人民共和国涉外经济合同法》和其他有关合同法规订立的合同。所称具有合同性质的凭证，是指具有合同效力的协议、契约、合约、单据、确认书及其他各种名称的凭证。

当事人的代理人有代理纳税的义务，他与纳税人负有同等的税收法律义务和责任。

2. 立据人。产权转移书据的纳税人是立据人。

产权转移书据包括：土地使用权出让书据、建筑物和构筑物所有权转让书据（不含土地承包经营权和土地经营权转移），股权转让书据（不含应缴纳证券交易印花税的），商标专用权、著作权、专利权、专有技术使用权转让书据。

3. 立账簿人。营业账簿的纳税人是立账簿人。所谓立账簿人，是指设立并使用营业账簿的单位和个人。例如，企业单位因生产、经营需要，设立了营业账簿，该企业即为纳税人。

4. 使用人。在境外书立的应税凭证在境内使用的使用人。

5. 证券交易出让人。其是指在证券交易市场，有价证券售出方。

二、税目

印花税的税目，是指印花税法明确规定的应当纳税的项目，它具体划定了印花税的征税范围。一般地说，列入税目的就要征税，未列入税目的就不征税。印花税共有合同、产权转移书据、营业账簿、证券交易等 4 个大税目，具体 17 个细目，即

1. 借款合同。银行及其他金融组织与借款人（不包括银行同业拆借）所签订的合同，以及只填开借据并作为合同使用、取得银行借款的借据。银行及其他金融机构经营的融资租赁业务，是一种以融物方式达到融资目的的业务，实际上是分期偿还的固定资金借款，因此融资租赁合同也属于借款合同。

2. 融资租赁合同。其包括以融资为目的直接融资租赁合同、融资性售后回购合同、融资性售后回租合同。

3. 买卖合同。其包括供应、预购、采购、购销结合及协作、调剂、补偿、贸易等合同。此外，还包括出版单位与发行单位之间订立的图书、报纸、期刊和音像制品的应税凭证，例如订购单、订数单等。还包括发电厂与电网之间、电网与电网之间（国家电网公司系统、南方电网公司系统内部各级电网互供电量除外）签订的购售电合同。但是，电网与用户之间签订的供用电合同不属于印花税列举征税的凭证，不征收印花税。

4. 承揽合同。其包括加工、定做、修缮、修理、印刷广告、测绘、测试等合同。

5. 建设工程合同。其包括建安工程勘察、设计合同，建筑、安装工程承包合同。承包合同，包括总承包合同、分包合同和转包合同。

6. 运输合同。其包括民用航空、铁路运输、海上运输、公路运输和联运合同，以及作为合同使用的单据。

7. 技术合同。其包括技术开发、转让、咨询、服务等合同，以及作为合同使用的单据。

技术转让合同，包括专利申请权转让和非专利技术转让。

技术咨询合同，是当事人就有关项目的分析、论证、预测和调查订立的技术合同。但一般的法律、会计、审计等方面的咨询不属于技术咨询，其所立合同不贴印花。

技术服务合同，是当事人一方委托另一方就解决有关特定技术问题，如为改进产品结构、改良工艺流程、提高产品质量、降低产品成本、保护资源环境、实现安全操作、提高经济效益等提出实施方案，实施所订立的技术合同，包括技术服务合同、技术培训合同和技术中介合同。但不包括以常规手段或者为生产经营目的进行一般加工、修理、修缮、广告、印刷、测绘、标准化测试，以及勘察、设计等所书立的合同。

8. 租赁合同。其包括租赁房屋、船舶、飞机、机动车辆、机械、器具、设备等合同，还包括企业、个人出租门店、柜台等签订的合同。

9. 保管合同。其主要是指货物保管相关合同，银行保险箱使用的保管合同。

10. 仓储合同。其主要包括仓储合同以及作为合同使用的仓单、栈单等。

11. 财产保险合同。其包括财产、责任、保证、信用保险合同，以及作为合同使用的单据。财产保险合同，分为企业财产保险、机动车辆保险、货物运输保险、家庭财产保险和农牧业保险五大类。家庭财产两全保险属于家庭财产保险性质，其合同在财产保险合同之列，应照章纳税。

12. 产权转移书据。其包括财产所有权和版权、商标专用权、著作权、专利权、专有技术使用权等转移书据和专利实施许可合同、土地使用权出让合同、土地使用权转让合同、商品房销售合同等权利转移合同。

产权转移书据，是指单位和个人产权的买卖、继承、赠与、交换、分割等所立的书据。财产所有权转移书据的征税范围，是指经政府管理机关登记注册的动产、不动产的所有权转移所立的书据，以及企业股权转让所立的书据，但不包括在证券交易市场进行股权转让。

237

13. 营业账簿。其是指单位或者个人记载生产经营活动的财务会计核算账簿。营业账簿按其反映内容的不同，可分为记载资金的账簿和其他账簿。

记载资金的账簿，是指反映生产经营单位资本金数额增减变化的账簿。其他账簿，是指除上述账簿以外的有关其他生产经营活动内容的账簿，包括日记账簿和各明细分类账簿。

但是，对金融系统营业账簿，要结合金融系统财务会计核算的实际情况进行具体分析。凡银行用以反映资金存贷经营活动、记载经营资金增减变化、核算经营成果的账簿，如各种日记账、明细账和总账都属于营业账簿，应按照规定缴纳印花税；银行根据业务管理需要设置的各种登记簿，如空白重要凭证登记簿、有价单证登记簿、现金收付登记簿等，其记载的内容与资金活动无关，仅用于内部备查，属于非营业账簿，均不征收印花税。

14. 证券交易。其是指在证券市场进行的股票、债权等交易合同。

三、税率

印花税的税率设计，遵循税负从轻、共同负担的原则。印花税税率比较低。凭证的当事人，即对凭证有直接权利与义务关系的单位和个人均应就其所持凭证依法纳税。

在印花税的 17 个征税细目中，各类合同以及具有合同性质的凭证、产权转移书据、营业账簿中记载资金的账簿及证券交易，均适用比例税率。

印花税的比例税率分为 5 个档次，分别是 0.05‰、0.25‰、0.3‰、0.5‰、1‰。

1. 适用 0.05‰税率的为"借款合同""融资租赁合同"。

2. 适用 0.25‰税率的为"营业账簿"。

3. 适用 0.3‰税率的为"买卖合同""承揽合同""建设工程合同""运输合同""技术合同"。

4. 适用 0.5‰税率的为"产权转移书据"。

5. 适用 1‰税率的为"租赁合同""保管合同""仓储合同""财产保险合同"。

香港市场投资者通过沪港通买卖、继承、赠与上交所上市 A 股，按照内地现行税制规定缴纳证券（股票）交易印花税。内地投资者通过沪港通买卖、继承、赠与联交所上市股票，按照香港特别行政区现行税法规定缴纳印花税。印花税税目税率见表 13-4。

表 13-4　印花税税目税率
（2022 年 7 月 1 日起执行）

税目		税率	备注
合同（指书面合同）	借款合同	借款金额的 0.05‰	指银行业金融机构、经国务院银行业监督管理机构批准设立的其他金融机构与借款人（不包括同业拆借）的借款合同
	融资租赁合同	租金的 0.05‰	
	买卖合同	价款的 0.3‰	指动产买卖合同（不包括个人书立的动产买卖合同）
	承揽合同	报酬的 0.3‰	
	建设工程合同	价款的 0.3‰	
	运输合同	运输费用的 0.3‰	指货运合同和多式联运合同（不包括管道运输合同）
	技术合同	价款、报酬或者使用费的 0.3‰	不包括专利权、专有技术使用权转让书据
	租赁合同	租金的 1‰	
	保管合同	保管费的 1‰	
	仓储合同	仓储费的 1‰	
	财产保险合同	保险费的 1‰	不包括再保险合同

表13-4(续)

税　目	税　率	备　注
产权转移书据 — 土地使用权出让书据	价款的 0.5‰	转让包括买卖（出售）、继承、赠与、互换、分割
产权转移书据 — 土地使用权、房屋等建筑物和构筑物所有权转让书据（不包括土地承包经营权和土地经营权转移）	价款的 0.5‰	
产权转移书据 — 股权转让书据（不包括应缴纳证券交易印花税的）	价款的 0.5‰	
产权转移书据 — 商标专用权、著作权、专利权、专有技术使用权转让书据	价款的 0.3‰	
营业账簿	实收资本（股本）、资本公积合计金额的 0.25‰	
证券交易	成交金额的 1‰	

四、计税依据

（一）一般规定

印花税的计税依据为各种应税凭证上所记载的计税金额，但不包括向购买方收取的增值税额。具体规定为：

1. 借款合同的计税依据为借款金额。针对实际借贷活动中不同的借款形式，税法规定了不同的计税方法：

（1）凡是一项信贷业务既签订借款合同，又一次或分次填开借据的，只以借款合同所载金额为计税依据计税贴花；凡是只填开借据并作为合同使用的，应以借据所载金额为计税依据计税贴花。

（2）借贷双方签订的流动资金周转性借款合同，一般按年（期）签订，规定最高限额，借款人在规定的期限和最高限额内随借随还。为避免加重借贷双方的负担，对这类合同只以其规定的最高限额为计税依据，在签订时贴花一次，在限额内随借随还不签订新合同的，不再另贴印花。

（3）对借款方以财产作抵押，从贷款方取得一定数量抵押贷款的合同，应按借款合同贴花；在借款方因无力偿还借款而将抵押财产转移给贷款方时，应再就双方书立的产权书据，按产权转移书据的有关规定计税贴花。

（4）在贷款业务中，如果放贷方系由若干银行组成的银团，银团各方均承担一定的贷款数额。借款合同由借款方与银团各方共同书立，各执一份合同正本。对这类合同借款方与贷款银团各方应分别在所执的合同正本上，按各自的借款金额计税贴花。

（5）在基本建设贷款中，如果按年度用款计划分年签订借款合同，在最后一年按总概算签订借款总合同，且总合同的借款金额包括各个分合同的借款金额的，对这类基建借款合同，应按分合同分别贴花，最后签订的总合同，只就借款总额扣除分合同借款金额后的余额计税贴花。

2. 融资租赁合同的计税依据为租金收取额度。

3. 购销合同的计税依据为合同记载的购销金额。这里的买卖合同指动产购销合同（不包括个人书立的动产买卖合同）。

4. 承揽合同的计税依据是加工或承揽报酬的金额。具体规定为：

（1）对于由受托方提供原材料的加工、定做合同，凡在合同中分别记载加工费金额和原材料金额的，应分别按"承揽合同""买卖合同"计税，两项税额相加数，即为合同应贴印花；若合同中未分别记载，则应就全部金额依照承揽合同计税贴花。

（2）对于由委托方提供主要材料或原料，受托方只提供辅助材料的加工合同，无论加工费和辅助材料金额是否分别记载，均以辅助材料与加工费的合计数，依照承揽合同计税贴花。对委托方提供的主要材料或原料金额不计税贴花。

5. 建设工程合同的计税依据为收取的价款。

6. 运输合同的计税依据为取得的运输费用，指货运合同和多式联运合同（不包括管道运输合同）。

7. 技术合同的计税依据为合同所载的价款、报酬或使用费，不包括专利权、专有技术使用权转让书据。为了鼓励技术研究开发，对技术开发合同，只就合同所载的报酬金额计税，研究开发经费不作为计税依据。单对合同约定按研究开发经费一定比例作为报酬的，应按一定比例的报酬金额贴花。

8. 租赁合同的计税依据为租金。

9. 保管合同的计税依据为收取的保管费。

10. 仓储合同的计税依据为收取的仓储费。

11. 保险合同的计税依据为保险费，不包括再保险合同。

12. 产权转移书据的计税依据为出让转让价款，转让包括买卖（出售）、继承、赠与、互换、分割。

13. 营业账簿的计税依据为"实收资本"与"资本公积"两项的合计金额。实收资本，包括货币资金、非货币资产。现金按实际收到或存入纳税人开户银行的金额确定。非货币资产，按评估确认的价值或者合同、协议约定的价格确定。

资本公积，包括接受捐赠、法定财产重估增值、资本折算差额、资本溢价等。如果是实物捐赠，则按同类资产的市场价格或有关凭据确定。

14. 证券交易的计税依据为成交金额。

（二）特殊规定

1. 同一凭证，载有两个或两个以上经济事项而适用不同税目税率，如分别记载金额的，应分别计算应纳税额，相加后按合计税额贴花；如未分别记载金额的，按税率高的计税贴花。

2. 按金额比例贴花的应税凭证，未标明金额的，应按照凭证所载数量及国家牌价计算金额；没有国家牌价的，按市场价格计算金额，然后按规定税率计算应纳税额。

3. 应税凭证所载金额为外国货币的，应按照凭证书立当日国家外汇管理局公布的外汇牌价折合成人民币，然后计算应纳税额。

4. 应纳税额不足 1 角的，免纳印花税；1 角以上的，其税额尾数不满 5 分的不计，满 5 分的按 1 角计算。

5. 有些合同，在签订时无法确定计税金额，如技术转让合同中的转让收入，是按销售收入的一定比例收取或是按实现利润分成的；财产租赁合同，只是规定了月（天）租金标准而无租赁期限的。对这类合同，可在签订时先按定额 5 元贴花，以后结算时再按实际金额计税，补贴印花。

6. 应税合同在签订时纳税义务即已产生，应计算应纳税额并贴花。所以，不论合同是否兑现或是否按期兑现，均应贴花。

对已履行并贴花的合同，所载金额与合同履行后实际结算金额不一致的，只要双方未修改合同金额，一般不再办理完税手续。

7. 对实行自收自支的事业单位，其营业账簿，应对记载资金的账簿计算应纳税额。

跨地区经营的分支机构使用的营业账簿，应由各分支机构于其所在地计算贴花。对上级单位核拨资金的分支机构，其记载资金的账簿按核拨的账面资金额计税贴花；对上级单位不核拨资金的分支机构，不涉及缴纳印花税。为避免对同一资金重复计税贴花，上级单位记载资金的账簿，应按扣除拨给下属机构资金数额后的其余部分计税贴花。

8. 购销活动中，采用以货换货方式进行商品交易签订的合同，是反映既购又销双重经济行为的合同。对此，应按合同所载的购、销合计金额计税贴花。合同未列明金额的，应按合同所载购、销数量依照国家牌价或者市场价格计算应纳税额。

9. 施工单位将自己承包的建设项目，分包或者转包给其他施工单位所签订的分包合同或者转包合同，应按新的分包合同或转包合同所载金额计算应纳税额。这是因为印花税是一种具有行为税性质的凭证税，尽管总承包合同已依法计税贴花，但新的分包或转包合同是一种新的凭证，又发生了新的纳税义务。

10. 从 2008 年 9 月 19 日起，对证券交易印花税政策进行调整，由双边征收改为单边征收，即只对卖出方（或继承、赠与 A 股、B 股股权的出让方）征收证券（股票）交易印花税，对买入方（受让方）不再征税。

11. 对国内各种形式的货物联运，凡在起运地统一结算全程运费的，应以全程运费作为计税依据，由起运地运费结算双方缴纳印花税；凡分程结算运费的，应以分程的运费作为计税依据，分别由办理运费结算的各方缴纳印花税。

对国际货运，凡由我国运输企业运输的，不论在我国境内、境外起运或中转分程运输，我国运输企业所持的一份运费结算凭证，均按本程运费计算应纳税额；托运方所持的一份运费结算凭证，按全程运费计算应纳税额。由外国运输企业运输进出口货物的，外国运输企业所持的一份运费结算凭证免纳印花税；托运方所持的一份运费结算凭证应缴纳印花税。国际货运运费结算凭证在国外办理的，应在凭证转回我国境内时按规定缴纳印花税。

必须明确的是，印花税票为有价证券，其票面金额以人民币为单位，分为 1 角、

2角、5角、1元、2元、5元、10元、50元、100元9种。

五、税额计算

纳税人的应纳税额，根据应纳税凭证的性质，分别适用不同税率，其计算公式为

$$应纳税额＝应税凭证计税金额×适用税率$$

六、税收优惠

下列凭证免征印花税：

1. 应税凭证的副本或者抄本。

凭证的正式签署本已按规定缴纳了印花税，其副本或者抄本对外不发生权利义务关系，只是留存备查。

2. 依照法律法规应当予以免税的外国驻华使馆、领事馆和国际组织驻华代表机构为获得馆舍书立的应税凭证。

3. 中国人民解放军、中国人民武装警察部队书立的应税凭证。

4. 农民、家庭农场、农民专业合作社、农村集体经济组织、村民委员会购买农业生产资料或销售农产品书立的买卖合同和农业保险合同。

5. 无息或贴息借款合同、国际金融组织向中国提供优惠贷款书立的借款合同。

6. 财产所有权人将财产赠与政府、学校、社会福利机构、慈善组织书立的产权转移书据。

7. 非营利性医疗卫生机构采购药品或卫生材料书立的买卖合同。

8. 个人与电子商务经营者订立的电子订单。

七、征收管理

（一）扣缴义务人

1. 纳税人为境外单位或个人，其境内代理人为扣缴义务人；无境内代理人，则由纳税人自行申报纳税。

2. 证券交易印花税，证券登记结算机构为扣缴义务人。

（二）纳税义务发生时间

1. 纳税人书立应税凭证或者完成证券交易的当日。

2. 证券交易印花税扣缴义务发生时间为证券交易完成当日。

（三）纳税期限与申报缴纳期限

印花税纳税期限，分为：按季、按年、按次。

1. 按季、按年计征，应自季度、年度终了之日起15日内申报缴纳税款。

2. 实行按次计征的，应自纳税义务发生之日起15日内申报缴纳。

3. 证券交易印花税扣缴义务人应自每周终了之日起5日内申报解缴税款及银行结算利息。

（四）纳税地点

1. 纳税人为单位的，应向其机构所在地申报纳税。

2. 纳税人为个人的，应向应税凭证书立地或其居住地申报纳税。

3. 不动产产权转移，应向不动产所在地申报纳税。

4. 证券交易印花税，应向证券登记结算机构所在地申报纳税。

（五）解缴方式

1. 粘贴印花税票，即将印花税票粘贴在应税凭证上，并在每枚税票的骑缝处盖戳注销或画销。

2. 纳税人汇总申报，税务机关依法开具其他完税凭证。

第四节 城市维护建设税

城市维护建设税是国家为了加强城市的维护建设，扩大和稳定城市维护建设资金的来源，对从事工商经营，缴纳增值税、消费税的单位和个人征收的一种税。

城市维护建设税具有以下三个特点：①税款专款专用，所征税款要求用来保证城市的公共事业和公共设施的维护和建设，是一种具有受益税性质的税种。②属于一种附加税，城市维护建设税没有独立的征税对象或税基，是以增值税、消费税"两税"实际缴纳的税额为计税依据，随"两税"同时附征，征管方法也完全比照"两税"的有关规定办理，本质上属于一种附加税。③根据城建规模设计税率。其主要是根据纳税人所在城镇的规模和资金需要设计税率，这种差别设置税率的办法，较好地照顾了城市建设的不同需要。④征收范围广泛。城市维护建设税以"两税"为税基，而"两税"的征税范围包括了所有我国境内有经营行为的单位和个人，也就意味着几乎所有有经营行为的人都要缴纳城市维护建设税，其征税范围比其他税种更广。

一、纳税义务人和扣缴义务人

凡缴纳增值税、消费税（以下简称"两税"）的单位和个人，包括各类企业（含外资企业）和行政单位、事业单位、军事单位、社会团体、其他单位，以及个体工商户及其他个人，都是城市维护建设税的纳税义务人。自 2010 年 12 月 1 日起，对外商投资企业、外国企业及外籍个人征收城市维护建设税。

城市维护建设税的代扣代缴、代收代缴一律比照增值税、消费税的有关规定办理，增值税、消费税的代扣代缴、代收代缴义务人同时也是城市维护建设税的代扣代缴、代收代缴义务人。

二、计税依据与税率

城市维护建设税，以纳税人实际缴纳的增值税、消费税税额为计税依据，但应当扣除期末留抵退税退还的增值税额。纳税人违反"两税"有关税法而加收的滞纳金和罚款，是税务机关对纳税人违法处理的经济制裁，不作为城市维护建设税的计税依据；但纳税人在被处以罚款时，应同时对其少缴的城市维护建设税进行补税、征收滞纳金和罚款。对出口产品退还增值税、消费税的，不退还已缴纳的城市维护建设税。自2005年1月1日起，当期免抵的增值税税额应纳入城市维护建设税和教育费附加的计征范围，分别按规定的税（费）率征收城市维护建设税和教育费附加。对2005年1月1日前已按免抵的增值税税额征收的城市维护建设税和教育费附加不再退还，未征的不再补征。对进口货物或境外单位和个人向境内销售劳务、服务、无形资产缴纳的增值税、消费税税额，不征收城市维护建设税。

城市维护建设税的税率是指纳税人应缴纳的城市维护建设税税额与纳税人实际缴纳"两税"税额之间的比率，除特殊规定外，税率如下：

1. 纳税人所在地在市区的，税率为7%；

2. 纳税人所在地在县城、镇的，税率为5%；

3. 纳税人所在地不在市区、县城或镇的，税率为1%；开采海洋石油资源的中外合作油（气）田所在地在海上，其城市维护建设税适用1%的税率。

三、应纳税额的计算

城市维护建设税的应纳税额计算公式为

应纳税额=纳税人实际缴纳的增值税、消费税税额×适用税率

下面通过一个例子，说明应纳税额的计算方法。

例1　某县甲公司2021年8月实际缴纳增值税800 000元，缴纳消费税400 000元，计算该公司应纳的城市维护建设税税额。

应纳城市维护建设税税额=（实际缴纳的增值税+实际缴纳的消费税）×适用税率
=（800 000+400 000）×5%=60 000（元）

四、税收优惠

城市维护建设税原则上不单独减免，随主税的减免而减免，城市维护建设税的税收减免有以下几种情况：

1. 对因减免税而需进行"两税"退库的，城市维护建设税也可同时退库；

2. 为支持国家重大水利工程建设，对国家重大水利工程建设基金免征城市维护建设税；

3. 海关对进口产品代征的增值税、消费税，不征城市维护建设税；

4. 从1994年起，对三峡工程建设基金，免征城市维护建设税。

五、税收征管

1. 纳税环节

城市维护建设税的纳税环节是在纳税人缴纳"两税"的环节。纳税人只要发生"两税"的纳税义务，就应在同样的纳税环节缴纳城市维护建设税。

2. 纳税期限

由于城市维护建设税是由纳税人在缴纳"两税"时同时缴纳的，因此其纳税期限应与"两税"的纳税期限一致。

3. 纳税地点

一般而言，纳税人缴纳"两税"的地点就是该纳税人缴纳城市维护建设税的地点。但是，属于以下情况的，纳税地点为：

（1）代扣代缴、代收代缴"两税"的单位和个人，其城市维护建设税的纳税地点在代扣代收地。

（2）跨省开采的油田，下属生产单位与核算单位不在一个省内的，其生产的原油，在油井所在地缴纳增值税，其应纳税款由核算单位按照各油井的产量和规定税率，计算汇拨各油井缴纳。所以，各油井应纳的城市维护建设税，应由核算单位计算，随同增值税一并汇拨油井所在地，由油井在缴纳增值税的同时，一并缴纳城市维护建设税。

（3）对管道局输油部分的收入，由取得收入的各管道局于所在地缴纳增值税。所以，其应纳城市维护建设税，应由取得收入的各管道局于所在地缴纳。

（4）对流动经营等无固定纳税地点的单位和个人，应随同"两税"在经营地按适用税率缴纳。

第五节　教育费附加和地方教育费附加

教育费附加和地方教育附加是为加快地方教育事业，扩大地方教育经费的资金而征收的一项专用基金。教育费附加和地方教育附加是对缴纳增值税、消费税的单位和个人，以其实际缴纳的税额为计算依据征收的一种附加费。

一、征收范围与计征依据

教育费附加和地方教育费附加是对在城市和县城缴纳增值税、消费税的单位和个人征收，以实际缴纳的增值税、消费税税额为计征依据征收的一种附加，应分别随增值税、消费税同时缴纳。自 2010 年 12 月 1 日起，对外商投资企业、外国企业及外籍个人征收教育费附加和地方教育费附加。

二、附加计征比率与计算

根据 1994 年 2 月 7 日《国务院关于教育费附加征收问题的紧急通知》的规定，现行教育费附加征收比率为 3%，地方教育费附加征收比率为 2%。

教育费附加和地方教育费附加的计算公式为

应纳教育费附加＝实际缴纳的增值税、消费税税额×征收比率 3%

应纳地方教育费附加＝实际缴纳的增值税、消费税税额×征收比率 2%

下面通过一个例子，说明应纳附加额的计算方法。

例 2　上海市区 A 企业 2021 年 8 月实际缴纳增值税 600 000 元，缴纳消费税 400 000 元。计算该企业应缴纳的教育费附加和地方教育费附加。

245

$$应纳教育费附加 = 实际缴纳的增值税、消费税税额 \times 征收比率$$
$$= （600\ 000 + 400\ 000）\times 3\% = 30\ 000（元）$$
$$应纳地方教育费附加 = 实际缴纳的增值税、消费税税额 \times 征收比率$$
$$= （600\ 000 + 400\ 000）\times 2\% = 20\ 000（元）$$

三、减免规定

1. 对海关进口的产品征收的增值税、消费税，不征收教育费附加和地方教育费。

2. 境外单位和个人向境内销售劳务、服务、无形资产，不征收教育费附加和地方教育费。

3. 对因减免税而需进行"两税"退库的，教育费附加和地方教育费附加也可同时退库，但对于出口产品退还增值税、消费税的，不退还已征的教育费附加和地方教育费。

4. 为支持国家重大水利工程建设，对国家重大水利工程建设基金免征教育费附加和地方教育费。

第六节　车船税

车船税是以车辆、船舶为征税对象，向拥有车船的单位和个人征收的一种税，属于财产税性质的税种。

一、纳税义务人

车船税的纳税义务人是指在中华人民共和国境内，车辆、船舶的所有人或者管理人。

从事机动车第三者责任强制保险业务的保险机构为机动车车船税的扣缴义务人，应当在收取保险费时依法代收车船税，并出具代收税款凭证。

二、征税对象

车船税的征税对象是在中华人民共和国境内属于车船税法所附《车船税税目税额表》规定的车辆、船舶。

所称车辆、船舶是指：①依法应当在车船管理部门登记的机动车辆和船舶；②依法不需要在车船管理部门登记、在单位内部场所行驶或者作业的机动车辆和船舶。所称车船管理部门，是指公安、交通运输、农业、渔业、军队、武装警察部队等依法具有车船登记管理职能的部门；单位，是指依照中国法律、行政法规规定，在中国境内成立的行政机关、企业、事业单位、社会团体以及其他组织。

三、税目与税率

车船税实行定额税率，即对征税的车船规定单位固定税额。车船税的适用税额，依照车船税法所附的"车船税税目税额表"执行。车辆的具体适用税额由省、自治区、直辖市人民政府依照车船税法所附"车船税税目税额表"规定的税额幅度和国务院的规定确定。船舶的具体适用税额由国务院在车船税法所附"车船税税目税额表"规定的税额幅度内确定。

车船税确定税额总的原则是：非机动车船的税负轻于机动车船；人力车的税负轻于畜力车；小吨位船舶的税负轻于大吨位船舶。由于车辆与船舶的行驶情况不同，车船税的税额也有所不同，见表13-5。

表 13-5　车船税税目税额

目录		计税单位	年基准税额/元	备注
乘用车按发动机气缸容量（排气量）分档	1.0升(含)以下的	每辆	60～360	核定载客人数9人(含)以下
	1.0升以上至1.6升(含)的		300～540	
	1.6升以上至2.0升(含)的		360～660	
	2.0升以上至2.5升(含)的		660～1 200	
	2.5升以上至3.0升(含)的		1 200～2 400	
	3.0升以上至4.0升(含)的		2 400～3 600	
	4.0升以上的		3 600～5 400	
商用车	客车	每辆	480～1 440	核定载客人数9人以上包括电车
	货车	整备质量每吨	16～120	1.包括半挂牵引车、挂车、客货两用汽车、三轮汽车和低速载货汽车等 2.挂车按照货车税率的50%计算
其他车辆	专用作业车	整备质量每吨	16～120	不包括拖拉机
	轮式专用机械车	整备质量每吨	16～120	
摩托车		每辆	36～180	
船舶	机动船舶	净吨位每吨	3～6	拖船、非机动驳船分别按照机动船舶税额的50%计算；游艇的税额另行规定
	游艇	艇身长度每米	600～2 000	

（一）机动船舶适用税额

机动船舶具体适用税额为：

1. 净吨位小于或者等于200吨的，每吨3元；

2. 净吨位201～2 000吨的，每吨4元；

3. 净吨位2 001～10 000吨的，每吨5元；

4. 净吨位10 001吨及以上的，每吨6元。

拖船按照发动机功率每1千瓦折合净吨位0.67吨计算征收车船税。

（二）游艇适用税额

游艇具体适用税额为：

1. 艇身长度不超过 10 米的游艇，每米 600 元；

2. 艇身长度超过 10 米但不超过 18 米的游艇，每米 900 元；

3. 艇身长度超过 18 米但不超过 30 米的游艇，每米 1 300 元；

4. 艇身长度超过 30 米的游艇，每米 2 000 元；

5. 辅助动力帆艇，每米 600 元。

此外，车船税法和实施条例所涉及的排气量、整备质量、核定载客人数、净吨位、功率（千瓦或马力）、艇身长度，以车船登记管理部门合法的车船登记证书或者行驶证相应项目所载数据为准。

依法不需要办理登记、依法应当登记而未办理登记或者不能提供车船登记证书、行驶证的，以车船出厂合格证明或者进口凭证相应项目标注的技术参数、所载数据为准；不能提供车船出厂合格证明或者进口凭证的，由主管税务机关参照国家相关标准核定，没有国家相关标准的参照同类车船核定。

四、税额计算

纳税人按照纳税地点所在的省、自治区、直辖市人民政府确定的具体适用税额缴纳车船税。

1. 购置的新车船，购置当年的应纳税额自纳税义务发生的当月起按月计算。计算公式为

$$应纳税额＝（年应纳税额÷12）×应纳税月份数$$

2. 在一个纳税年度内，已完税的车船被盗抢、报废、灭失的，纳税人可以凭有关管理机关出具的证明和完税证明，向纳税所在地的主管税务机关申请退还自被盗抢、报废、灭失月份起至该纳税年度终了期间的税款。

3. 已办理退税的被盗抢车船，失而复得的，纳税人应当从公安机关出具相关证明的当月起计算缴纳车船税。

4. 在一个纳税年度内，纳税人在非车辆登记地由保险机构代收代缴机动车车船税，且能够提供合法有效完税证明的，纳税人不再向车辆登记地的税务机关缴纳车辆车船税。

5. 已缴纳车船税的车船在同一纳税年度内办理转让过户的，不另纳税，也不退税。

五、税收优惠

（一）法定减免

1. 捕捞、养殖渔船。其是指在渔业船舶登记管理部门登记为捕捞船或者养殖船的船舶。

2. 军队、武装警察部队专用的车船。其是指按照规定在军队、武装警察部队车船管理部门登记，并领取军队、武警牌照的车船。

3. 警用车船。其是指公安机关、国家安全机关、监狱、劳动教养管理机关和人民法院、人民检察院领取警用牌照的车辆和执行警务的专用船舶。

4. 依照法律规定应当予以免税的外国驻华使领馆、国际组织驻华代表机构及其有关人员的车船。

5. 自 2012 年 1 月 1 日起，对节约能源车辆减半征收车船税；对使用新能源的车辆免征车船税；对受严重自然灾害影响纳税困难以及有其他特殊原因确需减税、免税的，可以减征或者免征车船税。使用新能源的车辆包括纯电动汽车、燃料电池汽车和混合动力汽车。纯电动汽车、燃料电池汽车和插电式混合动力汽车免征车船税，其他混合动力汽车按照同类车辆适用税额减半征税。

6. 省、自治区、直辖市人民政府根据当地实际情况，可以对公共交通车船，农村居民拥有并主要在农村地区使用的摩托车、三轮汽车和低速载货汽车定期减征或者免征车船税。

（二）特定减免

1. 经批准临时入境的外国车船和香港特别行政区、澳门特别行政区、台湾地区的车船，不征收车船税。

2. 按照规定缴纳船舶吨税的机动船舶，自车船税法实施之日起 5 年内免征车船税。

3. 依法不需要在车船登记管理部门登记的机场、港口、铁路站场内部行驶或作业的车船，自车船税法实施之日起 5 年内免征车船税。

六、征收管理

（一）纳税申报

车船税按年申报，分月计算，一次性缴纳。纳税年度为公历 1 月 1 日至 12 月 31 日。车船税按年申报缴纳，具体申报纳税期限由省、自治区、直辖市人民政府规定。

扣缴义务人应当及时解缴代收代缴的税款和滞纳金，并向主管税务机关申报。扣缴义务人向税务机关解缴税款和滞纳金时，应当同时报送明细的税款和滞纳金扣缴报告。扣缴义务人解缴税款和滞纳金的具体期限，由省、自治区、直辖市税务机关依照法律、行政法规的规定确定。

（二）纳税期限

车船税纳税义务发生时间为取得车船所有权或者管理权的当月。以购买车船的发票或其他证明文件所载日期的当月为准。

（三）纳税地点

车船税的纳税地点为车船的登记地或者车船税扣缴义务人所在地。依法不需要办理登记的车船，车船税的纳税地点为车船的所有人或者管理人所在地。

扣缴义务人代收代缴车船税的，纳税地点为扣缴义务人所在地。

纳税人自行申报缴纳车船税的，纳税地点为车船登记地的主管税务机关所在地。

依法不需要办理登记的车船，纳税地点为车船所有人或者管理人主管税务机关所在地。

第七节 车辆购置税

车辆购置税是以在中国境内购置规定车辆为课税对象、在特定的环节向车辆购置者征收的一种税。

车辆购置税具有以下几个特点：一是征收范围单一，是以购置的特定车辆为课税对象，是一种特种财产税；二是征收环节单一，实行一次课征制；三是税率单一，只确定一个统一比例税率征收，不随课税对象数额变动；四是价外征收，纳税人即为负税人，税负不发生转嫁。

车辆购置税除具组织财政收入职能外，还有利于配合打击车辆走私，维护生产厂家和国家的权益。

一、纳税义务人

车辆购置税的纳税人是在中华人民共和国境内购置应税车辆的单位和个人。这里的购置是指购买使用行为、进口使用行为、受赠使用行为、自产自用行为、获奖使用行为以及以拍卖、抵押、走私、罚没等方式取得并使用的行为。

以上所称单位，包括各类企业（含外资企业）和事业单位、社会团体、国家机关、部队以及其他单位。所称个人，包括个体工商户及其他个人，包括中国籍公民和外国籍公民。

二、征税对象

车辆购置税的征税对象是在中华人民共和国境内购置的列举的应税车辆，包括小汽车、摩托车、电车、挂车、农用运输车。其具体征税范围见表13-6。

表13-6　车辆购置税征收范围

应税车辆	征税范围	注释
汽车	各类汽车	
摩托车	轻便摩托车	最高设计车速不大于50千米/小时，或者发动机汽缸总排量不大于50立方厘米的两个或三个车轮的机动车
	二轮摩托车	最高设计车速大于50千米/小时，或者发动机汽缸总排量大于50立方厘米的两个车轮的机动车
	三轮摩托车	最高设计车速大于50千米/小时，或者发动机汽缸总排量大于50立方厘米，空车重量不大于400千克的三个车轮的机动车
电车	无轨电车	以电能为动力，由专用输电电缆线供电的轮式公共车辆
	有轨电车	以电能为动力，在轨道上行驶的公共车辆
挂车	全挂车	无动力设备，独立承载，由牵引车辆牵引行驶的车辆
	半挂车	无动力设备，与牵引车辆共同承载，由牵引车辆牵引行驶的车辆

表13-6（续）

应税车辆	征税范围	注释
农用运输车	三轮农用运输车	柴油发动机，功率不大于 7.4 千瓦，载重量不大于 500 千克，最高车速不大于 40 千米/小时的三个车轮的机动车
	四轮农用运输车	柴油发动机，功率不大于 28 千瓦，载重量不大于 1 500 千克，最高车速不大于 50 千米/小时的四个车轮的机动车

车辆购置税征收范围的调整，由国务院决定，其他任何部门、单位和个人无权擅自扩大或缩小车辆购置税的征税范围。

三、税率

车辆购置税实行统一比例税率，税率为 10%。

四、计税依据

车辆购置税以应税车辆为课税对象，实行从价定率、价外征收的方法计算应纳税额，计税依据是应税车辆的价格即计税价格。由于应税车辆的来源不同，发生的应税行为不同，其计税价格也有所不同。车辆购置税的计税依据有以下几种情况：

1. 纳税人购买自用的应税车辆，其计税依据为纳税人购买应税车辆而支付给销售方的全部价款和价外费用（不含增值税）。购买的应税自用车辆包括购买自用的国产应税车辆和购买自用的进口应税车辆。所称价外费用是指销售方价外向购买方收取的手续费、基金、违约金、包装费、运输费、保管费、代垫款项、代收款项和其他各种性质的价外收费，但不包括增值税税款。

2. 纳税人进口自用的应税车辆以组成计税价格为计税依据，计算公式为

$$组成计税价格=关税完税价格+关税+消费税$$

进口自用的应税车辆是指纳税人直接从境外进口或委托代理进口自用的应税车辆，即非贸易方式进口自用的应税车辆。而且进口自用的应税车辆的计税依据，应根据纳税人提供的、经海关审查确认的有关完税证明资料确定。

纳税人购买自用或进口自用的应税车辆，申报的计税价格低于同类型应税车辆的最低计税价格，又无正当理由的，计税价格应为国家税务总局核定的最低计税价格。

3. 其他自用应税车辆，自产自用的应税车辆的计税价格，参其生产同类应税车辆的销售价；以受赠、获奖或其他方式取得自用应税车辆的计税价，按购置应税车辆时相关凭证载明的价格确定。

4. 核定应纳税额的规定。当申报的计税价格偏低，又无正当理由的，由税务机关依照征管法的规定核定其应纳税额。

五、税额计算

车辆购置税实行从价定率的方法计算应纳税额，计算公式为

$$应纳税额=计税依据×税率$$

纳税人以外汇结算应税车辆价款的，按照申报纳税之日的人民币汇率中间价，折合成人民币计算应纳税额。

六、税收优惠

1. 下列车辆免征车辆购置税：

（1）外国驻华使馆、领事馆和国际组织驻华机构及其外交人员自用车辆免税；

（2）中国人民解放军和中国人民武装警察部队列入军队装备订货计划的车辆免税；

（3）悬挂应急救援车专用号牌的国家综合性消防救援车辆；

（4）设有固定装置的非运输专用作业车辆；

（5）城市公交企业购置的公共汽电车辆。

2. 国务院规定减征或免征车辆购置税情形：

（1）防汛部门和森林消防部门用于指挥、检查、调度、报汛（警）、联络的设有固定装置的指定型号的车辆。

（2）回国服务的留学人员用现汇购买 1 辆自用国产小汽车。

（3）长期来华定居专家进口 1 辆自用小汽车。

（4）自 2004 年 10 月 1 日起，对农用三轮运输车免征车辆购置税。

3. 退税规定

纳税人将已征车辆购置税的车辆退回车辆生产企业或销售企业的，可以向主管税务机关申请退还车辆购置税。

七、征收管理

（一）纳税申报

车辆购置税实行一车一申报制度。纳税人在办理纳税申报时应如实填写"车辆购置税纳税申报表"，主管税务机关应对纳税申报资料进行审核，确定计税依据，征收税款，核发完税证明。征税车辆在完税证明征税栏加盖车购税征税专用章，免税车辆在完税证明免税栏加盖车购税征税专用章。完税后，由税务机关保存有关复印件，并对已经办理纳税申报的车辆建立车辆购置税征收管理档案。

主管税务机关在为纳税人办理纳税申报手续时，对设有固定装置的非运输车辆应当实地验车。

（二）纳税环节

车辆购置税的征税环节为使用环节，实行一次性征收即最终消费环节。纳税人应当在向公安机关等车辆管理机构办理车辆登记注册手续前，缴纳车辆购置税。购买二手车时，购买者应当向原车主索要"车辆购置税完税证明"。购买已经办理车辆购置税免税手续的二手车，购买者应当到税务机关重新办理申报缴税或免税手续。未按规定办理的，按征管法的规定处理。

（三）纳税地点

纳税人购置应税车辆，应当向车辆登记注册地的主管税务机关申报纳税；购置不需办理车辆登记注册手续的应税车辆，应当向纳税人所在地主管税务机关申报纳税。车辆登记注册地是指车辆的上牌落籍地或落户地。

（四）纳税义务发生时间及纳税申报期限

车辆购置税的纳税义务发生时间为纳税人购置应税车辆的当日。

纳税人购买自用的应税车辆，自购买之日起 60 日内申报纳税；进口自用的应税车辆，应当自进口之日起 60 日内申报纳税；自产、受赠、获奖和以其他方式取得并自用的应税车辆，应当自取得之日起 60 日内申报纳税。这里的"购买之日"是指纳税人购车发票上注明的销售日期；"进口之日"是指纳税人报关进口的当天。

第八节 烟叶税

烟叶税是以纳税人收购烟叶的收购金额为计税依据征收的一种税。烟叶税制有利于保证地方财政收入稳定，引导烟叶种植和烟草行业健康发展。

一、纳税义务人

在中华人民共和国境内收购烟叶的单位为烟叶税的纳税人。其中"收购烟叶的单位"，是指依照《中华人民共和国烟草专卖法》的规定有权收购烟叶的烟草公司或者受其委托收购烟叶的单位。依照《中华人民共和国烟草专卖法》查处没收的违法收购的烟叶，由收购罚没烟叶的单位按照购买金额计算缴纳烟叶税。

二、征税范围与税率

烟叶税的征税范围是指晾晒烟叶、烤烟叶。

烟叶税实行比例税率，税率为 20%。

三、应纳税额的计算与税收征管

1. 应纳税额的计算

烟叶税应纳税额，以纳税人收购烟叶实际支付的价款总额乘以税率计算。应纳税额的计算公式为

应纳税额＝烟叶收购实际支付的价款总额×税率

收购烟叶实际支付的价款总额包括纳税人支付给烟叶销售者的烟叶收购价款和价外补贴，对外价外补贴统一按照烟叶收购价款的 10% 计入收购金额征税。

收购烟叶实际支付的价款总额＝收购价格×（1+10%）

例 3 某烟草公司系增值税一般纳税人，7 月收购烟叶 200 000 千克，烟叶收购价格 10 元/千克，总计 2 000 000 元，货款已全部支付。请计算该烟草公司 7 月收购烟叶应缴纳的烟叶税。

应缴纳的烟叶税＝2 000 000×（1+10%）×20%＝440 000（元）

2. 税收征管

① 纳税义务发生时间。烟叶税的纳税义务发生时间为纳税人收购烟叶的当天。收购烟叶的当天是指纳税人向烟叶销售者收购付讫收购烟叶款项或者开具收购凭据的当天。

② 纳税地点。纳税人收购烟叶时，应当向烟叶收购地的主管税务机关申报纳税。按照税法的有关规定，烟叶收购地的主管税务机关是指烟叶收购地的县级税务局或其指定的税务分局、所。

③ 纳税期限与申报期限。烟叶税按月计征，纳税人应当于纳税义务发生月终了之日起 15 日内申报并缴纳税款。

第十四章
税收征纳管理

第一节　税务管理概述

一、税收管理与税务管理概念

（一）税务管理的含义

广义的税务管理，是指涉税直接相关主体以涉税事项为中心进行的若干管理活动，包括征税人（税务机关、海关）内部的涉税事项管理、纳税人（公司企业、自然人）内部自身的涉税事项管理、征税人对纳税人的涉税事项管理、第三方对征纳税人涉税事项的管理。狭义的税务管理，仅指征税人以确保税款征收目标而实施的对纳税人的管理。

（二）税收管理的含义

税收管理，是指涉税相关主体以保证税收职能作用的实现为核心、基于税收活动特点、遵循税收活动运行规律、依据税收法律法规及其相关法律法规所实施的管理活动。

（三）税务管理与税收管理的区别

1. 外延的不同。税收管理既包括税务管理，还包括税收立法管理、税收执法管理、税收司法管理。

2. 内涵的不同。除前述概念的不同，其中：税收立法管理，是指有立法权的国家机关就税收法律的制定、颁行、修改、废止等实施的管理；税收执法管理，是指立法机关、其他行政机关（财政、审计）、政协机关、其他社会各界就税收法律遵从情况对征税人、纳税人实施的管理；税收司法管理，是指司法机关（经警、检察院、法院）就涉税违法进行的管理，包括税务行政诉讼和涉税刑事诉讼。

税务管理，是指税收实务、税收业务的系统化管理活动。

二、税务管理的界定与系统

税务管理，主要由以下四个子系统组成，即税收征收机关对纳税人的管理、税收征收机关的内部管理、税收缴纳主体的内部管理、对税收征纳税行为的管理。税收征收机关对纳税人的管理是指征税机关以税收的依法征收缴纳为核心进行的对纳

255

税人的管理活动，可简称为税收征纳管理；税收征收机关的内部管理，是税收征收机关的上级机关对下级机关的管理、各级税务机关内部的管理，可简称为税收征征管理；税收缴纳主体的内部管理，是指母公司对子公司的涉税若干事项、总公司对分公司的涉税若干事项、各经营主体内部就涉税若干事项进行的管理，可简称为税收纳纳管理；对税收征纳税行为的管理，是指经济活动发生、征纳税权利义务产生时，由人大、政府的财政审计部门、政协及其他社会各界实施的，就是否依法正确征纳税进行的管理。以上四个子系统各自的作用是，税收纳纳管理是税务管理的基础，税收征征管理是税务管理的前提，税收征纳管理是税务管理的核心，对征纳税行为的管理是税务管理的防火墙。

三、税务管理的维度

税务管理主要涉及以下几个维度：

（一）税务管理的主体

税务管理的主体，是明确税务管理活动中谁管与管谁。税务管理的主动主体，是指在各税务管理子系统中的实施管理方；税务管理的被动主体，是指在各税务管理子系统中的接受管理方。税务管理的主被动主体之间相互作用、密切互动，特定情形下，还可以相互换位。

（二）税务管理的客体

税务管理的客体，是指税务管理活动中管什么，是指税务管理指向的标的物。

（三）税务管理的依据

税务管理的依据，是指税务管理各子系统的不同主被动主体地位是依据什么确立的。如征纳管理的主被动主体地位是依据宪法、税收实体法及程序法确立的；征征管理的主被动主体地位是依据行政法规确立的；纳纳管理的主被动地位是依据公司法及公司章程等法律及制度确立的。

（四）税务管理的内容

税务管理的内容，是指税务管理各子系统中在明确管理客体情形下所细化分解的管理事项。

（五）税务管理的目标

税务管理的目标，是指税务管理各子系统通过实施管理活动期望达成的结果。

（六）税务管理的手段

税务管理的手段，是指税务管理各子系统在实施管理中凭借或使用的措施或办法。

（七）税务管理的绩效

税务管理的绩效，是指税务管理各子系统在实施管理活动后的结果状况。这个结果状态可以指标化、可以量化，需要与税务管理的目标做比对。

（八）税务管理的奖惩

税务管理的奖惩，是指税务管理各子系统依据管理实际绩效，进行的奖优罚劣，以有助于激励改进管理、取得更好绩效。

需要特别指出的是，鉴于税务管理系统庞大，限于篇幅，本章仅重点介绍税收征纳管理，即分别就税款征收的基础管理、税款征收的过程管理、税款征收的后续管理进行讲解。

第二节　税款征收的基础管理

税款征收的基础管理包括税务登记管理、建账及会计政策报备管理和发票管理。

一、税务登记管理

税务登记又称为纳税登记，是指税务机关对纳税人的涉税基础信息进行登记，并据此对纳税人实行税务管理的一种法定制度。税务登记是税务管理的首要环节，也是纳税人纳入税务管理的标志。通过税务登记管理，税务机关可以依法掌握纳税人的开业、停业、复业及生产经营变更等涉税信息，便于税务机关加强税源监管。

税务登记的对象包括以下三种：

1. 从事生产经营的纳税人。这类纳税人一般需要领取工商营业执照，包括企业，企业在外地设立的分支机构和从事生产、经营的场所，个体工商户和从事生产经营的事业单位。

2. 不从事生产经营的纳税人。这类纳税人虽不从事生产经营但依照我国法律、法规规定负有纳税义务。临时取得应税收入、发生应税行为以及只缴纳个人所得税、车船使用税的除外。

3. 扣缴义务人。扣缴义务人即根据税收法律、行政法规的规定负有代扣代缴、代收代缴义务的纳税人（国家机关除外）。这类义务人应向税务机关申报登记，领取代收代缴或者代扣代缴凭证。

（一）新设税务登记

新设税务登记能够使税务机关充分、完整、准确掌控纳税人相关信息，是纳税人纳入税务管理的标志。根据法律、法规的规定，具有应税收入、应税财产或应税行为的各类纳税人，都有义务依法办理税务登记。

1. 新设税务登记的对象

根据有关规定，新设税务登记的纳税人分为以下两类：

（1）领取营业执照从事生产、经营的纳税人。

其具体包括：企业、企业在外地设立的分支机构和从事生产、经营的场所；个体工商户；从事生产、经营的事业单位等。

（2）其他纳税人。

根据有关法规规定，不从事生产、经营，但依照法律、法规的规定负有纳税义务的单位和个人，除临时取得应税收入或发生应税行为以及只缴纳个人所得税、车船税的以外，都应按规定向税务机关办理税务登记。

2. 新设税务登记的时间和地点

（1）企业、企业在外地设立的分支机构和从事生产、经营的场所，个体工商户和从事生产、经营的事业单位（以下统称从事生产、经营的纳税人），自领取营业执照之日起30日内，或者首次发生纳税义务30日内，由法定代表人或者其授权人员持有关证件，向税务机关申报办理税务登记。税务机关应当于收到申报的当日办理登记并发给税务登记证件。

（2）事业单位和社会组织，应当自依法设立之日起30日内向税务机关申报办理税务登记。税务机关应当于收到申报的当日办理登记并发给税务登记证件。

（3）自然人纳税人或者其扣缴义务人，应当自首次纳税义务发生之日起，法律、行政法规规定的纳税申报期限届满前，向税务机关申报，税务机关登录其纳税人识别号。

（4）从事生产、经营的纳税人外出经营，在同一地连续12个月内累计超过180天的，应当自期满之日起30日内，向生产、经营所在地税务机关申报办理税务登记，税务机关核发临时税务登记证及副本。

（5）境外企业在中国境内承包建筑、安装、装配、勘探工程和提供劳务的，应当自项目合同或协议签订之日起30日内，向项目所在地税务机关申报办理税务登记，税务机关核发临时税务登记证及副本。

3. 新设税务登记的内容

纳税人填报新设税务登记需要登记以下内容：①单位名称、法定代表人或业主姓名及其居民身份证、护照或者其他证明身份的合法证件。②住所、经营地点。③登记注册类型及所属主管单位。④核算方式。⑤行业、经营范围、经营方式。⑥注册资金（资本）、投资总额、开户银行及账号。⑦经营期限、从业人数、营业执照号码。⑧财务负责人、办税人员。⑨其他有关事项。

4. 新设税务登记程序

办理税务登记是为了建立正常的征纳秩序，是纳税人履行纳税义务的第一步。为此，纳税人必须严格按照规定的期限，向当地主管税务机关及时申报办理税务登记手续，如实地填报登记项目，并如实回答税务机关提出的问题。纳税人所属的本县（市）以外的非独立经济核算的分支机构，除由总机构申报办理税务登记外，还应当自设立之日起30日内，向分支机构所在地税务机关申报办理注册税务登记。在申报办理税务登记时，纳税人应认真填写"税务登记表"。

税务机关对申请办理新设税务登记的单位和个人所提供的"税务登记表"，及要求报送的各种附列资料、证件进行查验，只有手续完备、符合要求的，方可受理登记，并根据其经济类型发给相应的税务登记表。进行税务登记的审核时，税务机关需要对相关资料的合法性、完整性、印证相符性进行检查。

（二）变更税务登记

1. 变更税务登记的含义

纳税人税务登记内容发生重要变化的，应当向税务机关申报办理变更税务登记，以便税务机关动态掌握纳税相关信息。变更税务登记可以理解为：当税务登记事项发生变动更改，在已具备其他法律文件（如《股东会决议》）或履行完其他法定手续（如工商登记的变更）的前提下，纳税人向其主管税务机关提出变更申请、报备相关资料并成功备案。

2. 变更税务登记的基本规定

纳税人在办理完税务新设登记后，如发生下列情况之一，应当办理变更税务登记：发生改变名称、改变法定代表人、改变股东、改变经济性质或经济类型、改变住所和经营地点（不涉及主管税务机关变动的）、改变生产经营或经营方式、增减注册资金（资本）、改变隶属关系、改变生产经营期限、改变或增减银行账号、改变生产经营权属以及改变其他税务登记内容的。以上任何一项变动，都可能使纳税相关事项发生变动。

纳税人税务登记内容发生变化的，应当自工商行政管理机关或者其他机关办理变更登记之日起30日内，持有关证件向原税务登记机关申报办理变更税务登记；纳税人税务登记内容发生变化，不需要到工商行政管理机关或者其他机关办理变更登记的，应当自发生变化之日起30日内，持有关证件向原税务登记机关申报办理变更税务登记。

3. 变更税务登记的程序

纳税人申请办理变更税务登记时，应向主管税务机关领取"税务登记变更表"，如实填写变更登记事项、变更登记前后的具体内容，并提供相关证件、佐证资料。税务机关审阅纳税人填报的表格及提交的附列资料、证件，在符合要求及资料证件提交齐全的情况下，予以受理，并分类审核。对需变更税务登记证内容的，主管税务机关应收回原"税务登记证"（正、副本），按变更后的内容，重新制发"税务登记证"（正、副本）。

（三）停业、复业税务登记

1. 停、复业税务登记的含义

停业税务登记，是指实行查账征收方式的纳税人，在营业执照核准的经营期限内需要暂时停业的，应当向税务机关提出的税务登记。复业税务登记，是指纳税人在停业期满之前向税务机关申请恢复生产经营进行的税务登记。

2. 停、复业税务登记的基本规定

纳税人的停业期限通常不超过一年。纳税人应说明停业的理由、时间段、停业前的纳税情况和发票的领、用、存情况，结清应纳税款、滞纳金、罚款，并如实填写申请停业登记表。税务机关经过审核（必要时可实地审查），应在收存其税务登记证件及副本、发票领购簿、未使用完的发票和其他税务证件情形下，为纳税人办理停业税务登记。纳税人停业期间发生纳税义务，应当及时向主管税务机关申报，依法补缴应纳税款。

纳税人停业期满不能及时恢复生产、经营的，应当在停业期满前向税务机关提出延长停业税务登记，如实填写"停、复业报告书"。纳税人停业期满未按期复业又不申请延长停业的，税务机关应当视为已恢复营业，实施正常的税收征收管理。纳税人于停业期满之前提前复业，即停业期的缩短，也应当向税务机关提交书面报告，就提前恢复业务进行纳税申报与税款缴纳。

纳税人应当于恢复生产、经营之前，向税务机关申报办理复业登记，如实填写

"停、复业报告书"。经税务机关确认后，办理复业登记，领回并启用税务登记证件、发票领购簿及其停业前领购的发票，从而纳入正常管理范围。

（四）注销税务登记

1. 注销税务登记的含义

注销税务登记，是指纳税人税务登记内容发生了根本性变化，需要终止履行纳税义务时向税务机关申报办理的税务登记程序。例如：因某种（些）原因，纳税人不再持续经营或不再在原注册地、经营地持续经营，需要注销工商登记并注销税务登记或需要变更工商登记并注销原税务登记，在新地址重新进行税务登记。

2. 注销税务登记的基本规定

当纳税人发生下列情况时，需要进行注销税务登记：纳税人因经营期限届满而自动解散；企业由于改组、分立、合并等原因而被撤销；企业资不抵债而破产；纳税人住所、经营地址迁移而涉及改变原主管税务机关；纳税人被工商行政管理部门吊销营业执照；纳税人依法终止履行纳税义务的其他情形。

纳税人因发生解散、破产、撤销以及其他情形，依法终止纳税义务的，应当在向工商行政管理机关办理注销登记前，持有关证件向原税务登记管理机关申报办理注销税务登记；按照规定不需要在工商管理机关办理注销登记的，应当自有关机关批准或者宣告终止之日起15日内，持有关证件向原税务登记管理机关申报办理注销税务登记。纳税人因住所、生产、经营场所变动而涉及改变主管税务登记机关的，应当在向工商行政管理机关申请办理变更或注销登记前，或者住所、生产经营场所变动前，向原税务登记机关申报办理注销税务登记，并在30日内向迁入地主管税务登记机关申报办理税务登记。纳税人因被工商行政管理机关吊销营业执照的，应当自营业执照被吊销之日起15日内，向原税务登记机关申报办理注销税务登记。

（五）外出经营报验税务登记

纳税人到外县（市）临时从事生产经营活动的，应当在外出生产经营以前，持税务登记证向主管税务机关申请开具"外出经营活动税收管理证明"（以下简称"外管证"）。税务机关按照一地一证的原则，核发"外管证"，"外管证"的有效期限一般为30日，最长不得超过180天。

纳税人应当在"外管证"注明地进行生产经营前向当地税务机关报验登记，并提交下列证件、资料：①税务登记证件副本。②"外管证"。纳税人在"外管证"注明地销售货物的，除提交以上证件、资料外，应如实填写"外出经营货物报验单"，申报查验货物。

纳税人外出经营活动结束，应当向经营地税务机关填报"外出经营活动情况申报表"，并结清税款、缴销发票。纳税人应当在"外管证"有效期届满后10日内，持"外管证"回原税务登记地税务机关办理"外管证"缴销手续。

二、账簿、凭证管理及会计政策报备管理

（一）账簿、凭证管理

账簿是纳税人、扣缴义务人连续地记录其各种经济业务的账册或簿籍。凭证是

纳税人用来记录经济业务，明确经济责任，并据以登记账簿的书面证明。账簿和凭证一方面能够用于核算企业的经济效益，反映其经营成果；另一方面，账簿和凭证也是纳税人记载、核算应缴税款，填报纳税申报表的主要依据。

1. 建账的基本制度

所有的纳税人和扣缴义务人都必须按照有关法律、行政法规和国务院财政、税务主管部门的规定设置账簿，根据合法、有效的凭证记账，进行核算。

从事生产经营的纳税人应当自领取营业执照或者发生纳税义务之日起 15 日内设置账簿。账簿是指总账、明细账、日记账以及其他辅助性账簿。总账、日记账应当采用订本式。扣缴义务人应当自税收法律、行政法规规定的扣缴义务发生之日起 10 日内，按照所代扣、代收的税种，分别设置代扣代缴、代收代缴税款账簿。生产、经营规模小又确无建账能力的纳税人，可以聘请经批准从事会计代理记账业务的专业机构或者经税务机关认可的财会人员代为建账和办理账务；聘请上述机构或者人员有实际困难的，经县以上税务机关批准，可以按照税务机关的规定，建立收支凭证粘贴簿、进货销货登记簿或者使用税控装置。

2. 账簿、凭证保管制度

从事生产经营的纳税人、扣缴义务人必须按照国务院财政、税务主管部门规定的保管期限保管账簿、会计凭证、完税凭证及其他有关资料。

会计人员在年度结束后，应当将各种账簿、凭证和有关资料按照顺序装订成册，统一归档保管。账簿、会计凭证、报表、完税凭证、发票、出口凭证以及其他有关涉税资料不得伪造、变造或者擅自损毁。纳税人的账簿、会计凭证、报表、完税凭证、发票、出口凭证以及其他有关涉税资料应当保存 10 年，但是法律、行政法规另有规定的除外。

3. 违反账簿、凭证管理办法的责任

（1）纳税人有下列行为之一的，由税务机关责令限期改正，可处 2 000 元以下的罚款；情节严重的，处 2 000 元以上 10 000 元以下的罚款。

① 未按规定设置、保管账簿或者保管会计凭证和有关资料的。

② 未按规定将财务、会计制度或者财务、会计处理办法和会计核算软件报送税务机关备查的。

（2）扣缴义务人未按照相关规定设置、保管代扣代缴、代收代缴税款账簿或者保管代扣代缴、代收代缴税款会计凭证及有关资料的，由税务机关责令限期改正，可处 2 000 元以下的罚款；情节严重的，处 2 000 元以上 5 000 元以下的罚款。

（3）未经税务机关指定，任何单位、个人不得印制完税凭证；完税凭证不得转借、倒卖或者伪造。非法印制、转借、倒卖、变造或者伪造完税凭证的，由税务机关责令改正，处 2 000 元以上 10 000 元以下的罚款；情节严重的，处 10 000 元以上 50 000 元以下的罚款；构成犯罪的，依法追究刑事责任。

（二）会计政策报备管理

1. 备案制度

从事生产、经营的纳税人应当自领取税务登记证之日起 15 日内，将其财务、会计制度或者财务、会计处理办法报送主管税务机关备案。纳税人、扣缴义务人采用计算机记账的，应当在使用前将其记账软件、程序和使用说明书及相关资料报送给主管税务机关进行备案。

2. 与税收规定相抵触的处理方法

当从事生产、经营的纳税人、扣缴义务人所使用的财务会计制度和具体的财务、会计处理办法与国务院、财政部和国家税务总局有关税收方面的规定相抵触时，纳税人、扣缴义务人必须按照国务院制定的税收法规的规定或者财政部、国家税务总局制定的有关税收的规定计缴税款。

三、发票管理

发票，是指在购销商品、提供或者接受服务以及从事其他经营活动中，开具、取得的收付款凭证，具有税源监控功能。发票是会计核算的重要原始凭证，也是计算应纳税款，实施税务检查的重要依据。

（一）发票的基本内容

发票的基本内容包括：发票的名称、发票代码和号码（字轨号码）、联次和用途，客户名称、开户银行及账号，商品名称或经营项目，计量单位、数量、单价、大小写金额，开票人、开票日期，开票单位（个人）名称（印章）等。

（二）发票的种类和适用范围

根据《中华人民共和国发票管理办法》，发票一般分为三类：增值税普通发票、增值税专用发票和专业发票。

1. 增值税普通发票。普通发票是增值税小规模纳税人及增值税一般纳税人在不能开具增值税专用发票的情况下开具的发票。普通发票由行业发票和专用发票组成。行业发票用于某个行业和经营业务，如商业零售统一发票、商业批发统一发票等；专用发票适用于某一经营项目，如广告费用结算发票。

2. 增值税专用发票。增值税专用发票是指增值税一般纳税人销售资产货物或者提供劳务服务开具的发票，是购买方支付增值税额并按照增值税有关规定据以抵扣增值税进项税额的凭证。增值税专用发票需通过增值税发票管理新系统领购、开具、缴销、认证。增值税专用发票由基本联次或基本联次附加其他联次构成。基本联次分为三联：发票联、抵扣联、记账联。发票联是购买方核算采购成本和增值税进项税额的记账凭证；抵扣联是购买方报送主管税务机关认证和留存备查的凭证；记账联是销售方核算销售收入和增值税销项税额的记账凭证。其他联次的相关用途，由纳税人自行确定。增值税专用发票是纳税人反映其经济活动的重要会计凭证，也是纳税人计算增值税税款的主要依据。

3. 专业发票。专业发票的使用对象明确，使用范围窄，使用性质特殊且单一，且须经法定机关审批。比如国有金融、保险企业的存贷、汇兑、转账凭证、保险凭证；国有邮政、电信企业的邮费、邮单、话费收据；国有铁路、民用航空企业和交通部门，国有公路、水上运输企业的客票、货票。上述单位承包经营、租赁给非国有单位和个人经营或采取国有民营形式所用的专业发票，以及上述单位的其他发票均应套印全国统一发票监制章，由税务机关统一管理。

（三）发票的印制、领用、保管及缴销管理

1. 发票印制管理

税务机关是发票的主管机关，负责发票的版式、印制、发售、领购、开具、取得、保管、缴销的管理和监督。增值税专用发票由国务院税务主管部门确定的企业印制；其他发票，按照国务院税务主管部门的规定，分别由省、自治区、直辖市税务局确定企业印制。未经有权的税务机关确定，任何单位、个人不得印制发票。

印制发票应当使用国务院税务主管部门确定的全国统一发票防伪专用品，禁止非法制造发票防伪专用品。发票应当套印全国统一发票监制章，禁止伪造发票监制章。全国统一发票监制章的样式和发票版面的印刷要求应当由国家税务总局规定，并实行不定期换版制度。

印制发票的企业，应当按照税务机关批准的式样和数量印制发票，并按照规定建立发票印制管理制度和保管措施，安排专人负责发票监制章和发票防伪专用品的使用和管理。印制发票使用的文字应该为中文，民族自治地方的发票可以加印一种通用的民族文字。

各省、自治区、直辖市内的单位和个人使用的发票，除增值税专用发票外，应当在本省、自治区、直辖市内印制；确实有必要到外省、自治区、直辖市印制的，应当有外省、自治区、直辖市印制地省、自治区、直辖市税务机关同意，由其指定的印制企业印制，禁止在境外印制发票。

2. 发票领购管理

依法办理税务登记的单位和个人，在领取税务登记证后，向主管税务机关申请领购发票。税务机关在接受纳税人的发票领购申请后，要审核纳税人既有的或将要开展的业务情况，为纳税人颁发"发票准购簿"。对无固定经营场地或者财务制度不健全的纳税人申请领购发票，主管税务机关有权要求其提供担保人，不能提供担保人的，可以视其情况，要求其缴纳保证金，并限期缴销发票。对发票保证金应设专户储存，不得挪作他用。纳税人可以根据自己的需要申请领购普通发票，增值税专用发票只限于增值税一般纳税人领购使用。

当纳税人已领购发票并出现下列三种情况之一，可以再次申领发票：①已使用完毕（甚至将使用完毕）；②应税收入将发生，甚至超出余下发票可开具额发生；③旧发票已上交。

3. 发票开具、使用、取得的管理

单位、个人在购销商品、提供或者接受劳务服务以及从事其他经营活动中，应当按照规定开具、使用、取得发票。发票开具内容须完全与交易事项相符，其开具时点一定是纳税义务产生时点、收入确认时点；但是若按税法规定及时足额确认收入，发票开具时点可滞后。发票要全联一次填写，开具发票通常应加盖发票专用章。当应税收入主体未在税务机关取得发票、确需向支付方开具发票，在缴纳相应各税种税款前提下，可申请相应主管税务机关代开。取得发票的内容也须完全与交易事项相符，这些内容主要包括：交易方、交易项目、交易数量、交易单价、交易总价、交易税金、交易价税合计额等。发票使用，主要指开具方要据此入账确认收入并计缴相关税金，取得方要据此入账计列有关成本费用或计抵增值税进项税额等。

4. 发票保管管理

开具发票的单位和个人应当建立发票登记制度，设置发票登记簿，定期向税务机关报告发票使用情况；应当按规定存放和保管发票，不得擅自毁损。已开具的发票存根联和发票登记簿，保管期为5年；保管期满，报税务机关查验后才可销毁。若丢失发票，则应当于发票丢失当日书面报告主管税务机关，并在报刊及其他媒体上公开宣布作废。

税务机关应当建立起严格的发票验收制度，设立专用发票库存登记簿，定期对专用发票验收、入库、出库、发放情况进行检查。要设立专门的仓库存放专用发票，仓库管理实行专人专责制度，实行全天候的管理模式。

（四）违反发票管理规定的处罚

1. 有下列情形之一的，由税务机关责令改正，可以处1万元以下罚款；有违法所得的予以没收。

（1）应当开具而未开具发票，或者未按规定开具发票，或者未加盖发票专用章的；

（2）使用税控装置开具发票，未按期向主管税务机关报送开具发票的数据的；

（3）使用非税控电子器具开具发票，未将其软件说明资料报主管税务机关备案，或者未按规定保存、报送开票数据的；

（4）拆本使用发票的；

（5）扩大发票使用范围的；

（6）以其他凭证代替发票使用的；

（7）跨规定区域开具发票的；

（8）未按规定缴销发票的；

（9）未按规定存放和保管发票的。

2. 跨规定使用区域携带、邮寄、运输空白发票，以及携带、邮寄或运输空白发票出入境的；由税务机关责令改正，可处1万元以下罚款；情节严重的，处1万元以上3万元以下罚款；有违法所得的予以没收。丢失或擅自损毁发票，据此处罚。

3. 虚开发票的：税务机关没收违法所得；虚开金额在1万元以下的，可并处5万元以下罚款；虚开金额超过1万元的，并处5万元以上50万元以下罚款；构成犯罪的，追究刑事责任。非法代开发票，据此处罚。

4. 私自印制、伪造、变造发票，非法制造发票防伪专用品，伪造发票监制章的：税务机关没收违法所得，没收、销毁作案工具和非法物品，并处1万元以上5万元以下罚款；情节严重的，并处5万元以上50万元以下罚款；对印发票企业，可以并处吊销发票准印证；构成犯罪的，追究刑事责任。

5. 有下列情形之一的，由税务机关处1万元以上5万元以下的罚款；情节严重的，处5万元以上50万元以下的罚款；有违法所得的予以没收：

（1）转借、转让、介绍他人转让发票、发票监制章和发票防伪专用品的；

（2）知道或应当知道是私自印制、伪造、变造、非法取得或废止的发票而受让、开具、存放、携带、邮寄、运输的。

6.违反发票管理法规，导致其他单位或者个人未缴、少缴或者骗取税款的，由税务机关没收违法所得，可并处未缴、少缴或骗取税款1倍以下的罚款。

第三节　税款征收的过程管理

一、纳税申报管理

纳税申报是纳税人、扣缴义务人按照税法规定的期限和内容，在纳税义务发生后，自行计算应纳税额和扣缴税款额，向税务机关提交有关纳税事项书面报告的法律行为，是纳税人履行纳税义务、界定纳税人法律责任的主要依据，是税务机关税收管理信息的主要来源和税务管理的重要制度。

（一）纳税申报的主体

根据我国《税收征管法》第二十五条等的规定，纳税申报的主体为纳税人、扣缴义务人、代收代缴义务人。纳税人（扣缴义务人、代收代缴义务人）必须按照法律、行政法规的规定或者由税务机关依据法律、行政法规规定的申报期限、申报内容如实办理纳税申报，报送纳税申报表（代扣代缴、代收代缴申报表）、财务会计报表及其他纳税相关资料。纳税人在纳税期内没有应纳税款的，也应当按照规定办理纳税申报；纳税人享受减税、免税待遇的，在减税、免税期间应当按照规定办理纳税申报。

（二）纳税申报的方式

纳税人、扣缴义务人可以直接到税务机关办理纳税申报，或者报送代扣代缴、代收代缴税款报告表，也可以按照规定采取邮寄、数据电文或者其他方式办理上述申报、报送事项。目前，纳税申报的形式主要有以下三种：

1.直接申报。直接申报，是指纳税人、扣缴义务人和代收代缴义务人在法定申报期内，自行到税务机关办理纳税申报，这是一种传统申报方式，也是我国普遍采取的纳税申报方式。

2.邮寄申报。邮寄申报，是指经税务机关批准的纳税人，使用统一规定的纳税申报特快专递专用信封，通过邮政部门办理交寄手续，并向邮政部门索取收据作为申报凭据的方式。纳税人采取邮寄方式办理纳税申报的，应当使用统一的纳税申报专用信封，并以邮政部门收据作为申报凭据。邮寄申报以寄出的邮戳日期为实际申报日期。

3.数据电文申报。数据电文申报又称为电子申报，是指经税务机关确定的电话语音、电子数据交换和网络传输等电子方式办理纳税申报。纳税人采取数据电文方式办理纳税申报的，应当按照税务机关规定的期限和要求保存有关资料，并定期书面报送主管税务机关。纳税人、扣缴义务人、代收代缴义务人采取数据电文方式办理纳税申报的，其申报日期以税务机关计算机网络系统收到该数据电文的时间为准。

（三）纳税申报的地点

固定业户应当向其机构所在地的主管税务机关申报纳税。总机构和分支机构不在同一县（市）的，应当分别向各自所在地的主管税务机关申报纳税；经国务院财政、税务主管部门或其授权的财政、税务机关批准，可以由总机构汇总向总机构所在地的主管税务机关申报纳税。

固定业户到外县（市）销售货物或者应税劳务服务，应当向其机构所在地的主管税务机关申请开具外出经营活动的税收管理证明，并向其机构所在地的主管税务机关申报纳税；未开具证明的，应当向销售地或者劳务服务发生地的主管税务机关申报纳税；未向销售地或者劳务服务发生地的主管税务机关申报纳税的，由其机构所在地或者居住地的主管税务机关补征税款。

进口货物，应当向报关地海关申报纳税。

此外，就税种而言，凡与不动产、土地使用权相关的房产税、土地使用税、土地增值税，通常应在不动产坐落地或土地所在地；凡企业所得税，跨省、自治区、直辖市的分支机构，应在总机构、分支机构所在地预缴，在总机构所在地汇算清缴；房地产开发项目、建筑安装工程项目，其增值税均需在项目所在地预缴、在机构所在地申报缴纳。

（四）纳税申报的内容

纳税申报表的内容主要包括：税种、税目、应纳税项目或应代扣代缴、代收代缴税款项目，计税依据，扣除项目及标准，适用税率或单位税额，应退税项目及税额，应减免项目及税额，应纳税额或者应代扣代缴、代收代缴税额，税款所属期限、延期缴纳税款、欠税、滞纳金等。纳税人办理纳税申报后发现有差错需要修正的，可以修正补充申报。纳税人、扣缴义务人使用征纳双方认可的电子签名报送的各类电子资料，与纸质资料具有同等的法律效力。

（五）纳税申报的期限

纳税人和扣缴义务人都必须按照法定的期限办理纳税申报。纳税人、扣缴义务人基于法定原因（如不可抗力和财务处理的特殊原因），不能在法律、行政法规或者税务机关依照法律、行政法规规定的申报期内办理纳税申报或者向税务机关报送代扣代缴、代收代缴报告的，经县以上税务机关核准，可以延期纳税申报。但应当在规定的期限内向税务机关提出书面延期申请，经税务机关核准，在核准的期限内办理，在不可抗力情形消除后立即向税务机关报告。延期纳税申报既保证了国家税法的严肃性，同时也考虑到了纳税人的具体情况。

二、税款缴纳与征收管理

（一）税款缴纳管理

负有纳税义务的单位和个人（纳税人）以及负有代扣代缴、代收代缴义务的单位和个人（扣缴义务人）必须按照法律、行政法规的规定在确定的期限内缴纳税款，或代收代缴税款。

当扣缴义务人履行扣缴义务时遇到纳税人以各种借口拒绝纳税或拖欠税款的情

况，应及时报告税务机关处理，扣缴人不具有对税务违法行为进行处罚的权利。扣缴税款必须按照有关法律、法规的规定标准，在法律、法规规定的范围内执行。

（二）税款征收管理

税款征收是税务机关依据国家税收法律、行政法规确定的标准和范围，通过法定程序将纳税人应纳税款组织征收入库的一系列税收管理活动的总称。税款征收是税务管理活动的中心环节，是税收征管工作的核心。

1. 税款征收的主体

国务院税务部门主管全国税收征收管理工作。各地税务局（包括各级税务局、税务分局、税务所）应按照国务院规定的税收征收管理范围分别进行征收管理。只有税务机关、税务人员以及经税务机关依照法律、行政法规委托代征的单位和人员可以进行税款征收活动。

税务机关必须按照法律、行政法规的规定依法征税。税收的开征、停征以及减税、免税、退税、补税应当按照法律的规定执行。任何机关、单位、个人不得违反法律、行政法规的规定，擅自开征、停征税种，或者擅自做出减、免、退、补税或其他与税收法律、行政法规相抵触的决定。

2. 税款征收的方式

现行税款征收方式主要有查账征收、查定征收、查验征收、定期定额征收、代收代缴和代扣代缴、预扣预缴、委托代征等方式。

（1）查账征收。查账征收，是指税务机关依据纳税人财务会计核算资料，依照税法计算征收税款。其适用于有一定经营规模、财务会计制度健全、能够如实核算和提供生产经营情况，以及能正确计算应纳税款的纳税人。税务机关根据纳税人报送的纳税申报表、财务会计报表及其他相关资料，审核计算纳税人应纳税款，开具税收缴款书或完税凭证，由纳税人自行到银行划缴税款。

（2）查定征收。查定征收，是指税务机关依据纳税人从业人员、生产设备、原材料耗用情况等因素，查定核实其在正常生产经营条件下应税产品的产量、销售额，从而核实其应纳税所得额并据以征收税款。其适用于生产经营规模较小、不能准确计算营业额和所得额的小规模纳税人或个体工商户。

（3）查验征收。查验征收，是指税务机关对纳税人的应纳税商品，通过查验数量，按照市场一般销售单价计算收入并据以征收税款。其一般适用于城乡集贸市场和机场、码头等场外经销商品零星分散、流动性大的税源。该方式，现已少有应用场景。

（4）定期定额征收。定期定额征收，是针对一些营业额和所得额难以准确计算的小型工商户，经其自报评议和税务机关审核评定其一定期限内的应税收入和应纳税额，并按月或季度征收税款。其适用于规模较小、账证不全、难以提供完整纳税资料的小型个体工商户的税款征收。

（5）代扣代缴、预扣预缴和代收代缴。代扣代缴、预扣预缴、代收代缴，是指税务机关按照相关法律、行政法规的规定，对负有代收代缴、代扣代缴预扣预缴税款义务的单位和个人，在其向纳税人收取或支付相关交易款项的同时，依法从交易款项中扣收纳税人的应纳税款，并按照规定的期限和办法向税务机关解缴税款。代扣代缴适用于对非居民纳税义务人征税，预扣预缴适用于对综合所得征个税，代收代缴适用于对受托加工应税消费品征收消费税。

（6）委托代征。委托代征，是税务机关依法委托有关单位和个人，代其向纳税人征收税款的方式。委托代征有利于弥补税务机关的征管人手不足，加强源泉控管，提高征管效能。其适用于零星、分散、流动性大的税款征收。

三、税款征收管理的保障制度

（一）税款预征制度

税款预征制度有两个作用：一是确保税款在不同时点均衡入库，以满足财政支出在不同时点上的需求；二是使纳税支出与纳税人取得应税收入在时间节点上相匹配，以防止应当纳税时已没有相应资金可供纳税。在现行税法中，采用预征税款的主要税种有：企业所得税，综合所得的个人所得税，房地产开发项目的企业所得税、土地增值税。其中，企业所得税、综合所得的个人所得税，在预缴时已产生纳税义务，只是尚不确定按税法规定的应缴税准确额度，所以，在每月（每季）预缴后，还需年度终了之后进行汇算清缴；而房地产开发项目的企业所得税、土地增值税，在预缴时尚不符合确认收入、结转成本的条件，也不能准确计算企业所得税应税利润和土地增值税的扣款额、增值额，因此，在每月（每季）预缴企业所得税、土地增值税，除了有财政收入在各时点均衡的需要，更重要的考量还在于使纳税支出与纳税人取得收入的资金流入在时间节点上相匹配。

（二）税款核定征收制度

在现行税收法律体系中，税款核定征收基于两个方面的前提条件：一是在税收程序法即税收征收管理法中规定的：依法可以不建账；依法应当建账而未建账；依法应当建账且纳税人已建账，但收入无法确认或成本费用无法确认；纳税人未按期纳税申报，经责令限期仍不进行纳税申报。二是在税收实体法即具体税种立法中规定的：交易价明显偏低或偏高，且无正当理由或不具合理商业目的。

其中，税收程序法中的核定征收，是因为无账可查或无可信账可查而无法采用查账征收，相应采取的征税替代解决方案；税收实体法中的核定征收，是因为交易计税价显失公允，而需要依据公允价调整确认计税价，是征税的纠错解决方案。所有这些税款核定征收，本质上是确保征得到税、征得到该征的额度。

（三）纳税担保制度

纳税担保，是指经税务机关同意或确认，纳税人或其他自然人、法人、经济组织以保证、抵押、质押的方式，为纳税人应当缴纳的税款及滞纳金提供担保的行为。

1. 纳税担保的适用范围

纳税担保的适用范围如下：①税务机关有根据认为从事生产、经营的纳税人有逃避纳税义务的行为，在规定的纳税期限之前责令其限期缴纳应纳税款，在限期内发现纳税人有明显的转移、隐匿其货币资金或货物、财产。②欠缴税款、滞纳金的纳税人或者其法定代表人需要出境的。③纳税人与税务机关在纳税上发生争议而未缴清税款，需要申请行政复议的。④税收法律、行政法规规定可以要求提供纳税担保的其他情形。

2. 纳税保证人（纳税担保保证人）的基本规定

纳税保证人，是指在中国境内具有担保能力的自然人、法人或其他经济组织。国家机关，学校、幼儿园等事业单位和社会团体不得作为纳税保证人，企业法人的职能部门不能作为纳税保证人。企业法人的分支机构有法人书面授权的，可以在授权范围内提供纳税担保。

但是，若存在以下情形，则不可作为纳税保证人：

①有偷税、抗税、骗税、逃避追缴欠税行为被税务机关、司法机关追究过法律责任未满2年的。②因有税务违法行为正在被税务机关立案处理的或涉嫌刑事犯罪正被司法机关立案侦查的。③在主管税务机关所在地的市（地、州）没有住所的自然人或税务登记不在本市（地、州）的企业。④纳税信誉等级被评为C级以下的纳税人。⑤无民事行为能力或限制民事行为能力的纳税人。⑥与纳税人存在担保关联关系的。⑦有欠税行为的。

3. 纳税担保财产、权利的基本规定

担保财产价值通常不超过纳税人的应纳税款和滞纳金及相关费用，但一般不选择鲜活、易腐烂的货物。税务机关需采取妥善有效的措施对担保财产进行控管，当纳税人缴纳应纳税款后，应立即解除对担保财产的控管。

4. 纳税担保生效的基本规定

纳税保证人同意为纳税人提供纳税担保的，应当填写纳税保证书。纳税保证书需要经纳税人、纳税保证人和税务机关三方签字盖章同意才生效。并且，用于纳税担保的财产、权利的价值不得低于应缴纳的税款、滞纳金以及相关费用。纳税担保财产价值不足以抵偿税款、滞纳金及费用的，税务机关应当向提供担保的纳税人或纳税担保人继续追缴。

（四）税收保全制度

税收保全制度，是指税务机关在由于纳税人的行为或者某些客观原因，致使以后税款的征收不能保证或难以保证的情况下，采取限制纳税人处置或转移货币资金商品、货物或其他财产的措施，以保证税款足额入库的制度。

1. 税收保全的基本规定

税务机关有根据认为从事生产、经营的纳税人有不履行纳税义务可能的，可以在规定的纳税期之前，责令限期缴纳税款；在限期内发现纳税人有明显的转移、隐匿其货币资金、应纳税的商品、货物以及其他财产迹象的，税务机关应责令其提供纳税担保。如果纳税人不能提供纳税担保，经县以上税务局（分局）局长批准，税务机关可以采取税收保全措施。税务机关采取税收保全措施的期限一般不得超过六个月；案情重大复杂的，经国务院税务主管部门批准可以延长一次，但延长期限不超过六个月。

2. 税收保全不当的责任

采取税收保全措施不当，或者纳税人在期限内已缴纳税款，税务机关未立即解除税收保全措施，使纳税人的合法利益遭受损失的，税务机关应当承担赔偿责任。

3. 税收保全措施的实施范围

个人及其所扶养家属维持生活必需的住房和用品，不在税收保全措施的范围之内。个人所扶养家属，是指与纳税人共同居住生活的配偶、直系亲属以及无生活来源并由纳税人扶养的其他亲属。生活必需的住房和用品不包括机动车辆、金银饰品、古玩字画、豪华住宅或者一处以外的住房。税务机关对单价 5 000 元以下的其他生活用品，不采取税收保全措施和强制执行措施。

4. 税收保全的终止

税收保全的终止有两种情况：一是纳税人在规定的期限内缴纳了应纳税款的，税务机关必须立即解除税收保全措施；二是纳税人超过规定的期限仍不缴纳税款或交款不足的，经税务局（分局）局长批准，终止保全措施，转入强制执行措施，即书面通知纳税人开户银行或者其他金融机构从其冻结的存款中扣缴税款，或者拍卖、变卖所扣押、查封的商品、货物或其他财产，以拍卖或者变卖所得抵缴税款及滞纳金。

（五）税收强制执行制度

税收强制执行措施是指纳税人或扣缴义务人不履行法律、行政法规规定的义务，有关国家机关采用法定的强制手段，强迫纳税人或扣缴义务人履行义务的制度。

1. 税收强制执行的基本规定

从事生产、经营的纳税人、扣缴义务人未按照规定的期限缴纳或者解缴税款，纳税担保人未按照规定的期限缴纳所担保的税款，由税务机关责令限期缴纳，逾期仍未缴纳的，经县以上税务局（分局）局长批准，税务机关可以采取下列强制执行措施：①书面通知其开户银行或者其他金融机构从其存款中扣缴税款。②扣押、查封、依法拍卖或者变卖其价值相当于应纳税款的商品、货物或者其他财产，以拍卖或者变卖所得抵缴税款。

税务机关采取强制执行措施时，对上款所列纳税人、扣缴义务人、纳税担保人未缴纳的滞纳金同时强制执行。税务机关采取强制执行措施应当书面通知纳税人、扣缴义务人、纳税担保人，并制作现场笔录。个人及其所扶养家属维持生活必需的住房和用品，不在强制执行措施的范围之内。对纳税人、扣缴义务人、纳税担保人的财产实施强制执行有困难的，税务机关可以依法提请纳税人、扣缴义务人、纳税担保人所在地或者财产所在地人民法院执行。

采取税收保全措施、强制执行措施的权力，不得由法定的税务机关和人民法院以外的单位和个人行使。税务机关采取强制执行措施时，可以提请公安机关协助，公安机关应当予以协助。

2. 采取税收强制执行措施的程序

纳税人、扣缴义务人、纳税担保人在规定的期限内未缴纳或者解缴税款或者提供担保的，经主管税务机关责令限期缴纳，逾期仍未缴纳的，经县以上税务局（分局）局长批准，书面通知其开户银行或者其他金融机构，从其存款中扣缴税款。在扣缴税款的同时，主管税务机关可以处以不缴或者少缴税款 50% 以上 5 倍以下的罚款。存款不足以抵缴税款和罚款的，税务机关对其财物进行扣押、查封、拍卖或者变卖，以拍卖或者变卖所得抵缴税款。

（六）离境清税制度

离境清税制度，是指国家税务机关及海关为保证国家税收权益不受侵犯，有权阻止税收利益相关人出境的制度。

1. 离境清税制度的基本规定

纳税人欠缴税款未结清，又不提供纳税担保的，税务机关可以决定不准许纳税人或者其法定代表人、主要税收利益相关人出境；税务机关立案查处涉嫌重大税收违法情形的，可以决定不准许纳税人或者其法定代表人、财产实际拥有者或者管理者、直接责任人出境。

对决定不准出境的人员，税务机关应当按照规定及时通知出入境边防检查机关予以协助，或者提请公安机关出入境管理机构不予签发出（国）境证件。纳税人或法定代表人不仅包括中国公民，还包括符合阻止出境条件的外国人、无国籍人等非我国公民在内。另外，对外籍人员执行离境清税制度时，不能与我国同外国签订的有关条约、协定相冲突。

2. 离境清税制度的实施程序

（1）税务机关发现欠缴税款的纳税人或者其法定代表人需要出境的，应通知其在出境前结清应纳税款、滞纳金或者提供纳税担保。

（2）未结清税款、滞纳金，又不提供纳税担保的，税务机关可依法向欠税人申明不准出境。对已取得出境证件要出境的，税务机关可函请公安机关办理边控手续，阻止其出境。

（3）阻止欠税人出境的，由县级以上（含县级，下同）税务机关申请，报省、自治区、直辖市税务机关或国家税务总局审核批准。由审批机关填写"边控对象通知书"，函请同级公安厅、局办理边控手续。

（4）欠税人结清了阻止出境时欠缴的全部税款（包括滞纳金）或者向税务机关提供了相当于全部欠缴税款的担保或者欠税企业已依法宣告破产，并依《中华人民共和国破产法》程序清偿终结的，应及时通知出入境管理机关解除限制出境。

（七）税收确认制度

税收确认制度是指税务机关对纳税人进行的纳税申报，有权就其真实性、合法性进行核实、确定的制度。税务机关以纳税人提供的账簿凭证、报表、文件等资料记载的信息为基础，结合所掌握的相关信息对纳税申报进行核实、确定。

1. 税收确认制度的基本规定

税务机关发现纳税人有下列情形之一的，应当及时对纳税人应纳税额进行确认：①存在申报的计税依据不实的；②在规定的纳税期之前，有根据认为纳税人有逃避纳税义务行为的；③未按照规定办理税务登记而从事生产、经营的；④有合并、分立、解散的；⑤法律、行政法规规定的其他情形。

2. 需再次进行税额确认的情况

有下列情形之一的，税务机关应当再次进行税额确认：①因纳税人提供不正确、不完整计税依据导致之前申报、确认或调整应纳税额不实的。②税法有新的规定涉及调整纳税人计税依据的。税务机关对纳税人进行再次税额确认的，以再次确认的应纳税额为准；税务机关对确认税额进行部分修正的，以修正后的为准，未做修正的部分继续生效。

3. 税收确认的时间

税务机关对纳税人应纳税额的确认通常应当在纳税申报期内通过审核进行。纳税人未登记、未申报或者存在税收违法情形需要立案查处的，税务机关应当按税法规定的期限进行确认。税务机关未做确认或者超出确认时效的，纳税人填报的纳税申报表以及修正的纳税申报表所载明的应纳税额视同已税额确认。

4. 税收确认的处理

纳税人与关联方之间的业务往来，应当按照独立企业之间的业务往来收取或者支付价款、费用；不按照独立企业之间的业务往来收取或者支付价款、费用，而减少其应纳税的收入或者所得额的，税务机关有权进行合理调整。

经确认的应纳税额与纳税人申报的税额不一致的，或者纳税人未进行纳税申报的，税务机关应当向纳税人出具税额确认通知书。

纳税人应当按照税额确认通知书载明的应补（退）税款，在规定的期限内办理补（退）税。修正的纳税申报涉及退库的，应当经税务机关批准。

（八）税收优先权

税收优先权，是指当债务人破产需还债时，国家作为税收债权的债权人优先于其他债权人受偿的权利。

税务机关征收税款，税收优先于无担保债权，企业破产法另有规定的除外；纳税人欠缴的税款发生在纳税人以其财产设定抵押、质押或者纳税人的财产被留置之前的，税收应当先于抵押权、质押权、留置权执行。纳税人欠缴税款，同时又被行政机关决定处以罚款、没收违法所得的，税收优先于罚款、没收违法所得。

纳税人未按照规定的期限缴纳税款，税务机关责令限期缴纳后仍未缴纳的，经设区的市、自治州以上税务局（分局）局长批准，税务机关可以以纳税人欠缴税款为限，对其不动产设定优先受偿权，并通知产权登记部门予以登记。纳税人缴清欠税后，产权登记部门才能办理产权变更手续。

（九）税收代位权、撤销权

欠缴税款的纳税人因怠于行使到期债权，或者放弃到期债权，或者无偿转让财产，或者以明显不合理的低价转让财产而受让人知道该情形，对国家税收造成损害的，税务机关可以行使代位权、撤销权。

税收代位权，指纳税人存在欠缴税款，同时怠于行使应行使或可行使债权，从而使国家征税权无法行使；此时，税务机关可提请所在地人民法院，代纳税人行使债权，以抵缴税款、滞纳金等。

税收撤销权，指纳税人存在欠缴税款，但低价转让财产，使国家征税权无法行使或无法完全行使；此时，税务机关可提请人民法院，撤销财产转让，重新按市场价转让财产，以抵缴税款、滞纳金等。

税务机关行使代位权、撤销权的，不能免除欠缴税款的纳税人尚未履行完毕的纳税义务和应承担的法律责任。

（十）税款补追征制度

因税务机关的责任，致使纳税人、扣缴义务人未缴或者少缴税款的，税务机关在 3 年内可以要求纳税人、扣缴义务人补缴税款，但是不得加收滞纳金。

因纳税人、扣缴义务人计算错误等失误，未缴或者少缴税款的，税务机关在 3 年内可以追征税款、滞纳金；未缴或者少缴、未扣或者少扣、未收或者少收税款，累计数额在 10 万元以上的，追征期可以延长到 5 年；对偷税、抗税、骗税的，税务机关可以无限期追征其未缴或者少缴的税款、滞纳金或者所骗取的税款。

第四节　税款征收的后续管理

一、纳税评估管理

纳税评估，是指税务机关利用获取的涉税信息，对纳税人（包括扣缴义务人，下同）纳税申报情况的真实性和合法性进行审核评价，并作出相应处理的税收管理活动。纳税评估是税源管理工作的基本内容，是处置税收风险、促进纳税遵从的重要手段。纳税评估是税务机关对纳税人履行纳税义务情况进行事中税务管理、提供纳税服务的方式之一。通过实施纳税评估发现征收管理过程中的不足，强化管理监控功能；可以帮助纳税人发现和纠正在履行纳税义务过程中出现的错漏。

273

（一）纳税评估的内容

纳税评估主要工作内容包括：根据宏观税收分析和行业税负监控结果以及相关数据设立评估指标及其预警值；综合运用各类对比分析方法筛选评估对象；对所筛选出的异常情况进行深入分析并作出定性和定量的判断；对评估分析中发现的问题分别采取税务约谈、调查核实、处理处罚、提出管理建议、移交稽查部门查处等方法进行处理；维护更新税源管理数据，为税收宏观分析和行业税负监控提供基础信息等。

纳税评估工作主要由基层税务机关的税源管理部门及其税收管理员负责，重点税源和重大事项的纳税评估也可由上级税务机关负责。其中对汇总合并缴纳企业所得税企业的纳税评估，由其汇总合并纳税企业申报所在地税务机关实施，对汇总合并纳税成员企业的纳税评估，由其监管的当地税务机关实施；对合并申报缴纳企业所得税的外资企业分支机构的纳税评估，由总机构所在地的主管税务机关实施。

开展纳税评估工作原则上在纳税申报到期之后进行，评估的期限以纳税申报的税款所属当期为主，特殊情况可以延伸到往期或以往年度。

（二）纳税评估的作用

1. 纳税评估是防止虚假纳税申报的有效手段。纳税评估的信息资料不仅包括税务机关内部采集的信息，还可以通过信息网络，获取其他经济管理部门的外部信息。通过掌握税基和纳税人的资金周转情况，了解资金的来龙去脉，可以对纳税申报进行监控。

2. 纳税评估可以通过信息反馈机制，解决征收管理中"疏于管理、淡化责任"的问题。纳税评估处于税款征收与税务稽查的中间环节，税款征收与税务稽查的结果，可通过纳税评估反馈到税务登记、发票管理、行政审批等各个征管环节，既可保证税收征管各个环节的协调统一，又可剖析问题，区分责任。

3. 纳税评估是一个纳税服务过程。税务机关通过信息化手段，设置能够了解和掌握纳税人财务核算和相关经营情况的纳税申报表，并结合审查账簿报表，可以及时发现并纠正纳税申报中的错误与偏差，帮助纳税人提高纳税申报质量；纳税评估通过约谈、举证等方式，可以有效解决纳税人因主观疏忽或对税法理解错误而产生的涉税问题，充分体现税务行政执法教育与惩戒相结合的原则。

（三）纳税评估的对象

纳税评估的对象为主管税务机关负责管理的所有纳税人及其应纳所有税种。

纳税评估对象可采用计算机自动筛选、人工分析筛选和重点抽样筛选等方法。筛选纳税评估对象，要依据税收宏观分析、行业税负监控结果等数据，结合各项评估指标及其预警值和税收管理员掌握的纳税人实际情况，参照纳税人所属行业、经济类型、经营规模、信用等级等因素进行全面、综合的审核对比分析。综合审核对比分析中发现有问题或疑点的纳税人要作为重点评估分析对象；重点税源户、特殊行业的重点企业、税负异常变化、长时间零税负和负税负申报、纳税信用等级低下、日常管理和税务检查中发现较多问题的纳税人要列为纳税评估的重点分析对象。

（四）纳税评估的方法

纳税评估可根据所辖税源和纳税人的不同情况采取灵活多样的评估分析方法，主要有：

1. 对纳税人申报纳税资料进行案头的初步审核比对，以确定进一步评估分析的方向和重点；

2. 通过各项指标与相关数据的测算，设置相应的预警值，将纳税人的申报数据与预警值相比较；

3. 将纳税人申报数据与财务会计报表数据进行比较、与同行业相关数据或类似行业同期相关数据进行横向比较；

4. 将纳税人申报数据与历史同期相关数据进行纵向比较；

5. 根据不同税种之间的关联性和钩稽关系，参照相关预警值进行税种之间的关联性分析，分析纳税人应纳相关税种的异常变化；

6. 应用税收管理员日常管理中所掌握的情况和积累的经验，将纳税人申报情况与其生产经营实际情况相对照，分析其合理性，以确定纳税人申报纳税中存在的问题及其原因；

7. 通过对纳税人生产经营结构，主要产品能耗、物耗等生产经营要素的当期数据、历史平均数据、同行业平均数据以及其他相关经济指标进行比较，推测纳税人实际纳税能力。

对纳税人申报纳税资料进行审核分析时，应包括以下重点内容：

1. 纳税人是否按照税法规定的程序、手续和时限履行申报纳税义务，各项纳税申报附送的各类抵扣、列支凭证是否合法、真实、完整；

2. 纳税申报主表、附表及项目、数字之间的逻辑关系是否正确，适用的税目、税率及各项数字计算是否准确，申报数据与税务机关所掌握的相关数据是否相符；

3. 收入、费用、利润及其他有关项目的调整是否符合税法规定，申请减免缓抵退税、亏损结转、获利年度的确定是否符合税法规定并正确履行相关手续；

4. 与上期和同期申报纳税情况有无较大差异。

（五）评估结果的处理

对纳税评估中发现的计算和填写错误、政策和程序理解偏差等一般性问题，或存在的疑点问题经约谈、举证、调查核实等程序认定事实清楚，不具有偷税等违法嫌疑，无须立案查处的，可提请纳税人自行改正。需要纳税人自行补充的纳税资料，以及需要纳税人自行补正申报、补缴税款、调整账目的，税务机关应督促纳税人按照税法规定逐项落实。

对纳税评估中发现的需要提请纳税人进行陈述说明、补充提供举证资料等问题，应由主管税务机关约谈纳税人。税务约谈要经所在税源管理部门批准并事先发出《税务约谈通知书》，提前通知纳税人。税务约谈的对象主要是企业财务会计人员。因评估工作需要，必须约谈企业其他相关人员的，应经税源管理部门批准并通过企业财务部门进行安排。纳税人因特殊困难不能按时接受税务约谈的，可向税务机关说明情况，经批准后延期进行。纳税人可以委托具有执业资格的税务代理人进行税务约谈；税务代理人代表纳税人进行税务约谈时，应向税务机关提交纳税人委托代理合法证明。

对评估分析和税务约谈中发现的必须到生产经营现场了解情况、审核账目凭证的，应经所在税源管理部门批准，由税收管理员进行实地调查核实。对调查核实的情况，要认真记录。需要处理处罚的，要严格按照规定的权限和程序执行。

发现纳税人有偷税、逃避追缴欠税、骗取出口退税、抗税或其他需要立案查处的税收违法行为嫌疑的，要移交税务稽查部门处理。对税源管理部门移交稽查部门处理的案件，税务稽查部门要将处理结果定期向税源管理部门反馈。发现外商投资和外国企业与其关联企业之间的业务往来不按照独立企业业务往来收取或支付价款、费用，需要调查、核实的，应移交上级税务机关国际税收管理部门（或有关部门）处理。

纳税评估工作中发现的问题要做出评估分析报告，提出进一步加强征管工作的建议，并将评估工作内容、过程、证据、依据和结论等记入纳税评估工作底稿。纳税评估分析报告和纳税评估工作底稿是税务机关内部资料，不发纳税人，不作为行政复议和诉讼依据。

二、税务审计管理

（一）税务审计定义

税务审计，是指税务局运用审计的方法或者策略对企业和其他纳税人的财务会计资料、交易相关记录、存货等依据税收法律、财务会计准则和其他法律法规进行的完整性、真实性、准确性、合规性的检查测试，以求确定纳税人核算和申报应纳税额的完整、真实、准确、合规。这是一项专业性、综合性和实践性都很强的工作，要求税务审计人员具有较高的财务、税务、法律、计算机、统计等方面的素质，具有较强的分析、判断能力。税务审计人员不仅要熟悉相关的税收法律、财务知识，对于企业的生产技术流程、市场变化情况都要有全面的把握。在此基础上，还需有相当的评估经验积累。

有的国家称为税务评估、税收审计或估税、评税，是税源监控的有效手段之一，对提高纳税意识、强化税源管理都具有积极的作用。税务审计，作为目前国际上通行的一种税收管理方式，在很多国家和地区得到了广泛应用。

（二）税务审计功能

首先，可根据纳税人、扣缴义务人履行纳税义务的情况进行评价，发现日常税收征管中的薄弱环节，从而提出有针对性的管理建议，提高税收征管质量；

其次，可区分主观故意和非恶意涉税违法行为，为税务稽查查处偷税、欠税、抗税、骗税等案件提供具体线索，提高稽查有效性；

再次，可对纳税人、扣缴义务人进行涉税辅导。结合纳税人的生产经营实际，宣传税收法律法规，解释涉税疑义，帮助其提高纳税核算水平，纠正纳税申报中的错误，提高申报准确率，降低纳税风险。

可见，税务审计既是一种税收管理手段，也是一项纳税服务措施，充分体现了现代公共行政管理理念在税收管理中的应用。

（三）税务审计与税务稽查的联系与区别

税务稽查是税务机关依法对偷税、逃避追缴欠税、骗税、抗税案件的检查和处理。

税务审计与税务稽查的最终目的都是提高纳税人、扣缴义务人的税法遵从度，但实现的方式有所区别。税务审计主要是通过预警服务来实现管理目的，税务稽查则主要通过监督打击来实现管理目的。二者既有联系，又有区别。

二者的联系主要体现在：

1. 税务审计与税务稽查都是税收管理的重要手段。纳税人自行申报缴纳的税收正确与否，需要有效的检测；而税务审计和税务稽查都可起到检测作用。二者还可起到纠正错误和打击舞弊的作用。

2. 税务审计有助于税务稽查更加有的放矢，提高效率。由于目前税务稽查部门获取信息的渠道不够顺畅，对纳税人、扣缴义务人日常征管信息掌握了解得不够全面。因此，无论是人工选案还是计算机选案，都带有一定的盲目性。此外，我国很多税务机关管理的纳税人、特别是企业纳税人的数量众多。因此，税务审计通过分析研判，发现疑点，直接为税务稽查提供案源，不仅使稽查选案环节避免了随意性和盲目性，而且可使稽查目标更加明确，重点更加突出，针对性更强。

二者的区别主要体现在：

税务审计和税务稽查作为两种不同的税收征管手段，是有着本质区别的，主要体现在以下几方面：

1. 性质不同。税务稽查属于法定程序，侧重于对涉税违法行为的打击和惩罚，带有明显的打击性。税务审计目前并非法定程序，而是税务机关为提高其自身工作质量和优化纳税服务所开展的一项举措。对于涉税违法行为，它提供了一种"预警"，在稽查查处和日常管理之间建立了一个"缓冲带"，将纳税人、扣缴义务人可能的违法风险降低到了最低程度。与税务稽查的打击性相比，税务审计更多体现的是服务性。

2. 程序不同。税务稽查具有严密的固定程序，在每一个环节当中，都应向纳税人、扣缴义务人送达税务文书，如检查之前下达税务检查通知书、调取账簿之前应下达调账通知书等，这些文书都是法定的。如果程序有误或缺少文书，税务机关都应承担相应的法律后果。在税务审计的整个过程中都没有法定文书。税务审计过程中的文书除《询问核实通知书》《税务审计建议书》之外，其余均为税务机关内部使用文书。《税务审计建议书》也只是对审计对象的建议，而不是法定文书。因此，与税务稽查相比，税务审计的程序相对简单、灵活。

3. 处理方式不同。纳税人、扣缴义务人的违法行为一经稽查核实，不仅需要补税、加收滞纳金，必要时还要移送司法部门追究其刑事责任。税务审计的直接处理结果较轻。审计中发现审计对象非主观故意少缴税款的情形，一般是由纳税人自查补缴并加收相应的滞纳金，不涉及处罚。

（四）税务审计项目

税务审计项目包括以下四种：

1. 年度税务审计。对客户一个以上纳税年度内的纳税情况进行全面复核，揭示出其中的纳税风险并提供补救措施。

2. 并购税务尽职调查。根据委托对并购目标企业以往的纳税情况进行全面审计，并出具独立、客观的纳税风险评估报告，为客户进行并购决策提供分析依据，降低并购行为的风险。

3. 清算税务审计。对清算企业以往的纳税状况进行全面复核，针对存在的问题提出具有针对性的补救方案。

4. 其他专项税务审计及涉外税务审计。根据客户其他的特定需要进行复核与审计，以避免纳税风险。

（五）税务审计基本程序

税务审计的基本程序包括税务审计对象的选择与确定、案头准备阶段、现场实施阶段、审计终结阶段这四个环节。

1. 税务审计对象的选择与确定

税务审计对象的选择方法主要有以下五种：

（1）纳税大户选择法。根据本地区的实际情况，依据年纳税额、投资总额、收入、利润等指标序列，确认纳税大户作为审计对象。

（2）行业选择法。通过调查分析，掌握本地区行业分布情况，选择本地区支柱行业、特殊行业或税负异常行业等作为审计对象。

（3）循环选择法。根据本地区的实际情况，年度审计面一般不少于纳税人、扣缴义务人的30%，保证至少在三年内对所管辖的纳税人、扣缴义务人做一次全面审计。

（4）纳税状况总体评价选择法。通过对纳税人、扣缴义务人申报、缴纳各税种资料的分析对比，对其纳税状况进行具体评价，确认审计对象。

（5）其他选择法。除上述方法外，根据上级机关的部署，其他单位协查的要求及举报人的举报情况确认审计对象。

2. 案头准备阶段

案头准备阶段包括以下六个工作步骤：

（1）纳税人信息资料的收集、整理。

① 收集、调阅纳税人成立和开业的时间，合同、章程，行政组织结构和生产经营范围、期间；各有关部门的批文，可行性研究报告及相关的个人资料等，并编制纳税人行政结构图表，填写"企业基本情况表""外籍个人基本情况表"及"关联企业关联关系认定表"。

② 收集、调阅纳税人会计制度、财务管理制度、资产管理办法、人事福利制度、奖罚制度、董事会决议等各项生产、经营管理制度。

③ 收集、调阅纳税人纳税申报表，外商投资企业和外国企业与其关联企业业务往来情况年度申报表，财务报表，注册会计师为纳税人出具的审计报告，完税证（缴款书），发货票领、用、存月报表等日常档案资料并填写各税种"年度申报统计表"及各税种项目分析表和财务指标分析表。

④ 收集、调阅纳税人以往年度税务审计工作底稿，了解纳税人以往年度的审计情况，为本次审计提供借鉴。详阅"前次税务审计情况表"。

⑤ 收集、调阅统计、海关、工商、外经贸委等有关部门公布的纳税人相关的财务信息资料。

⑥ 收集国际间根据税收协定条款中规定的情报交换资料及我国驻外机构提供的有关纳税的信息资料。

⑦ 收集国际互联网上纳税人相关信息资料。

⑧ 收集纳税人其他相关信息资料。

（2）审计项目分析与评价。

运用分析性复核办法，对涉及各税种的审计项目进行趋势、比率及比较分析，寻找可能存在问题的领域，为确认重点审计项目提供依据。常规的分析项目、类型及指标可参阅《审计项目分析性复核指引》。

（3）会计制度及内部控制的分析与评价。

向纳税人发出纳税人"会计制度和内部控制问卷调查表"，或向纳税人提问会计制度和内部控制的有关问题，分析评价纳税人会计制度及内部控制的有效性、完整性、准确性，为确立重点审计项目提供依据。

（4）审计项目的确定。

通过上述资料的收集、整理与分析，拟定审计项目，审计覆盖率和重点，制作

"审计项目确认工作底稿"。

确认审计重点项目是准备阶段至关重要的工作环节。审计人员选择重点项目，基本上依赖于对重要性、税法及征管风险、会计制度及内部控制的评价、分析性复核、前次审计结论等各方面的客观分析，进行主观性经验判断。

审计人员在分析判定后完成审计项目确认工作底稿。

（5）审计计划的编制。

根据所确定的审计项目，编制详细的审计程序，完成"审计程序表"；合理调配、组织人员，明确分工，做好时间预算，完成"检查人员安排及时间预算表"。

（6）下发《审计通知书》。

根据上述的计划与安排，填写《税务审计通知书》，至少提前三天，将所要进行审计的内容、具体时间、地点、审计人员所需审计的有关纳税资料和要求纳税人配合事项等通知纳税人。但对被举报有税收违法行为的；或税务机关有根据认为纳税人有税收违法行为的；或预先通知有碍审计的，经县级以上税务机关批准，可对其实施突击审计，不预先告知。

3. 现场实施阶段

现场实施阶段包括以下三个工作步骤：

（1）会计制度及内部控制的遵循性测试。

对纳税人会计制度及内部控制执行状况和有效性进行测试。若测试结果与会计制度及内部控制分析评价结果相符，则按原计划实施审计工作；若有差异，则应根据差异的程度及时调整审计计划。

（2）确定性审计。

根据修订后的计划，进行确定性审计，并编制现场审计查核工作底稿。

（3）汇总整理。

根据审计中发现的问题，按税种进行汇总，及时整理现场查核工作底稿，完成"税务审计情况表"；在撤离检查现场前，就查出的问题与纳税人初步交换意见，草拟《税务审计报告》，对本次审计工作的完成情况做一个总体评价。

4. 审计终结阶段

审计终结阶段包括以下七个工作步骤：

（1）发出《初审意见通知书》。

根据审理部门对《税务审计报告》的复核，确认情况，向纳税人发出《初审意见通知书》。

（2）税务听证。

根据纳税人违法事实，及行政处罚的法律依据，拟对纳税人予以行政处罚的，向纳税人发出《税务行政处罚事项告知书》，根据当事人的要求，按《税务行政处罚听证程序实施办法》组织听证。

（3）制发《税务审计处理决定书》。

根据《初审意见通知书》和纳税人回复意见，进行分析研究后制发《税务审计处理决定书》。

（4）税务处理决定的执行。

根据《税务审计处理决定书》的要求，督促纳税人按时、足额解缴税款，逾期未缴的，将依法下发《扣缴税款通知书》通知纳税人开户银行扣款；对所扣金额不足抵扣税款的，税务机关将依法采取强制执行措施，填报"拍卖（查封、扣押）货物申请审批表"，报上级机关批准，下发《拍卖商品、货物、财产决定书》拍卖其财产以抵补税款、滞纳金和罚款。

（5）税务复议。

纳税人同税务机关在纳税上有争议，而要求行政复议的，按国家税务总局制定的《税务行政复议规则》的规定，做好复议工作。

（6）案件移送。

纳税人的行为已构成犯罪，税务机关在做出税务处理决定后，填写《税务违法案件移送书》连同企业提供的材料及税务机关调查取证材料等，及时移送有关司法机关处理。

（7）分户归档。

税务检查终结时，税务机关应汇总、整理案头准备阶段、现场实施阶段、审计终结阶段及检查处罚的听证、行政复议、诉讼阶段工作底稿和有关税务文书等装订成册登记编号后，按照税务检查档案分类要求按户归档。

三、税务稽查管理

（一）税务稽查的定义

税务稽查是税务机关依法对纳税人、扣缴义务人履行纳税义务、扣缴义务情况所进行的税务检查和处理工作的总称。税务稽查主要对象是对涉及偷、逃、抗、骗税的大案要案的检查。依据是具有法律效力的各种税收法律、法规及各种政策规定。

（二）税务稽查的基本任务

根据相关法律规定，税务稽查的基本任务是：依照国家税收法律、法规，查处税收违法行为、保障税收收入、维护税收秩序、促进依法纳税、保证税法的实施。税务稽查必须以事实为依据，以税收法律、法规、规章为准绳，依靠人民群众，加强与司法机关及其他有关部门的联系和配合。各级税务机关设立的税务稽查机构按照各自的税收管辖范围行使税务稽查职能。

（三）税务稽查的作用

1. 税务稽查可以防止税款流失，堵塞税收漏洞并且强有力的打击偷税，推动税收征管中登记、申报、征收等环节的顺利完成，从而保证国家的财政收入的依法足额取得。

2. 税务稽查可弱化人们偷逃税的侥幸心理，提高全民的纳税意识，促使依法纳税更好地实现，并为企业创造税负公平的竞争环境，促进经济的发展，充分发挥税收调节经济的杠杆作用。

3. 税务稽查的强化，有利于敦促企业、个人完善其财务会计制度，改善经营管理，加强经济核算，引导其健康良性发展。

4. 税务稽查的强化，有利于及时发现征管漏洞，促进提高税务征管能力和征管水平。

（四）税务稽查的权限

税务稽查权限是指法律法规赋予稽查局实施税务监督检查的权力及限制。税务稽查的实施，要在《税收征管法》规定的职权范围内进行。税务稽查局在实施税务稽查时享有下列权力：

1. 查账权

税务查账是税务稽查实施时普遍采用的一种方法。它不仅包括对各种纸质账簿资料的检查，也包括对于被查对象与纳税有关的电子信息的检查。税务机关行使查账权时，可以在纳税人、扣缴义务人的业务场所进行，也可调取资料回税务局检查；由于稽查工作需要调取账簿、记账凭证、报表和其他有关资料时，应当向被查对象出具《调取账簿资料通知书》，并填写《调取账簿资料清单》交其核对后签章确认。

2. 场地检查权

税务机关可以到纳税人的生产、经营场所和货物存放地检查纳税人应纳税的商品、货物或者其他财产，拥有检查扣缴义务人与代扣代缴、代收代缴税款有关的经营情况的权力。

3. 询问权

询问权是指税务机关在税务稽查实施过程中，向纳税人、扣缴义务人或有关当事人询问与纳税或者代扣代缴、代收代缴税款有关的问题和情况的权力。

4. 查证权

查证权是指税务机关到车站、码头、机场、邮政企业及其分支机构检查纳税人托运、邮寄应纳税商品、货物或者其他财产的有关单据、凭证和有关资料的权力。

5. 检查存款账户权

检查存款账户权是指税务机关对纳税人、扣缴义务人在银行或者其他金融机构的存款账户进行检查的权力。

6. 税收保全措施和税收强制执行措施

税收保全措施权是指税务机关对可能由于纳税人的行为或者某种客观原因，致使以后税款的征收不能保证或难以保证而采取的限制纳税人处理或转移商品、货物或其他财产措施的权力。税收强制执行措施权是指税务机关对纳税人、扣缴义务人以及纳税担保人不履行法律法规规定的义务，而采取的法定强制手段，强迫当事人履行义务的权力。

7. 调查取证权

税务机关在税务稽查实施时，可以依法采用记录、录音、录像、照相和复制等方法，调取与案件有关的情况和资料。

8. 行政处罚权

纳税人、扣缴义务人逃避、拒绝或者以其他方式阻挠税务机关检查的，由税务机关责令改正，可以处 1 万元以下的罚款；情节严重的，处 1 万元以上 5 万元以下的罚款。

（五）税务稽查程序

稽查局查处税收违法案件时，实行选案、检查、审理、执行分工制约原则。

1. 选案

其是指确定税务稽查的具体对象及税务稽查具体对象按时间序列的排序。

稽查局应当通过多种渠道获取案源信息，通过对案源信息采取计算机分析、人工分析、人机结合分析等方法进行筛选，发现有税收违法嫌疑的，应当确定为待查对象。案源信息主要包括：

（1）财务指标、税收征管资料、稽查资料、情报交换和协查线索；

（2）上级税务机关交办的税收违法案件；

（3）上级税务机关安排的税收专项检查；

（4）税务局相关部门移交的税收违法信息；

（5）检举的涉税违法信息；

（6）其他部门和单位转来的涉税违法信息；

（7）社会公共信息；

（8）其他相关信息。

待查对象确定后，经稽查局局长批准后立案检查。选案部门制作《税务稽查任务通知书》连同有关资料一并移交检查部门。

2. 检查

其是指具体实施的纳税检查。包括带着问题，查找证据；带着某类问题，另查出其他问题，并找到所有问题之证据；事先不带任何问题，在检查中发现问题并找到相应证据。

检查部门接到《税务稽查任务通知书》后，应及时组织实施检查。

（1）实施检查前的准备工作。检查前，应当告知被查对象检查时间、需要准备的资料等，但预先通知有碍检查的除外。税务检查人员实施检查前，应当查阅被查对象纳税档案，了解被查对象的生产经营情况、所属行业特点、财务会计制度、财务会计处理办法和会计核算软件、熟悉相关税收政策，确定相应的检查方法。

（2）实施检查。检查应当由两名以上检查人员共同实施，并向被查对象出示税务检查证和《税务检查通知书》。实施检查时，依照法定权限和程序，可以采取实地检查、调取账簿资料、询问、查询存款账户或者储蓄存款、异地协查等方法。

检查的具体实施过程，主要是调查取证的过程。检查人员应当制作"税务稽查工作底稿"，记录案件事实，归集相关证据材料。应当依照法定权限和程序，收集能够证明案件事实的证据材料。收集的证据材料应当真实，并与所证明的事项相关联。调查取证不得违反法定程序收集证据资料，不得以偷拍、偷录、窃听等手段获取侵害他人合法权益的证据材料，不得以利诱、欺诈、胁迫、暴力等不正当手段获取证据材料。检查结束时，应当根据"税务稽查工作底稿"及有关资料，制作《税务稽查报告》，在5个工作日内移交审理部门审理。检查应当自实施检查之日起60日内完成；确需延长检查时间的，应当经稽查局局长批准。

经检查发现有税收违法事实的，《税务稽查报告》应当包括以下主要内容：

①案件来源；

②被查对象基本情况；

③检查时间和检查所属期间；

④检查方式、方法以及检查过程中采取的措施；

⑤查明的税收违法事实及性质、手段；

⑥被查对象是否有拒绝、阻挠检查的情形；

⑦被查对象对调查事实的意见；

⑧税务处理、处罚建议及依据；

⑨其他应当说明的事项；

⑩检查人员签名和报告时间。

经检查没有发现税收违法事实的，应当在《税务稽查报告》中说明检查内容、过程、事实情况。

3. 审理

审理是指税务稽查局的审理职能部门（审理科）牵头组成审理小组，对检查组提交的税务稽查报告及其税务稽查底稿等证据材料进行的审查。

审理部门接到检查部门移交的《税务稽查报告》及有关资料后，应当及时安排人员进行审理。审理人员应根据法律、行政法规、规章及其他规范性文件，对检查部门移交的《税务稽查报告》及相关材料进行逐项审核，提出书面审理意见。

（1）审理的重点内容。审理的重点内容包括：被查对象是否准确；税收违法事实是否清楚、证据是否充分、数据是否准确、资料是否齐全；适用法律、行政法规、规章及其他规范性文件是否适当；定性是否正确；是否符合法定程序；是否超越或者滥用职权；税务处理、处罚建议是否适当；其他应当审核确认的事项或者问题。

（2）审理的终结。审理部门应区分下列情形分别做出处理：①认为有税收违法行为，应当进行税务处理的，拟制《税务处理决定书》；②认为有税收违法行为，应当进行税务行政处罚的，拟制《税务行政处罚决定书》；③认为税收违法行为轻微，依法可以不予税务行政处罚的，拟制《不予税务行政处罚决定书》；④认为没有税收违法行为的，拟制《税务稽查结论》。对税收违法行为涉嫌犯罪的，填制《涉嫌犯罪案件移送书》，经所属税务局局长批准后，依法移送公安机关。

《税务处理决定书》《税务行政处罚决定书》《不予税务行政处罚决定书》《税务稽查结论》经稽查局局长或者所属税务局领导批准后由执行部门送达执行。

《税务处理决定书》的主要内容包括：

①被处理对象（稽查对象）；

②违法事实及违法所属期；

③处理决定及依据；

④告知申请复议权；

⑤做出处理决定的税务机关（名称及印章）；

⑥处理决定文号及日期；

⑦附件名称及数量（如有附件）。

4. 执行

执行是指税务稽查局的执行职能部门（执行科），依据税务处理决定书要求纳税人缴纳税款、滞纳金、罚款等。

税务稽查执行，是税务稽查程序中的最后一个阶段，它是将审理环节做出的各种决定书、告知书等文书送达被执行人，并督促或强制其依法履行的活动。税务稽查机构确定专人负责税务处理决定的执行。

（1）文书送达及案件查处情况的通报。执行部门应将《税务执行处理决定书》《税务行政处罚决定书》《不予税务行政处罚决定书》《税务稽查结论》等税务文书依法及时送达被执行人。另外，通过税收征管信息系统及时将税收违法案件查处情况通报税源管理部门。

（2）处理决定的强制执行。对被执行人未按照《税务处理决定书》确定的期限缴纳或者解缴税款的，经所属税务局局长批准，可以依法采取强制执行措施，或者依法申请人民法院强制执行。对被执行人《税务行政处罚决定书》中确定的行政处罚事项，逾期不申请行政复议也不向人民法院起诉又不履行的，经所属税务局局长批准，可以依法采取强制执行措施，或者依法申请人民法院强制执行。

（3）执行结果。被执行人在限期内缴清税款、滞纳金、罚款或者稽查局依法采取强制执行措施追缴税款、滞纳金、罚款后，执行部门应当制作《税务稽查执行报告》，记明执行过程、结果、采取的执行措施以及使用的税务文书等内容。

（六）税务稽查的结案

税务稽查案件终结后，稽查部门应做好结案后的相应工作。

（1）做好案件查处情况的信息反馈工作。对于转办、交办、情报交换查处的案件，应及时将案件查处情况向有关部门予以反馈或报告。

（2）做好举报案件的奖励工作。对于举报税收违法行为的有功人员，税务机关应当按规定对举报人员予以奖励。

（3）做好稽查案卷的归档立卷工作。《税务处理决定书》《税务行政处罚决定书》《不予行政处罚决定书》《税务稽查结论》执行完毕，审理部门应当在 60 日内收集稽查各环节与案件有关的全部资料，整理成税务稽查案卷，归档保管。

四、税务风险管理

税务风险管理，具体是税务机关自国税总局至省级税务局、市级税务局都相应成立了"大数据与税收风险"管理司、管理局，依靠来自纳税人报送的、与纳税人有购销往来的企事业单位报送的、与纳税人有管理关系的行政司法机关共享的数据等，对纳税人纳税申报缴纳的完整性、真实性通过比对应证进行预警并跟进排查，对纳税人纳税申报相关指标经风险模型识别出异常进行预警并跟进排查，相应排查确认的纳税差错进行纠正调整，补征税款、滞纳金。

税务风险管理的特点是：第一，税务机关上下联动。通常由上级税务机关实施风险扫描，发现纳税人的税务风险点，而纳税人所在的区（县）税务机关负责核实风险点的问题并予以处理；同时，区（县）税务机关接受上级税务机关"大数据与税收风险"管理局的督导，并就核实及处理情况向上级税务机关"大数据与税收风险"管理局汇报并需得到认可。第二，多渠道、多角度、多手段获取涉税相关海量数据。从手段角度，较多利用了现代计算机科技，如 Python 技术、区块链的运用。第三，充分利用计算机信息系统的算法算力。虽分析系统的建模由人工完成、相关参数由人工设定，但系统的运行中则借助计算机信息系统的算法算力，如人工智能 AI 的应用。

五、管理组织、管理手段、管理方式的创新

税务机关正依据中办、国办关于深化税收征管改革的意见实施深入、彻底的征管改革创新，这些改革创新主要包括：第一，科技手段的充分利用。这集中体现在近些年的"营改增"后增值税发票新系统及电子抵账系统、增值税发票电子化，金税工程三期向四期升级等。第二，管理力量的科学配置。税务机关一直都在、并正在进行更大规模的"管事制"改革，通过管理资源优化配置、管理流程优化极大地盘活了征管力量的存量，释放征管活力与潜能。第三，分类管理的方式创新。近些年税务机关探索区分日常涉税事项管理、特定涉税事项管理，如有的局成立专门的股权变更税务管理团队、企业注销税务管理团队；探索区分不同企业涉税特点的税务管理，如成立"大企业税收管理局"，成立房地产及建安企业税务管理所，成立重点税源管理所等。第四，税务征纳管理融入纳税服务。税务征纳活动中，更加强调以纳税人为中心，更加全面、系统、细致的纳税服务，更加有温度的柔性执法，极大地提高了纳税遵从度、极大地降低了征纳税风险。

285